北京市哲学社会科学规划项目"北京建设中国特色世界城市与教育

国际化问题研究"（课题编号：13JYA003）

世界城市建设与教育国际化

刘宝存 李 辉 等◎著

人民出版社

总　序

　　在党的十八届五中全会上，习近平同志系统论述了创新、协调、绿色、开放、共享"五大发展理念"，强调实现创新发展、协调发展、绿色发展、开放发展、共享发展。牢固树立并切实贯彻这"五大发展理念"，是"十三五"乃至更长时期我国社会主义事业的发展思路、发展方式和发展着力点，是全面建成小康社会的行动指南、实现"两个一百年"奋斗目标的思想指引，也为我国的教育未来发展指出了方向。为了贯彻落实党的十八届五中全会关于"开放发展"的精神，2016 年 4 月，中共中央办公厅、国务院办公厅印发了《关于做好新时期教育对外开放工作的若干意见》（以下简称《意见》），要求坚持扩大开放，做强中国教育，推进人文交流，不断提升我国教育质量、国家软实力和国际影响力，为实现"两个一百年"奋斗目标和中华民族伟大复兴的中国梦提供有力支撑。《意见》对做好新时期教育对外开放工作进行了重点部署，要求加快留学事业发展，提高留学教育质量；鼓励高等学校和职业院校配合企业走出去，稳妥推进境外办学；拓展有关国际组织的教育合作空间，积极参与全球教育治理；发挥教育援助在"南南合作"中的重要作用，加大对发展中国家尤其是最不发达国家的支持力度；实施"一带一路"教育行动，促进沿线国家教育合作等。

　　为了配合国家发展的整体战略，教育部人文社会科学重点研究基地北京师范大学国际与比较教育研究院选择"扩大教育开放与国家发展"作为"十三五"乃至更长时期的主攻方向，强调新形势下通过教育的开放发展来服务于国家发展的研究目标，围绕国际教育援助、全球教育治理、海外办学、来华留学和"一带一路"教育行动等领域，分析我国推行教育开放的现状及其效果，梳理并分析当前世界各国扩大本国教育开放、参与国际教育市场竞争与合作的政策措施，总结国际社会扩大教育开放的经验教训，探索为推进我国国家与社会发展而应采取的扩大教育开放战略的政策、措施与机制。该研究方向一方面探索教育开放在服务于国家发展的背景下所能采取的因应措施，通过梳理世界各国通过教育开放推动本国社会发展的经验，提出我国扩大教育对外开放的政策建议，更好地服务于国家发展的现实战略；另一方面能够在理念上加深人们对于教育开放与国家发展的关系的认识，总结教育开放在服务国家与推动社会发展中的规律与模式，同时推动国际教育和发展教育研究，拓展比较教育学科的研究领域。

"教育与国家发展"是基地长期的主要研究方向，而"扩大教育开放与国家发展"是基地基于比较教育学科特色和世界教育的改革与发展趋势，根据我国教育乃至社会经济发展战略的需要而在"十三五"甚至更长时期设立的主攻方向。为了开展研究，我们立足新时期教育对外开放工作中具有全局意义、战略意义的核心问题、热点和难点问题，设立了"一带一路"沿线不同类型国家教育制度与政策研究、国际教育援助发展态势与中国的战略选择研究、中国参与全球教育治理战略研究、中国高校海外办学战略研究、扩大来华留学政策研究五个项目，试图从不同方面对目前我国教育开放与国家发展的现状、存在问题和原因，教育开放与国家发展理论，世界各国（或国际性组织）推进教育开放、促进国家发展的经验，对新形势下我国扩大教育开放、促进国家发展的政策与措施等问题，进行系统深入的研究，从整体上把握扩大教育开放与国家发展的关系。

经过五年的研究，基地项目取得了丰硕的成果。现在呈现给大家的这套丛书，就是基地"十三五"课题规划成果之一。顾明远先生主持的"'一带一路'不同类型国家教育制度与政策研究"的系列成果，以"'一带一路'不同类型国家教育制度与政策研究"丛书的形式单独出版，基地其他相关课题研究成果则以"扩大教育开放与国家发展丛书"的形式出版。2020 年 6 月，《教育部等八部门关于加快和扩大新时代教育对外开放的意见》正式印发，要求坚持教育对外开放不动摇，主动加强同世界各国的互鉴、互容、互通，形成更全方位、更宽领域、更多层次、更加主动的教育对外开放局面；并以"内外统筹、提质增效、主动引领、有序开放"为工作方针对新时代教育对外开放进行了重点部署。我们深知，加快和扩大新时代教育对外开放是新时代教育改革开放的时代命题，也是需要不断深化的研究课题。我们研究团队将不忘初心，牢记使命，再接再厉，砥砺前行，不断探索教育对外开放中的新问题、新思路、新方法。现在我们把团队研究的阶段性成果奉献给大家，敬请大家批评指正。在丛书出版过程中，人民出版社王萍女士付出了大量的心血，再次谨致以衷心的感谢。

北京师范大学国际与比较教育研究院

王英杰

2020 年 9 月

目　录

前　言

　　美国著名城市规划理论家刘易斯·芒福德（Lewis Mumford）在其城市研究巨著《城市发展史：起源、演变和前景》(*The City in History：Its Origins，Its Transformation and Its Prospects*) 中指出：人类进步阶梯上有两大创造工具：一个是文字，另一个就是城市。人类正是凭借了城市这个阶梯，一步步提高自己，丰富自己，贮存自己的文化创造。一般认为，城市文明最早出现在公元前 3500—前 3000 年的青铜时代，新石器时代的土著社会村落开始向早期的城市转变。在随后几千年的发展过程中，城市随着农耕文明、工业文明的更替不断发展，内涵从简单到复杂，规模从小到大，功能从单一到多元。在第二次世界大战后，随着新科技革命的兴起、信息社会的发展以及经济全球化趋势的加深，一批中心城市、特大城市发展起来，其中一些城市迅速崛起为世界城市，成为具有全球意义战略资源的聚集和配置中心，不但引领着全球城市的发展进步，推动着本国和区域经济、政治、文化、社会等方面的发展，而且对世界经济、政治、文化、社会等方面产生举足轻重的影响。

　　在这样的背景下，2010 年 11 月中共北京市委十届八次全会提出了"加快向中国特色世界城市迈进"的总体要求，北京市"十二五"规划进一步把加快推进中国特色世界城市建设确定为"十二五"期间的重要任务。北京提出建设中国特色世界城市的发展战略，是北京市根据城市发展趋势和北京新的阶段性任务所作出的重大战略决策，体现了北京开始以全球视野、前瞻眼光谋划城市发展，确立北京市在世界城市格局中的高端地位，充分发挥北京在全球城市发展进步中的引领作用，并推动我国的城市化进程走向高端，推动我国社会经济发展转型升级和国家战略的实现。在北京市提出建设中国特色世界城市的发展战略时的21世纪初，世界各国的政治、经济和社会发展都进入一个新的阶段，国家间的竞争越来越表现为优秀人才和高新技术的竞争，教育从社会经济发展舞台的边缘走向中心，教育国际化成为教育改革与发展的趋势。北京建设中国特色世界城市，教育既是建设世界城市的一个重要内容，也是建设世界城市的基础。在全球化背景下，在把北京建设成为中国特色世界城市的过程中，教育国际化是一个值得研究的问题。

2013年，我们申报了北京市哲学社会科学规划项目重点项目"北京建设中国特色世界城市与教育国际化问题研究"，并获得立项，项目编号为13JYA003。本课题研究的目的在于在分析中国特色世界城市的内涵与基本特征、中国特色世界城市建设与教育国际化互动关系的基础上，比较主要世界城市建设与教育国际化的经验教训和发展规律，为北京建设中国特色世界城市与教育国际化提供思路和决策依据。在这里呈献给大家的这部著作就是在课题研究报告的基础上修改而成的。著作的整体框架由我设计，但该著作是集体攻关的结晶。第一章"世界城市的概念、发展历程和发展模式"、第二章"教育在世界城市建设中的作用与教育的国际化趋势"和第十章"北京建设中国特色世界城市与教育国际化的战略选择"由北京市海淀区教师进修学校李辉博士撰写；第三章"纽约世界城市建设与教育国际化"由江南大学屈廖健博士撰写；第四章"多伦多世界城市建设与教育国际化"由北京师范大学莫玉婉博士撰写；第五章"伦敦世界城市建设与教育国际化"由北京师范大学赵婷博士撰写；第六章"巴黎世界城市建设与教育国际化"由北京师范大学张梦琦博士、高萌撰写；第七章"东京世界城市建设与教育国际化"由北京联合大学李润华博士撰写；第八章"新加坡世界城市建设与教育国际化"由北京师范大学马东影博士撰写；第九章"香港世界城市建设与教育国际化"由上海师范大学宋佳博士和青

海师范大学包万平博士撰写，最后由我和李辉博士统稿。在此，作为课题
负责人，谨对他（她）们参与课题研究和著作撰写所作出的贡献表示衷心
的感谢。

　　教育国际化是一个内容广泛的研究课题，包括各级各类教育的国际
化，而各级各类教育国际化既有一定的共性，又有一定的个性；同时各级
各类教育内部不同层次和类型的学校的国际化策略也有一定的差异。该课
题研究主要从教育国际化的一些共性问题和关键问题，对于各级各类教育
特别是各级各类教育内部不同层次和类型的学校的国际化的个性化问题关
注不够，这是尚需要在今后的研究中深入研究的问题。由于我们水平有
限，我们深知本研究还有很多缺陷和问题，希望专家、学者和读者提出批
评建议，我们一定认真聆听、学习和修改。在研究和撰写过程中，我们参
考了国内外的许多研究成果，未能一一列出，敬请谅解。在著作出版过程
中，人民出版社郭星儿编辑付出了艰辛的努力，在此表示衷心的感谢！

北京师范大学国际与比较教育研究院　刘宝存

2020 年 7 月 15 日

第一章　世界城市的概念、发展历程和发展模式

进入 21 世纪，以经济全球化、政治多极化、社会信息化和文化多元化为基本特征，人类社会开始达成一种命运共同体的整体发展理念，也形成一种聚集于城市的现代发展态势。这四"化"在"地球村"多模态城市体系中并非是单一性的存在，而是共生与互促的关系。它们的相互作用激发着全球不同的城市个体的生长、成熟、发展与扩张，构建起推动全球发展的世界城市体系。整个世界城市体系不是固定不变的。不同的城市借助不同的空间网络同信息网络的交互作用，在人类发展与全球经济网络中形成不同等级、不同能量和不同关联度的全球性网络节点，这些节点上的资源要素的流转与配置的变动造就着一个多极化、多层次的世界城市网络体系。其中，世界城市的形成、壮大，吸引着全球资本、资源、技术和人才的聚集，对全球政治、经济、文化、教育等具有控制力和影响力。

第一节　世界城市的概念和理论

20 世纪 80 年代以降，在经济全球化与社会信息化发展大背景下，世界各发达国家开始注意到大城市的诸多优势，开始生发、聚集生产者服务业、总部经济、信息产业、高科技产业，发达国家的一些大城市首先发展成为世界城市。世界城市因其具有世界经济控制点的作用而成为城市发展的最高级别；同时，不同的世界城市也呈现出不同的特色，影响着世界的

发展格局。

一、世界城市的概念

城市是人类文明发展进步的重要标志，是现代经济科技信息和社会活动的主要载体。"世界城市"是从功能角度对"大而重要"的城市进行研究而在国际上被广泛使用的一个概念。[①]"世界城市"本质上是指一种"世界城市地位"，即那种具有重大世界影响的城市的"地位"，而这种地位是由世界城市所具有的不同于一般大城市的功能所决定的。它既可用以表达某一个具有世界城市地位的城市个体，也可用来表达具有世界城市地位的某一类城市群体。

（一）世界城市的内涵

1915年，西方城市与区域规划学家，英国人 P. 格迪斯（Patrick Geddes）在其所著的《进化中的城市》一书中最先提出了"世界城市"这一概念，他将其定义为"世界最重要的商务活动的绝大部分都须在其中的那些城市"[②]。

1966年，P. G. 霍尔（Peter Geoffrey Hall）在《世界城市》一书中，第一次对世界城市的基本特征进行了梳理：（1）世界城市通常是重要的国际政治中心，国家政府的所在地，也是国际政治组织的所在地，并且是各类专业组织、制造业企业总部的所在地。（2）世界城市是重要的国际商业中心，内外物流的集散地，往往拥有大型国际海港和空港，又是所在国最主要的金融中心和财政中心。（3）世界城市是文化、教育、科学、技术、人才中心，集中了大型医院、著名高等学府和科研机构、规模宏大的图书馆和博物馆等基础实施，通常拥有庞大而发达的传媒网络。（4）世界城市是巨大的人口集聚地，拥有数百万乃至上千万的城市人口。（5）世界城市

---

① J. V. Beaverstock, P. J. Taylor, and R. G. Smith, "A Roster of World Cities", *Cities*, Vol.16, No.6 (1999), pp.445-458.

② 帕特里克·格迪斯：《进化中的城市——城市规划与城市研究》，李浩等译，中国建筑工业出版社2012年版，第138页。

是国际娱乐休闲中心，拥有古典或现代化的剧院、戏院、音乐厅以及豪华的宾馆、饭店和各类餐饮场所。[①]

1981 年，美国经济学家 R. 科恩（R. Cohen）在其发表的《新的国际劳动分工、跨国公司和城市等级体系》一文中运用"跨国指数"和"跨国银行指数"这两个指标对世界城市进行量化分析。"跨国指数"指某一城市拥有的全球最大的 500 家制造业公司的海外销售额占这 500 家制造业海外销售额的比重和这 500 家制造业公司在某一城市的总销售额占这 500 家制造业公司总销售额的比重之比；"跨国银行指数"指某一城市所拥有的全球最大的 300 家商业银行国内的存款与国外存款之比。如果这两个指数均在 1.0—1.5 之间，则该城市属于国际性中心城市，若这两个指数均在 0.7—0.9 之间，则该城市为全国性中心城市，只有这两项指数都超过 1.5 的城市才能成为世界城市。根据科恩分析的结果，只有纽约、伦敦、东京这两项指数均超过 1.5，属于世界城市。[②]1986 年 J. 弗里德曼（John Friedmann）的世界城市等级层次理论将主要分析标准确定为：主要金融中心；跨国公司的总部（包括地区性总部）；国际化组织；商业服务部门的高速增长；重要的制造中心；主要交通枢纽和人口规模。[③]

S. 萨森（Saskia Sassen）强调从服务业的国际化、集中度和强度角度来定义世界城市[④]，把全球性城市定义为发达的金融和商业服务中心。[⑤] M. 卡斯蒂尔斯（Manuel Castells）从全球流动空间的角度，把世界城市描

---

① P. 霍尔：《世界大城市》，中国科学院地理研究所译，中国建筑工业出版社 1982 年版，第 1—7 页。

② R. Cohen，"The New International Division of Labour，Multinational Corporations and Urban Hierarchy"，in *Urbanisation and Urban Planning in Capitalist Society*，M.Dear and A. J. Scott（eds.），London：Methuen. 1981，pp.124-134.

③ J. Friedmann，and G. Wolf，"World City Formation：An Agenda for Research and Action"，*International Journal of Urban and Regional Research*，Vol.6，No.3（1982），pp.309-344.

④ S. Sassen，*Cities in A World Economy*，London：Forge Press，1994，p.236.

⑤ S. Sassen，*The Global City：New York，London，Tokyo*，Princeton：Princeton University Press，2001，p.174.

述为世界范围内"最具直接影响力"的点以及中心。①

此外，还有不少学者从不同角度对世界城市进行理论分析与实证分析。尽管学者们在概念界定和研究方法上存在差异，但世界城市的基本内涵还是比较清楚的。目前国际上世界城市通用的定义认为：世界城市是国际大都市的高端形态，是城市国际化水平的重要标志，对全球政治、经济和文化生活等方面具有重要的影响力和控制力。②

世界城市的内涵可以从以下三方面进行理解：

第一，从个体的角度看，世界城市是经济概念，也是政治概念。

世界城市首先是个经济概念。如果我们将全球化背景下世界经济的分工和流动视为一条物流链的话，那么可以将世界城市理解为这一链条中最关键的部分——"物流中心"，它既发挥着控制和指挥整条链条中物流（包括货物、人员、货币、信息等）的流向、流量、流速的作用，同时也起着提高上述各要素的附加值和实现其价值的作用。

世界城市同时也是个政治概念。首先，世界城市大多是国家或国际政治中心。其次，"世界城市处于世界经济和地域性的国家政府之间的结合部"，因此，"被要求扮演双重角色"。③ 世界城市也因此成为国际资本和国家政治利益之间进行"讨价还价的筹码"④。再次，世界城市内部的社会矛盾、空间矛盾远比其他城市来得突出，通过各种政治纲领和政策措施处理好城市内部社会各阶层之间的关系，是维持世界城市作为全球经济中心正常运转的必要条件，也可以为其他城市解决类似的问题提供政治

---

① M. Castells, *Network Society*, Oxford: Blackwell, 1996, p.223.

② 周伟：《对世界城市的基本内涵与发展规律的认识》，2010 城市国际化论坛论文集，2010 年 9 月，第 10 页。

③ J. Friedmann & G. Wolff, "World City Formation: An Agenda for Research and Action", *International Journal of Urban and Regional Research*, Vol.6, No.3, (1982), pp.309-344.

④ J. Friedmann & G. Wolff, "World City Formation: An Agenda for Research and Action", *International Journal of Urban and Regional Research*, Vol.6, No.3, (1982), pp.309-344.

范本。

第二，从群体的角度看，世界城市具有等级，其地位是可变的。

世界城市是世界经济体系的空间表达[①]。而世界经济体系是由经济发展水平不同的区域经济系统所构成的，因此代表这些区域经济系统的世界城市在全球经济发展中所起的作用也必然有所区别，从而形成不同世界城市的等级差异，经济实力越雄厚的区域，其拥有的世界城市的等级就越高，反之就低。世界城市至少可以分为两级：全球性的世界城市和区域性的世界城市。

世界城市的地位是可变的。在世界城市的等级系列中，某个世界城市的地位不是固定不变的。随着全球化的推进，世界经济发展的层次和格局将不断地变化，某个世界城市所联结的区域的地位也将发生改变，因此该世界城市的地位和作用也必然随之而发生变化，它在世界城市的等级梯队中的位次将因此而起起落落。由于世界城市对所在国家、区域的发展极为重要，因此亚洲的很多国家和当地政府正努力推动本地的大都市区进入世界城市的行列。这说明"世界城市是城市间动态的竞争过程的一部分"[②]，而这更增加了世界城市的地位的变数。

第三，世界城市的内涵既强调不同城市的共性，也重视城市间的差异。

R.C.希尔（R. C. Hill）和 J.W.基姆（J. W. Kim）强调不同国家体系和区域联盟所形成的世界城市应各不一样，因此认为不能用全球主义者的"世界城市"的观点来理解所有的世界城市。[③] S.萨森（Saskia Sassen）认

---

① J. Friedmann & G. Wolff, "World City Formation：An Agenda for Research and Action", *International Journal of Urban and Regional Research*，Vol.6，No.3，（1982），pp.309-344.

② M. Douglass, "Mega-urban Regions and World City Formation：Globalization, the Economic Crises and Urban Policy Issues in Pacific Asia", *Urban Studies*，Vol.37，No.12（2000），pp.2315-2335.

③ R. C. Hill and J.W. Kim, "Global Cities and Developmental States：New York，Tokyo and Seoul", *Urban Studies*，Vol.37，No.12，（2000），pp.2167-2195.

为："世界城市"（只）是一种分析架构，用以抓住世界城市的共性；在相当程度上，唯有遵从当地制度、环境和法律这些行政性框架，世界城市的功能才能得以发挥，换句话说，唯此，世界城市才能得以形成和发展，而不是一种简单、标准化的发展过程；（关于世界城市）这种研究方法既能抓住不同的世界城市其功能形成的不同方式，也能避免陷入由于城市间的高度专业化所造成的差异（的泥潭中）。①

(二) 世界城市的类型

由于各个世界城市自身制度、文化结构的差异，以及全球化经济格局中职能分工的差异，世界城市在类型上表现出多样性或差异性。就世界城市的类型划分，一般可分为资本吸收型或称资本管理型和资本供给型。资本吸收型世界城市是国际金融和高端服务业的区域或世界中心，也被称为金融中心型世界城市，这种类型的世界城市由于缺乏广泛产业基础，对外界经济的依赖度过高。最典型的资本吸收型世界城市就是纽约和伦敦。资本供给型世界城市集聚了大量的来自世界各地的制造业和产业咨询类跨国公司总部，除了具有国际金融中心的功能之外，也是世界产业的中心。在资本供给型世界城市中，最典型的就是东京。

除此横向分法以外，J. 弗里德曼（John Friedmann）提出的"世界城市等级"可以看作纵向分法。弗里德曼采用 7 个指标：主要的金融中心、跨国公司总部、国际性机构的集中度、商务服务部门的快速增长、重要制造业中心、主要交通枢纽、人口规模，并按照核心国家和半边缘国家对资本主义世界的主要城市进行分类。②1995 年，又增加了人口迁移目的地这个指标，并按照城市所连接的经济区域的大小，重新划分了世界城市。③

---

① S. Sassen, "Global Cities and Developmental States: How to Derail What Could Be an Interesting Debate: A Response to Hill and Kim", *Urban Studies*, Vol.38, No.13 (2001), pp.2537-2540.

② J. Friedmann, "The World City Hypothesis", *Development and Change*, Vol.17, No.1, (1986), pp.69-84.

③ J. Friedmann, "Where We Stand: A Decade of World City Research", in *World Cities in A World-system*, P. L. Knox & P. J. Taylor (eds.), Cambridge: CUP, 1995, pp.21-47.

P.L. 诺克斯（Paul L. Knox）认为以功能分类的方法来界定世界城市可能更有效，他提出 3 个判别标准：世界 500 强企业数量、非政府组织和国家组织数量、城市首位度。①

近年来，对世界城市体系的等级划分，越来越采取了一种更为综合的方法，不仅考虑经济因素，将文化因素也纳入其中。许多主要的世界城市生活及价值观念发生巨大变化，文化产业成为城市最为重要的产业之一，全球文化与经济密切地联系在一起。M. 亚伯拉罕森（Mark Abrahamson）使用了几套指标对世界城市体系的位序进行研究，具有代表性的是他选取了三种全球性的娱乐产业：媒体音乐以及电影及电视，得出文化产业综合指数，从文化角度进行世界城市体系等级划分，如表 1–1 所示。

表 1–1　从文化角度划分的世界城市等级体系

得分	城市
30	纽约
18—21	伦敦、洛杉矶、巴黎、悉尼、东京
12	多伦多
4—7	开罗，香港，卢森堡马尼拉，墨西哥城，孟买，纳什维尔
1	布鲁塞尔，迈阿密，蒙特利尔，华盛顿

数据来源：M.Abrahamson，*Global cities*，Oxford University Press，2003，pp.12-13.

尽管目前学者们对于划分世界城市的指标各持己见，但是这些指标大体包括：跨国公司总部的数量；制定一系列指标来确认城市于全球经济体系中的地位；由世界经济体系为切入点，以生产性服务业集中的程度为指标；国际金融中心地位为标准。

---

① P. L. Knox，"World Cities in A World System"，in World Cities in a World-system，P. L. Knox & P. J. Taylor（eds.），Cambridge：CUP，1995，pp.3-20.

二、世界城市的理论

(一) 全球化理论

由于生产力和科学技术的发展导致人类活动突破时间和空间的局限，产生了极强的相关性，世界因此联为一体。用安东尼·吉登斯（Anthony Giddens）的话说，全球化是一种时空分延，它"使在场与缺场纠缠在一起，让远距离的社会事件和社会关系与地方性场景交织在一起"①。在马克思主义视野里，全球化是随着生产力的普遍发展和与此相关的世界交往的普遍发展，人类活动逐渐摆脱民族和地域的局限，形成全球范围内的全面依存关系的趋势和过程。② 由此可见，从世界范围来看，全球化是人类发展的必然趋势。

国内外关于全球化概念和内涵的界定存在着一定的差异，大概可以归纳为以下几种观点：

1. 全球化即是资本主义化，是资本主义一种新的形式或发展阶段。有观点认为，从本质上看，全球化是资本主义全球发展的产物，是整个世界资本主义化的过程。③ 有的学者则干脆认为全球化就是资本主义的别称，是资本主义的当前形式，现在的全球化时代，可以称为"后资本主义时代""发达资本主义时代""跨国资本主义时代""全球化的资本主义""后福特主义"等等。④ 持这一观点的学者一方面是从生产方式角度去论证，认为全球化就是资本主义生产方式的普遍化；另一方面则是从体制上考虑，而全球性市场经济的运行、民主人权政治制度的追求正是由西方发达资本主义国家最先倡导的。这样看来，全球化似乎确实等同于整个世界资本主义化，全球化就是把资本主义的制度、价值观念、生活方式推向全球。

2. 全球化不是资本主义化，而是一个西方所主导的与现代化同步的

---

① ［英］安东尼·吉登斯：《现代性与自我认同》，夏璐译，三联书店1998年版，第23页。
② 《马克思恩格斯选集》第1卷，人民出版社1995年版，第39页。
③ 刘志铭：《经济全球化对经济转轨国家政府的挑战》，《社会主义研究》2000年第5期。
④ 王逢振、王宁：《全球化与后殖民批评》，中央编译出版社1998年版，第91页。

过程，是西方人为主导的现代化的新阶段。① 这个过程完全是近现代才出现的，近几个世纪以来各国国际化和一体化的历史，明显地沿袭了欧美的发展模式或趋于这种模式，时下通用的各种国际性创意、规则无不是在西方主导下制定的，是西方文明的产物。② 这类观点强调全球化表现为跨国界、跨地区的力量，更突出国际主体的行为和国际规范的作用。

3. 全球化就是经济全球化，全球化的本质就是经济行为的全球性发展。当代经济全球化的实质是在资本主义主导下的全球化，全球化问题实际上也是当代资本主义特别是发达资本主义的问题。③ 这些学者主要关注的是全球性资本的流动、国际金融的互相渗透、跨国公司的强劲发展这些经济层面的现象。而西方发达资本主义国家又总是在这一层面上占主导地位并掌握控制权。全球化的实质在于全球的经济行为对世界政治体系产生根本性的影响，后者又反作用于前者。④ 目前的全球化，就本质而言，就是全球经济行为的增长已跨越了政治上以民族国家为主体的国家和地区边界。⑤

但最近几年越来越多的学者认识到全球化并非只是一个经济领域现象，而试图从更广泛的角度理解全球化。全球化的概念和内涵开始具有多维性特点，是一个可以涵盖政治、经济、文化、军事、法律等各种因素和各个领域的系统整体，也是一个相互作用的动态发展过程。因此，对它的学术规范化过程不是某一社会科学单纯发展的产物，而是经济学、政治学、文化学、社会学等综合意识合力的结果。同时，全球化还是一个概括未来时代特征的基本概念，并以各种方式（信息、资金、人员的流动等）来加强世界各国的联系，增进各民族间的了解，发挥积极的整体作用。

（二）城市可持续发展理论

城市可持续发展理论强调的是发展的可持续性，要解决的是城市如

---

① 王逸舟：《当代国际政治析论》，上海人民出版社 1995 年版，第 10 页。

② 王逸舟：《当代国际政治析论》，上海人民出版社 1995 年版，第 10 页。

③ 宿景祥：《全球化是资本主义发展的最新阶段》，《教学与研究》1999 年第 9 期。

④ 叶江：《论经济全球化与国家的关系》，《世界经济研究》1998 年第 2 期。

⑤ 何方：《关于经济全球化的几个问题》，《世界经济》1998 年第 8 期。

何为可持续发展做贡献的问题。城市可持续发展应以其经济的可持续性发展、社会的可持续发展、环境的可持续发展为基础，实现经济增长、社会公平、更高的生活质量、更好的环境之间的协调和平衡。[①]

城市可持续发展的概念主要归为狭义和广义两大类。前者是仅仅以保护城市环境，使之适应于城市可持续发展的传统理论；后者"是指采取环境、经济、人口政策手段，可持续利用资源条件，提高环境承载能力，保证环境内部结构的可持续性，进行环境综合整治规划，进一步改善环境质量，既要取得环境综合效益，又要实现城市环境与人口、经济的协调发展，以满足城市发展对环境资源的需求，最终实现城市整体的可持续发展"[②]。

随着城市科学的发展，越来越多的学者将目光聚焦在城市的多维特性上，强调环境、经济、社会这三个城市子系统的和谐统一对城市可持续发展的重要性。如意大利经济学家 R. 卡麦格尼（Roberto Camagni）、R. 卡培罗（Roberto Capello）从两个方面来定义城市可持续发展概念：从静态上说，即不管从长期还是从短期来看，环境、经济、社会三个系统中任何一个系统与其他两个系统的净交叉外部效应最大化；从动态上说，即三个系统平衡地协同演进。[③] 这一理解在表 1–2 中体现得更为具体：

表 1–2　城市环境、经济、社会系统之间相互作用的正、负外部效应

	经济、环境相互作用	经济、环境相互作用	经济、环境相互作用
正的外部效应	有效利用能源 有效利用不可再生自然资源 宜人的城市环境所能容纳的经济规模	提供适宜的住宅 提供工作机会 提供公共物品（如图书馆） 扩大社会交往 提供教育和医疗服务 城市生活方式的多样性选择	绿地成为社会福利 绿地与住区结合 获得城市环境福利

[①] 张秉忱：《关于城市健康发展的几点思考》，《城市发展研究》1999 年第 7 期。
[②] 参见陈光庭《从观念到行动：外国城市可持续发展研究》，世界知识出版社 2002 年版，第 5—6 页。
[③] Roberto Camagni, Roberto Capello & Peter Nijkamp, "Towards Sustainable City Policy: An Economy-environment Technology Nexus", *Ecological Economics*, Vol.24, (1998), p.106.

续表

	经济、环境相互作用	经济、环境相互作用	经济、环境相互作用
负的外部效应	自然资源的耗竭 能源过度消费 大气污染、水污染 绿地消失 交通堵塞污染 噪音污染	因城市高房租而被迫郊区化 劳动力市场的社会摩擦 新的城市贫困	城市健康问题 具有历史意义建筑的消亡 城市文化传统的丧失

资料来源：Roberto Camagni，Roberto Capello & Peter Nijkamp，"Towards Sustainable City Policy：An Economy-environment Technology Nexus"，*Ecological Economics*，Vol.24，（1998），p.107.

上述理念已突破了狭义的概念，并且对广义的概念加以了补充，使城市可持续发展的内涵在一定程度上得到了扩展。在此基础上，以实现可持续的城市发展过程为出发点，从资源、环境、经济、城市建设、社会、文化等不同的角度对城市可持续发展概念进行更为深入的探讨，可更加透彻理解各个层面与城市可持续发展的关系。

1. 城市资源与城市可持续发展

从城市发展的基础——资源角度来看，城市可持续发展是指一个城市不断追求其内在的自然潜力得以实现的过程。换言之，城市要想可持续发展，必须合理地利用自身的资源，寻求一个合理的使用过程，并注重使用效率，但同时也要为后代人着想，即"可持续发展的城市不应该（通过它们产品和消费模式的中介）强加给地方或者全球自然资源和系统不可持续的发展需要"①。维护城市的可持续发展，关键是保护城市资源，这就需要通过加强资源管理，采取行政、法律等手段，限制和防止需求的过度增长。因此，资源及其开发利用程度间的平衡，保护非再生资源和最大地利用可再生资源和循环利用资源，以及改进完善资源管理机制的有效性是城

---

① ［英］保罗·贝尔琴等：《全球视角中的城市经济》，刘书瀚、孙钰等译，吉林人民出版社 2003 年版，第 34 页。

市可持续发展必须遵循的基本原则。

2. 城市环境与城市可持续发展

城市发展到一定阶段，城市环境容易出现严重恶化，致使城市空间集聚规模效益与成本之间原本平衡的天平出现倾斜现象，并愈演愈烈。因此，城市要想持续发展，其中一个基本特性就是协调好城市经济与环境之间的关系。因此，利用环境生态规律来解决城市环境问题，是城市可持续发展所面临的一个基本问题。公众应不断努力提高自身社区及区域的自然、人文环境，同时为全球可持续发展作出贡献。

3. 城市经济与城市可持续发展

城市作为一个生产实体，其可持续发展是指在全球范围实施可持续发展的过程中城市系统结构和功能的相互协调，具体可以理解为围绕生产过程这一中心环节，通过均衡地分布农业、工业等城市活动，促使城市新的结构、功能与原有的结构、功能达到内部的和谐统一。与此同时，城市经济必须立足于解决城市可持续发展的各种相关问题，如在经济全球化趋势下的城市化过程中城市增长、城市发展以及城市规划等方面。总而言之，"协调，是城市经济稳定、健康发展的重要条件、主要内容和实际体现"①，也是城市可持续发展的有力保障。同时，城市的可持续发展也必须以经济和科技的持续发展为动力。

4. 城市建设与城市可持续发展

城市建设与城市可持续发展最为完美的契合点在于建设生态城市。建设生态城市的基本途径，可以分为三个部分：一为发展生态经济，二为建设生态社区，三为进行全面规划。② 生态城市建设的范围非常广泛，是一个十分庞大的系统工程，它作为城市可持续发展必不可少的重要环节，成为世界各国城市化进程中努力的方向。在城市建设过程中，会有许多矛

---

① 钟爱民：《给城市把脉：城市化进程与可持续发展的平民审视》，上海科学技术出版社2001年版，第113页。

② 周纪纶、吴人坚：《城市的迷惑与醒悟：城市生态学》，上海科学技术出版社2002年版，第56页。

盾需要解决。只有针对存在的城市问题，提出合适的建设目标，并与城市可持续发展理论紧密结合在一起，才能使生态城市建设健康有效地进行。因此，要用可持续发展思想指导城市建设和城市规划，要坚持四个原则：即以人为本、综合规划先行、自然生态、绿色建筑技术原则。

5. 城市社会与城市可持续发展

城市可持续发展在社会角度应以富有生机、稳定和公平为标志，以具有高度发达、高度文明、体制完善的社会为长期追求的目标，寻求人类相互交流、信息传播发展的最大化，使城市社会尽量适应不同城市群体的不同生活方式的需要，并鼓励不同城市阶层的人参与到城市问题讨论甚至决策中来。

国外学者对城市社会可持续发展的研究，主要集中在以下几个方面：①保证基本环境权利的获得，即政府必须保障公民基本的生活需要，如干净空气、水、住房等，这是维持社会长治久安的基本条件；②教育和培训权利，增强公民素质；③充分就业，社会应给每个公民提供就业的机会；④消除贫困与社会对抗，市政当局应努力发展经济，消除贫穷现象，同时协调好各方面的利益，尽量避免社会冲突；⑤提高城市的空间质量，规划绿地，调节人们紧张的生活方式；⑥采取健康服务措施，增强人们防御疾病意识，同时增加各种医疗措施；⑦鼓励公众积极参与社会活动，使其公民意识增强，服务社会；⑧形成和谐邻里关系，通过社区公共活动，增强社会整体凝聚力；⑨养成良好健康的生活方式。由此可见，城市的可持续发展也必须以社会的可持续发展为目的。

6. 城市文化与城市可持续发展

城市不仅仅是经济的载体，同时也是文化的载体。没有文化的城市，只是一块精神蛮荒之地。城市发展的根本目的是满足并不断提高人民日益增长的物质文化和精神文化的需求，因此，城市的可持续发展应以文化的持续发展为灵魂。这里所说的文化可持续发展，是指城市文化对传统的继承与普遍的尊重，区域自然及文化遗产的挖掘与保护，积极健康的城市文化形象的形成，健全的教育培训体系，知识与信息的广泛传播，充满活力

朝气的文化创新精神与创新能力。城市文化的动态发展，是城市永恒价值
的创造及其实现的重要手段。城市文化的可持续发展，是传统文化和时代
精神相融合的动态过程，必须建立在城市自身深厚的人文底蕴基础之上，
并与时俱进。只有保证城市文化发展的可持续性，才能保持城市的永恒魅
力。也只有这样，才能最终实现城市的可持续发展。

第二节　世界城市的发展历程与基本特征

　　世界城市的形成与发展也是一个不断累进的过程。一些城市在经历
了社会、经济和空间重构之后，演化为控制和影响世界格局的世界城市。
城市经济活动的扩大和空间扩散促进了城市社会、经济活动中高层管理和
控制、金融行业、生产服务业在中心城市的集聚；同时，以交通枢纽为基
点，在国家发达经济区域中心城市的基础上，通过贸易中心、经济中心积
累财富、扩大辐射范围，形成金融中心，最后拥有全球控制能力的循环上
升的演变过程。

一、世界城市的发展历程

（一）前工业社会的城市

1. 时代背景

　　人类历史中，经历了上百万年的穴居和逐水草而居的采集和渔猎社
会之后，在旧石器时代向新石器时代过渡的时期和新石器时代初期，出现
人类社会的第一次劳动分工，养畜业和农业先后兴起，人类才开始进入分
散的乡村聚居的阶段，并长期停留在半久居的农牧业村舍阶段。城市和定
居农业差不多同时出现，大约在公元前5000—前3500年这段时间，人类
进入农业社会，开始出现城市生活。农业经济是一种自给自足的自然经
济，其主要特征是以土地财产为基础，生产力发展水平有限，城市经济活
动局限于小型家庭企业范围内，就业者主要是工匠、小商贩、食品销售商
及低层次服务业人员。

2. 城市的特点

城市在全部经济生活中最初仅以交易中心的身份出现，只是在后期才开始带有部分生产功能。同时，城市拥有相对强大的防御功能，并因此而成为权力阶层集聚的地方。在这一时期，城市的功能非常简单，仅以居住、商业和行政为主，城市完全依赖周边地域的供给而存在，更多的是一种权力中心的象征。但是直到二三百年以前，城市总的发展水平一直是很低的。古代出现过有数的几个大城市，但兴衰起落很大，发展很不稳定，城市本质上不过是乡村的一部分。[①]

（二）工业社会的城市

1. 时代背景

18 世纪后半叶工业革命开始以后，现代工业从手工业和农业中分化出来，人类摆脱了对土地的依附，实现了从工场手工业到大机器生产的飞跃，社会生产力得到了巨大发展，人类进入工业社会时代。农业活动的比重逐渐下降，非农业活动的比重逐步上升，以农业为最大产业部门的经济转变为以工业为最大产业部门的经济，这一过程被称为工业化。企业取代家庭成为社会生产活动的主体，生产活动的投入开始表现为资本，生产的目的不再是自给自足，而是为了资本增值，企业成为社会经济生活里的核心角色。

经济增长的基本动力是工业生产，财富主要来自第二产业，工商业活动地位高，城镇因为拥有工业先进生产力的组织形式，得到迅猛发展，城市的工业生产功能逐步成为城市的主导功能。城市因其是区域的生产中心，主宰着区域的发展。工业生产在城市不断集中和发展，第二、三产业和区域人口向城镇急遽集中，使城市逐渐成为社会生产和生活的主导力量，大规模的城市化进程由此引发。工业化是城市化的经济内涵，城市化是工业化的空间表现。

---

① 周一星：《城市地理学》，商务印书馆 1997 年版，第 61 页。

2. 城市的变化

城市的数量和规模急遽增大，而且城市规模越大，人口的发展速度越快。人口及先进生产要素的积聚本身就能够产生巨大的创造力，这种创造力不仅构成工业化新的推动力，而且还带来人们的思想观念、生活方式及社会结构的巨大变革，使之适应新的工业化时代生产组织的要求。尤其由于大城市集聚了高技能的人群，而且拥有更高的组织水平，因此，在工业社会中居于支配地位。大城市在地域空间不断延展，城市周边不断城镇化，甚至城市边界不再明显，以一个或几个城市为中心的大都市区，甚至大都市带便会形成。

工业革命不仅使原有的单个城市迅速扩大，而且促使一批批新的城市奇迹般地生长起来。城市职能演化加剧，城市功能趋于复杂。由于生产和其他功能的加入，城市原先的行政、居住、商业三元组织结构被彻底颠覆，城市成为制造业基地。交通、通讯、生产技术的快速发展促进了国家间的竞争，大城市由于其在工业化过程中的引领作用，逐渐成为服务于国家战略目标的地理中心，国家的地位决定了城市在国际上的地位。

从 19 世纪下半叶开始，以钢、石油、化工产品、电力和内燃机为基础的工业革命，先是在英国，后来在德国出现。这个阶段的工业发展随着装配线和大规模生产（福特主义）的采用达到高潮，技术上领先的国家再次成为世界上最强大的国家。如同在工业革命起初几个阶段一样，在工业上占支配地位的国家利用它的权力按自己的经济和政治利益改造世界。而且，技术上领先的国家通过贸易和对外投资实现了经济扩张，迫使其他国家要么选择采用新的生产方法，要么选择缩到保护主义壁垒后面，从而必然在全球经济竞争中落后。

城市空间结构发生变化，并出现新的城市空间。城市空间组织模式由混乱逐步走向明确的功能分工。从工业革命初期的生产、生活区域混杂到 19 世纪末 20 世纪初所倡导的功能分区，适应新时代社会经济发展的城市空间秩序得以重新确立。由于生产发展的需要和技术的进步，使城市不断产生和强化新的功能需求，如出现了在农业社会城市中从未出现过的大片工业区、仓库码头区、商业区、新型铁路枢纽、航空港等。这些新城市空间对区位与规模有着不同的要求，它们的出现完全打破了城市的旧有格局。但是，城市也开始出现新的问题。随着工业化、城市化的推进，大规模工业生产在城市完成、大量人口集聚到城市，导致了城市规模不断扩大，也使城市秩序失去了控制，进而出现了一系列问题，如交通拥挤、功能混杂、环境恶化、空间无序蔓延等。

（三）后工业社会的城市

1. 时代背景

20世纪60—70年代，随着第三次工业革命和信息通信技术的发展，西方社会开始了后工业化过程，西方社会经济发展的动力已经开始由传统的工业生产转向技术创新和服务管理上。在工业社会中，因为必须对生产提供辅助性劳动，各种服务型行业开始不断增长，如贸易、金融、运输、保健、娱乐、研究、教育和管理。1956年，美国职业结构中从事技术、管理事务工作的白领工人的数目，在工业文明史上第一次超过了蓝领工人。从那时候起，比率一直稳步扩大，到1970年，白领工人与蓝领工人的比例超过了5∶4。[①]

后工业社会经济的产业结构特征是：工农业（物质资料生产部门）在国民经济中的比重下降到1/3以下，其中农业比重下降到2%—3%，而服务业（第三产业）在国民经济中的比重达到2/3以上；绝大多数人口不直接从事物质资料生产活动，即使在物质资料生产部门也有相当比重的"白领"阶层。后工业经济是生产力发展的结果，是在农业和工业高度发达的基础上形成的。

2. 城市的变化

第一，城市职能变得多样化。在后工业社会，城市逐步从工业生产中心转变为第三产业中心，商业、贸易、金融、证券、房地产和信息咨询

---

① ［美］丹尼尔·贝尔：《后工业社会来临——社会预测的一项探索》，高铦译，商务印书馆1984年版，第20页。

等行业蓬勃兴起。城市职能趋向多样化,许多中心城市既是科学技术中心,也是商业中心、金融中心、信息中心、文化中心、交通枢纽和行政中心。城市的主导功能也从工业生产转向创新、管理与服务。

第二,中心城市的集聚作用增强。中心城市对区域经济的带动作用表现为工业生产的向外扩散。中心城市成为国际商贸聚集地,金融业务和信息网络高度发达,具有发达的立体交通设施和一流的生活服务设施,能够提供与国际惯例相符合的行政框架和管理方式,用高效的行政流程和健全的法规管理保证经济的有效运行。由于高层服务业大多数集中于中心城市的商业区,尤其是大城市的中心商业区,而郊区卫星城市主要发展制造业,这在客观上要求中心城市由制造业中心转变为商业和服务业中心。由于中小城市和郊区的企业依赖中心城市的高层服务,以便在激烈的竞争中生存和发展,中心城市与中小城市和郊区的关系进一步增强,在职能上发生更大范围内的整合,中心城市的高级服务功能得到强化。

第三,城市空间向多中心转化。后工业时代,物质生产在社会经济中的比重不断下降,经济结构的变化导致城市产业结构和空间结构随之改变。城市较高的土地成本使生产空间在城市中的比例不断下降,在工业化社会中曾经占据城市大部分空间的工业区纷纷萎缩,而代表知识经济时代产业变化的大型国际航空港、高新技术园区、科学园区纷纷出现;零售业的多元化和垄断使原有分散的零售点衰落,大型购物中心拔地而起;郊区化带来远郊居住区、边缘城市以及大型郊区购物中心,旧有城市格局被改变了。单中心的巨型城市已经不能满足人们的需求,开始向多中心转换,如东京、巴黎等城市的空间结构都是在后工业社会时期转变为多中心。

3.世界城市的出现

20世纪80年代之后,经济全球化使国家在跨越国界的各种经济活动中的制约作用不断削弱,促进了生产要素在全球范围的自由流动和优化配置。城市内部的分工和协作进一步扩大到城市外部,支撑城市发展的资源不再仅仅来源于周边区域，以至于发展到其他国家和城市，使得城市功能也不再仅仅局限于具有区域意义，而在某个或某些方面城市具有广泛的甚至是全球性的影响。大城市不再仅仅担当国家战略目标所在地的角色，城市功能开始以世界为导向，中心城市间的经济联系加强，开始主宰全球经济命脉，城市之间形成具有一定秩序和格局的城市体系。全球各城市带动其腹地积极融入世界经济体系，与世界经济的联系加深。在全球经济网络中涌现出若干在空间权力上超越国家范围、在全球经济中发挥指挥和控制作用的世界城市。

二、世界城市的基本特征与演变规律

(一) 世界城市的基本特征

世界城市是指在全球政治、经济和文化等领域具有国际影响力和控制力的城市，是具有世界意义的战略资源或生产要素的集聚中心和配置中心，也是从世界角度俯视各国主要城市体系的高端形态。一般而论，在世界城市体系中，不仅可以有多个世界城市，而且可以依据一定的评价标准对不同类型的世界城市划分等级。从纽约、伦敦、东京、新加坡等世界城市提出的面向未来的城市发展战略和城市发展愿景来看，虽然在战略出发点上存在差异，但在发展目标、规划理念、关注领域等方面有许多不谋而合的共性：高度重视城市的健康与可持续发展，强调城市在世界经济重构中的地位、环境与能源可再生、科技、人的发展，重视城市的公平、包容、生活、宜居价值，着力打造人文、活力、创新、智慧的综合型城市，从而使城市在未来具有更强的竞争力和适应性。世界城市应当具备雄厚的经济实力，巨大的国际高端资源的交易和流量，发达的、现代化的、立体化的交通体系，安全、稳定、宜居的社会环境以及良好的国际形象等。具体来看，世界城市应该具有以下基本特征：

1. 世界城市是世界经济的管理、控制中心

世界城市在经济体系上表现为拥有与世界主流经济体系相适应的经济体系，是全球经济管理和控制中心——企业总部的集聚地。世界城市的

管理、控制能力主要来源于聚集其中的跨国公司总部、国际金融机构及相关国际组织总部，具有在较大经济区域范围内协调国际资本流动和生产活动的能力，乃至对全球经济的控制能力，特别是在提供生产性服务方面，在制造业产品、文化产品和服务业品质等方面均具有良好声誉，是具有国际意义的生产要素聚集和配置的战略中心，是国际商贸等全球组织的所在地。少数世界城市依靠其现代化的基础设施、高等级的生产者服务业网络和高效率的指挥控制系统而成为众多大型跨国公司总部云集之地，成为跨国公司全球生产经营和战略策划中心。1999 年，世界城市拥有的全球 500 家最大跨国公司总部的数量，东京为 63 家，纽约 25 家，伦敦 29 家。①

很多国际组织位于世界城市，增加了世界城市的管理、控制功能，如国际货币基金组织、世界银行、世界贸易组织等。世界经济一体化程度加深，全球分工的重组以及一系列全球性问题（如环境污染、大规模杀伤性武器的扩散、跨国犯罪等）超越了单个国家的能力范围，也迫使国家越来越依赖于国际合作和国际组织的援助。

2. 世界城市是国际金融中心

世界城市拥有众多的金融机构，特别是跨国银行，集中了巨额的金融资产和资本，产生了大量的金融业务，金融业已成为世界城市的主要经济部门，是在高度一体化的世界经济环境下国际资本对世界经济进行控制和发挥影响的空间节点。世界城市应具备为企业或市场的全球运营提供服务、管理和融资的能力。在经济金融化趋势不断深化的背景下，世界城市必然是一定范围内的金融服务中心。最典型的三大世界城市纽约、伦敦和东京就是全球三大金融中心。

3. 世界城市是先进的生产者服务中心

世界城市是创造新思想、新时尚、新价值观和新文化的中心，具有

---

① ［美］丝奇雅·沙森：《全球城市：纽约、伦敦、东京》，周振华等译，上海社会科学院出版社 2005 年版，第 100 页。

引领各种潮流的能力。比如，世界城市是创造诸如会计、中介、咨询之类高水平的商务服务的最高级的生产场所，是这些生产者服务公司的主要集聚地，商务服务替代制造生产部门成为主导经济部门。1997年纽约市广告营业总额达376亿美元，东京为314.5亿美元，伦敦为153.2美元。在20家全球最大广告公司中，总部位于纽约的6家，伦敦有4家，东京5家。[①] 同时，先进的生产者服务业在全球的流动主要集中在顶级世界城市中，城市的等级越低则与世界城市之间的生产者服务业的流动量越低。

4. 世界城市是全球信息中心和高新技术生产、研发基地

世界城市是全球信息中心。信息技术的发展促进了通信系统和网络在全球的延伸，并且全球信息网络与全球金融系统及经济活动紧密相连，信息技术的国际扩张是国际金融和经济活动联系的技术支撑。因此，对全球化经济的管理和控制需要世界城市成为全球信息中心。

世界城市全球连接能力较强，城市彼此间的互动产生对当地经济及全球经济变动的极为敏捷的感受力。在产品需求变动率高及生产技术变动快速的背景下，企业只有快速取得消费者偏好的讯息，进行及时的生产技术或设计的创新，才足以领先竞争对手占领市场。面对面接触是获得生产变动的讯息的捷径，因此高新技术产业的生产和研发基地通常选择位于世界城市。

(二) 世界城市的演变规律

纽约、伦敦、东京和巴黎是国际公认的4大世界城市，其形成与发展过程符合高等级城市的普遍规律，同时每个城市又具有其自身的发展个性。它们在长期的形成与发展过程中，逐渐形成了主导地位突出、辐射力涵盖全球的城市主题文化，并伴随着全球化进程的加速，创造并集聚体现世界先进文化价值的各类载体，达到了城市经济性、文化性、社会性成长的高度统一。

---

① 　谢守红：《世界城市的产业结构特征与主要经济功能》，《北京规划建设》2010年第7期。

　　二战前，纽约凭借其有利的地理条件、腹地条件以及轮班制航运制度的确定，极大地促进了港口贸易业的发展，并由此成为连接欧美贸易市场的桥头堡，成为美国东北部地区最发达的城市。二战后，纽约通过公立大学的建设、改善劳动力结构、调整产业结构、发展高新技术产业以及生产服务业、复兴传统制造业等战略举措，初步完成了产业结构的调整。第三产业，尤其是金融、娱乐业成为纽约产业结构调整的先导。至20世纪90年代，民族的多样性与文化的包容性发挥了巨大作用，纽约成为全球先进生产要素集聚地，技术与制度的创新中心，并逐渐由"文化之都"向"世界城市"转变，世界多元文化成为缔造世界纽约的核心要素。

　　长期以来，伦敦凭借其优越的地理区位，集聚了"日不落帝国"最有价值的资源，成为世界范围内工业革命的先驱。伦敦于20世纪60—70年代率先完成工业化进入后工业化时代，并依托其庞大的国际市场，在全球化过程中通过金融资本的经营，引导生产要素在全球范围的自由流动和优化配置，实现了由"帝国之都"向"金融之都"的转型。转型过程中，伦敦集聚了大量高端人才与企业总部、构建了诸多世界著名大学，使伦敦成为世界创意产业的集聚地，刺激了伦敦产业结构的再调整，成为由"名牌城市"向"世界城市"成功升级的典型城市。

　　东京的快速增长集中在明治维新之后的19世纪末和20世纪初，在工业革命过程中，由于国家战略的影响，资本、人口以及企业中央管理功能向东京集中，使之具备了政治、经济双重中心的功能。二战后，凭借全球广阔的大型工业产品市场需求，以及城市群的培育，东京的城市化进程明显加快，最终发展成为世界经济重心之一；1985年《广场协议》致使日本的对外投资规模迅速扩大，资本控制市场由亚洲逐渐扩大到欧美，东京也逐渐成为世界经济体系的重要管理中心。

　　巴黎历史上长期作为法国的政治、经济和文化中心，是举世闻名的世界文化名城，文化成为城市发展的主导功能之一。20世纪70—90年代法国经济发展的持续低迷，促使其寻找在世界范围内的功能定位，并形成了《法兰西岛地区发展指导纲要（1990—2015）》，以多中心、区域化、整体性城市新布局适应世界城市竞争，形成了覆盖4个国家的40个10万以上人口的城市的巴黎都市圈。功能定位的转变给巴黎带来了巨大经济和社会效益，使之逐渐成为法国的企业天堂，高技术工业、以奢侈品著名的高档商业以及金融、文化创意等产业都得到了巨大的发展。

从纽约、伦敦、东京和巴黎的发展历程看，世界城市的形成与演变具有以下特征和规律：

首先，世界城市均选择了工业化带动城市化的基本成长路径，并成为世界工业革命先锋。雄厚的工业基础和发达的高技术制造业体系是后工业化时代进行大规模的、高端技术和制度创新的源泉。

其次，鲜明的城市主题文化是世界城市率先在经济区层面形成初始竞争力的基础，是保障世界城市在后工业时代体现创新活力的载体，是保障先进生产力充分发挥集聚与辐射作用的核心。反映时代需求的文化裂变是保障其竞争力持续提高的基石，也是世界城市未来的永续发展主题。

然后，世界城市均依托具有区域辐射能力的经济区，经济区内部各节点的协调发展是世界城市发展初期实现快速增长的引擎。集聚和辐射是世界城市发展和演进的重要机制，同时也是保障其持续、稳定、高效发展的物质基础。

第四，以跨国公司为纽带，较高的国际化程度是保障世界城市在世界城市体系内发挥控制和管理中心职能的基础。包括资本、人才、技术等元素在内的高端生产性要素成为跨国公司控制世界经济体系的核心，也是大规模的小型创新企业实现资源优化整合的中坚力量。

第五，国际金融、文化创意等体现世界城市主题文化精髓的现代服务业是促进世界城市实现产业结构不断升级的助力器和催化剂，是现在和未来较长一段时间范围内体现世界城市全球价值的有效工具和载体。

综上所述，世界城市可以理解为依托世界经济网络和城市经济区两大载体，通过培育城市文化，完善多维创新体系，以新兴业态整合资本、人才和技术等高端资源，并在全球范围内实现快速高效集散，以发挥其对世界经济、社会体系的管理与控制作用的国际一流城市。

第三节 世界城市的形成机制与发展模式

世界城市不是无序发展的，它受到内在形成机制与发展规律的制约；同时，世界城市也不是纯粹自发产生的，它受到市场调节和政府调控的影响。

一、世界城市的形成机制

S. 萨森（S. Sassen）认为，经济活动的全球化大大增加了商务交易的复杂性，伴随着最先进的通信技术在这些城市的集中，也造成企业指挥与控制职能的集聚。[①] M. 卡斯蒂尔斯（Manuel Castells）把当代信息经济归纳为由"流动空间"组成的网络型社会，从信息流动的角度分析了世界城市形成的力量基础。[②] 学者们对于世界城市形成机制的表述说明，世界城市的形成来源于两股强大的经济力量的结合：以制造业为主的经济生产活动在全球范围内不断扩散，对这种生产活动的控制不断向大城市集中。

世界城市的形成是个累进的过程，存在发展的阶段性规律。以国际交通枢纽和国际信息枢纽的完善为保障，新的国际劳动地域分工促生跨国公司的集聚，形成区域金融中心，进而形成国际金融中心，最后使世界城市拥有全球经济控制能力。在这一过程中，政府的宏观引导起着关键作用。每一个世界城市的功能在相当程度上要透过当地制定环境法律、行政框架才得以形成和发展。世界城市的发展取决于以下几个方面：一是能否与世界进行有效的信息和网络实体的连接；二是能否发挥全球性交换作

---

① S. Sassen, *The Global City*：*New York*，*London*，*Tokyo*，Princeton：Princeton University Press，2001，p.355.

② M. Castells, *The Rise of the Network Society*，London：Blackwell Publishing Ltd，2000，pp.355-406.

用；三是能否开发世界网络的新潜力并起先锋作用。

(一) 新的国际劳动地域分工

随着现代技术的发展以及生产经营理念的不断进步，生产环节中的产品加工被拆分细化，形成以工序、环节为对象，多国参与的产品分工体系。而分工体系的发展又拓展了国际分工的深度。在这一分工体系下，产品生产环节所需的不同部件与中间品等在不同国家或区域之间高频率流通，使得各国贸易额与 GDP 不断增长。早在 20 世纪 70 年代，G.K. 赫莱纳（Gerald K. Helleiner）就发现了这一现象：发展中国家制成品的增幅与国际制造业的专门分工程度成正相关关系，这种现象实际上是发达国家与发展中国家在产品分工上的早期形态和表现。[①]

20 世纪 90 年代以后，新的国际劳动地域分工出现，劳动分工的空间格局由于各城市对全球化响应的不同而发生了新的变化。大量的跨国公司不但将生产制造部门向外转移，研发部门、区域总部也开始转移到发展中国家的中心城市，利用城市的优势资源进行经营统筹，形成跨国公司的中级决策中心。[②] 新的国际劳动地域分工链条延伸至发展中国家内部，在中心城市与周边城市之间逐步构建起垂直分工体系。相较于中心城市，周边城市具有更廉价的劳动成本、土地成本，更大的市场以及其他更具吸引力的政策和资源，吸引了劳动密集型的制造业生产部门转移，随后资本型产业也向周边城市转移。与此同时，周边城市大型企业的管理、信息、研发等中心则向中心城市转移，制造业等产业基地保留在周边城市中。[③]

在新的劳动分工影响下，城市的职能结构、规模结构和空间结构等方面不断发展变化。城市不同层次的区域分工盘根错节，形成密集的联系网络，大都市区、世界城市、世界城市区域等即为这种高强度、高频率的

---

① G.K. Helleiner, "Manufactured Exports from Less-developed Countries and Multinational Firms", *The Economic Journal*, Vol.83, (1973), p.329.

② 李健：《新的国际劳动分工理论与全球城市、全球城市区域》，《中国城市研究》2008 年第 3 期。

③ 李健等：《从商务成本竞争到劳动空间分工——长三角区域经济一体化发展路径探讨》，《现代经济探讨》2006 年第 6 期。

"城市流"作用下的城市高级别发展形式。

（二）跨国公司的集聚

外商投资在城市经济发展中的作用越来越重要。城市经济的快速发展以及全面对外开放，会扩大外商投资的金额与范围，丰富投资的产业类型，使城市逐步成为全球理想的投资地点。影响跨国公司投资的因素主要有以下四个方面：首先，是城市各产业的市场规模以及经济的高增长率；其次，融入 WTO，履行入世承诺，逐步取消对外限制，为外商扩大在城市的投资领域提供相应的环境与机遇；第三，行业在特定地区形成聚集效应，并形成了吸引其他企业或相关行业进入该地区的良性循环；第四，产业上下游配套完备，使制造企业能够更方便地进行业务整合运营，造就市场更大吸引力。

（三）国际金融中心形成

在工业化过程中，随着经济的发展，一个国家的经济会出现区域分异。拥有强大制造业城市的区域往往成为这个国家经济的发达区域，这些大城市则成为区域的经济中心、贸易中心和金融中心。

城市生产企业的规模进一步扩大，形成了一定的规模经济，不再满足于国内有限的市场容量，就开始将产品推进国际市场。有了具有国际影响力的生产能力，城市就具有了国际性的聚集力和辐射力，城市经济实力增强，吸引人才、资金、技术的范围上升到国际层面。城市生产企业产品市场的不断扩大促进城市主导产业的发展，形成在世界上具有优势的产业集群。通过国际贸易，这种集聚效应向国际扩散。产业的发展使制造地的原材料和人力资源变得昂贵，企业为了降低成本，需要从国外采购更为便宜的原材料等资源，刺激城市进出口贸易的迅速增长，使城市成为国际贸易中心、经济中心。

19 世纪，工业革命使英国成为名副其实的"世界工厂"、全球制造中心，伦敦则成为国际经济中心、贸易中心。20 世纪初，美国成为"世界工厂"，到 1929 年，美国在世界工业所占的比重由 1913 年的 38% 上升到48%；纽约成为世界经济中心、贸易中心。20 世纪 80 年代初，"日本制造"

挑战美国，日本"世界工厂"的地位确立，东京在发达的制造业基础上，依靠生产过程的国际化和技术的发明创新，促进了自身经济地位的提升，成为国际经济中心、贸易中心。进入 21 世纪，中国已然成为新的"世界工厂"，"中国制造"已经遍布世界，上海、北京正在成为新的世界经济中心、贸易中心、金融中心。

"世界工厂"助推了全球性经济的发展，资本积累和繁殖加快，游离于企业生产经营之外的富余货币和资本导致虚拟经济的产生。企业的产品产销过程构成了实体经济，而金融市场的货币资本运动构成了虚拟经济。当虚拟经济的规模超过了实体经济的规模，虚拟经济里的货币资本运动对实体经济的运行产生了越来越大的影响，左右着实体经济的生存和发展，表现为城市生产功能的萎缩和金融功能的增强。虚拟经济的运动比实体经济较少受地理空间的限制，跨国界的虚拟经济在某一城市集中，便形成了国际金融中心。国际金融中心的形成是城市拥有对世界经济控制能力的基础。

国际金融中心拥有众多高度集中的金融机构，能够有效地为国际、区域或全球经济提供全面金融服务，通过资本融通和管理来实现资源优化配置。国际金融中心一般都属于拥有巨大的资本集聚和辐射功能的国际性大都市。[1]G.G. 考夫曼（George G. Kaufman）提出，具备高速增长的国民经济、严格的会计制度与信息披露制度的金融机构以及强大的法律体系，是一个金融中心形成的必备条件。金融中心城市的兴衰，受到城市地位（例如商贸中心、中央银行总部所在地、交通枢纽、首都等）以及战争的影响。[2]

中国经过 40 多年改革开放，对外贸易快速持续发展，进出口占世界比重不断增加，中国的货币地位日益上升。此外，中国的国内经营环境比

---

[1]　单豪杰、马龙官：《国际金融中心的形成机制——理论解释及一个新的分析框架》，《世界经济研究》2010 年第 10 期。

[2]　George G. Kaufman. "Emerging Economies and International Financial Centers", *Review of Pacific Financial Markets and Policies*, Vol.4, No.4, (2001), pp.181-130.

较稳定和宽松，政府大力支持经济发展。这都为中国金融中心的形成奠定了基础。

（四）国际交通枢纽

国际贸易通过交通运输得以实现，交通枢纽的位置优势会为城市发展带来便利条件。在政策、信息条件相近时，发达的交通网是城市降低贸易成本的有效方法。贸易成本的降低为城市制造业带来比较优势，带动制造业的发展。尤其是当产业集群现象越来越普遍，产业集群的形态开始从全套型向全球供应链转型时，先进的交通枢纽成为城市迈向世界城市的优势所在。全球供应链的最大成本是库存和运输，这两项可占产品生产成本的 30%—40%。在这种生产模式下，产业向高效利用世界资源、高效进行全球性分工合作的地区集中。①

得益于全球化及资源和生产要素的全球流动与配置，交通枢纽城市成为区域乃至国家介入全球经济链条与城市体系的重要"节点"。国际交通枢纽城市，具有与世界各地尤其是与世界城市紧密联系的能力，在大洲或洲际层面上有重要的影响力。② 从纽约、伦敦、东京这些顶级世界城市的发展历程看，它们都十分注重交通的发展，形成海陆空立体交通网络。纽约拥有全球最完善的轨道交通网，有 26 条地铁线路，468 个站点，370 公里的运营里程，③ 纽约机场是世界最繁忙的机场，2005 年纽约港集装箱吞吐量位居全球第 17 位；伦敦拥有全球最长的轨道交通，达 408 公里，共有 11 条地铁线路和 268 个站点，1996 年伦敦空港年旅客吞吐量达 8464.4 万人次；东京的成田机场是整个亚洲的航空枢纽，1996 年国际航线年旅客吞吐量达 2266.6 万人次。④

---

① 周牧之：《大转折——解读城市化与中国经济发展模式》，世界知识出版社 2005 年版，第 26 页。

② 吕拉昌：《全球城市理论与中国的国际城市建设》，《地理科学》2007 年第 8 期。

③ 苏多永：《全球城市中心功能建设的国际经验及其上海的相关战略举措》，《区域发展战略》2010 年第 9 期。

④ 翟孝强：《关于把上海建成世界城市的思考》，硕士学位论文，东南大学，2006 年，第 27 页。

（五）国际信息枢纽

信息化是推动世界城市形成、发展的重要驱动力，当城市成为全球通信网络主要节点，并发挥着全球信息枢纽的功能和作用的时候，其随后的发展结果将是世界城市。①M. 卡斯蒂尔斯（M. Castells）曾指出，信息时代是一种必然趋势，信息化所表现的全球支配性功能以及过程是通过网络组织起来的，新的通信技术推动城市间的国际连接，在全球信息网络中的世界城市充当主要的节点，支配着互联网的全球地理结构。②众所周知，信息技术的进步不仅促进了国际贸易的增长，也推动了全球金融体系和全球服务产业的发展。国际互联网络不但改变了人们的生活方式，还加速了经济全球化的进程。以信息技术为核心的技术进步促进了全球通讯体系和网络的发展。在我国，上海、北京等城市自 20 世纪 90 年代起，就将信息化的建设纳入战略层面，部分指标已达到发达国家先进水平。

二、世界城市的发展模式

尽管在市场经济中，市场力量决定城市的形态和结构，造就了世界城市相似的社会、经济、空间重构经历，但城市不是孤立存在的，城市所在国家和地方政府的政权体制的差异、城市历史轨迹的各具特色，使世界城市的发展模式大不相同。

（一）市场主导型——西方模式

市场主导型世界城市是世界城市的原发模式。在全球化的经济中，世界范围的产业通过全球网络发挥作用，跨国公司通过转包合同、合资公司和其他跨国商业联盟来跨边界地进行分散生产，但所有权的集中导致管理的集中。生产的空间分散与经济行为的全球整合，二者的结合产生城市新的战略角色。在世界经济中，全球资本在具备产生全球控制能力的基础

---

① 苏多永：《全球城市中心功能建设的国际经验及其上海的相关战略举措》，《区域发展战略》2010 年第 9 期。

② M. Castells, *The Rise of the Network Society*, London：Blackwell Publishing Ltd, 2000, pp.65-78.

设施和服务的城市里集中，这些城市响应始于20世纪70年代末的全球化而发生相应的变革，成为全球资本在国际生产和市场运行过程中的空间组织节点，成为世界经济中的协调和控制中心，进而演变为世界城市。①

市场主导型世界城市的全球控制和协调能力是在全球资本市场运行过程中自然形成的，以市场为主要动力。在市场机制下，很多国家最终迫于竞争压力而为资本让路，资本主义经济是公司在市场驱动下不断发展的模式。国家在经济管治中，为市场运行设立最小限制，仅在定义财产权、强迫执行合同、检查竞争法规和保护国有财产时才行使国家权力。欧美国家的世界城市多为此种模式。

市场主导型世界城市发展模式具有以下几个特点：

1. 公司控制权力集中

随着企业权力不断向投资商集中，控制企业的功能在投资商集中的城市里集聚，因此在某种意义上，世界城市的形成是投资商资本主义的产物。机构投资者在全世界范围内进行投资，增强了机构投资者所在城市对世界经济的控制能力，削弱了所投资的公司及其雇员与所在城市的联系。投资商所在城市对世界经济的控制能力在不断上升。

2. 金融的惯例集聚

金融集聚是实体产业集聚的衍生物，伴随着实体产业的发展而发展。② 实体经济的高速增长和生产活动的繁荣催生了各类经济活动参与者的融资需求，为金融产业的成长提供动力。而且，金融集聚一旦形成，其信息优势、区位优势等往往又能够进一步加速金融的高度集聚，继而形成累计因果的自我强化过程。这样，借助于优于其他城市的实体经济，世界城市会逐步发展为全球资本的集聚地。由于资本成为经济的主要控制者，世界城市因此拥有全球经济控制能力。

---

① 刘玉芳：《北京建设世界城市评价与对策研究》，博士学位论文，北京工业大学，2009，第67页。
② 黄解宇：《金融集聚的内在动因分析》，《工业技术经济》2011年第3期。

3. 生产者服务业集聚

生产者服务业的服务对象为企业，所以企业控制权的集中以及国际金融的集中，必然带动生产者服务业的集聚。金融和生产者服务公司从彼此邻近中获益，先进的生产者服务业吸引更多的控制型资源集聚于世界城市。全球控制功能驱动世界城市的增长，公司总部、国际金融、全球运输和通讯、高级生产者服务、通过媒体和文化也进行意识形态上的渗透和控制。

4. 国家的力量弱化

世界城市的全球金融动力如果没有一个国家力量做后盾是不能在全球成功的，但是促使世界城市形成这种全球控制力的并不是国家政府，而是市场。其中公司和国际惯例的集中成为纽约全球控制力的源头。因此，即便是在美国，联邦政府也为了推动纽约金融业、生产者服务业的扩张下了很大力气，但国家的力量在纽约世界城市发展中仍旧不如市场的力量强大。

(二) 政府主导型——亚太模式

不同于西方，亚太地区发展世界城市，各国政府关心的不是世界城市的精确概念和成员构成，而是世界城市对国家发展的作用。政府认为国家经济未来依赖于其重要城市进入世界城市行列，并将世界城市视为国家经济和政治成功的空间标志，因此世界城市在政府眼中显得价值巨大。在亚太地区，政府通过公共政策有意创造世界城市，此外，很多政府是重大项目——世界级机场、高速铁路、会议中心和展览中心等的负责人，国家政府成为推动大都市发展世界城市的主导力量。在国家政府的推动下形成的世界城市，为世界城市的后发模式，称为政府主导型的世界城市。

政府主导型世界城市发展模式具有以下几个特点：

1. 政府推动是城市经济发展的主要动力

政府主导型发展模式强调国家是一个整体，国内的城市与中央政府的关系是各种方式的官僚整合。在世界城市建设过程中，城市力求吸纳更多的全球经济，但是经济布局和调整需要遵从国家的意志，并不是脱离国家而以全球为基点的。世界城市与世界经济的关系不是首先由市场推动的，而是由在全球经济中保持国家自治这个战略目标的前提下来完成的。从国家层面看世界城市的经济发展，公司的目的是提升国家产业在世界市场中所占的份额，壮大国家的经济力量，而不是股息分红和个人积累的财富。这一点，日本的东京就是典型的案例。

政府主导型的世界城市具有全球控制能力，但其控制全球的主要工具不是市场压力下私有金融和生产者服务集聚成的综合体，而是体现在国家政策中的产业和金融政策网络，像财政部、商务部和工业部等政府部门指导下的公司、银行和工业企业。国家政策会根据宏观数据，有效地鼓励各种服务业的增长，做好调控；国际机构根植于国家部门，而不是由私有金融公司和生产者服务公司运作。考虑到保护就业，国家会严格控制外国移民。比如，东京的政策调控就做得很好。东京人口中只有 1.8% 出生于外国。东京的中产阶级在城市中占大多数，不存在富有和穷困的两极分化现象。东京没有经历严重的制造业衰退、生产者服务业就业的快速扩张、外国移民大举进入和社会及空间的极化。

再有，一个国家进行世界城市建设，该城市在全球等级中的地位不是由城市吸引全球投资的能力决定的，而是依靠城市的公司在全球运作所获得的利润确定的。这也就是世界大型跨国公司在世界城市的集聚产生的效益。城市的跨国公司的全球运作是以国家为基点进行，而不是以全球为基点，可以为国家资本、物质、服务等出口提供服务。政府主导型的世界城市的发展模式更多强调内生性，借助国家和城市的产业政策、结构调整打造城市自己的跨国公司、跨区公司，再扩张到世界他国，开展更大的贸易规模和金融投资。比如，东京主要国际金融专业功能出现在 20 世纪 80 年代和 90 年代，始终保持着资本出口。现在，日本的网络和主要银行体系联手，使财政部将大量资金不断输入至网络银行，以影响大公司的发展策略。这个体系被明确地设计成保护日本公司，不受外国资金渗透和短期利润压迫的体系。

2.市场的力量由弱渐强

政府主导型的世界城市发展并非完全依赖于政策的指导，市场的作用同等重要。经济发展与政策调控之间的平衡是政府主导型世界城市建设的有力助推剂，也在世界城市发展过程不同阶段发挥着不同的作用。对处于世界城市建设初期的城市来说，经济发展的保护政策起着保驾护航的作用。但是，在世界城市经济规模达到足以跨国经营的时候，市场的作用变得更加重要，政府的主导便体现在了在城市发展的关键节点的指导。

在世界城市的发展中，经济毫无疑问是第一位的。只有经济必须融入全球经济体系，城市才可能是世界性的，因为世界经济的注入会催生世界城市的更大发展。这就说明了一点，资本是市场导向的，资本的流动是依赖市场需求发生的，是市场主导的，这就需要政府对公司发展有个判断，不能束缚其发展。但是，公司投资、扩张产生的效益以及可能的危害则需要公司与政府共同做好判断，政府需要给出企业政策性建议。依然以东京为例，因为金融市场在全球范围变得更加自由和整合，在国内外压力下，东京金融中心在 20 世纪 70 年代实行日元国际化和开放市场。不同于过去封闭的、受调控的国家资本市场，日本银行面临更加剧烈的竞争，银行客户开始关注专业项目交易，长期项目倾向于选择国有企业集团，特别是国际化集团，日本银行调节自身企业利润与国家产业政策运作期望值之间的矛盾就产生了。这种时候，政府的主导就不能统得过死，适当放手是公司发展做大的必要条件，同时也是世界城市发展的必要条件。政府需要聚焦在公司发展的点上，给予政策性支持和可能的风险规避建议。

今天政府主导型世界城市在全球压力下，将与市场主导型世界城市趋同。R.C. 希尔（Richard Child Hill）和 J.W. 吉姆（June Woo Kim）就曾讲过，通过评估可能性，我们推断国际市场和影响力的等级将最终迫使东京和首尔等政府主导型世界城市去遵循市场主导型的模式。① 从世界城市

---

① Richard Child Hill & June Woo Kim，"Global Cities and Developmental States：New York，Tokyo and Seoul"，*Urban Studies*，Vol.37，No.12，（2000），pp.2167-2195.

的国家属性上看，市场主导型和政府主导型发展模式都会存在，但是，从对世界城市的影响上会有一个相向而行的态势，市场主导型发展模式不可能完全取代政府主导型发展模式。

第二章　教育在世界城市建设中的作用与教育的国际化趋势

在世界城市建设过程中，教育有着重要的地位和作用。当代教育发展的一个全球性趋势就是教育国际化，世界城市的教育发展也呈现出国际化的趋势。世界城市的教育国际化不仅体现在人员的国际流动和项目的合作，而且体现在全方位的合作融合；不仅体现在战略上的合作，更体现在精神理念的认同与融入；不仅体现在外国先进教育理念与经验的本土化，更体现在把自己的教育推向世界。

第一节　教育在世界城市建设中的地位和作用

在世界城市由工业化向智能化社会转型过程中，教育逐渐走向城市的中心，在城市建设中发挥着基础性、全局性、先导性、引领性作用。随着智能经济和数字经济时代的到来，教育在城市创新生态中的引领性作用日益突出，成为创新人才的培养库、新知识的创造源、新思想的发源地、知识型产业的孵化器，在城市人力资源建设、经济社会发展、产业结构调整、治理体系改革方面发挥着不可替代的作用。

一、世界城市发展对教育变革的新需求

教育是世界城市发展的关键要素之一。教育在世界城市建设中的价值主要体现在三对关系之中：教育与人的发展、教育与知识和技术创新、

教育与文化建设。这三对关系存在于任何城市的建设过程中，尤其是世界城市这种最高端的形态的城市建设上。在当前的智能化社会，教育同城市社会的互动性达到空前的高度。城市建设同教育发展的相互需求不断增大，教育深度参与到城市建设的方方面面。

（一）世界城市大发展亟须教育体系变革

在智能化社会背景下，世界城市的发展呈现出智能化、多样化与创新性等特征。为应对世界城市智能化发展的全新需要，教育系统必须进行全方位变革，必须打破传统教育体系和人才培养模式，开创性、前瞻性地构建新的城市教育体系，鉴于此，教育与人工智能深度融合成为世界教育发展的新趋势。具体而言，主要从以下四方面实现突破：首先，在人才培养体系方面，将人工智能教育的理念和内容融入城市各级各类教育中，探索"人工智能＋教育"的人才培养模式。例如，基础教育阶段开设人工智能教育相关课程，普及人工智能教育；高等教育阶段布局人工智能相关的专业和学科体系，培养复合型高级专门人才；职业教育中结合产业需求调整专业设置，培养人工智能专业技能型人才；面向公众提供人工智能教育平台和培训。[①] 其次，在科技创新体系方面，要在团队建设、研究内容、组织方式等方面进行全面改革，采取有力措施吸引国内外一流的专家团队，共同研究人工智能与教育深度融合的战略目标、指导思想和基本任务；聚焦世界前沿和国家重大需求，开展人工智能与教育的专门研究和攻关，探索教育领域的新革命；协同发挥高校、科研院所、跨学科研究中心等学术机构的作用，集聚国内外不同领域的高端人才，形成跨学科研究共同体。第三，在教师发展方面，要探索适应人工智能等新技术的教师生涯发展体系，针对处于不同职业发展阶段的教师开展多种形式的培训，提升教师的数字化素养和智能化水平，并利用大数据平台的优势，优化教师管理和服务。第四，在教育支持和服务方面，要明确智能化社会中教育的本

---

① 韦加教育：《教育部科技司司长雷朝滋：积极推进人工智能与教育深度融合》，2017 年 12 月 30 日，见 https://www.sohu.com/a/331696536_99904188 。

质和目的，充分考虑教师智慧教学的需要和学生智能化、个性化学习的需要，构建完善的智慧学习环境，打破时空限制，联合线上线下，优化学校空间布局，将学校建成万物互联的智能空间。此外，还要破除现有的评价体系，基于大数据平台，建立多元化的学校评价体系和学生评价体系。

（二）世界城市建设需要提高教育的人才培养能力

教育发展水平与世界城市发展之间存在着互动效应，其中最核心的为人才与教育之间的互动。世界城市的建设与发展必然对人才表现出旺盛的需求，而只有教育水平的提升，才会为世界城市建设与发展提供强有力的人力资源的基础性支撑。《2017年全球城市发展报告》提出，"现代全球城市的发展动力来自于人而不是依赖机器或大宗商品，令经济更加灵活的是人力资源"[1]。智能化社会使城市经济发展向创新驱动型经济转型，以人工智能技术等为主题的新技术、新业态引发了生产方式的变革，同时使劳动力从简单化、重复性与标准化的职业岗位中解放出来，城市发展与岗位需求对个性化、复杂化与独特性岗位人才的需求，即强调教育对高端人才、研究型人才与创新型人才培养的重要性。

因此，智能化社会背景下，世界城市的发展需要以下人才类型的支撑：一是高学历的知识型人才。当前，研究人员逐渐意识到人力资本或知识型员工是推动城市经济发展的主要动力，认为世界城市的蓬勃发展大多表现为人才的集聚，而人力资本的衡量标准则通过人口的受教育程度和对具有能够通过创造力增加经济价值的知识型人才的考量。[2] 二是创新型专业技术人才。智能城市（Smart city）所需的基础架构导致对具有新技能的新职位的需求。"人才城市（Talented city）"的概念成为世界"智能城市"的主要特征之一，即要求社会劳动力及职业精英能够在复杂的智能社会中学习和应用更高级别的知识与技能解决问题。因此，在世界城市发展进程中，"智能型人才城市"将人视为创新的动力，使其能够运用技术、

---

① Knight Frank：2017年全球城市发展报告，2017年12月30日，见 https：//content.knightfrank.com/research/727/documents/en/global-cities-2017chinese-4502.pdf。

② ［以］尤瓦尔·赫拉利：《人类简史》，林俊宏译，中信出版社2014年版，第38—40页。

互联网和敏捷的工作能力平衡职业岗位发展需求与社会需求。三是具备跨文化素养的国际化人才。21 世纪以来，知识和创造力工人被视为推动国家和城市经济发展的可持续竞争优势。其中，人力资本与城市发展之间存在着密切的联系，通过动员优秀人才、资源与能力，推动创新转化为新的商业理念和商业产品而提升城市的竞争优势。① 例如，美国得克萨斯州奥斯汀市以"天赋人才"战略（Wired for Talent's strategy）吸引来自世界各国的国际化智能型人才。因此，在智能化社会转型中，世界城市发展中的每个部门都需要具有跨文化素养且精通技术、精通数字化，以推动长期的繁荣，对人才的需求及类型也提出了新的要求，3D 打印技术、虚拟现实设计、网络安全分析师、云计算架构师等机器学习将成为未来人们学习的核心部分，同时虚拟现实也为人们提供了新的学习的方式。②

（三）世界城市应对新挑战亟须教育助力

从世界范围看，作为城市利益相关者的集体智慧结晶，全球城市中长期发展战略规划在一定程度上代表了未来城市发展的方向。如伦敦 2036 年的愿景为保持世界顶级全球城市的领先地位；为全体民众和企业打拼，扩展机遇；环境最佳，生活质量最好；在解决 21 世纪都市挑战，尤其是气候变迁方面成为世界城市的领军者。东京提出建设"世界一流大都市"的目标，希望借助 2020 奥运会再次提升城市能级，发展可持续的未来，打造国际领军城市。纽约 2030 的愿景是"一个强大而公正的纽约"（One NYC，即"一个纽约"目标），提出城市发展四大分愿景，即蓬勃发展的纽约、公平平等的纽约、可持续发展的纽约、富有韧性的纽约。③

在智能化社会进程中，以科技创新推动城市转型是全球城市发展的

---

① E.L.Glaeser，J.A. Sheinkman，and A. Sheifer，"Economic growth in a cross-section of cities"，*Journal of Monetary Economics*，No.36（1995），pp.117-143.

② Teena Maddox. 16 tech jobs that will be needed for the future of smart cities，2016-01-22，https：//www.techrepublic.com/article/16-tech-jobs-that-will-be-needed-for-the-future-of-smart-cities/.

③ 胡曙虹：《全球主要城市未来发展战略规划中的愿景及目标》，2020 年 8 月 8 日，见http：//www.pinlue.com/article/2019/09/0918/439596235231.html。

普遍趋势，将"科技创新"定位为城市核心功能或核心竞争力的主张得到越来越广泛的认同。教育作为科技创新的主体之一，在人才培养、科技创新、城市治理、文化创意等方面均发挥着重要的支撑作用。

二、教育在世界城市建设中的作用

人力资本和物质资本是经济增长的决定性要素，教育对经济增长的促进作用通过人力资本和物质资本体现。而在教育促进经济增长的传导机制中，科技进步起到至关重要的作用。具体来说，教育可以通过两条路径提高人力资本：培育更多的科技研发人员并带动科技水平的提升或者直接提高劳动力素质，从而提高劳动生产率和对技术的转化率。

（一）教育提升世界城市建设需要的人力资本素质

在知识经济时代，世界城市建设的优势蕴藏于知识和科技之中。通过教育可以提高劳动者的知识和技能，以提高人力资本的质量；通过教育投资的积累可以促进人力资本量的积累，从而促进经济增长，加速世界城市建设的进程。教育对于世界城市建设的促进作用直接体现在城市的知识和科技创新的再生产上，体现在世界城市建设需要的各类劳动人才培养上。按照人力资本理论的观点，劳动者通过教育和训练所获得的科技知识、技能是资本的一种形态，它同物质资本一样是可以通过投资生产出来的，因而教育具有再生产功能，能给经济发展带来巨大的效益。教育促进社会生产力发展，进而推进世界城市经济的发展。

在世界城市建设中，人力资本的形成是通过世界城市对人力资源的投资而形成的。从货币形态来看，它表现为提高人力资源素质即增加人的知识和技能的各项支出。对人力资源的投资体现在许多方面，但其中对人力资本的形成和积累影响最大的是教育投资。[①] 通过教育可以提高劳动者的知识和技能，以提高人力资源的质量；通过教育投资的积累可以促进人力资本量的积累，从而促进经济增长，加速世界城市建设的进程。事实

① 张文贤：《人力资源会计研究》，中国财经出版社2002年版，第123页。

上，世界城市建设也就是城市的再发展，面向更高层次的一场"城市化"。因而，随着世界城市人力资本的增加，可以提高城市劳动力的素质，在城市的社会和经济活动中提高竞争力。另外，城市向着世界城市发展，必定吸引更多外地的人才选择进入世界城市工作，无形中加速城市化的进程。在北京物质资本相对充裕、人力资本明显不足的条件下，高等教育的扩张能够有力地推动世界城市建设进程和支撑经济高速增长。

（二）教育促进世界城市建设所需的科技进步

从经济学的视角，决定世界城市发展的将是三个新兴产业：R&D（研究与开发）产业、信息产业和教育产业。这三个产业发展的基础显而易见是教育。教育决定着这三个产业需要的人才和技术，因为教育除了人力资本的生产外，还具有知识创新和技术创新的功能。教育不但有传递和保存知识的功能，而且有创新知识、发展知识的职能。世界各国的学校特别是高水平大学，是名副其实的研究中心、知识中心。从经济的角度看，教育使得知识职能化、社会化的过程就是专业知识生产的过程，或者说是专业知识创新的过程。在知识经济时代，知识和技术是世界经济发展的最重要的因素之一，因此，建设世界城市，必须重视教育的知识生产和技术创新作用，通过追求国际领先和直接创造财富型的知识生产和技术创新，促进世界城市的社会经济发展。

科学技术是第一生产力。历史上的生产资料，都是同一定的科学技术相结合的。① 在知识经济时代，世界城市建设的优势蕴藏于知识和科技之中。社会财富日益向拥有知识和科技优势的城市聚集，哪个城市在知识和科技创新上占优势，这个城市就在发展世界城市上占据主导地位。教育对于世界城市建设的促进作用直接体现在城市的知识和科技创新的再生产上。按照人力资本理论的观点，劳动者通过教育和训练所获得的科技知识、技能是资本的一种形态，它同物质资本一样是可以通过投资生产出来的，因而教育具有再生产功能，能给经济发展带来巨大的效益。教育促进

① 《邓小平文选》第2卷，人民出版社1994年版，第88页。

社会生产力发展，进而推进世界城市经济的发展。

科技进步是世界城市建设的源动力。随着越来越多的科学技术成果的普及和运用，将大大地提高劳动生产率，不断促进产业集聚，促进城市产业结构升级，加速城市经济增长，进而促进了世界城市建设进程。有研究者发现，我国的 R&D 经费（研究与开发经费）支出、科技活动人员和专利申请授权量年平均增长率和同期城市化水平的年平均增长率表现为同向递增的趋势。① 这也就说明，在世界城市建设中，科技经费投入、人员、专利对于世界城市的建设起着强大的推动作用。

在一系列的科学技术当中，对世界城市建设起着直接促进作用的有高效的生产技术、便捷的运输技术和发达的信息技术。通过使用高效的生产技术，使得城市劳动力资本的价值提升，促进城市人口素质的整体提高。教育对个人劳动生产率的提高具有正的外部溢出效应。换句话说，一个接受过教育的人不但可以提高自身的生产率和收入，还可以提高其周围人的生产率和收入，并吸引更多的高素质人才向世界城市转移，不断扩大世界城市规模。便捷的运输技术使得生产、销售集中，规模经济得以实现。世界城市越发展，对于运输技术的要求越高，因为经济发展有赖于大规模生产和成批销售。如果没有高效率和相对便宜的运输，经济发展速度就会大打折扣。可以讲，运输是经济发展的基础。发达的信息技术有利于集聚更多世界城市发展的资源，提升城市的综合实力，同时使世界城市的影响和传播范围不断扩大，改变地区周边乃至全国、全世界对于生产生活的价值观念和生活方式，加快城市化的步伐。这些都需要教育培养出相应的人力资本与物质资本加以实现。

（三）教育促进世界城市文化建设

世界城市都是文化中心，教育是建设城市制度文明、城市文化、提高市民文明素养、构建和谐社会的重要途径。

群体的人所具有的根本属性——文化性，是城市的最根本特征。生

---

① 许抄军等：《教育对城市化的促进作用》，《经济地理》2007 年第 4 期。

活在世界城市里的公民整体也应当具备较高水平的文化、道德素质，因此，制度文明和高品位文化是世界城市的必备要素，也是城市现代化气息的底蕴、魅力和生命力之所在，而公民及城市社会的政治意识、民主意识、法制意识、文化素质的提高显然也离不开教育，特别是高等教育。城市文化主要以城市人口的文化素质、文化存在形式和物态存在形式来表现，良好的城市文化形成的关键在于公民素质的全面提升。要建设高水平的世界城市就需要注重城市文化的发展。推进世界城市文化建设，最长远和最根本的措施是发展城市教育，提高城市人口的素质。从人口的量和质两个方面来看，世界城市建设是一个城市人口变迁和人力资本提升的过程。在世界城市的建设中，市民并不是简单的身份和户籍的改变，素质、能力、观念、思维方式、生活方式等都要跟着转换和提升。在这个过程中，教育作为人口变化的核心因素，作用深远。人口身份和素质需要立足于与世界城市相匹敌的现代化生产过程。而这些"知"的文化层面的发展就必须通过教育来实现。再者，世界城市建设要求教育在积累、继承和创造中发展人类文明，在吸收、借鉴和传递中实现人类文明的融合，构建和谐相处、共同发展的城市文化基础。

在世界城市建设过程中，良好的城市文化能形成城市持续发展的凝聚力，有利于吸引和集聚人才、技术和资本，有利于形成城市居民积极向上的精神风貌，从而加速世界城市建设的进程。在我国，深圳以其"开拓创新，敢为人先"为核心的城市文化，吸引了大量的资金、人才和技术，创造了中国城市乃至世界城市发展史上的奇迹；北京的"新北京，新奥运"和上海的"城市，让生活更美好"为主题的城市文化的形成与宣扬在北京"申奥"和上海"申博"中都起了不可忽视的作用。同时，为城市的发展创造无限商机，这就是良好的城市文化魅力的发挥。

第二节　全球化时代世界教育的国际化趋势

随着经济全球化的推进，各国在经济、文化和社会交往等方面联系越来越密切，与教育相关的就业市场、国际学生流动、学历和学位认可等方面也日益国际化。与此同时，现代信息技术突飞猛进的发展也为教育的国际化提供了条件，使得跨境教育、大规模在线开放课程等成为现实。这推动了世界各国学校教育日益成为一个整体，尤其是发达国家，提出一系列促进教育国际化的举措，推动教育国际化向纵深方向发展。

一、教育国际化逐渐成为新的竞争领域

教育国际化不是简单地停留在学生层面的你来我往，而是直指国家层面的战略竞争。全球化时代国家与国家之间的市场竞争与利益博弈不断加剧，国际教育作为高效、无污染、较少受发展周期波动影响的常青产业，逐渐成为部分国家实施全球化战略、经营全球市场的重要举措和依托。通过开发并主导全球教育服务体系，掌握全球教育价值链，既可以输出价值观、延揽人才，还可以获得高额经济收益，可谓一举多得。这也正是西方国家近年来对教育服务贸易和教育国际化热情持续高涨的原因之一。

（一）越来越多的国家实施国际教育战略，面向全球市场，展开战略竞争

政策的制订在本质上是一种制度安排，即通过颁布相关的政策措施、提供具体的制度平台而促进教育国际化的发展。如2019年，英国发布了雄心勃勃的"国际教育战略计划"，该计划旨在提升30%国际学生赴英留学的人数与增加国际教育产生的收入达到350亿英镑。[①] 早在2012年，美国就发布了题为《全球性的成功：国际教育及参与（2012—2016)》的战略发展报告。这是美国首个详细阐述其国际教育战略的国家报告。在报告中，美国首次明确把"国际教育"置于国家安全、战略部署的高度，把国际教育纳入国家对外事务的核心工作框架内，统筹布局、协调运作。国际教育已逐渐成为美国提高其国际竞争力、扩大话语权的重要战略手段之

---

① 李馨怡：《英国教育部最新发布"国际教育战略"》，2019年3月19日，见https：//www.sohu.com/a/302092918_357704。

一。澳大利亚教育部于 2016 年 4 月发布了《2025 年国际教育国家战略》。该战略阐述了澳大利亚发展国际教育的战略目标及三大支柱：加强基础，建立变革型伙伴关系，提高全球竞争力。显然，澳大利亚也把国际教育置于国家发展的重要战略地位。

在我国改革开放 40 多年中，政府出台了数量众多的政策文件以规范和引导国际化办学和对外交流活动。这些政策文件成为稳步推进高等教育国际化的根本依据，且有效地规避和化解了国际化发展中的风险挑战，保证了我国教育国际化工作的稳步、有序推进。2010 年 7 月《国家中长期教育改革和发展规划纲要（2010—2020 年)》（以下简称《刚要》）发布，强调要继续扩大教育对外开放，提出要引进优质教育资源、提高交流合作水平等要求。为贯彻落实《纲要》的精神，教育部于 2010 年 9 月出台《留学中国计划》，加快推进来华留学教育工作，力争将我国建设成世界主要留学目的地国之一。2016 年颁布的《关于做好新时期教育对外开放工作的若干意见》提出，到 2020 年，我国出国留学服务体系基本健全，来华留学质量显著提高，涉外办学效益明显提升，双边多边教育合作广度和深度有效拓展等等。与此同时，在全面推进世界一流大学和一流学科建设政策中，我国也将加强国际交流与合作作为重要改革内容和实现"双一流"建设目标的重要手段，高等教育国际化进入提质增效内涵发展的新阶段。2017 年，教育部、外交部和公安部联合制定了《学校招收和培养国际学生管理办法》，对我国境内各级各类教育，特别是高等教育招收和培养来华留学生作出了明确的行政性指令，包括招生管理、教学管理和校内管理，奖学金和社会管理，以及监督管理等多方面内容。

（二）全球多地正通过建设国际教育中心来争夺国际教育资源

国际教育逐渐成为国际关系的重要组成部分。作为民族国家主体的教育之间的关系从来都不是孤立的教育问题，教育系统在国际环境中不断地受到国际政治、国际经济与国际文化的制约与影响。风云变幻的国际关系，在一定程度上影响着各国教育在时间与空间领域之间的互动关系。因此，对于这种关系，不能只从狭隘的愿望和理想主义出发去进行解释，而是应该从国家间的对立和战争，或不同文化之间的摩擦等所有与教育有关的广阔视野上去进行解释。进入 21 世纪，虽然以美国为主导的世界格局没有根本性的变化，但是在世界上也开始出现了一些不同的声音。一是广大发展中国家的兴起正在打破美国为首的发达国家独享的垄断权益；二是中国崛起的步伐已经开始不受西方发达国家的控制。美国为主导的西方发达国家开始谋划建立如跨大西洋贸易和投资伙伴关系协议、跨太平洋战略经济伙伴协定等的区域性利益群体组织，尽可能减弱经济全球化发展态势；同时，美国从军事上、政治上、经济上对中国实行封锁，中美间战略互信越来越难，摩擦越来越多，甚至 2020 年出现了突然要求关闭中国驻休斯敦总领事馆的无理决定，所有这些都对两国关系带来一系列不稳定性。国际关系上的任何问题都会对教育国际交流合作提出新的课题和挑战，各国都在统筹考虑如何通过建设国际教育中心来争得更多的国际教育资源，在教育国际交流合作中取得更优势的地位。

（三）世界各国系统化制定相关政策以提升教育国际化水平

二次大战后，联合国教科文组织开始鼓励各成员国在中小学实施国际理解教育，通过了《关于促进国际理解、合作与和平的教育以及关于人权与基本自由的教育建议》，希望所有学段和所有形式的教育均具有国际内容和全球视野。发达国家在基础教育国际化方面的探索相对早一些，这些国家注重为基础教育国际化提供法律和政策体系的支持，为推动基础教育领域的国际化创造条件。例如美国就注重通过出台法律和政策体系而保障国际化的实践："通过国家立法或政策保证，创造有利于国际化教育推进的政策空间；强化外语教育和教学；强调教师、学生和学校的国际交流与合作；注重将国际化要素渗透到课程之中。"[①] 欧盟所推动的与中小学相关的国际教育活动有：夸美纽斯计划、青年行动计划及网络姊妹校。英国在 21 世纪初公布了一系列促进国际教育的政策与文件，要求将世界放入世界级教育之中，将国际取向融入课程之中。英国强调每个人都生活在全

---

① 赵萱：《基础教育国际化：美、英、日的经验》，《中小学管理》2012 年第 2 期。

球化社会中，因此需要从小培养孩子具备以下八种权利或能力：公民权、社会正义、持续发展、多元性、价值和观念、相互依赖、冲突解决、人权。日本从 20 世纪 80 年代起就将教育国际化作为国家的重要政策之一。1984 年，日本政府提出"迈向 21 世纪接受留学生 10 万名计划"。同年，临时教育审议委员会发布《教育改革报告书》，提出日本要在国际舞台上扮演"建设和平国家与社会"的角色，以"世界中的日本人"作为 21 世纪的教育目标，以教育自由化、重视个性和国际化作为改革方针。1997 年，文部省提出与国际化相关的改革内容：(1) 促进中小学国际交流；(2) 改进英语等外语教学。(3) 促进教师的国际经验交流。(4) 加强外国侨民的日本语教育。

随着对外开放的深入，我国把培养国际化人才置于重要地位。《国家中长期教育改革和发展规划纲要（2010—2020 年)》中明确提出要培养大批具有国际视野、通晓国际规则、能够参与国际事务和国际竞争的人才。同时地方教育行政部门也行动起来，制定了相关的政策，推动区域内的国际化办学。例如，2013 年上海市教育委员会就颁布了《关于开展普通高中国际课程试点工作的通知》，这是专门针对国际课程的引入而制定的政策文件，对于规范该市国际课程的实践具有重要的指导意义。

二、国际学生流动的规模进一步扩大

随着教育国际化的深入发展，跨国间的学生流动日益频繁。过去 40 多年里，全球留学生人数整体呈指数增长的趋势（具体见图 2–1）。全球流动学生数量从 1975 年的约 80 万人增长到 2017 年的 530 万人，增长了 6 倍多。其中进入 21 世纪以来，全球高等教育领域的学生流动数量从 2000 年的 210 万人增长到 2017 年的 530 万人，留学生人数增长在加快。[1] 根据美国国际教育协会（Institute of International Education，简称 IIE）公

---

[1] OECD, *Education at a Glance 2019*：*OECD Indicators*，Paris：OECD Publishing，2019，p. 231.

布的 2017 年数据，在全球高等教育领域的流动学生总数 530 万人中，美国、英国、中国、加拿大、澳大利亚、法国、俄罗斯、德国、日本和西班牙位列前 10 名，在国际留学市场中占据的份额分别为 21%、9%、9%、8%、8%、7%、6%、5%、4%、2%。①

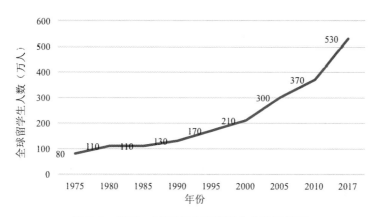

图 2-1   1975—2017 年全球留学生人数增长图

数据来源：根据 OECD 2011—2019 年《教育概览》数据整理。

随着留学生人数的增加，留学生已经成为各国高等教育重要组成部分，在澳大利亚、加拿大、英国，留学生占高等学校学生总数的 20% 以上，分别为 28%、21.4%、20.9%；新西兰、法国、德国、俄罗斯、日本、美国的留学生比例也比较高，依次分别为 15.5%、12.8%、9.9%、8.6%、5.7%、5.5%。比较而言，由于我国高等学校基数较大，留学生的比例仅为 1.2%。② 从 2019 年 OECD《教育概览报告》公布的 2017 年数据来看，最受欢迎的专业类别依次为商业、管理和法律，工程制造和建筑，艺术和人文，社会科学、新闻和信息，健康与福利，自然科学、数学和统计学，信息通信技术，分别占据留学生总数 27%、18%、14%、11%、9%、8%、7%。③

① Institute of International Education. Project Atlas 2019. 2020-08-08，https：//www.iie.org/Research-and-Insights/Project-Atlas/Explore-Data.

② OECD，*Education at a Glance 2019：OECD Indicators*，Paris：OECD Publishing，2019，p. 233.

③ OECD，*Education at a Glance 2019：OECD Indicators*，Paris：OECD Publishing，2019.

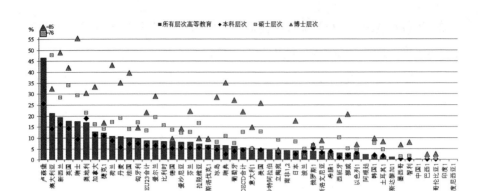

图2-2 不同层次留学生占本国高等教育总入学人数的百分比[①]

数据来源：OECD，*Education at a Glance 2019*：*OECD Indicators*，Paris：OECD Publishing，2019，p. 233。

长期以来，我国是世界上最大的留学生派出国，同时也积极吸纳留学生来华留学。为贯彻落实《国家中长期教育改革和发展规划纲要（2010—2020年）》的精神，教育部于2010年9月出台《留学中国计划》，加快推进来华留学教育工作，力争将我国建设成世界主要留学目的地国之一。《留学中国计划》提出，"到2020年使我国成为亚洲最大的留学目的地，来华留学生人数达到50万人次"，即10年内来华留学生人数翻一番。2017年，教育部、外交部和公安部联合制定了《学校招收和培养国际学生管理办法》，对我国境内各级各类教育，特别是高等教育招收和培养来华留学生作出了明确的行政性指令，包括招生管理、教学管理和校内管理，奖学金和社会管理，以及监督管理等多方面内容。2020年3月，教育部出台了《中国政府奖学金工作管理办法》，进一步明确了奖学金申请人的资格条件。2020年6月《教育部等八部门关于加快和扩大新时代教育对外开放的意见》（以下简称《意见》）重申要实施好《来华留学生高等教育质量规范（试行）》，指导高校完善来华留学教育的实施质量规范，进一步加强来华留学教育的规范化管理。近年来，我国来华留学教育快速

---

① 所有层次高等教育包括了短期交流的留学生；国家名称后标有1表示使用的是该国外国学生的比例，而不是国际学生的比例；标有2表示使用的是2016年数据。

发展，已经成为亚洲最大的留学目的地国和世界留学中心之一。据统计，2018 年共有来自 196 个国家和地区的 492185 名各类外国留学人员在全国 31 个省（区、市）的 1004 所高等院校学习。其中，接受学历教育的外国留学生总计 258122 人，占来华生总数的 52.44%；硕士和博士研究生共计 85062 人。[①]

三、跨境教育项目与机构的全球性扩张

跨境办学是教育国际化的重要形式。跨境办学既包括高等教育阶段的高等学校海外分校，也包括基础教育阶段的国际学校，还包括跨境教育项目。20 世纪 90 年代以后，各种形式的跨境教育快速发展，逐渐成为国际教育发展的趋势。

根据美国纽约州立大学阿尔巴尼亚分校跨境教育研究小组（Cross-Border Education Research Team）和英国无边界高等教育观察组织（The Observatory on Borderless Higher Education）的调研，自 20 世纪 90 年代中叶至 2017 年 1 月 20 日，全球共 311 所海外分校，与 2000 年底（84 所）相比，增长了 270%。在 311 所海外分校中，248 所在运营中，22 所在筹建中，41 所已经被关闭。运营中的 248 所主要分布在 4 大洲 73 国，其中亚洲 26 国 146 所，欧洲 25 国 61 所，美洲 9 国 22 所，非洲 13 国 19 所。全球共有 33 个教育输出国，其中比较大的教育输出国有美国（77 所）、英国（38 所）、法国（28 所）、俄罗斯（21 所）和澳大利亚（14 所）；共有 73 个教育输入国，比较大的教育输入国主要有阿联酋（31 所）、新加坡（12）、马来西亚（12）、卡塔尔（11 所）、中国（9 所）等国家。[②]

根据跨境教育研究机构 ISC Research 统计，从 2001 年到 2019 年，全球国际学校数量从 2584 所增加到 10937 所，在校生人数从 96 万人增长为

---

① 中华人民共和国教育部：《2018 年来华留学统计》，2020 年 8 月 8 日，见 http：//www.moe.gov.cn/jyb_xwfb/gzdt_gzdt/s5987/201904/t20190412_377692.html。

② Cross-Border Education Research Team. Branch Campuses，2018-10-27，http：//cbert.org/branch-campus/.

565 万人。从地区分布来看，这 10937 所国际学校中，国际学校最多的地区要数亚洲，有 60% 左右的学校，还有 19.2% 在欧洲。在 12 个区域中，亚洲的四个区域牢牢把控着第一梯队：西亚地区（主要是阿拉伯国家）是国际学校最多的地区，总共有 1773 所国际学校；随后是东亚地区，有 1534 所国际学校；东南亚和南亚地区则分别是 1397 所和 1396 所。第二梯队的地区是南美、南欧和西欧。其中南美以 794 所的数量超过南欧和西欧的 711 所和 701 所。非洲、中美洲和欧洲东北部的国际学校数量则隶属第三梯队，均在 500 所以下。①

　　美国是海外办学最多的国家。早在 19 世纪，美国不但在其殖民地例如菲律宾开办大学，而且在土耳其、埃及、中国等国家开办大学，如 1863 年在土耳其创办罗伯特学院（Robert College），1866 年在黎巴嫩首都建立贝鲁特美国大学（America University of Beirut），1879 年在上海创办圣约翰大学，1919 年在开罗创办开罗美国大学（The American University in Cairo）。1955 年，美国约翰·霍普金斯大学在意大利建立约翰·霍普金斯大学高级国际研究院，美国开始在海外创办高等学校海外分校，此后这种海外分校快速发展起来。美国高等学校海外分校遍布各大洲。如亚洲的巴林、中国、中国香港、中国台湾、印度、以色列、日本、约旦、卡塔尔、新加坡、韩国、泰国、阿联酋；美洲的加拿大、哥斯达黎加、多米尼加、厄瓜多尔、牙买加、墨西哥、尼加拉瓜、巴拿马、圣卢西亚；欧洲的奥地利、比利时、克罗地亚、塞浦路斯、法国、德国、希腊、匈牙利、意大利、荷兰、波兰、俄罗斯、斯洛文尼亚、西班牙、瑞士、英国；非洲的卢旺达、塞内加尔；大洋洲的澳大利亚。

　　英国也是跨境教育大国，特别是跨境高等教育非常活跃。其跨国高等教育是通过在线/远程学习、当地伙伴关系和海外实体存在三种形式来实施的，几乎涵盖所有学术领域的本科、硕士和博士三个教育层

---

① 顶思：《全球国际学校数量破万，10 年后将有 50 万国际教师缺口》，2019 年 12 月 29 日，见 https://www.sohu.com/a/363090517_691021。

次。其中，所谓当地合作伙伴关系（Local Delivery partnerships），主要是指英国大学与东道国的高等教育机构开展合作伙伴关系，交付模式以特许经营项目（Franchised Delivery）和授证许可项目（Validation）为主，也包含联合学位、双学位或多学位等形式的项目；所谓实体存在（Physical Presence），是指英国大学在东道国通过建立海外分校（Branch Campus）、学习中心（Study Centre）、派遣飞行教师（Flying Faculty）等形式提供高等教育服务。根据英国高等教育统计署（Higher Education Statistics Agency，HESA）的统计，2018—2019 学年，英国有 142 所大学在海外提供了英国留学课程，近 67 万名学生在英国以外的英国跨国高等教育项目中注册。英国跨国高等教育的东道国遍布全球，除了 15 个国家/地区以外，其余的国家/地区都有英国跨国高等教育，其中中国、马来西亚、新加坡、巴基斯坦、斯里兰卡、尼日利亚、中国香港、埃及、阿曼、希腊是英国跨国高等教育就读学生人数最多的 10 个国家和地区。①

近年来，我国积极引进境外优质教育资源，鼓励中外教育机构开展强强合作或强项合作，实现了教育资源供给多样化，满足了学生不出国门享受高质量国际化教育的需求。截至 2018 年 6 月，中外合作办学项目和机构共 2342 个，其中本科以上的 1090 个。② 我国在国内积极发展中外合作办学的同时，也积极推动高等学校走出去，到境外开展跨境办学。截止到 2018 年 6 月，全国 21 个省、直辖市、自治区 84 所高校开展 128 个境外办学项目（机构），其中项目 118 个、机构 10 个。③ 我国也积极发展孔子学院和孔子课堂，截至 2018 年 12 月 31 日，共在 154 个国家（地区）

---

① 赵倩：《治理理论视角下英国跨国高等教育质量保障研究》，浙江大学博士学位论文，2020 年，第 74—78 页。

② 中华人民共和国中央人民政府：《教育部批准终止 234 个本科以上中外合作办学机构和项目》，2018 年 10 月 18 日，见 http：//www.gov.cn/xinwen/2018-07/04/content_5303515. htm。

③ 姜泓冰：《高校境外办学研讨会举行》，《人民日报》2018 年 7 月 4 日。

建立了 548 所孔子学院和 1193 个孔子课堂，5665 个教学点。[①] 另外，根据远播教育联合艾瑞咨询研究院发布的《2019 年中国国际学校发展蓝皮书》，截至 2018 年 12 月 31 日，我国共有国际学校 1309 所，在校生总计 51.3 万人。[②] 同时，我国一些高水平中小学也开始走出国门，在海外创建中国特色国际学校。

四、教师的国际性流动增强

聘请外籍教师，派遣教师到海外任教，是学校国际化的有效途径。随着教育国际化深入发展，高水平教师成为国际性稀缺资源。很多国家和地区的高校都在面向全球招聘教师，呈现竞争态势。据统计，1980 年以来，美国 1/3 的诺贝尔奖得主出生于国外；美国卫生研究院（National Institutes of Health，简称 NIH）接受外国大学教育的博士近 50%，博士后、研究人员、临床高级会员达 58%；来自中国、印度、英国、中国台湾和韩国的科学和工程专业博士的平均居留率分别为 87%、82%、79%、57%、39%；美国科学和工程专业博士毕业生截至 2001 年留美率高达 96%；2003 年，赴美学习者占美国移民科学家和工程师的 30%。[③] 由此可见，科技进步与人才抢夺是美国高等教育国际化政策发展的重要动力。2015 年，美国学者东宾·金（Dongbin Kim）等人的研究也表明，比起美国本土教师，国际教师工作效率更高。[④]

从世界范围看，在高等学校教师队伍中，外籍教师已经成为一支重

---

① 孔子学院总部 / 国家汉办：《孔子学院 2018 年度发展报告》，2019 年 8 月 12 日，见 http://www.hanban.org/report/2018.pdf。

② 远播教育联合艾瑞咨询研究院：《2019 年中国国际学校发展蓝皮书》，2020 年 8 月 8 日，见 http://www.199it.com/archives/958434.html。

③ 陈越：《学术人才国际流动中的高校教师聘任制度研究》，博士学位论文，武汉大学，2017 年，第 3 页。

④ Dongbin Kim, Susan Twombly, and Lisa Wolf-Wendel, "International Faculty in American Universities：Experiences of Academic Life, Productivity, and Career Mobility", *New Directions for Institutional Research*, （2012），pp.27-46.

要力量。据统计，2019 年，我国普通高校专任教师中外籍教师共计 18510
人，其中博士 10425 人、硕士 4409 人、本科 3638 人、专科及以下文凭获
得者 38 人。①2013 年，美国高等教育专任教师总数为 791391 人，其中仅
亚洲、太平洋地区籍教师共计 72246 人（分别为 71038 人和 1208 人），占
比 9.13%，教授、副教授、助理教授共计 49628 人，占比 68.69%，讲师
及其他共计 22618 人，占比 31.31%。② 相对美国而言，我国高校外籍教师
在人数、比例和层次上都有待提高。再如，2018 年，香港大学的 1000 多
名教授中，约 40% 来自香港，20% 来自中国内地，40% 来自世界各地。③
日本高校长期聘请国际教师 1.7 万多人，占专任教师队伍的 5.1%，处于
高校聘请国际教师较高水平。④

　　在基础教育领域，外籍教师相对高等学校要少，但是国际学校的迅
速发展也导致外籍教师的增加。2000 年，全球国际学校市场有 9 万名专
职教师；到 2017—2018 学年结束时，则有 49 万多名教师和教学主管在国
际学校工作⑤，绝大多数是在英国、美国、加拿大、澳大利亚和新西兰接
受过培训并获得了教学经验的合格的英语教师。

　　从全球范围来看，教师的国际流动呈现出由东向西、由南向北、由
发展中国家向发达国家垂直型的流动态势，同时伴随由欧洲向美国流动以
及欧洲国家之间的流动。一般来说，发达国家是人才流动的接收国，发展
中国家是人才流动的派出国。据统计，2005 年，英国大约聘用了 4.3 万名
外国教师，分别来自澳大利亚、新西兰、南非、牙买加、美国、加拿大、

①　教育部：《专任教师、聘请校外教师学历情况（普通高校）》，2020 年 8 月 7 日，见
　　http://www.moe.gov.cn/s78/A03/moe_560/jytjsj_2019/qg/202006/t20200610_464578.html。
②　参见陈越《学术人才国际流动中的高校教师聘任制度研究》，博士学位论文，武汉大
　　学，2017 年，第 2 页。
③　参见李阳琇、邓伟琦《"双一流"战略背景下高校教师国际流动合理化体系构建路径》，
　　《深圳社会科学》2019 年第 3 期。
④　朱兴德：《教育国际化及其未来走向》，《世界教育信息》2014 年第 17 期。
⑤　Richard Gaskell & Stephanie Quayle：《全球国际学校数量破万，10 年后将有 50 万国
　　际教师缺口》，2019 年 12 月 27 日，见 https：//www.sohu.com/a/363090517_691021？
　　scm=1001.0.0.0。

津巴布韦、印度、加纳和尼日利亚等国。[①] 据美国全国教师联合会估计，全美每年要聘用 20 万名新教师，每个州都存在教师短缺的问题。[②] 从年龄角度来看，国际流动较为频繁的教师年龄表现出年轻化的趋势。英国曼彻斯特大学贾科博·艾德勒（Jakob Edler）等人研究发现，科研人员国际流动最频繁的时期是在博士毕业之后的 15 年内，其中 15% 为女性，这个比例与从事科研工作女性的总体比例接近。[③] 加拿大约克大学茱莉亚·理查森（Julia Richardson）等人对 30 位英国大学教师进行的问卷调查也发现了同样的规律：参与国际合作的学术人员，其国际流动密集年龄段集中在 31—45 岁之间；[④] 教师国际流动的期限显现出短期化的趋势。贾科博·艾德勒等人曾对 1509 位具有博士学位的德国高校教师进行了调查，结果发现流动期限在 3 个月以内的人员所占比例最高，其次为 3—12 个月占 14%，12 个月以上占 17%。[⑤]

五、全世界积极参与全球教育治理

随着全球化的发展，国际社会对教育问题愈加关注和重视，全球教育治理逐渐成为一种趋势。全球教育治理的参与者包括民族国家、国际组织、公民社会、私营部门和基金会等。

以国际组织为例，在众多国际组织中，无论从法律地位还是从政策

---

① 李娜：《国际教师流动对中国的启示——以 UNESCO 成员国发展中国家教师向发达国家流动现状为例》，《中国现代教育装备》2018 年第 9 期。

② 李娜：《国际教师流动对中国的启示——以 UNESCO 成员国发展中国家教师向发达国家流动现状为例》，《中国现代教育装备》2018 年第 9 期。

③ Jakob Edler，Heide Fier，Christoph Grimpe，"International Scientist Mobility and the Locus of Knowledge and Technology Transfer"，*Research Policy*，Vol.40，No.6（2011），pp.791-805.

④ Julia Richardson，Steve McKenna，"International Experience and Academic Careers：What Do Academics Have to Say?"，*Personnel Review*，Vol.32，No.6（2003），pp.774-795.

⑤ Jakob Edler，Heide Fier，Christoph Grimpe，"International Scientist Mobility and the Locus of Knowledge and Technology Transfer"，*Research Policy*，Vol.40，No.6（2011），pp.791-805.

影响范围来讲，联合国教科文组织（United Nations Educational，Scientific and Cultural Organization，简称 UNESCO）都扮演着全球领导者的角色。作为政府间的国际组织，其拥有产生理念、明确问题、设定议程、说服疑虑、制定行为标准以及确立国际准则的力量。具体参与全球教育治理的方式可以归纳为：提出新思想和新理念。UNESCO 对世界教育的一个巨大贡献就是教育原创性概念与思想的提出。例如，举世瞩目的两大教育报告《学会生存：教育世界的今天和明天》（1972 年）和《教育：财富蕴藏其中》（1996 年）确立了终身教育和终身学习的理念。世界银行主要通过三种方式参与全球教育治理，包括知识生产与交流、资金援助和技术支持（包括为加强系统提供技术和实践支持，实行结果为导向的放贷，以跨部门的方法对教育提供保护，同时加强世行和国际金融公司的合作，增强和提高对私营部门在教育领域作用的了解）以及与联合国各专门机构、施援国、私营部门、公民社会组织构建战略合作伙伴。经合组织参与全球教育治理最直接的方式就是通过在国家教育系统层面监测指标的制定，包括"世界教育指标项目"（World Education Indicator Project）和国际学生评估项目（PISA）等。[①]

国际组织参与全球高等教育治理的内容十分丰富，以 UNESCO 为例，大致可以分为以下几个维度：一是促进高等教育跨境知识流动。基于"高等教育思想的实验室""高等教育国际合作的推动者"等定位和目标，UNESCO 运用信息技术等方式将促进高等教育跨境知识流动作为其参与全球高等教育治理的主要内容之一。"姊妹大学／联合国教科文组织教席计划"（UNITWIN/UNESCO Chairs Programme）就是 UNESCO 促进高等教育跨境知识流动与知识共享的代表性项目。二是消除高等教育人才流动中的人才流失。2009 年 7 月，UNESCO 召开的第二届世界高等教育大会通过了《高等教育与研究在促进社会变革与发展中的新动力》。在该宣

---

① 王建梁、单丽敏：《全球教育治理中的"全球教育伙伴关系组织"：治理方式及成效》，《外国教育研究》2017 年第 8 期。

言中，UNESCO 要求成员国建立相关机制以消除人才流失带来的负面影响，鼓励高等教育教师和学生等人才在各国间的流动。① 三是提高教师的地位。为了提高对高等学校教师的重视程度，提高高等学校教师的地位，UNESCO 主要进行了两方面的努力：实施教师教育国际合作项目和出台公约和建议。这两方面的努力分别指向提高区域成员国的教师整体水平和教师地位。四是强化高等教育质量保障与推动学历文凭互认。UNESCO 把高等教育质量保障和学历文凭互认作为其参与全球高等教育治理的重要内容，通过公约、指导建议、会议宣言等形式对强化高等教育质量保障和推动学历文凭互认均采取了具有建设意义的行动。

除国际组织外，世界各国也在积极参与教育治理的过程中寻得更高的国际地位。例如，基于教育发展的全球化、美国全球战略的推行和美国高校智库自身发展的诉求等，美国高校智库通过影响国家全球教育治理政策、建构世界教育新秩序、推广美国教育智慧、培养全球教育治理人才来积极参与全球教育治理。美国高校智库在参与全球教育治理过程中具有鲜明的宗旨立场、全球性的研究视野、双向的合作交流和应用导向的人才培养模式等价值意蕴。

当下，我国正处于由教育大国向教育强国迈进的征程中，在努力实现本国教育现代化的同时，努力与众多国家及组织建立了多层次全方位的教育合作关系，各级政府部门、各类研究机构、教育智库与联合国教科文组织、世界银行、经合组织、G20、金砖国家等的教育合作在不断拓展与深化，以及"一带一路"倡议等，都是我国努力参与全球教育治理的具体行动。未来，秉持共商共建共享的全球治理观，积极参与全球教育治理，为人类社会贡献中国特色的教育智慧、教育治理方案和力量，既是中国的使命，亦是担当，更是走向教育强国、负责任大国的必然选择。②

① UNESCO. 2009 world conference on higher education：the new dynamics of higher education and research for societal change and development，2009-09-31，https：//journals. sagepub.com/doi/abs/10.1177/104515951102200410？journalCode=alxa.
② 周洪宇、付睿：《参与全球教育治理：从教育大国走向教育强国的必由之路》，《世界教育信息》2018 年第 3 期。

第三节　世界城市建设进程中的教育国际化发展

随着经济全球化的发展，国家之间竞争的方式发生了一定改变，城市参与全球竞争的态势越来越明显，一个国家城市的竞争力在一定程度上反映了一个国家整体的竞争力。世界城市建设过程中的教育国际化是世界城市在全球化背景下基于一定的利益需求而确定的非对称性战略竞争，体现于教育整体发展战略之中。教育国际化反映不同世界城市的现实需求和相关利益者的期望，对世界城市建设和发展起着维持、强化以及激励的作用。

一、强化国际理解教育

世界城市适应全球化发展需要在学校教育中广泛开展国际理解教育，从小培养学生的国际视野，锻炼其跨文化沟通和处理国际事务的能力，培育国际友谊，使其了解不同的文化，关注人类社会，这对培养国际化人才、促进世界各国的合作与交流、实现人类和平共处与可持续发展都具有重要意义。[①]

在推动中小学国际理解教育发展方面，国家、城市的政府机构起着引领和指导的作用，各级各类教育机构是主力军，非政府组织是重要的参与者。比如，伦敦推动中小学国际理解教育依赖的是儿童、学校与家庭部和国际发展部等英国的政府机构；其次，在伦敦中小学国际理解教育发展中发挥主导力量的半官方教育机构主要有资格与课程局、英国文化协会等；最后，作为推动发展的重要参与者的非政府组织有"乐施会"、发展教育协会等。另外，伦敦中小学学校本身在推动国际理解的发展方面也做了很大的努力。从这些组织机构的类型来看，伦敦中小学国际理解教育

---

① 朱兴德、程宏：《开展国际理解教育培养学生全球视野》，《思想理论教育》2010 年第 4 期。

的发展是由多种力量共同推动的。从最初发展到今天，伦敦中小学并没有开设独立的国际理解教育课程，国际理解理念在教学中的传播方式主要是通过学科课程得到渗透的。通过在课程中渗透国际理解的理念，学生能够潜移默化地接受外国文化，从而培养学生对世界的理解与包容的意识。

又如，在全球一体化的大环境下，我国香港地区作为亚太地区的世界城市，一向重视培育学生对国际社会的理解。在 1996 的《学校公民教育指引》中，课程发展议会已提出要让学生"成为一个具有参与和奉献精神的世界公民，要求学生作为公民学习者还应该关注世界性的问题，如贫困、歧视、环境污染和战争等，并明白人类社会应当互相协作，认识国际社会和各种国际组织的作用"①。为了顺应社会发展，明确对青少年的期望，香港教育局于 2008 年修订和完善了"德育及公民教育"课程架构，并为了进一步协助学校强化跨学科的价值教育，要求在"个人层面"和"身份认同建立"两方面培育学生，强调"世界公民身份"是身份认同的重要方面。香港教育局对初中学生"世界公民层面"学习期望的四个要点包括：认识国际组织及其功能并参与其中；关顾世界周遭所发生的事情，以"同理心"感受各地人民和自然环境的需要，并愿意作出承担；持平等的态度，尊重他人享有的权利；扩大国际视野，参与国际性的文化活动。②

再如，新加坡采用多种途径使国际理解教育融入了中小学社会科学习过程中，包括学科课程、跨学科课程、社会实践活动以及构建特色的校园文化。新加坡中学社会科中国际理解教育的实施，不限于学科内、校园内，尽可能地给予学生多途径、多方法与社区、国家、国际相连的有意义学习经验。

---

① 香港课程发展议会：《学校公民教育指引》，2012 年 11 月 15 日，见 http：//hkcss.org.hk/channel/detail.asp？issueID=157。

② 胡少伟：《香港教育国际化的实践与挑战》，《世界教育信息》2013 年第 1 期。

二、拓展留学生教育

学生的全球流动是衡量世界城市高等教育国际化的重要指标之一，世界城市的国际学生都呈现规模大、比例高的态势，学生的国际化构成在某种程度上说明了高校吸纳国际学生的能力和竞争力。高等教育国际化的深层动因之一主要是出于经济利益，即吸纳人力资源和国际学生的学费收益。伦敦、巴黎等世界城市将高等教育作为一项重要的产业来发展，将高等教育部门作为一项出口贸易来推进，大力引进和建设海外分校，以高质量教育来吸引国际学生和国际师资，以此创建国际化高等教育服务城市和国际校园。新加坡的大学国际学生的规模很大，且占在校生总人数的 30% 左右。[1] 近年香港地区高等教育的非本地学生人数明显增加。2010 年，世界高收入国家 / 地区"高校中留学生的比重"一项指标的平均值为 10.30%，香港地区高校本科生中非本地生比例为 23.50%，研究生中非本地生比例为 42.06%，这些非本地学生来自全球超过 70 个国家和地区，[2]"非本地学生比例"便是香港地区高等教育国际化的一个重要例证。伦敦高等教育机构拥有很高的海外学生比例。最新一项数据显示，伦敦的国际留学生人数激增，在 2017—2018 学年，有 118145 名国际留学生来到伦敦学习，与 2016—2017 年度相比增长了 5.3%。[3]

为进一步拓展留学生教育规模，提升城市教育的国际竞争力，各个世界城市都推出不同类型优惠政策、简化留学生出入境签证手续、提供多样性奖学金制度、优化教育服务等。以巴黎为例，首先，巴黎实行学费差异化制度。为促进教育公平，巴黎部分高校从 2019 年秋季入学开始上涨非欧盟国家国际学生注册费，并实行差异化收费，即本科阶段每年 2770 欧元，硕士及博士阶段每年 3770 欧元。而国际博士将免于缴纳差异化学

---

① 李梅：《亚洲国际大都市高等教育国际化发展比较》，《上海师范大学学报》（哲学社会科学版）2017 年第 6 期。

② 胡少伟：《香港教育国际化的实践与挑战》，《世界教育信息》2013 年第 1 期。

③ HESA：《伦敦国际留学生剧增：对各地的年轻人才具有吸引力》，2019 年 3 月 8 日，见 http://edu.sina.com.cn/a/2019-03-08/doc-ihsxncvh0885217.shtml? cre=tianyi&mod=pcpager_news&loc=36&r=0&rfunc=100&tj=none&tr=1。

费。[1] 事实上，法国政府仍将承担实际教育成本的三分之二。其次，增加奖学金名额。法国政府承诺将提供 15000 个国家奖学金名额和 6000 个院校奖学金名额。[2] 再次，简化签证程序。法国大使馆将优先处理留学生签证；开通"法国签证"电子门户网站，方便学生查询需提交的资料和注册进展。曾在法国取得硕士文凭的留学生也可以申请特殊居留证，以方便其再次返法寻找工作。同时，巴黎率先开始实行签证审批电子化，学生不再需要前往法国移民局办理签证手续，便可获得学生居留证，且其有效期等同于学生在法学习时长的总和（有效期最长为 4 年）。为方便学生办理居留证，法国在大学周边及省会设置一站式服务窗口。各院校还将为每位留学生分别分配一名顾问，帮助留学生办理留学前后各种手续。此外，巴黎鼓励延长职业型、理学专业和大学校联盟毕业生在法额外停留时间，借助硕士和博士毕业生 5 年往返签证和博士生"人才护照"等政策，可以积极尝试在巴黎或其他城市创业或就业。最后，法国认为高校只有通过开放、灵活的治理，充分调动各方资源，才有助于保持其国际地位。因此，法国将留学生事务管理服务工作下放至高校或高校联盟，由学校自行制定标准。在此过程中，巴黎鼓励各高校制定优化留学生服务的相关举措。如在对学生进行趋同化管理的同时，为其提供个性化陪伴；联合第三方机构追踪高等教育国际化发展状况，推出高校留学生接待水平认证机制，为政府和高校善治提供有力支持。

　　为招收更多的国际留学生，世界城市的高校都设有国际事务办公室，协助校方招收外国留学生，高校为扩大宣传效果，或委托国家相关部门到海外开展留学生教育咨询服务，或直接派人到国外特别是亚洲国家举办教育展览，其中以马来西亚、新加坡、中国（含香港地区）为主要宣传对象。而在学校内部一方面尽量为留学生提供多层次、多形式的学习课程

---

[1]　许浙景、杨进：《法国公立高等院校注册费上涨政策述评》，《世界教育信息》2019 年第 2 期。

[2]　刘丁睿：《简化签证　增加奖学金名额　法国留学新政策来了》，《重庆与世界》2019 年第 3 期。

（如学位课程、文凭课程、语言课程等）；另一方面提供满足留学生需求的服务项目，如绝大多数专业任留学生选读，多数实验室向留学生开放，为留学生提供免费医疗服务等。

三、注重国际合作办学

跨国办学是国际合作办学的主要形式，主要指一个国家的学校到另一个国家为学生开展教学活动。全球化和信息技术的发展使得跨国办学呈现出多种形式，主要包括：第一，分校，即由一国的学校在另一国建立分校，向该国学生提供各种课程计划；第二，特许，即由一国的甲校特许另一国的乙校，为该国学生提供甲校的课程计划；第三，衔接，即一国的甲校系统地认可另一国乙校的某些课程，学生在乙校修课所得学分可以转入甲校，作为完成该校有关课程计划的部分成绩；第四，结对，即不同国家的学校与学校通过签订协议，共同提供学位课程；第五，共同计划，即由许多大公司提供的来自学校的计学分的课程计划，并由学校跨越国界给予学分；第六，远距离课程计划，即通过卫星、计算机、通信或其他技术手段提供的跨越国界远距离传输的课程计划。[1]

在全球主要世界城市中，纽约高等教育在世界上名列前茅。纽约高校积极开展跨国教育输出。比如，纽约大学敢于挑战传统的一所大学只能在单个校园提供教育项目的想法，在全球五大洲建立了 10 个海外校区，与纽约大学华盛顿校区一起，被称为"全球学术中心"（Global Academic Centers）。[2] 除建立独立的海外校区外，纽约大学还先后与所在国合作建立了纽约大学阿布扎比分校（New York University Abu Dhabi，简称 NYUAD）和上海纽约大学（New York University Shanghai，简称 NYU Shanghai）。纽约大学还构建了全链接的网络系统，任何一个校园的师生均可以访问整个大学系统的所有资源。纽约大学作为一个整体，为每个教

---

[1]　赵丽：《高等教育国际化的概念框架探讨》，《教育发展研究》2005 年第 4 期。

[2]　New York University. Global Academic Centers，2016-05-07，http：//www.nyu.edu/global/global-academic-centers.html.

学中心提供办学支持，学生所接受的教育都和纽约校区遵循同样的学术标准。但是在不同城市学习、生活，可以接触不同的语言环境，体验不同城市的学术氛围，开拓师生思路，探讨新的国际化问题并进一步研究解决方案。

不同于纽约，新加坡注重引进与输出并重。新加坡高校"引进来"和"走出去"两种合作办学模式并重，一方面大力引进海外知名教育品牌，建设分校；另一方面积极参与亚洲国家和地区的合作办学项目。根据美国纽约州立大学阿尔巴尼亚分校跨境教育研究小组和英国无边界高等教育观察组织的统计，自 20 世纪 90 年代中叶至 2017 年 1 月 20 日，新加坡在美国、英国、法国、澳大利亚和中国建立分校和二级学院 16 所，在乌兹别克斯坦塔什干和马来西亚分别设立了新加坡管理发展学院分校。[①] 新加坡各理工大学和学院与来自世界许多国家和地区的企业有着相当广泛的联系。例如，南洋理工大学开展深度校企合作的企业就有来自世界许多国家和地区的著名跨国企业，如 IBM、微软、HP、思科、NEC 等跨国公司及数百家国际前沿技术领航企业。通过校（国际）企的合作，学生既能更客观和深入地了解跨国公司的技术创新、企业文化和运行管理等特点，更能在教师的带领下参与各种各样企业的运营和运作，获得理论和实践上的锻炼机会。南洋理工大学通过与国外政府、知名学府和工商业界的密切联系，始终保持着与最新科技及工商企业界的同步发展。

在基础教育领域，世界城市也非常重视国际学校建设。例如，截至 2019 年，香港地区有 53 所国际学校（含一所特殊学校），[②] 提供美国、澳洲、英国、加拿大、法国、德国、日本、韩国、新加坡国际文凭等不同课程。在香港地区教育体制内建立起几十所国际学校，除了有利于吸引国际人才前来香港地区就业和生活外，对香港地区教育国际化也有一定的

---

① Cross-Border Education Research Team. Branch Campuses，2018-10-27，http：//cbert.org/branch-campus/.

② "香港地区的国际学校"，《统计资料一览》，2020 年 8 月 10 日，见 https：//international schools.edb.hkedcity.net/statistics_at_a_glance.php？lang=sc。

好处。

　　另外，国际合作办学在基础教育阶段还体现为世界城市间的学校合作关系确立。巴黎已经广泛地与柏林、伦敦、北京、首尔、芝加哥、罗马、马德里、墨西哥等世界城市基础教育建立了教育合作网络。包括巴黎学区与芝加哥公立学校签订教育合作伙伴协议（谅解备忘录），与芝加哥中小学签订姐妹学校，与北京市委北京市教委签署有关各级各类学校的四年期合作协议，以及深入推进诸如莫利埃高中、查理曼高中的法墨交流项目，纪尧姆职业高中的法意交流项目等。巴黎凡尔赛学区已与西班牙、突尼斯、德国和英国的区域教育当局签署合作协议。同时，凡尔赛学区还与国际组织签署国际协定和公约，申请加入联合国教科文组织联系学校项目网络，通过合作加强本区学生对"全球公民"概念的认识，践行为和平服务的教育理念。

四、打造国际课程体系

　　课程国际化是世界城市高校实现教育国际化的主要载体，主要通过设立区域与国际主题课程，推行以英语为主的双语教学，采用选修制和学分制，同时配以海外学习、学生交流计划和海外实习计划等教学活动，推行跨文化课程、海外研修课程或让学生选修国外院校的课程，增强高校国际化课程的数量和比重。采取的基本措施包括：

　　一是引入世界著名大学课程，保证课程教学与国际接轨。例如，新加坡国立大学与世界著名大学联合举办了 70 多门双学位课程、30 多门联合学位课程等。[1] 为保证课程内容的先进性和前沿性，香港地区高校的大部分课程均采用国外原版教材，并采用英语授课。除了许多课程使用国外原版教材以外，各高校的课程设置、课程内容、教材选用在整体上也与发达国家同步。为进一步加快教学内容与国际接轨的步伐，各高校还开设了

---

[1]　马海涛：《全球化高校的创建策略探讨——以新加坡国立大学为例》，《中国高校科技》2014 年第 4 期。

大量涉外课程。课程是人才培养目标实现的基础，课程设置的国际化保证了国际化人才培养目标的实现。

二是围绕区域性和全球性课题开设跨学科的国际化课程。伦敦、巴黎、新加坡、中国香港等世界城市已经开设诸如环境科学、航天科学、能源科学、宇宙科学、生命科学等区域性或全球性问题的课程，以便使学生意识到所有国家/地区的相互联系以及诸如贫穷和种族歧视等问题的普遍性，培养学生对于国际问题的分析能力和全球素养。如为了培养学生对亚洲社会文化、国际关系、传媒交流等的洞察力和分析力，东京大学自2009 年起开设了亚洲信息社会课程（ITASIA），该课程不分国籍，招收希望在亚洲和世界舞台上发展的所有人员，授课语言为英语。[1]

三是推行海外交流、实习项目。如日本的亚细亚大学制定了"二年级学生出国计划"，每年派遣约 800 名学生到美国的姊妹学校进行为期 6 个月的学习。这种方式为学生提供了较好的国际交流实践的机会，有利于开阔学生的视野，增长学生的国际知识。新加坡政府以提供补助的形式购买海外实习产品，并根据院校在海外实习培训的人数、效益等提供相应的经费支持。在 20 世纪末，新加坡政府在职业教育中长期发展规划中开始推行理工学院的"海外训练计划"，由院校自主报送，每年选派数千名优秀的在校生或研修人员前往海外的大型企业实习或接受高级培训，政府提供相应的往返差旅费和生活补助。[2]

四是重视暑期海外课程。除了按学期开设的常规课程以外，纽约大学还有丰富的暑期海外课程。纽约大学的暑期海外课程按课程计划、学习地点、学术性质等的不同有很大差别，但有一点是共同的：即将为每一位师生平等提供获得纽约大学全球范围资源的机会。纽约大学的课程

---

[1] 东京大学大学院情报学环·学际情报学府：情报化时代のアジアを理解するための革新的なアプローチ，2009 年 4 月 10 日，见 http：//www.iii.u-tokyo.ac.jp/education/courses/itasia。

[2] 孙峰：《境外院校开展海外实习综述及对我国高职教育的启示》，《职教论坛》2011 年第 36 期。

评价主要通过"纽约大学全球课程评价管理中心"（NYU Global Course Evaluation Results）进行，评价的主体分为三部分：学生、教师和管理人员。学生评价通常在每个学期最后几个星期进行，学生登录"纽约大学全球课程评价管理中心"，通过在线评价的方式对课程进行评价。在学期结束时，教师会给学生的学习评定等级，通过电子邮件发送个人成绩详单。此外，教师也能登录"纽约大学全球课程评价管理中心"在线查看学生评价的结果。学院院长及其他管理人员可以登录该课程评价管理中心，他们有权限访问各门课程定量和定性评价的结果，并对开课教师提出意见。

五是重视语言学习，强化教育交流。为增强学生的英语能力以及国际协作能力，东京大学在全校范围内开展以培养交流能力为目的的英语讲座。同时，为推动日本语以及日本文化的世界传播，东京大学在设置日本语教育中心的同时制定了全校性的日本语教育课程体制，向留学生以及外国研究者提供多样化的"符合东京大学特点"的日本语教育。另外，东京大学非常重视开展国际教育交流，依据课程的目标和体系等制定国际交流体验计划。东京大学认为院系层面是教育国际化的基础层面，主张以课程的目标和体系等为基础，通过教师的国际化研修以及学生的国际化交流等形式，实质性推进国际交流体验计划。东京大学与瑞典皇家理工学院、瑞士联邦工科大学苏黎世分校、莱斯大学建立了"战略合作关系"，共同开展国际化工学人才交流项目。①

六是做好国际性校企合作。新加坡高职教育之所以保持世界领先水平，同其职业教育机构与世界先进企业建立的合作关系是分不开的。新加坡高职院校始终瞄准行业企业，参照国际、本国及区域经验，与行业企业共同开发课程，并积极研究科技发展动态，以确保专业设置和教学内容具有一定的前瞻性和预见性，人才培养目标与国家、行业企业需求相适应。

① 东京大学：グローバル機械工学人材交流プログラム，2015 年 4 月 10 日，见 http：//www.phonon.t.u-okyo.ac.jp/gme/education/solarboat.php。

五、教师队伍国际化

世界城市都将人员国际化作为高等教育发展的核心和关键。一所一流大学的标志是它的教师，大学都通过各种政策引进国际杰出的教学、科研、管理人员，提高教学和科研质量，提升国际竞争力。师资国际化主要体现于师资结构的国际化和师资水平的国际化。师资结构的国际化主要体现为外籍教师的人数和拥有海外学历背景教师的人数。根据 QS2016 年关于大学师资国际化的数据，世界城市高校教师在国际化上表现出相似特点：具有国际教育背景的教师人数规模大、比例高。以新加坡和香港地区四所研究型大学为例（见表 2–1）：

表 2–1　2016 年 QS 排名中四所研究型大学的国际（非本地）教师人数与占比

研究型大学	教师总人数	国际（非本地）教师人数	国际（非本地）教师人数占教师总人数百分比
新加坡国立大学	5062	3174	62.7%
南洋理工大学	4334	3000	69.2%
香港大学 *	3054	2018	66.1%
香港科技大学 *	1092	834	76.4%

注：* 香港大学和香港科技大学教师人数是指非本地教师人数，其他高校均指国际教师人数。
资料来源：李梅：《亚洲国际大都市高等教育国际化发展比较》，《上海师范大学学报》（哲学社会科学版）2017 年第 6 期。

比如，新加坡政府在教师培育及资源利用方面长期推行"引进来"与"送出去"政策。一是提供优惠政策条件，面向世界招聘高水平高技能外籍教师。新加坡南洋理工大学为了配合大学招募来自全球优秀青年教师的目标，于 2007 年推出南洋助理教授（NAP）计划，从世界各地招募顶尖研究人员和学者，在大学新一轮多学科综合研究中发挥主导作用。截至2017 年，该计划共吸引全球 4000 余名青年科学家应聘，共招募 62 名。[①]

———————

[①] 朱治亚：《高等教育国际化的策略研究——以新加坡南洋理工大学为例》，《成都大学学报》（社会科学版）2020 年第 1 期。

南洋理工大学通过实施"人才招聘计划",设置 350 个为期两年的"博士后"职位,吸引全球最优秀的年轻研究人员;① 在五年内设立 100 余个教授职位招募 300 名教师,并为几个新"教师教席"提供资金承诺。② 同时,凭借日益增长的声誉,南洋理工大学近年来一直吸引着顶尖的教师和研究人员,带头开展跨学科研究项目,推动学术发展。就教师国际多样性而言,2012 年有来自 100 多个国家的教师在校任教。③

同时,新加坡在职业教育领域同样重视外籍教师的引入。新加坡理工学院的外籍教师人数已超过其教师总数的 10%。④ 除了在国内企业选聘优秀工程技术人员担任专业教师,新加坡高职院校还多渠道引进国外教师资源,如在引进国外先进设备和技术的同时,重视引进现代企业管理人员和使用先进设备的技术人员担任专业教师,通过高薪聘用制,吸引优秀留学归国人员。这些举措均在一定程度上有效提升了新加坡高校的国际竞争力。

除了全球招募和选拔优秀教师进入大学,新加坡充分保障教师赴外培训进修。政府鼓励新加坡高校每年选送一定数量的教师赴国外学习、培训和深造,目的是让其广泛了解国际最新科技成果和职业技术教育发展趋势,以培养国际化的外向型人才。新加坡高校积极引导教师关注国际新技术的发展,定期派出教师参加国外学术交流会议、赴海外行业企业学习或兼职,以开阔教师国际化视野,在实践的项目操作中提高师资的国际化教学水平。

在香港地区教师队伍国际化方面,香港大学教育资助委员会发挥了

---

① 朱治亚:《高等教育国际化的策略研究——以新加坡南洋理工大学为例》,《成都大学学报》(社会科学版) 2020 年第 1 期。

② 朱治亚:《高等教育国际化的策略研究——以新加坡南洋理工大学为例》,《成都大学学报》(社会科学版) 2020 年第 1 期。

③ 朱治亚:《高等教育国际化的策略研究——以新加坡南洋理工大学为例》,《成都大学学报》(社会科学版) 2020 年第 1 期。

④ 买琳燕:《新加坡高职教育国际化发展:历程、举措与特征》,《现代教育管理》2018 年第 10 期。

极大的作用。一方面，大学教育资助委员会为香港高校引进世界高水平教师提供了强有力的资金支撑。香港高校不断提高教师的引进门槛，如要求教师具备长期在国外学习的经历，具备国际化的教育理念，高校助理教授以上职位要进行世界性招聘，大多要求有世界名校的学术背景。2017 年，香港各高校教师几乎全部具备海外学习经历或在海外进修过，有些高校外籍教师比例超过 50%。① 国际化的师资不仅促进了香港地区高校教学与研究水平的提高，也为香港高校与世界一流大学架起了沟通的桥梁。另一方面，大学教育资助委员会为政府提供高等教育政策咨询。其在 1996 年发表的《香港高等教育》报告书以及 2010 年的《展望香港高等教育体系》报告书都强调，香港高等教育必须重视国际教师资源的吸纳，支持教师同海外高等院校合作开展教学和研究。"教学人员国际化是香港院校的一个传统特色……香港需要来自不同背景的学者，包括在外地进行博士研究的学者，曾在海外大学工作的学者，以及其他族裔的学者。"② 另外，香港高校还遍邀世界著名学者、专家到校进行短期访问和讲学，或聘他们为名誉教授或客座教授。这些具有全球教育背景的专家学者成为香港地区教育国际化的重要推动者。

六、学术研究国际化

研究国际化是各国或地区高等教育"走出去"战略的重要组成部分，也是提升世界城市高等教育研究水平的重要举措。

主要世界城市采取多种途径促进高校学术研究的国际化发展。例如，香港地区的研究国际化有三种形式。一是通过拨款资助高等教育学术研究。香港特区行政长官每年的《施政报告》都会提及设立基金资助研究计划，且不断提高研究的资助额度。2013—2014 学年，政府为大学

① 夏雪艳、黄磊：《香港高等教育国际化政策研究——以国际化内容为维度的分析》，《世界教育信息》2017 年第 2 期。
② 夏雪艳、黄磊：《香港高等教育国际化政策研究——以国际化内容为维度的分析》，《世界教育信息》2017 年第 2 期。

教育资助委员会资助的 8 所院校提供了约 66 亿港币的研究拨款。[①] 香港
行政会议通过大学教育资助委员会向 8 所公立院校提供的 3 年期拨款建
议，在 2019—2020 学年和 2021—2022 学年共计拨款逾 600 亿港币，较
上一轮的 535 亿港元增加近 13%。[②] 二是与其他国家或地区建立合作研究
计划。大学教育资助委员会通过研究资助局推出与境外研究机构开展合
作研究计划，鼓励香港高校与境外高校进行合作研究。中国香港与法国
国家科研署、苏格兰拨款委员会、德国相关机构等开展了合作研究计划。
香港大学、香港中文大学与世界著名大学建立了长期的合作关系，并以
协议的形式固化下来。各高校经常举办大型的国际性学术研讨会，邀请
国际著名学者访港讲学，并开展广泛的合作研究。三是设立专门国际学
术研究中心，推行研究计划，召开国际学术会议。香港地区各高校通过
该平台邀请世界知名学者到校讲学，参与学术研究合作，以加强香港地
区与国际一流学者的交流。另外，香港高校与国外高校还建立了教师互
访制度，利用假期互派教师进行学术访问。良好的学术交流与合作氛围
提升了香港地区高校的学术水平，如今，香港大学的临床医学、化学等
研究居于世界领先水平，香港科技大学的纳米科技、电子资讯等研究居
于国际前列，香港中文大学的中国研究、生物医学等研究趋近世界一流
水平。

　　世界一流大学从自身的社会使命担当出发，也重视学术研究对全社
会发展进步的推动作用，主动开展国际化学术研究。例如，东京大学将学
术成果及其产生的社会影响作为大学存在价值的重要标志，并将开展国际
尖端科学技术研究作为大学国际化战略的重要内容。学校认为学术研究内
容、开展过程以及产生价值的国际化可以对大学的人才构成结构以及自身
"机体"构成等产生长远且深刻的影响，将之视为大学国际化战略中的最

①　香港教育局：《学术研究》，2014 年 1 月，见 http://www.edb.gov.hk/mobile/tc/edu-
　　system/postsecondary/local-higher-edu/academic-research/index.html。

②　王诗尧：《香港 8 大高校未来 3 年获拨 600 亿港元　港大补助金最多》，2018 年 12 月
　　13 日，见 http://www.chinanews.com/ga/2018/12-13/8701185.shtml。

高层次，需要依靠学校的优势学科、举全校之力凝结世界最高水平的学术成果。东京大学实现学术国际化的基本路径为两条：一是以世界共同面临的全球性课题为着眼点，将单个或多个优势学科与国际性问题的解决相结合，突出对全球性问题的研究。二是将高质量教育资源向全世界开放，通过科学技术研究成果的深入交流，在世界范围内推动学术成果的共同利用。为推动并保持学校站在世界最紧迫以及最高端研究问题的第一线，东京大学以学部（研究科）为主体，通过设置专门研究机构，借助跨学科研究等方式寻求最佳的问题解决方案。为更好地实现自身发展使命，东京大学专门研究机构通过不断加强与世界知名学术机构的重点合作、吸引国外研究人员以及开展多角度合作和全球性课题攻关等形式，致力于国际化学术研究平台的构建及其作用的发挥。

世界一流大学倾向于参与全球范围内的活动，以期树立"全球品牌"。作为一所全球性大学，新加坡南洋理工大学积极寻求与世界顶级机构和组织的合作，在建立全球科技大学联盟方面发挥了重要作用。南洋理工大学通过与当地和国际合作伙伴建立新的战略联盟，加强其全球网络。该联盟汇集了来自亚洲、欧洲和北美的世界知名高等教育机构，包括加州理工学院（美国）、佐治亚理工学院（美国）、苏黎世联邦理工学院（瑞士）、伦敦帝国理工学院（英国）、印度理工学院孟买分校（印度）、上海交通大学（中国）等。截至 2017 年底，南洋理工大学已与 400 多个国家和地区的机构建立了学术和研究伙伴关系。[①] 与加州大学伯克利分校的合作使南洋理工大学成为新加坡伯克利教育研究联盟（BEARS）的一员，开展热带地区建筑节能和可持续发展研究（BEST），对新建筑和现有建筑环境的能源效率产生巨大影响。南洋理工大学和新加坡国立大学与麻省理工学院（MIT）签署新加坡—MIT 联盟（SMA）协议，在工程、科学和技术的研究和教育方面建立合作关系。在建立多个学术研究联盟后，教师出版物和引文显著增加，证明了南洋理工大学国际化战略和学术研究国际

---

① 　朱治亚：《高等教育国际化的策略研究》，《成都大学学报》（社会科学版）2020 年第 2 期。

化举措的成功。2017 年，南洋理工大学在 Nature 发表论文数量排名全球第 32 位，连续两年排名亚洲第一，而且汤森路透的数据显示，南洋理工大学的引文影响分数已经超过全球一些顶尖研究型大学，并且在亚洲顶尖大学中名列前茅。[①]

七、社会服务国际化

社会服务的国际化是世界城市高校国际化战略的又一重要实践路径，主要措施包括如下几个方面：

一是完善留学资讯推介服务，提高留学生适应力。例如，纽约大学成立全球服务办公室（the Office of Global Services，简称 OGS），为有意向到纽约大学的国际学生提供留学咨询，为在读留学生提供留学指导和服务，提供到其他校区或学校进行学习交流的机会，为教师和其他工作人员提供签证或者移民的建议和帮助，改善他们在纽约大学的生活，帮助留美国际学生选择合适的工作。同纽约大学一致，东京外国语大学在分布于 13 个国家和地区的合作大学中设立"全球日本办公室"，除了为当地学生提供日语教学之外，办公室还会宣传日本学研究，发挥留学日本推介窗口的作用。作为一个独立的管理机构，"全球日本办公室"力图打造一站集成式的服务平台，为本地生和留学生提供语言、住房、签证、交通等基本资讯，整理汇总日本各大学的英语授课学位计划和奖学金信息并实时更新，帮助留学生便捷查找适合的留学目的地。东京大学在全球慕课平台 Coursera 推出了在线课程"学在日本"，让有兴趣的学生提前了解不同大学的学位计划和课程内容，帮助他们准备学习计划，并且邀请在日留学生分享学习经历和建议。明治大学为留学生建立了专门的学习活动场地，由助理教师为他们提供日语学习的辅导支持。学校还鼓励本地生和留学生结成"校园伙伴"，在提供日常帮助的同时共同参与教学活动，以此提升彼此跨文化交际能力。日本高等教育国际化中的独特理念之一是培养留学生

---

① 朱治亚：《高等教育国际化的策略研究》，《成都大学学报》（社会科学版）2020 年第 2 期。

能够掌握本土语言、了解日本文化并加以推广。①

二是为国际学生提供经济帮助。纽约大学对国际学生虽然没有直接的经济资助，但是会通过全球服务办公室帮助学生合理管理个人财产。除此之外，纽约大学还会指导国际学生申请社会留学奖学金；同时，纽约大学也欢迎非纽约大学的学生到纽约大学各校区访问交流，如果其在原学校取得某类经济援助，纽约大学可以启动传输协议，将援助转移到纽约大学。② 为了提高学生国际交流的积极性，纽约大学采取了以下措施：（1）规定所有学生在海外校区学习期间，可以向学校申请国外学期附加补助（Additional Aid for Semester Abroad）；（2）在海外校区学习一个学期的学生，根据学习成绩，可以获得最高 1500 美元的绩优补助；（3）为所有被海外校区录取的本科生设立留学奖学金和助学金，最高达 4000 美元 / 学期；（4）通过纽约大学全球计划（NYU Global Programs）向华盛顿校区以外的 133 名本科生提供 3000 美元 / 年的奖学金。③

奖学金制度一直是世界城市高校为国际学生提供经济帮助的重要手段。伦敦高校现行的奖学金制度主要由三个部分组成：（1）政府奖学金；（2）学术团体奖学金；（3）高校奖学金。政府奖学金除政府间双边文化教育交流奖学金项目（由英国文化委员会，外交部文化关系司负责，经费由财政部下拨）外，外交部和英文化委员会也与外国（含地区）政府签有奖学金双边协议，以资助海外学生和研究人员赴英研修。高校奖学金主要是指各大学设立的单方奖学金和校际交流奖学金。④ 上述奖学金对英联邦成

---

① Hamid M O，Nguyen H T M，Baldauf Jr R B. *Medium of Instruction in Asia*：*Context*，*Processes and Outcomes*，Current Issues in Language Planning，2013，vol.14（1），pp.1-15.

② New York University. *Non-NYU Students*，2016-05-10，http：//www.nyu.edu/global/global-academic-centers/upperclassmensemester-academic-year-study-away/costs-financialaid/non-nyu-students.html.

③ New York University. *Scholarships & Financial Aid*，2016-05-10，http：//www.nyu.edu/global/global-academic-centers/upperclassmen-semester-academic-year-study-away/costs-financial-aid/scholarships-financial-aid0.html.

④ 周焱：《澳英美高等教育国际化的基本经验及启示》，《重庆师院学报》2002 年第 4 期。

员国的留学生颇具吸引力，对受本国政府资助赴英研修的外国留学生数的增长发挥了积极作用。

三是吸引留学生毕业后在当地就业。雇员多元化是企业在快速变革时代中生存和发展的关键，而高等教育国际化为企业带来了更多具备多元国际背景和语言能力的劳动力，因此许多大学都出台各种措施吸引留学生毕业后在当地就业。东洋大学在文部科学省的支持下实施"留学生转身就业促进计划"，与岛根大学、金泽星棱大学构建合作平台，试图通过政府、大学、产业的合作，促进各自留学生能够在就读区域之外获得就业机会。东洋大学在本科一年级就为留学生开设职业教育课程，在二年级和三年级安排留学生在位于东京和非中心城市的企业进行参观和实习，并且在四年级求职期开始前通过专门的职业发展支持中心为他们提供商务英语培训、求职经验分享、面试技巧训练、职业信息推送等服务。

香港采取放宽对非本地学生的就业政策，吸引非本地毕业生留港工作，提升香港人力资源竞争力。香港推出非本地毕业生回港就业安排相关政策，规定申请人如申请成功，可获准留港 12 个月，并不受其他逗留条件限制。[①] 同时，放宽对于正在就读的非本地学生的就业限制。这些支持性政策的出台，使得赴港就读和获准在港工作的非本地学生数量都在迅速增加。据统计，截至 2015 年，已有 28575 名非本地学生获准赴港就读，51463 名非本地毕业生获准在港工作。[②]

四是大学全方位对接社会需求，提供服务。东京大学社会服务国际化的基本路径为"知识的结构化"，即通过"知识的结构化"向世界提供一流的国际化服务，推动大学的国际化深入发展，使社会各个领域都能够有机会利用大学提供的知识和信息咨询服务。东京大学社会服务国际化的主要措施包括：第一，搭建世界知识产业创新平台。东京大学"产学协

---

① 香港入境事务处：《二零一五年年报》，2016 年 1 月，见 http://www.immd.gov.hk/publications/a_report_2015/sc/ch1.html。

② 香港入境事务处：《二零一五年年报》，2016 年 1 月，见 http://www.immd.gov.hk/publications/a_report_2015/sc/ch1.html。

创推进本部"从 2012 年起与一般社团法人未来设计中心（Future Design Center）等机构共同举办"亚洲创业精神奖"，该奖从中国、日本、韩国、印度、马来西亚、中国香港、中国台湾等地选出具有较强创业精神的企业进行奖励，目的在于推动亚洲最前沿技术以及构想的发展、创造能够解决世界性课题的新产业，从而通过智慧和技术的推动，构筑包含大型民间企业以及一般创业者在内的、产学研合作一体化发展的创业生态环境。[1] 第二，发挥"知识创造的世界据点"的智库作用。2008 年东京大学设置政策选择研究中心，目的在于发挥东京大学作为"知识创造的世界据点"的智库作用，通过以研究为基础的政策建言解决人类所面临的共同问题，例如为解决传染病的蔓延、恐怖组织对生物化学的使用、难民问题所产生的国际人员流动等课题，2016 年以 G7 国家为对象提出《全球健康维持的再构筑——对 G7 的建言》。[2] 第三，发挥人才培养机构的功能。东京产学协创推进本部与国外机构合作通过产学合作关系共同培养人才，如 2012 年东京大学与美国波音公司合作共同制定高等教育计划，由东京大学工学系研究科培养专门面向美国波音公司的专门技术人才。[3]

---

[1]　东京大学：产学协创推进本部主催イベント，2016 年 4 月 5 日，见 http：//www.ducr.u-tokyo.ac.jp/jp/event/index.html。

[2]　东京大学：东京大学政策ビジョン研究センター．政策提言，2016 年 5 月 13 日，见 http：//pari.u-tokyo.ac.jp/publications/index_policy_recommendations.html。

[3]　东京大学：产学共同研究の推进，2015 年 5 月 13 日，见 http：//www.ducr.u-tokyo.ac.jp/jp/research/index.html。

第三章　纽约世界城市建设与教育国际化

　　纽约市（City of New York）位于美国纽约州东南部大西洋沿岸，是美国第一大城市及第一大港口，纽约都市圈为世界上最大的城市圈之一。自第二次工业革命发生以来，纽约吸引了全球各国的移民，逐渐成为美国的经济中心、文化中心与贸易中心，并成为美国的第一大城市。二战后，纽约成为世界级国际大都市，是全球公认的世界金融中心、文化中心以及政治中心。其中纽约的金融区以曼哈顿下城及华尔街为核心，被称为世界的金融中心，众多世界 500 强企业的全球总部位于纽约。纽约拥有世界最大的两个证券交易所即纽约证券交易所与纳斯达克，其亦是全美乃至全球航空交通的中心。纽约还拥有百老汇、大都会博物馆等全球性的文化标地，也是全球各种文化的聚集中心。此外，纽约还拥有哥伦比亚大学、纽约大学、洛克菲勒大学等世界一流大学以及纽约市立大学等众多优质教育资源。移民城市这一事实本身就赋予了纽约世界城市和国际化的特质，在纽约这座世界城市发展的过程中，各级各类教育国际化对其起着推动作用。同样，纽约世界城市的发展进程也为教育国际化的发展提供了制度合法性。

第一节　纽约建设世界城市的发展进程与发展道路

　　纽约是美国最早的城市之一，其经历了从印第安部落聚集地到全美首位城市，又从全美首位城市发展为全球范围内的顶尖世界城市的过程。纽约得天独厚的区位优势，吸纳人才的举措以及紧跟时代的产业转型是其成为世界城市的发展关键。

一、纽约城市发展进程

纽约的城市发展进程经历了两个大的阶段。第一个阶段是 17 世纪初至 19 世纪 70 年代，这一时期纽约经历了殖民地时期和非殖民地时期，在独立战争与南北战争中都得到了发展，在交通革命中发展成为北美的水路与铁路枢纽城市。此外，纽约制造业、金融业等行业蓬勃发展，吸引了大批的欧洲各国资本以及人力资源，成长为全美首位城市。第二次工业革命以来，纽约大力发展制造业，经济得到进一步增长。二战后纽约进行了产业转型，在经济、文化、政治多个方面成为全球首屈一指的中心，发展成为顶尖的世界城市。

（一）从普通港口城市到全国首位的城市（17 世纪初至 19 世纪 70 年代）

美国城市的建立与美国的开发是同步的，从东海岸开始，依次向西推进。早期美国城市的发展可分为两个阶段即殖民地时期和非殖民地时期，其中殖民地时期为 17 世纪初至 1776 年，非殖民地时期从 1776 年至 19 世纪 20 年代。纽约利用其港口的区位优势与背靠费城等城市的腹地优势，在这一早期历史时期迅速发展起来，并奠定了东部沿海核心城市的地位。① 美国早期城市并非是农业发展的结果，而是承载着与欧洲大陆联系以及与周边地区经济联系的功能，大多位于港口。纽约、波士顿、费城等城市不仅规模远胜其他城市，其影响也遍及广阔的腹地。这些城市既非流行于中南美洲的军事控制中心或传教据点，亦非欧洲式的政治中心，而是以经济活动为主的商业性城市，这是北美殖民地城市的突出特点。②

---

① Janet L. Abu-lughod, *New York*, *Chicago*, *Los Angels*: *America's Global Cities*, Minneapolis: University of Minnesota Press, 1999, p.7.

② 王旭：《美国城市史》，中国社会科学出版社 2000 年版，第 11 页。

在欧洲人开发北美洲之前，纽约是多个印第安部落聚集的地方。17世纪初，荷兰人的公司首先在此开发，并将其命名为新阿姆斯特丹。17世纪60年代英国人赶走了荷兰人，改名为纽约，并按照英国的市政管理体制在这座殖民地城市建立市政府机构，纽约逐渐繁荣起来。早期的纽约城市主要聚集在曼哈顿岛的南部，当时的市民生活较为讲究，各种剧院建立，这也奠定了纽约百老汇文化中心的基础。此外，曼哈顿最南端的三角区域作为港口的重要组成部分，首先发展起来的是储运业和批发商业，接着是为海员服务的保险业与为商人服务的金融业，纽约证券交易所在这一时期成立。在此期间，纽约市已经涵盖了工业革命前商业城市的主要职能，金融保险、储运批发成为纽约的主导产业，[①]并建立了自己的私立大学即哥伦比亚大学的前身国王学院，这是美国东北部最早建立的大学之一。

独立战争后，政治的独立和国家的统一有力地推动了美国经济发展，东北部是美国东海岸的首个城市群，亦是新兴城市经济的主导地区。相比波士顿、费城，纽约处于三角地带的中间区域，成为美国建国后东北部经济发展的最主要受益者。纽约吸引了较多的英国资本，成为英国销售剩余工业品中心。这一中心地位使得纽约既吸引了大批的英国海外资本，亦将美国内陆城市的资本吸引过来，使得其成为美国贸易与金融的聚集地，为其日后成为美国乃至全球的金融中心与贸易中心奠定基础。

19世纪初期至中期，在贸易的持续发展和欧洲移民的推动下，纽约发生了巨大变化，主要体现在各类交通运输的发展以及人口组成的多元化。1819年，伊利运河开通，将纽约港与美国内陆市场通过哈德逊河和五大湖连接起来。1851年，伊利铁路全线通车，哈德逊铁路又向西延伸到纽约州的首府奥尔巴尼。水路交通与铁路交通的双向完备使得纽约与广阔的内陆腹地连为一体。广阔的内陆腹地为纽约提供了大量的原材料、劳

---

① 蒲玉梅：《从普通港口城市到全球性城市——纽约全球性城市的形成与发展道路》，硕士学位论文，华中师范大学，2006年，第10页。

动力以及国内市场需求，纽约的进出口贸易大幅增长。此时，纽约依靠交通优势成为美国内陆与欧洲资本交汇的中心与桥梁。

随着纽约经济的发展以及城市地位的提高，越来越多的工作机会与创业机会出现。19 世纪三四十年代起，欧洲各国的移民蜂拥而至，登陆纽约追逐他们的美国梦。19 世纪中期的爱尔兰大饥荒和德意志革命使得大量的爱尔兰移民和德国移民涌入纽约。1860 年的纽约，每 4 个人中就有 1 个德国移民和 1 个爱尔兰移民。此外，大量的英格兰人、法国人、苏格兰人亦移民前来，1860 年的纽约居民中百分之六为英国移民，百分之七为法国移民。[1]1845—1855 年间，纽约人口中外国出生的比率从三分之一上升为二分之一。各国移民在曼哈顿这座半岛上规划出自己的街区、教区，并成立了各类协会，随着外来移民的持续大量涌入，纽约市很快成为一个典型的世界城市。[2]

大量移民对纽约城市经济发展的影响是多方面的。一方面，大量的移民为纽约的经济发展乃至随之而来的第二次工业革命带来了充足且廉价的劳动力；另一方面，大量移民带来了大量的资金，有利于纽约保持其金融中心的地位。1870 年，纽约人口超过了 100 万，人口迅速增长带来的经济规模效益也日渐显现。随着西部大开发的进行以及五大湖等内陆地区的发展，纽约成为棉花、粮食、衣物、工具等商品的贸易中心和资金集聚中心，纽约的金融业、银行业、证券交易、工商业空前活跃。[3] 此外，纽约凭借着丰厚的经济实力在 1831 年和 1847 年相继建立了两所大学即纽约大学和纽约市立大学，进一步丰富了其优质教育资源。占尽天时、地利、人和的纽约至此成为北美经济发展的中心和美国的第一大城市。[4]

---

[1] 王旭、黄柯可主编：《城市社会的变迁》，中国社会科学出版社 1998 年版，第 301 页。

[2] [法] 弗朗索瓦·维耶：《纽约史》，吴瑶译，社会科学文献出版社 2016 年版，第 137 页。

[3] [美] 杰拉尔德·冈德森：《美国经济史新编》，杨宇光译，商务印书馆 1994 年版，第 289 页。

[4] 王旭：《美国城市史》，中国社会科学出版社 2000 年版，第 39 页。

（二）从全美首位城市到世界第一城市（19 世纪 70 年代至今）

随着第二次工业革命的发生，美国各项产业蓬勃发展，纽约作为大都市的代表是其中的排头兵，其制造业、金融业、各项贸易产业都得到了迅速发展。随之而来的是美国新一轮的城市化，这一轮城市化的显著特点是大都市区的形成。1898 年，大纽约正式形成，纽约作为全国首位城市形成了纽约大都市区，涵盖了曼哈顿、布鲁克林、皇后等区域。在城市化过程中，纽约不断吸收欧洲、非洲的外来人口，亦吸引着美国广阔腹地的人群，城市人数增长迅速。1890 年纽约人口数从 1860 年的 100 万增至 250 万，[1]1910 年达到 705 万，一战时超过了伦敦，成为世界上人口最多的城市区。[2]

第一次世界大战期间，欧洲各强国都遭受了损失，而美国却在此期间进一步发展经济。这一时期纽约的经济更加成熟，工业、商业统治地位进一步稳固，复杂的财政金融体系更加完善，纽约的全美首位城市地位得到巩固。[3]此外，19 世纪 70 年代至 20 世纪初，纽约市修建了一大批举世瞩目的公共建筑，如新的市政大楼、中央车站、宾夕法尼亚火车站、大都会博物馆、纽约市立公共图书馆、布鲁克林博物馆、布鲁克林大桥以及代表着纽约精神的自由女神像，它们都成为纽约市的标志性建筑。与此同时，这一时期纽约市区的摩天大楼亦如雨后春笋，一幢接一幢地建立，仅 1913 年，曼哈顿的中城与下城就有 51 幢高度介于 21—60 层之间的大楼，超过 11 层的高层建筑有 1000 余幢。[4]纽约市在城市建设方面已位于世界顶尖水平。

---

[1]　[法] 弗朗索瓦·维耶：《纽约史》，吴瑶译，社会科学文献出版社 2016 年版，第 105 页。

[2]　宁越敏：《世界城市崛起的规律及上海发展的若干问题探讨》，《现代城市研究》1995 年第 2 期。

[3]　蒲玉梅：《从普通港口城市到全球性城市——纽约全球性城市的形成与发展道路》，硕士学位论文，华中师范大学，2006 年，第 20 页。

[4]　[法] 弗朗索瓦·维耶：《纽约史》，吴瑶译，社会科学文献出版社 2016 年版，第 140 页。

1929—1933 年的经济大萧条使得纽约各行业处于低迷。二战期间，纽约成为反法西斯联盟接驳到达美国外国船只的重要港口和战略物资输出地，二战的全面爆发使得纽约制造业等产业又蓬勃发展，纽约成为全美最重要的战略物资生产基地和海军基地，生产总值在全国占有重大比重。

二战结束后，纽约市本身的经济结构发生了很大变化，主要表现在产业结构的调整和人口构成的变化等方面，全美经济结构的调整、区域经济结构的转变以及郊区化与大都市化的发展也不同程度地对纽约市的经济结构和经济地位产生影响。①

20 世纪 60 年代起，全球产业结构在新科技革命推动下发生重大变革。相比新兴产业，美国的制造业处于劣势地位。② 纽约传统的制造行业如服装制造业集聚衰落，很多大的公司都迁到了哈得孙河对岸的新泽西甚至更远的地方。而纽约的金融业、服务业等第三产业则顺应潮流崛起。由于制造业的衰落，纽约的居民尤其是中产阶级居民向外迁移，1945—1980 年有约 200 万中产阶级居民迁出纽约市。而较多非洲裔美国人与拉丁裔美国人则进驻纽约市，从原来的不到 10% 的比例上升到 30% 多。③ 经济衰落和人口流失使得纽约市发展陷入恶性循环境地，制造业的衰落使其整体经济实力下降，而高素质人口的流失则使得纽约市人力资本变得匮乏，继而经济发展更加艰难。二战后的全美区域经济结构调整是纽约市的传统经济强市地位受到一定削弱，并日益受到西部新崛起的大城市的挑战；而郊区化与大都市化的冲击，使得大量公司外迁，也给纽约市造成较大损失。④ 相比经济产业的转型，随着联合国总部的建成，各个联合国成员国在纽约设立了驻地并派送驻联合国代表，象征着纽约所承担的世界职能，二战后的纽约成为全球的政治中心。此外，从 20 世纪 20 年代开始，纽约每十年

---

①　孔令帅：《纽约教育发展研究》，北京大学出版社 2017 年版，第 5 期。

②　Jim Potter, *The American Economy between the World Wars*, New York：Macmillan，1985，p.541.

③　Roger Star, *The Rise and Fall of New York City*, Oxford：Basic Books，1985，p.129.

④　蒲玉梅：《战后纽约全球性城市的形成》，《台声·新视角》2006 年第 1 期。

建造一个机场，至 1948 年肯尼迪国际机场通航，纽约已成为全美乃至全球航空交通运输的中心枢纽。

在二战后至 20 世纪 70 年代，纽约市处于经济机构调整时期，但是纽约作为美国首位城市的地位没有改变，依然拥有雄厚的经济实力，期间举办了 1964 年世界博览会，亦扩大了世界影响，进一步确定了其世界城市的地位。20 世纪 70 年代以后，纽约市的产业转型初步完成，又重新焕发了活力，并全方位发展，逐渐成为首屈一指的世界城市。纽约市曼哈顿区的金融业、贸易业开始复苏，百老汇、各大酒店等各类服务业蓬勃发展，摩天大楼里的办公室灯光重现，全市范围内的就业状况开始好转，1971 年新成立的纳斯达克是其中的代表，其迅速发展成世界最大的股票市场之一。

在随后的几十年里，纽约优化了产业结构，优先发展基于高科技的制造业，如生物医药、电子芯片等。此外，纽约大力发展时尚服装设计、印刷出版以及化妆品等行业，并汇聚融合了一大批全球各地的艺术、文学人才，使其成为世界时尚之都、文化之都。与此同时，纽约进一步发展先进生产性服务业，推进银行、保险、法律、咨询管理及广告等相关产业的发展，稳固了其世界金融中心与贸易中心的地位。截至 2013 年，世界 500 强企业中有 73 家将总部设在纽约，摩根士坦利、高盛等全球最有影响的投资银行总部皆设置在纽约，全球各大银行在纽约都设有区域性总部，各大会计师事务所的总部或分支总部亦集聚于此。2013 年纽约的 GDP 超越东京，成为世界第一，人均 GDP13.88 万美元，居世界城市第一名。在有 20 年权威经验的全球化与世界级城市研究小组与网络公布的 2018 年世界城市排名中，纽约被评为特等城市，位列世界城市的顶端。①

二、纽约成为世界城市的发展道路

纽约在城市发展过程中充分发挥自身的区位优势，为其成为世界城

---

① GaWc. The World According to GaWC 2018，2018-12-30，https：//www.lboro.ac.uk/gawc/world2018t.html.

市打下了坚实基础。此外，纽约在不同阶段吸纳不同类型的人才，为纽约发展成为世界城市积累了丰厚的人力资本。纽约在发展过程中紧跟时代，抓住每一个历史机遇，在二战后进行了产业结构调整，最终成为世界的经济中心、政治中心与文化中心。

(一) 发挥自身区位优势，打下坚实基础

纽约的地理位置有着得天独厚的优势，这在其发展成为世界城市的道路上起着至关重要的作用。纽约城市的诞生和发展都是凭借其地理优势而发端。纽约通过天然的地理优势，面向欧洲资本强国，背靠广阔美国腹地以及周边费城、波士顿等城市，构建大量的水陆交通网络，在国内及国际贸易中都有着凸显的运输成本优势和时效优势，进而获得更大的区位优势和地区影响力。[1] 基于此种区位优势，纽约很快成为一座金融中心城市和制造业中心城市。

纽约港是世界最大的深水良港，其冬季不冻，海岸线长。纽约市处于美国大西洋东北沿岸各大城市的中间位置。在很长一段时间里，纽约是欧洲人进入北美殖民地和加勒比海地区的唯一门户，是欧洲和美洲之间最重要的联系枢纽。基于此，纽约的进出口贸易量在全球占有重要比重。此外，纽约不仅有条件优厚的港口，还有丰富的内河航道，哈德逊河将经济迅速发展的纽约州北部和新英格兰西部紧密联系起来，纽约的影响延伸到了内陆中、北部，而后续伊利运河的开通则使得纽约的腹地扩展到了北美资源丰富的五大湖地区。依靠其区位优势，纽约最早建立了较为完善的跨州铁路和市内地铁，其宾夕法尼亚车站与中央车站成为当时世界最繁忙的火车站，这进一步扩展了美国的腹地。[2]

东北部是美国首个城市群所在地，其以纽约为中心形成了一个经济核心区。纽约与周边的港口城市波士顿、费城成为美国工业化最早、城市化程度最高、经济最发达的城市群，城市群内多个城市产业结构呈现多元

---

① 杨一博、宗刚：《纽约世界城市发展道路对北京的启示》，《现代城市研究》2011 年第12 期。

② 王旭、黄柯可主编：《城市社会的变迁》，中国社会科学出版社 1998 年版，第 302 页。

化和互补的格局。纽约拥有如此强大的友邻城市支持，也是其成为世界城市的重要原因。强大的友邻城市有着丰厚的资源，如波士顿基于哈佛大学、麻省理工学院、波士顿学院、麻州州立大学等多所世界一流大学为纽约提供了高素质的人力资本以及高新产业所需的核心技术，为纽约的金融、贸易业发展以及紧跟时代的产业转型提供智力支持。此外，纽约大都市区的建立在用地空间、人力储备等多个方面都给纽约市的发展提供了更多的可能性，使其能够区分版块，组合发展，保证了世界城市所需要的多元性与可扩展性。

（二）吸引各方人才，保障发展后劲

J. 弗里德曼（John Friedmann）认为世界城市的形成是移民的产物，跨国精英是世界城市中的关键阶层。[1]纽约从部落聚居地变为近千万人口的顶尖世界城市，其城市发展史就是一部移民奋斗史。纽约自建城开始就不断吸收各国移民，不同阶段的移民的群体特征有所不同，但都对纽约各个发展时期的需求给予了巨大的支持。纽约是欧洲人最早到达的北美殖民地之一，是欧洲廉价剩余工业品的北美销售中心，相对于美国其他港口城市和内陆城市更具吸引力。此外，纽约的制造业、贸易业迅速发展起来，成为北美地区最大的就业市场。因此，20 世纪以前，纽约源源不断地吸引着大量来自欧洲英国、德国、爱尔兰等国的移民。早期大量欧洲移民对纽约城市经济的发展起到了助推作用，一方面使得纽约城市高速发展的过程中没有劳动力短缺的后顾之忧；另一方面这些移民带来了较多的欧洲金融资本与先进技术，大大加快了纽约城市化的进程，并迅速使其成为百万级人口的大都市。研究表明，百万人口以上的大城市的劳动生产率比十几二十万级城市高百分之三十八，投资效益高一倍。[2]基于此，纽约的各行各业的生产规模和贸易规模都稳步扩展。

---

[1] J. Friedmann & G. Wolff. "World City Formation：An Agenda for Research and Action"，*International Journal of Urban and Regional Research*，Vol.6，No.3，（1982），pp.309-344.

[2] 李原：《世界城市知识大全》，世界知识出版社 1985 年版，第 3 页。

一战后，美国出台了系列立法控制移民，纽约的移民人数逐渐下降，但是移民中的高级技术工人和知识分子的比例则在不断增加。移民局对于纽约市经济、文化、政治等方面发展所急需的外籍人才给予政策支持。近些年来，纽约移民大部分皆为技术移民，这为纽约各方面发展注入了持续不断的能量。此外，纽约的教育致力于实现终身化、普及化和国际化。纽约教育部门出台了"普及学前教育计划"（Universal Preschool Program）和"开端计划"（Head Start Project）等教育项目致力于培养儿童的各种潜能，为大量的移民儿童提供了早期教育等综合性教育服务。对于移民儿童，政府拨款资助贫困学生接受学前教育、基础教育以及高等教育，并实现免费午餐制度。纽约市政府还制定了区域综合教育计划（District Comprehensive Educational Plan），帮助贫困学生，改善其师资，为移民儿童提供语言培训。① 纽约十分重视成年移民的终身教育，图书馆资源遍及全市各个社区，纽约完善的社区学院亦为成年人提供教育支持，帮助其开展继续教育，这些行动皆有利于纽约市人力资本质量的提升。最后，纽约一直十分注重本市高等教育的发展，拥有哥伦比亚大学、纽约大学等一批世界一流大学，为纽约市各行各业提供了大量的拔尖创新人才，而纽约市立大学等大学和社区学院亦为纽约社会与经济发展提供了丰厚、源源不断的优质人力资源。

（三）紧跟时代机遇，推动产业结构转型

纽约在城市的发展过程中牢牢把握住了各个历史关键节点。殖民地时期，纽约依靠其突出的区位优势发展了金融保险业与贸易业，在后续的交通革命中纽约成为美国水路和铁路的枢纽。在美国南北战争期间，华尔街帮助北方政府筹措资金，进一步发展了其金融业。第二次工业革命发生后，纽约依靠移民这一人力资源优势大力发展制造业，经济持续发展。二战时期，纽约成为美国的货运运输总枢纽，使得其各行各业得到发展，后

———————

① 杨一博、宗刚：《纽约世界城市发展道路对北京的启示》，《现代城市研究》2011 年第 12 期。

续亦发展为全球的航空枢纽。此外，纽约在 20 世纪举办多次世界博览会，全力打造文化产业，并将联合国总部争取设在了曼哈顿，使其成为全球的政治中心与文化中心。

紧跟时代机遇的最突出的体现就是近几十年来纽约的产业结构转型。二战以后，随着全美产业结构调整以及人力成本的提高，纽约市的制造业在不断衰退，较为低端的制造业迁出纽约市，去往周边州市，随之带来的是整体经济的下滑以及各类中产阶级人数的减少。纽约市的管理者认识到如果想成为顶尖的世界城市，必须调整产业结构，优先发展核心制造业以及先进性的服务业。基于此，纽约重新调整了制造业领域的发展方向，继续发展服装、印刷、化妆品等行业，并推动机器制造、军火生产、石油加工、食品加工等制造业。与此同时，纽约市大力推进高科技产业，推动微电子等领域企业的发展。而纽约市政府亦对高新技术产业提供了相关政策优惠，如实行房地产税减征 5 年计划，免除商业房租税，以及曼哈顿优惠能源计划等，并积极推动教育机构等非营利组织与制造业结合建立高新技术区域，进一步实现产业升级，占领国际产业竞争中的制高点，提升产业国际竞争力。[1]

此外，二战以后，纽约市进一步扩展了其有着良好基础的服务业。区位优势给纽约带来了商业和贸易的繁荣，纽约市的服务业发展历史悠久，一直以来以华尔街为基地的金融业与以码头为基地的贸易业发展突出。二战后，纽约的金融服务业进行了纵向和横向的扩展，纵向扩展表现为金融业发展更加扩大了规模，如股票交易市场的扩大，投资银行的增加等。而横向的扩展则表现为与金融相关的服务业蓬勃发展，向商务服务业扩展，包括专业咨询与管理服务、辅助服务、计算机服务等。此外，纽约逐渐成为全球文化中心城市，变成集文化艺术中心、保健教育中心、时装中心、旅游中心、信息中心多功能为一体的世界城市，众多世界一流的博物馆、美术馆、图书馆、科研机构、大学以及艺术中心皆在这里蓬勃发

---

① 蒲玉梅：《战后纽约全球性城市的形成》，《台声·新视角》2006 年第 1 期。

展，美国三大广播电视网和一些有影响的报社、通讯社的总部都在纽约，成为这些现代服务业的领跑者。近十年来，医疗服务业与教育服务业成为纽约就业量最大的产业部门，相关行业就业人数数十万人，这成为纽约服务业发展的新方向。①

第二节　纽约教育发展与世界城市建设

一、世界城市建设中的纽约教育发展现状

纽约市的教育发展可以追溯到 1629 年。当时的荷兰殖民者来到这里，颁布了一项法律，要求建立学校。1633 年纽约的第一所学校建立，1652 年纽约市市政厅建立了第一所公立学校，正式拉开了纽约各级各类教育发展的序幕。

（一）纽约世界城市定位对教育发展的要求

1. 包容的移民城市需要多元文化教育

纽约自建城起就是一座移民城市，在其发展的各个阶段，都源源不断地接受来自世界各国的移民。不同的阶段的移民各有特点，其人数也不一样。20 世纪前，欧洲各国的移民蜂拥而至；20 世纪以后，越来越多的亚洲、拉丁美洲移民来到纽约，成为这座世界城市的重要人口，纽约变得越来越多元。纽约基础教育的生源变得更为复杂，包含了各国国家出生的生源，有着不同的母语以及差异较大的文化背景。这种情况下，纽约的世界城市定位对其教育的多样性、包容性提出了较高的要求。纽约各级各类教育都需要突出多元文化教育。与此同时，纽约的基础教育乃至高等教育要关注第一代移民儿童的语言问题，对母语非英语的移民儿童提供语言支持，帮助其融合到美国的教育环境与教育体系中来。此外，纽约的各级各类教育尤其是基础教育需要关注教师群体的多样性，按照少数族裔学生比

---

① 张晨光等：《纽约城市产业转型及对北京建设世界城市的启示》，《投资北京》2011 年第 9 期。

例聘用一定比例的少数族裔教师，帮助少数族裔学生进行文化融合。总而言之，作为一座多元化的世界城市，纽约的教育兼具公平、全纳和卓越三个特征。

2. 建设新兴产业需要高等教育支持

纽约自 20 世纪 90 年代以来就一直希望打造自己的高新技术产业。21 世纪以来，布隆伯格（Michael Bloomberg）就任市长，宣布将纽约这座金融之都打造成"创新之都"和"东部硅谷"。与此同时，其还将纽约市的后续发展定位为"绿色城市"，颁布了《纽约市总体规划》，明确提出要建设一个"更绿色更强大的纽约"，既强调纽约的经济和金融功能，又强调纽约的宜居和吸纳功能，提升其吸纳高技术专业人才的能力。[①] 可以看到，纽约从传统的贸易、金融、制造业城市向高科技城市和绿色城市转变，那么对高等教育的人才培养、科学研究以及社会服务等多方面都提出新的要求。首先是纽约众多高校人才培养专业的转变，需要这些高校开设与高新产业发展以及相应的绿色服务业发展相匹配的本科、硕士乃至博士培养专业，构建跨学科的育人平台。其次，纽约市的产业提升需要哥伦比亚大学、纽约大学等世界一流大学和相关的国家实验室展开基础研究，保证纽约的高新产业发展是基于全球最先进的基础研究成果展开的。最后，纽约新兴产业发展需要高等教育机构承担智库角色，高等教育机构中的教学科研人员应该积极参加社会服务活动，为管理者提供决策咨询。

（二）纽约的学前教育发展情况

纽约的学前教育始于 20 世纪初，纽约城市大学参与到儿童发展和家长教育的研究和服务中。1928 年，纽约州教育厅建立了专门的学前教育部门即儿童发展和家长教育办公室，拉开了纽约制度化学前教育的序幕。该部门旨在于改善纽约学前教育的教育质量，引领早期儿童教育的发展。与此同时，该部门还承担着鼓励学校间合作，在教育管理者、学校、教师

---

① 郗海霞：《城市与大学互动关系探讨——以纽约市与其高等教育系统的互动为例》，《清华大学教育研究》2013 年第 1 期。

以及家长中间搭建桥梁的角色。[①]1937 年，儿童发展和家长教育办公室变为儿童发展和家长教育局，一直致力于纽约的学前教育发展。二战期间，儿童发展和家长教育局制定出有关学前教育的指导手册，里面包括学前教育的活动指导、活动模式、教师资格、教师最低薪金、家长支持以及设置规划等内容，将纽约的学前教育带入了标准化发展阶段，在一定程度上保证了学前教育的公平与质量。二战后，随着 20 世纪 60 年代的"实验学前项目"以及 20 世纪 90 年代的"普及学前项目"的出台与实施，纽约的学前教育普及到每个适龄儿童，教育更加高质、公平。

　　进入 21 世纪以来，纽约的学前教育在培养理念、机构类型、活动内容以及入学注册上都形成了自己的特色。纽约的学前教育机构可分为几种类型：公立幼儿园、私立幼儿园、日托中心、保育学校、学前特殊教育机构、开端计划教育机构和幼儿教育机构。每一种学前教育机构的地位与作用都有所不同，比例也有所差别，其中比例最高的是公立幼儿园和日托中心。尽管机构存在较多的差异，但是纽约的学前教育机构都有着共同的培养理念，就是让孩子拥有高能素质（Mega Skills）。[②] 这些高能素质不仅仅考虑孩子的认知能力发展，更多的是关心其社会情感能力的发展，旨在使其成为幸福成功的人。高素质包括自信心、动力、努力、责任心、行动力、毅力、爱心、协作精神、常识以及解决问题的能力。[③] 基于此，纽约州参议会在 2006 年指出应为 0—9 岁的儿童提供早期教育，确保每一个儿童有健康的开始，获得知识和技能。此外，参议会确定了早期项目的标准、高素质教师的指导以及家庭支持内容等。2011 年纽约州出台了《纽约州学前教育普通核心基础》（*New York State Prekindergarten Foundation for the Common Core*），其核心理念是"让所有孩子都成功"，指出幼儿园标准的首要目的是确保所有儿童尤其是残疾儿童和母语为非英语的儿童有

---

① 孔令帅：《纽约教育发展研究》，北京大学出版社 2017 年版，第 80—81 页。

② 孔令帅：《纽约教育发展研究》，北京大学出版社 2017 年版，第 83 页。

③ ［美］多萝茜·里奇：《高等素质培育：刻苦学习的内在驱动力》，李海珍、周素平、张秀丽、胡伟译，吉林人民出版社 1999 年版，第 4 页。

丰富的早期学习经验，能为其后续学业发展乃至职业发展打下基础。此外，纽约市教育局认为学前教育最重要的目标是为孩子提供一套能够发掘和拓展其兴趣、强项和能力的课程。① 而在儿童接受学前教育的过程中，家长需要充分参与进来，需要与相关教师进行讨论，出席学校活动等。

纽约市在 20 世纪 90 年代开始结合公立幼儿园与社区组织的力量，普及了面向所有学龄儿童的学前教育。以其每年度的学前班指南为例，明确指出只要在规定年限内出生且居住在纽约市的儿童，均有资格就读纽约市教育局开办的学前班课程，所有普通学前班均免费，课程可以是半日制亦可以全日制，旨在于基于普通学前班课程发展儿童的读写、数学能力以及创造性思维、解决问题、协作交流等社会情感能力。纽约市教育局每年出版的指南会将普通学前班课程开始的机构的名称、地址、课程、入学名额公布出来分享给家长。

纽约的学前教育活动多种多样，活动形式确定的标准有两个，即有利于儿童身心发展以及儿童可接受。纽约的学前教育机构主要开展几种活动。在日常活动中，纽约学前教育机构的日常活动包括学习基本的生活常识，开展积木、戏剧等游戏式的活动，以及室内外的游戏活动和自由活动等。在游戏活动方面，纽约的学前教育机构以挖掘儿童生活潜能为核心，基于儿童天性布置了一系列活动区，每个学校都设有电脑区、科学区、玩球区、手工区、绘画区、泥塑区、木工体验区、烹饪区等，真正体现了杜威的从做中学、学校即社会的哲学思想。纽约有着丰富的博物馆资源以及其他实践活动资源，学前教育机构十分注意基于城市和社区的教育资源开展实践活动。教师经常带领儿童前往大都会博物馆、美国自然历史博物馆等科教中心展开实践教学活动。

（三）纽约的基础教育发展情况

纽约市实施 12 年的基础教育，亦为义务教育，包括小学 5 年，中学 7 年，实施义务教育的年龄为 6—19 岁，免费教育年限为 12 年。2002 年

---

① 孔令帅：《纽约教育发展研究》，北京大学出版社 2017 年版，第 84 页。

以来，纽约市为促进基础教育优质、均衡发展做了较多努力，先后发起"孩子第一"计划等多项教育改革，提出把所有学校建成成功学校以及提高学生学业成绩为目标。这些教育发展试图满足学生的各项需求，内容涉及核心课程和学术干预、新教育模型的产生与支持以及对问责制的更多关注。当前，这些改革取得了较大的效果，高中毕业率增长显著、考试成绩得以提高，不同种族学生的成绩差异减少。①

新世纪以来，纽约一直把基础教育作为其教育改革的重点。2003年，纽约州出台了"学习标准"，为纽约市基础教育的教学设计与课程设置改革指明了优先发展区。该学习标准指出学生要在21世纪的快节奏世界中取得成功，需要培养创造性思维、解决问题、进行有效论证以及参与辩论的能力。学习标准包括七大方面：艺术，英语语言艺术，健康、体育、家庭、沟通与文化理解、数学、科学与技术教育以及社会研究，2017年纽约州进一步完善了专门针对英语语言艺术与数学的"下一代学习标准"。②"学习标准"使得纽约市基础教育阶段的各类学校有力地培养学生的批判思维能力，使其具备终身学习能力，让其能够应对世界城市发展过程中遇到的挑战。

纽约小学的入学原则以学区为主，采取基于学生所居住地就近入学的原则。纽约的小学都有自己所涵盖的学区，学生只要根据自己的家庭住址所在的学区进入相应小学学习即可。初中的入学原则相对小学稍显复杂，不同的学区入学规制有差异。有些学区的初中有择校程序，有些学区只有划区初中，还有一些学区择校、划区兼有。走择校程序的学区，学生可提交申请选择自己喜欢的初中，而划区初中的学生则只能按照家庭住址就近入学，而两者兼有的地区，学生既可以申请喜欢的学校，也可以进入划区学校。纽约市的高中录取程序包含两条原则即公平和自由选择，共包

① 孔令帅：《纽约教育发展研究》，北京大学出版社2017年版，第90页。
② New York State Education Department. New York State Next Generation English Language Arts and Mathematics Learning Standards，2019-10-07，http://www.nysed.gov/next-generation-learning-standards.

括教育选择方式、面试方式、考试方式、筛选方式、非筛选方式以及学区这6种方式。每个学生可以填报12所学校作为志愿学校，但无论哪种录取选拔方式，都是基于学区为先的前提下开展的。①

21世纪以来，整个美国都在积极推动教育的市场化，以实现教育公平和提高教育质量，如何打破地域、种族、家庭收入、社会文化地位等的阻碍，让学生选择最适合自己的学校成为美国基础教育界关注的热点。美国联邦层面出台《不让一个孩子掉队法》以及《每一个学生成功法》等法案以来，美国形成了除以往常规的公立学校、私立学校以外的特许学校、磁石学校、家庭学校，并基于教育券制度促进多种教育形式共同发展的格局。在小学阶段，纽约市教育局在全市推广小学标准化的招生程序，学生可以在基于学区的基础上申请其感兴趣的学校。此外，纽约市的小学还推出"天才项目"，基于标准化测试评定学生的各项能力，分数超过90分的学生可以申请其感兴趣的学校。与小学相同，初中择校也由学区管理，受纽约市教育局中心办公室的监督。教育局公开各个学区初中的相关信息，学校为学生和家长提供"校园开放日"以及"宣讲会"。当然，初中也在推行录取程序标准化，将学区制与标准分数考核制进行结合。新世纪以来，纽约市教育局将纽约初中学区进行了重新划分，每个学区范围变大，总学区的数量减少。这有利于每个学区涵盖更多的学校，学校类型更加丰富。基于优先顺序和考核资格情况，学生被分配到不同的学校。新的学区划分突破了种族和家庭社会经济地位的限制，每个学区被赋予了决定权，可以自主决定区内学校招生相关事宜。

每个学区内的初中分为区域性学校和非区域性学校两大类。区域性学校只能招收居住在该学区内的学生，非区域性学校则可以招收纽约市其他学区的学生。但是非区域性学校需要根据所在的学区的强制要求，招收一定数量的该地区小学五年级毕业生后才能公开招收其他学区的学生。如果学生选择了该学区内一所声誉较好的非区域性初中，只要其考核成绩符

---

① 孔令帅：《纽约教育发展研究》，北京大学出版社2017年版，第94页。

合该校录取要求就可入学。①

2004 年以来，纽约的高中招收制度进行了较大改革。纽约的高中主要包含八种类型：专门高中、职业技术教育学校、校转生学校、创新学校、特许学校、小型学校、国际学校、小型学习社区学校。在全市范围内，学生不再只能申请一所默认的所在学区的学校，而是可以从全市 400 多所高中的近 700 个高中项目中进行自主选择。学术可基于自己的兴趣爱好以及学习需求申请适合自己的高中与课程项目，每个学生需选择 12 个高中项目，进行走班制学习。纽约市学校教育系统会根据学生的学业成绩等情况以及学校的标准，将学生匹配到相应的高中。② 纽约新的高中招生制度旨在让学校和学生都有更大的自主权，使学生能够基于自身情况去选择合适的学校，也能使学校招到满意的生源，在一定程度上亦促进了学校间的良性竞争。与此同时，新的高中招生制度打破了以往以学区为界的规则，使得成绩优异的贫困学生亦可以接受高质量的高中教育，促进了教育的公平发展。

（四）纽约的高等教育发展情况

早在殖民地时期，以 1754 年建立的国王学院（哥伦比亚大学前身）等殖民地学院为代表的早期纽约高等教育体系初步建立。早期的殖民地学院调和了世俗与教会的关系，大学变成了一个知识化、世俗化的智力交互场所。③ 殖民地后期，这些高等教育机构逐渐有了服务城市建设和社会经济发展的趋势。1831 年，纽约建立纽约大学，这是目前全美规模最大的私立非盈利高等教育机构。独立战争后，纽约州政府在纽约市创建了纽约州立大学等公立高等教育机构，纽约逐步形成了公私立高校并存的高等教育体系，两者各有所长，相互竞争，提升纽约市高等教育系统的运作效

---

① 孔令帅：《纽约教育发展研究》，北京大学出版社 2017 年版，第 96 页。

② Clara Hemphill & Kim Nauer，*The New Market place：How Small-school Reforms and School Choices Have Reshaped New York City's High School*，New York：New School Center for New York City Affairs，2009，pp.1-10.

③ ［美］罗杰·L·盖格、刘红燕：《美国高等教育的十个时代》，《北京大学教育评论》2006 年第 2 期。

率，亦有力地推动了纽约城市建设与经济发展。1847 年，纽约城市学院（纽约城市大学前身）建立，进一步丰富了纽约公立大学的类型，而以库珀联合学院为代表的技术学院的纷纷创建则进一步丰富了纽约整个高等教育体系的多样性。①

　　二战以后，纽约的各种类型的高校如哥伦比亚大学、纽约大学以及纽约市立大学扩大了招生规模，为纽约社会、经济迅速发展提供了有力的人力资源支持。当前，纽约有一个庞大且类型丰富的高等教育系统，共有各类高校 110 余所，60 余万名在读学生。纽约的高等教育机构可分为私立与公立两大类型，私立高校中既有哥伦比亚大学、纽约大学此等一流的综合性大学，亦有巴纳德学院、库珀联合学院、曼哈顿学院、长岛大学以及纽约理工学院、虚拟视觉学院、朱丽叶音乐学院等专科性或小型大学。公立大学则主要是纽约州立大学在纽约的分校以及纽约市立大学的 19 个分校。纽约市立大学是美国规模最大的市立大学，也是全美第三大大学系统，纽约市每年三分之一的大学毕业生毕业于该校。基于此可以看出，纽约的高等院校实力雄厚、分工明确且各具特色。首先，其有顶尖的研究型大学培养科研创新人才，并开展前沿基础研究，服务社会各方面发展。其次，纽约有专业门类齐全的市立大学系统，为纽约市培养理工、医药、师范、社会科学、人文科学等各类人才。最后，纽约还有技术、音乐、摄影、酒店等各种专门学院，培养相应的专业人才，支持纽约服务、文化、制造等多个产业发展，最大限度地满足社会所需的不同服务。

　　联邦政府、纽约州政府、纽约市政府在纽约的高等教育发展过程中都发挥着良好的协同作用，影响着纽约高等教育布局结构，使纽约高等教育形成分类发展的局面。为协调高等教育系统，纽约州参议会每隔八年和高校一起，制定高等教育规划设立高等教育发展目标与优先发展区域。②

---

① 金保华、刘晓洁：《世界城市纽约高等教育的演进、特征及启示》，《现代教育科学》2017 年第 6 期。

② 夏人青、胡国勇：《国际大都市高等教育比较研究》，上海教育出版社 2014 年版，第 35 页。

新世纪以来，纽约州分别在 2004 年与 2013 年出台了《纽约州高等教育规划（2004—2012）》和《纽约州高等教育规划（2012—2020）》，强调大学要与政府、社区以及企业合作，明确高等教育应关注社会需要，构建产学研合作，促进地区经济发展。[①] 哥伦比亚大学、纽约大学等研究型大学也积极将自己的基础研究成果转化为实用性的专利，并孵化出大量的创业型企业，对纽约市的生物制药、微电子、新型材料多个新兴产业的发展给予了充分的智力支持。

21 世纪以来，纽约高等教育的办学经费越来越多元化。哥伦比亚大学、纽约大学、纽约州立大学石溪分校、洛克菲勒大学等研究型大学拥有较多的来自联邦政府的 R&D（研究与发展经费）经费。此外这些研究型大学还有大量的来自联邦政府、州政府拨款的经费以及企业与私人募捐经费。而纽约市立大学等公立教学型大学的办学经费则主要来自不同级别政府的拨款。此外，学生的学费亦是各类大学的主要办学经费之一。

21 世纪以来，全美各高校积极推动高等教育国际化，纽约高等教育系统作为全美最大的高等教育系统之一在高等教育国际化方面亦表现得十分突出。纽约州的外国留学生人数居全美前列，而位于纽约的纽约大学和哥伦比亚大学外国留学生人数位列纽约州的第一、二名。纽约市的高校在设置课程时越来越注重学生的国际化背景，外国文化和世界历史等课程逐渐成为大学生核心课程体系必须具备的课程。此外，纽约市的高校也鼓励在读学生到美国以外的国家或地区的大学交换半年或一年，哥伦比亚大学本科生、研究生的海外交流经历十分丰富，纽约大学在中国上海、阿联酋阿布扎比等地建有海外分校，更是将本科生海外交换作为大学就读经历的一部分。高等教育机构的这些做法旨在于培养国际化的复合型人才，有利于不断推动纽约市的经济、政治以及文化朝着国际化的方向发展。[②]

---

① The Board of Regents，*2008 Progress Report on the Statewide Plan for Higher Education，2004-2012*，New York：New York State Education Department，2008，pp.1-5.

② 夏人青、胡国勇：《国际大都市高等教育比较研究》，上海教育出版社 2014 年版，第 28 页。

二、世界城市定位下纽约教育发展举措

世界城市纽约是一座移民城市，其特点之一就是人口结构的多样化，社会分层较为严重，教育资源如何合理分配是值得关注的问题。在其教育发展过程中，教育管理部门以及学校出台了政策与措施，致力于将纽约的义务教育打造为公平、全纳且卓越的教育，为纽约成为世界城市培养优质的人力资源，且促进个体健康发展，构建和谐城市的基石。与此同时，纽约庞大的高等教育机构一直是其成为世界城市并持续发展的动力保障，促进着纽约市的产业转型和新的城市定位。

（一）关注儿童有质量的早期教育

20 世纪 60 年代，纽约州为来自贫困家庭的 3 岁和 4 岁儿童制定了学前教育计划。1966 年，州政府面向贫困家庭儿童投入了 500 万美元支持其接受学前教育，称为"实验学前项目"（Experimental Prekindergarten Program）。在州政府的资助下，39 个学区提供学前教育项目，为近 3000 个儿童提供学前教育。1966—1967 年，纽约市首先实验联邦资助计划，为 1 万个儿童提供学前教育。20 世纪 90 年代，"实验学前项目"投入增到每年 5000 万美元。2003 年起，纽约州将"实验学前项目"改名为"针对性学前教育"（Targeted Kindergarten）项目。[①] 纽约亦执行联邦政府发起的专门针对家庭条件不佳儿童的早期儿童发展项目"开端计划"。这些早期儿童项目旨在促进家庭社会经济地位较低的儿童的早期认知与非认知能力的全面发展，有利于补齐纽约世界城市发展中的人力资源短板。

1996 年，纽约州发布题为《为成功做准备：扩大学前教育和日常护理》的报告，建议为所有家庭的 4 岁儿童实施"普及学前项目"（Universal Prekindergarten Program）。"普及学前项目"是公立教育系统延伸一年的新措施，不属于义务教育范围，纽约市政府的教育行政部门并没有采取强制入学。政府只是提供学校教学经费，由学校根据实际教学力量，按照学区范围内适龄儿童家长的需要实施。该项目能够给幼儿提供集体生活的经

---

① 孔令帅：《纽约教育发展研究》，北京大学出版社 2017 年版，第 81 页。

验，更能够减轻父母的教育负担，受到社会各界好评，越来越多的儿童参与到这个项目中来。由于经费有限，"普及学前项目"只能满足儿童每天4小时的受教育时间。纽约儿童权益委员会建议纽约市将多个早期儿童发展项目的经费进行整合，构建全日制的保育服务。[①]

这些针对弱势群体儿童的学前教育项目和面向所有儿童的早期儿童发展项目都旨在帮助儿童接受良好的幼儿教育，发挥学校教育的作用，促进儿童早期各项能力的发展。纽约政府关注儿童的早期教育有助于培养人格健全、认知能力发展较好的纽约市民，有利于社会和谐发展，对纽约世界城市的建设起着基石作用。

（二）创建公平、卓越的基础教育

在促进少数族裔学生教育公平上，美国联邦政府很早就实施了教育补偿政策，如磁石学校、肯定行动等。纽约市开展了"预先准备项目"（Prep For Prep），旨在从少数族裔学生中选拔有领导潜力的中小学生，在其生活、学习乃至就业等方面给予全方位的支持，以培养少数族裔中的未来领导者，弥补少数族裔和美国主流社会之间的沟壑。此外，纽约市教育局基于一系列服务来支持家庭经济地位较低等弱势学生。纽约市教育局为弱势学生提供的支持包括学术支持与非学术支持。其中学术支持包括学习补偿性教育、特殊教育项目、图书馆服务以及指导和咨询；非学术支持则包括免费早午餐、健康与预防服务、临时住房以及家庭教育补偿等。纽约市基础教育阶段在读的移民学生数量庞大，许多移民学生的英语学习与交流存在障碍，直接影响其学习成绩与社交活动。为改善移民学生的语言能力，纽约市教育局专门成立了英语学习困难学生办公室。此外，纽约市教育局设立了专门的移民学校，按照严格程序招收英语学习困难移民学生，帮助这些学生尽快适应美国情境下的课堂。纽约市亦在部分学校实施双语教育，发挥移民学生的母语能力，结合起来进行教学。最后，纽约市教育局为确保每名学生都能获得高中文凭，并尽量帮助更多的高中生进入

---

① 孔令帅：《纽约教育发展研究》，北京大学出版社 2017 年版，第 82 页。

大学学习，为成绩落后、高中毕业较为困难的学生提供了一系列的教育支持，包括转校生高中、青年补习中心以及一般教育发展项目（General Educational Development，GED）。[1]

为更好地提升教育质量，纽约市教育局建立了问责办公室，对基础教育阶段的公立学校实行问责制，旨在提高纽约市所有公立学校学生的学业成绩。问责办公室对纽约市公立学校的学生展开年度测验，并对这些学生展开定期评估。纽约市教育局还对各所公立学校展开质量审核，考察学校在提高学生学业成绩方面的组织完善程度。纽约市的小学、中学以及高中都注重学生的个性发展，培养学生特长，鼓励其创新，从小培养其崇尚科学、开拓创新的精神。此外，纽约市教育局赋予校长更大的权力让其展开学校教育改革，并与家长充分分享其子女受教育的信息，鼓励其参与到子女教育过程中来。这些措施都旨在提升纽约基础教育的质量，使其成为卓越的基础教育。

总的来说，纽约市在创建一个公平、卓越的基础教育环境，以提高世界城市建设过程中的人力资本质量。

（三）构建服务城市发展的高等教育体系

二战后，美国经济迅速增长，社会各界对高等教育需求巨大，美国高等教育进入了黄金时代，实现了从大众化阶段向普及化阶段的转型。纽约市在此发展过程中，更是对各类接受过高等教育的人才需求迫切。纽约市立大学系统首创了"开放入学政策"，实施双轨制，由授予学术学位的高级学院和两年制社区学院分类招生，为少数族裔、低收入群体和年龄大的学生提供了较低门槛的入学机会。随着城市化进程的推进，纽约开始进入了郊区化和大都市化的新时代。为了应对新科技革命、城市化进程加快以及产业结构调整所带来的一系列问题与挑战，纽约高等教育与纽约城市发展之间的联系进一步密切。当前，纽约已成为全球重要的国际高等教育

---

[1]　New York City Department of Education. Student Support，Safety & Activities，2019-10-13，http：//www.nysed.gov.

中心和精英人才集散地。当前纽约高等教育体系既坚持政府导向，又注重市场需求，是一个类型多样、层次分明、公私立教育协调发展的多元化高等教育体系，既有世界一流的研究型大学，亦有普通的综合型大学以及社区学院，涵盖理工、医药、师范、法学、艺术、社会科学等多个学科。[①]其中纽约州立大学石溪分校与纽约市立大学组成的纽约公立高校系统承担了大部分的人才培养任务，在城市建设与区域发展中作出了重要贡献。[②]纽约市立大学更是基于其数目众多的分校区展开人才培养，以满足纽约城市发展的人才需求。

相对于公立高校，纽约私立高校起步较早，在其发展历程中，这些私立高校一直为纽约城市发展助力。哥伦比亚大学、纽约大学、洛克菲勒大学等世界一流的大学在基础研究上为纽约社会、经济、科技、文化等各个领域的发展提供智力支持。三所一流大学在世界各类大学排名中皆名列前茅，塑造了纽约高等教育在全球的卓越声誉。21 世纪以来，纽约大学、哥伦比亚大学等高校十分注重学生的创新创业能力培养，强调其创新精神与创新、创业能力的发展。如纽约大学工程学院联合企业开发了创新、企业与教学结合人才培养模式，培养了大批科学技术方面的领军人物。此外，纽约大学在校园内设立了丹波孵化器，哥伦比亚大学建立了奥杜邦生物科技，直接、有效地利用大学各种资源为大批新兴高科技企业成长提供物理空间与相关技术支持，也为学校创新创业教育提供场所，更有助于大学教师参与到产品研发过程中，将自己的基础研究成果推向市场。面对纽约产业转型，大力发展高科技产业的局面，纽约大学、哥伦比亚大学等高校积极将研究成果申请专利，其中纽约大学 60% 的专利已在城市发展中运用，近百家新成立的创业公司依赖纽约大学提供的科技成果。[③]众多研

[①] 金保华、刘晓洁：《世界城市纽约高等教育的演进、特征及启示》，《现代教育科学》2017 年第 6 期。

[②] Stony Brook Universities. About Stony Brook，2019-10-15，http：www.stonybrook.edu/sb/aboutsb，html.

[③] New York University Office of Industrial Liaison. Technology Transfer at New York University，2019-10-20，http：//www.med.nyu.edu/oil.

究型大学产学研工作的开展有力地保证了纽约的产业转型。

与此同时，哥伦比亚大学、纽约大学等高校凭借着卓越的办学声誉，推动高等教育国际化，提高了国际学生的比例，并在海外设立分校，将高等教育市场化、盈利化。哥伦比亚大学、纽约大学近十年来招收了越来越多的国际学生，尤其是来自中国、韩国的留学生，使得高等教育成为纽约城市发展的新兴产业，这也给纽约众多公立大学提供了高等教育市场化的发展样板。此外，这些私立大学还开设了营利性的教育分支机构，如纽约大学的继续教育学院、哥伦比亚大学的数码媒体分部，这些远程或继续教育机构亦是纽约高等教育市场化的一部分。高等教育国际化的推行使得纽约的大学生人群更加多元化，也为纽约城市发展储备了较多的海外人才。

进入 21 世纪，纽约的世界城市定位为高科技城市和绿色城市，随着其从传统消费城市和金融城市向高科技城市以及绿色城市转变，城市发展对大学的需求也发生改变。[1] 纽约市越来越清晰地认识到全球化对大学和城市的影响力以及大学在推动城市社会变革中的角色和作用。[2] 城市转型需要建设一流研究型大学、多元巨型大学、全球化大学。《纽约 2030 总体规划》中明确指出，纽约各类高等教育机构将积极调整自身目标以回应新的城市定位，努力提供更加全面的、与城市社会经济发展需要高度衔接的教育与培训，充分发挥其在世界城市建设中的火车头作用，着力建成一个"更为绿色、强大的纽约"。[3]

---

[1]　夏人青、胡国勇：《国际大都市高等教育比较研究》，上海教育出版社 2014 年版，第 32 页。

[2]　Robert A. Rhoads，Amy Liu. "Globalization，Social Movements and the American University：Implications for Research and Practice"，*Higher Education*，Vol.24，（2009），pp.273-315.

[3]　City of New York. PlaNYC2030—A Greener Greater New York，2019-10-17，https：// www.adaptationclearinghouse.org/resources/planyc-2030-a-greener-greater-new-york.html.

第三节　纽约教育的国际化改革与发展

在 20 世纪后期，随着全球经济一体化的发展，美国教育国际化进程加快，教育成为推进其国家战略和提升经济竞争力的重要手段。进入新世纪后，美国开始重新思考美国教育国际化战略，关注重点在培养美国学生的全球素养，对世界其他国家和文明进行更深入的认识，与各国家的文化交流也间接对美国国际教育的转型与新发展起了推动作用。

一、纽约基础教育国际化

20 世纪 90 年代初，世界儿童问题首脑会议在纽约举行，通过了《儿童生存、保护和发展世界宣言》和相关的《行动计划》，保护儿童生长与发展。纽约的基础教育发展更是有着悠长的历史，其目标与理念是促进儿童的全面发展，在此基础上注重教育公平，使儿童均衡发展，但又追求卓越，注重儿童的优质发展。教育国际化是促进儿童优质、均衡发展的重要保证。

从 20 世纪 90 年代开始，美国纽约州开始了旨在促进基础教育质量和公平的财政保障机制改革，教育财政的政策导向从"均等原则"转向"充分原则"。经过一系列改革，纽约市建立了有弹力的教育公平财政保障机制，有力地保障了基础教育的质量和公平。纽约州义务教育经费主要来源于地方财产税，州与地方政府是主要的提供者，一般是州与地方政府的投入大约各占一半，联邦政府的投入大约占总投入的 6%—10%。① 纽约的公立中小学基本上都实行按家庭住址就近划片入学。其基础教育的培养理念为培养"全面发展的人"，包括培养具有观察力、想象力、思维力的人；积极进取、积极实践，善于合作，勇敢创新的人；具有良好的国际理解能

---

① 　Martha Cray Andrews. Program Models and the New York Learning Standards，2019-10-13，http：//www.center for resource management.

力，具有多元文化包容力的人。总体来说，就是要培养能够适应 21 世纪各种挑战的具有国际化视野的人才。另外，纽约州义务教育质量之高在全国闻名，由于历史悠久，纽约州公立中学毕业的 SAT 成绩在 50 个州里一直名列前茅。纽约市公立中学系统里拥有三所全美国最有名的高中，分别是布鲁克林技术高中、布朗克斯科学高中和史蒂文森高中。其中亚裔学生人数只占全市学生人数的 10% 左右，却占这三个学校学生总人数的 40%—50%，犹太裔和白人学生占 25%—40%。基于此，在此类卓越的公立高中，课程设置充分体现了多元文化的特色，并注重双语课程的设置，重视培养国际理解力环节的建设。

2002 年 5 月，美国高等教育理事会向联邦政府提出《跨越 9.11：国际教育的综合性国家政策》报告，这份报告清楚详细地阐述了 21 世纪美国国际教育的目标体系，为达成目标所采取的策略和所需要的资源。美国国际教育目标是：培养国际专家、增长国际知识，以应对国家的战略需要；加强美国解决全球问题的能力；提高公民与劳动力的国际素质。由此可以看出，美国把国际教育目标与提高国际竞争力和增强国家创新能力密切联系起来，国际教育目标体系体现出美国国际教育的全球教育价值取向。

2012 年，美国联邦教育部颁布了 2012—2016 国际教育政策文本——《美国教育部 2012—16 国际战略》(*U.S. Department of Education International Strategy* 2012—16，以下简称《战略》)，这也是美国历史上第一个国际教育战略。该《战略》以"通过国际教育与合作在全球中取得成功"(Succeeding Globally Through International Education and Engagement)为题，系统阐释了美国国际教育的价值取向、目标体系和推进策略。《战略》将国际教育上升至国家层面，标志着美国国际教育步入了一个新的历史阶段。这两个报告对纽约基础教育各级各类学校教育的国际化产生较大影响，为其展开教育国际化行动提供了政策支持。

此外，纽约市在 21 世纪实行了"学校赋权变革计划"，这是一项学校层面的教育改革计划。它的主要特征是自治、分权和绩效责任制，让学校享有更多的权力，包括独立决策、更大财政权和人事权，还建立了细化到个人的系统的绩效责任制。在明确审定学校职责的基础上，教育局给予学校高度自治权，专业型校长还可以根据自己的教育创新理念去实施学校教育改革，并且保障此类学校免受官僚机制导致的外部干扰，真正将学校重心全部转到教育上来。"学校赋权变革计划"使得各个学校有了更大的权力推进教育国际化，并有了更多的资金支持教育国际化的具体实施。而较多的私立高中亦开始将教育推向市场化，积极招收国际学生，扩大了国际学生在学校学生中的比例，推进了基础教育国际化。

纽约基础教育的一大特色就是移民教育，整个纽约大约有三分之一的学生是移民。移民学生在语言、文化等多个方面都具有学习障碍，需要学校进行多元文化教育与国际理解教育的支持，帮助其更好更快地进行教育融合。纽约市公立学校与纽约市郊区公立学校在拥有贫困学生比例和财产富裕水平上存在很大差距，如在2000年纽约市小学生在英语语言艺术考试评价中仅有42%的学生符合标准，而纽约市富裕地区有84%的学生符合标准。一般情况下，拥有最多移民学生的学校也是最贫困的学校，总体师资力量较薄弱且教师转岗率较高。缺乏英语语言技能是大部分移民学生适应新学校面临的最大难题，并且直接影响他们的阅读理解能力考试和其他考试。例如，1992年，仅有13%的移民学生通过英语理解能力考试标准，而非移民学生通过率达到56%。[1] 社会经济地位非常低下是移民学生学业困难的另一个原因，家庭经济条件与父母教育水平等影响他们学业成绩的支持因素。如研究表明，一般情况下，学业成绩良好的学生都拥有百科全书和电脑等学习辅助用品，而且他们的父母受教育程度大多较高，可以辅导孩子学习。另外一个重要因素是英语语言的精通程度。例如1994年美国统计局研究发现，在西班牙裔移民学生中由于英语学习困难辍学的占49%。

纽约市为了提高移民学生学业成绩，采取了以下政策与方案：第一，

---

[1] Francisco Rivera-Batiz, *The Education of Immigrant Children in New York City*, ERIC Clearinghouse on Urban Education Work Paper, 1996, pp.1-6.

公共支持。加大对移民学生的教育投资，其中一个主要由联邦支持的项目是紧急移民教育法案。法案规定，移民可以从州和联邦政府针对英语学习困难学生或者家庭贫困学生资助项目中受益，其中大部分资金用于移民学生的双语教育和普通教育服务。当地地方教育机构也开展教育项目以资助移民学生，如以法律形式规定不允许对英语学习困难的学生产生歧视，保障移民学生充分参与学校各项教学活动。第二，学校项目。由于英语学习困难，很多孩子被贴上"英语学习困难"标签，且无法平等参与各项教育活动，因此在针对移民学生的双语教育项目中还在继续不断深化改革。第三，新移民学校。近年来，纽约市建有多所移民学校，并且计划继续增加新的移民学校，这些学校按照严格程序招收英语学习困难的移民学生，这一事实表明如果这些学校严格按照主流课程教学，并尽快把这些学生纳入正规课堂进行学习，那么，这些移民学生会获得很好的学习与发展机会。① 第四，双语型教师。由于英语学习困难的移民学生太多和师生比例急剧上升导致纽约市严重缺少合格的双语型教师，因此纽约市大力培训和选拔更多的双语型教师以满足学生需要。

二、纽约高等教育国际化

随着经济全球化趋势的日益加强，全球高等教育迎来新一轮的国际化浪潮，国际化已成为推动高校发展的一种重要手段。为了顺应高等教育国际化，美国提出了"全面国际化"（Comprehensive Internationalization，CI）发展战略，即高校要从整个学校层面系统地思考国际化发展，将国际化理念渗透到学校价值体系和发展战略中，将国际化融入学校的教学和科研中。为了应对新科技革命、城市化进程加快以及产业结构调整等所带来的一系列问题与挑战，纽约高等教育与纽约市之间的联系进一步密切，"它不仅在空间上与城市的联系进一步加强，而且在社会、经济、科技、

---

① Amy Ellen Schwartz, Leanna Stiefel, "The Impact of School Reform on Student Performance: Evidence from the New York Network for School Renewal Project", *The Journal of Human Resources*, Vol.39, No.2（2004），pp.500-522.

文化等领域与城市展开了全面互动"①。

　　美国学者与高等教育机构提出了进一步推进高等教育国际化发展的新理念，即全面国际化。全面国际化作为一个新的发展理念成为美国高等教育组织和机构变革的主要发展转向。美国教育委员会（American Council on Education，ACE）在其一系列出版物如《有希望的实践：彰显卓越的全面国际化》（*Promising Practices：Spotlighting Excellence in Comprehensive Internationalization*）、《建立全面国际化发展的战略框架》（*Building a Strategic Framework for Comprehensive Internationalization*）、《促进全面国际化手册》（*A Handbook for Advancing Comprehensive Internationalization*）中都强调了"全面国际化"的发展理念。2011 年，美国国际教育工作者协会（National Association for Foreign Student Affairs，NAFSA）也发布了《全面国际化：从概念到行动》（*Comprehensive Internationalization：From Concept to Action*）的报告，提出如何将全面国际化付诸行动的政策框架，并对全面国际化发展理念进行诠释。②

　　高等教育国际化是政府、大学及院系为了应对全球化的影响所推行的一系列政策、项目或措施。③ 其既是世界高等教育发展的时代潮流，也是包括纽约在内的世界城市高等教育所具有的共性特征。纽约高校高度重视国际化建设工作，不仅积极地在教学与科研中广泛吸取国外的文化、学术等教育信息，还通过国际人员交流、兴建海外分校等多种形式积极推进教育与学术的跨国合作，因此纽约高等教育国际化水平得到了显著的增强，同时纽约对全球局势的控制力和影响力得到有力提升。高等教育的国际化"是一个包罗万象的变化过程，既有学校内部的变化，又有学校外部的变化，既有自上而下的，也有自下而上的，还有学校自身的政策导向变

---

① 郄海霞：《美国研究型大学与城市互动机制研究》，中国社会科学出版社 2009 年版，第 35 页。

② 季林飞：《世界一流大学高等教育国际化的措施及启示——以美国纽约大学为例》，《齐鲁师范学院学报》2016 年第 4 期。

③ P. G. Altbach，L. Reisberg & L. E. Rumbley（eds.），*Trends in Global Higher Education：Tracking an Academic Revolution*，Paris：UNESCO，2009，pp.1-21.

化"①。要培养国际性人才，必须借助高等教育国际化。因此，在高等教育国际化进程中，如何选择行之有效的国际化推进策略尤为重要。

　　纽约高等教育推行的国际化发展策略是内外兼修，即对内把国际和比较的视角切实融入大学教学、科研甚至社会服务的各项使命中，努力增强自身的办学实力和国际化水平；对外则将全球意识、超越本土化等理念落实到具体的全球化战略中，强力推进与国际的交流合作。基于国际化的办学理念，纽约高校采取多种措施培养国际化人才，如积极推进教师与学生、教学与课程的国际化。如圣约翰大学（St. John's University）为培养非英语国家英语教师专门开设了"对外英语教学"课程。哥伦比亚大学为开拓本科生的国际视野，创建了专门针对本科生的"全球虚拟课堂"等。在积极培养国际化人才的同时，纽约市每年还对外派遣与招收大量的留学生和教师，积极促进国际人员流动，以提升高校实力。据美国国际教育协会公布的《2015年门户开发报告》（*2015 Open Doors Report*）显示：该年度在美国际学生录取最多的高校是纽约大学（13178人），哥伦比亚大学排名第三（12334人），两所代表院校在国际教育方面的丰硕成果充分彰显了纽约高等教育的国际化水平。②此外，为获取更多的全球市场份额突破传统的空间限制，纽约高校还通过多种途径促进高等教育跨国合作的深化与扩展，纽约大学便是其中最具典型性的代表。近年来，为实现"打造美国第一所真正意义上的全球性大学"的国际化发展目标，致力于建成一个全球网络大学，纽约大学在世界各地积极开展跨国合作，有效地提升了纽约大学的国际影响力和全球竞争力。③

　　纽约大学（New York University，简称 NYU），成立于 1831 年，是目前美国最大的私立高等教育机构，国际化是其重要特征。它坚持以开放为

---

① Jane Knight，"A Shared Vision? Stakeholders' Perspectives on the Internationalization of Higher Education in Canada"，*Journal of Studies in International Education*，Vol.1，No.1 （1997），pp.27-44.

② Institute of International Education. The 2015 Open Door Report，2019-10-20，http：// www.iie.org/Research-and- Publications/Open-Doors.

③ New York University. Global，2019-10-21，http：//www.nyu.edu/global.html.

其办学核心理念，完善全球课程体系，开拓国际招生和建立海外教学合作等措施建构"纽约大学全球教育体系"。在全球化趋势不断加强的时代，纽约大学"融入世界"（In and of the world）的理念应运而生。纽约大学发挥其地理位置和学术文化优势，吸引全球各地有才华、有抱负的学者到纽约大学担任教师、开展研究。纽约大学教学任务的一部分就是为学生生活在一个多样化的世界做准备。纽约大学的教职员认为，在外面的世界而不是在学校里面进行这样的准备是最有效的。[①] 学校鼓励学生把自己作为复杂多变之环境的参与者和塑造者，希望他们能运用所学的知识和技能，成为全面发展的完善的人。

　　拓展国际学生招生并加强在校生国际交流是纽约教育国际化的一个重要措施。纽约大学敢于挑战传统的一所大学只能在单个校园提供教育项目的做法，在全球五大洲建立了 10 个海外校区，与纽约大学华盛顿校区一起，被称为"全球学术中心"（Global Academic Centers）。[②] 截至 2020 年，已建成纽约大学阿布扎比分校（NYU Abu Dhabi，2010）、纽约大学帝势艺术学校亚洲分院（NYU Tisch School of the Arts Asia，2007）和上海纽约大学（NYU Shanghai，2013）等海外分校。纽约大学于 2007 年在阿联酋首都阿布扎比建立第一个海外校园阿布扎比分校（New York University Abu Dhabi），简称 NYUAD，这是一所以通识教育为核心的私立研究型大学，每年全球招生 150 名，录取率仅有 0.9%，远低于哈佛大学 7% 的录取率，成为世界上最难进的学校之一。该校办学特色在于非常重视学生的个人兴趣发展、海外学习、社团和图书馆，学校课程分为专业课程、核心课程以及全球教育。全球教育即去到除阿联酋之外的国家实地学习。

　　位于中国上海的上海纽约大学（New York University Shanghai，NYU Shanghai，简称"上纽大"），是美国纽约大学和中国华东师范大学合作举办的具有独立法人地位的研究型大学，是中国国家教育部正式批准的、具

①　New York University. Global，2019-10-21，http：//www.nyu.edu/global.html.

②　New York University. Global Academic Centers，2019-10-22，http：//www.nyu.edu/global/global-academic-centers.html.

有独立法人资格和学位授予权的第一所中美合作举办的国际化研究型大学，也是纽约大学全球教育体系的组成部分，为中外合作大学联盟成员，与纽约大学阿布扎比分校（NYU AD）、纽约校园（NYU NYC）共同组成纽约大学全球系统中的三个具有学位授予权的门户校园，面向全球招收本科生、硕士生、博士生。上海纽约大学研究生与研修项目涵盖多个学科领域，充分利用上海纽约大学独特的研究学习平台及纽约大学全球教育体系的优势资源，为学生提供与众不同的上海、纽约两地学习经历。上海纽约大学现与纽约大学相关院系合作开设两个硕士研究生项目，项目均授予纽约大学硕士学位。同时，上海纽约大学与纽约大学文理研究生院及纽约大学坦登工程学院等之间合作开设的博士项目，提供了和纽约大学相关院系常规博士项目不同的培养模式。

三、纽约教育国际化的特点与趋势

纽约市凭借天然港口的自然优势和知识经济的力量，紧跟经济、政治和文化全球化的潮流，整合科技发展和社会创新的双重力量，成为全球的经济、金融和航运中心，因此教育也借助这些优势得到了充分的发展。毫无疑问，纽约的教育振兴为其成为世界城市插上理想的翅膀。纵观纽约的城市教育不难发现，作为一个学习型的国际大城市，纽约的教育特别是其教育国际化具有明显的特色。

（一）纽约教育国际化的特点

1. 教学主体间的国际流动

纽约市高等教育国际交流除了学生间的流动，还涉及教学人员如教师和科研人员的国际性交流。教师与学生是教学过程中两个不可分割的主体。纽约市凭借其优质的教育资源和名目繁多的奖学金项目，以及大学生海外学习的机会，鼓励学生在海外研习或攻读学位课程且期限灵活。[1] 教

---

① 侯宇飞、赵旭：《英美两国高等教育国际化对比研究》，《文化创新比较研究》2019 年第 21 期。

学的实施主体是教师，纽约市还注重促进国内外教师双向循环，输送大批国外优秀教师出国访学，参与学术报告、进行学术研究活动和师资培训等项目。

2. 积极开展国际交流项目

纽约市在经济、政治、文化和外交等方面有着特有的优势，其教育国际化也得以发挥。纽约市各大学充分利用各国政府资源，积极参与各类国际项目包括学生留学、国内外教师培训、举办学术研究会议等，吸引大量外国学生、访问学者来校攻读学位或交流学习，同时通过项目输送本校学生和教师出国参加交流学习。另一方面，它还注重同其他世界名校建立合作伙伴关系，开发种类丰富的国际项目、联合培养硕博生、开展校际科研合作伙伴关系，联合国内外机构跨境合作办学等。

3. 探索高校组织机构变革

全面国际化对高等教育的组织机构提出了新的挑战。纽约高校在全面国际化发展过程中会面临多样的合作伙伴、更为复杂的院校，因此其全面国际化的发展必须符合多样性的法律法规以应对更复杂的质量监管和控制。高校进行组织变革的需求与动力在于国际化成本与收益间的矛盾等挑战之中，只有建立相应的国际化项目审查和批准委员会以统管、协调全面国际化发展过程中的各项事务，理顺国际化事务的治理机制，才能推进国际化发展过程并调解各方利益。①

4. 国际化的教育内容与方式

纽约是一个国际化的大都市，纽约的各项活动都在国际化的背景下进行。早在 1986 年美国 100 多个大型跨国公司，美国十大外汇储蓄银行中有 6 个位居纽约，拥有全部外汇储蓄的 85%。纽约的经济国际化程度决定了纽约的教育亟待国际化。纽约国际化的教育内容与方式造就了一批又一批的国际化复合型人才，不断地推动纽约的经济、政治与文化继续朝

---

① Jake Hudzk, *Comprehensive Internationalization：Institutional Pathways to Success*，New York：Routledge，2015，pp.38-39.

着国际化的方向发展。另外，移民教育与留学生教育等均采用国际化的教育方式、教学方式、课程内容、课程安排以及师资配对等，都为各个不同的学生群体提供了多样性和个性化的选择。正是由于如此开放自由的城市氛围才造就了创新的教育体系和丰硕的教育成果，为纽约市的教育发展不断注入新鲜的力量，稳固经济、文化、政治互相促进、良性循环的国际化大都市地位。

（二）纽约教育国际化的趋势

纽约州政府拨款用于学生助学金的投资额远远高于其他州，居于全美 50 个州中第 1 名，因此纽约市的基础教育有着稳固的开展教育国际化的资源保障。另外，纽约市拥有十分优异的高等教育资源，有着顶尖的大学与优秀的科研教学人才队伍，这些都是推进高等教育国际化的有力保障。纽约在建设绿色城市与新兴产业城市的过程中亦十分需要教育国际化的助力，培养多样化的创新人才与具有国际竞争力的各类人才，为社会的经济、政治、文化服务，促进城市生产力的飞速发展，从而提升纽约的人力资本质量。

全面国际化是纽约教育国际化发展系统化与战略化的新趋势，是纽约教育发展的必然选择。纽约市学校全面国际化的发展是国际化深度与广度的共进发展，为了持续有效地促进其学校全面国际化，组织结构的变革是重点。为促进纽约市学校教育全面国际化的可持续发展，它在明确全面国际化战略的基础上，注重建立高效的组织机构与工作机制，并形成了有效合理的国际化领导团队。

在教育国际化实践的推进过程中，理念和制度是国际化实践中密不可分的两条主要线索。理念是制度的指导，制度则是理念的支撑。

教育国际化是纽约继续坚持的教育理念。随着时代的发展，"全球视野、国际竞争力"成为主流意识。全美州立院校联合会敦促加快教育"国际化"的报告指出，教育应改变那种"只扫门前雪"的封闭式观念，加强与外部世界的联系。教育的国际化代表本国文化能够为他国、他民族所承认，与他国进行平等交流与充分对外开放，亦即"通用性""交流性"

和"开放性"。而联合国教科文组织的《学会生存——教育世界的今天和
明天》中则指出，教育国际化就是要求教育"在消除了偏见与沉默的情况
下，以一种真正的国际精神促进相互间的接触"。

随着信息技术的日新月异，文化与科技高度融合、经济与社会广泛
交融，教育国际化的观念引起了纽约大学的广泛回应。教育观念的国际化
逐渐为世界各国所认同，很多其他大学也明确提出了国际化的办学方针，
制定了相应的教育国际化战略，致力于在师资、科研、课程等方面提高国
际化水准，并且国际化的深度和广度都将发展到一个新的阶段，"学生的
国际流动飞跃发展；培训教育者在多元文化背景下能够有效开展工作；对
教师和学术人员的招聘中既要面向国际又面向国内；大学的国际预算越来
越多地依赖于教育市场的国际化；具有相似理念的同层次组织之间提供双
学位和联合资格证书；在保留本国文化特点的前提下适应国际化的教学和
学习；职业劳动力市场的国际化使得毕业生常常能取得外国大学的资格证
书。"① 这些新的国际化内容使得教育国际化有了更为深刻的意义，教育国
际化的认知价值、功利价值和发展价值已与日俱增。

同时，通过赋权给予学校的自治权和机制创新机会正在成为未来纽
约市教育改革成功的源泉。在确立国际化理念的基础上制定国际化的制
度，是确保国际化实践有效性更为切实的一步。移民和留学教育制度是基
础保障，高水平、国际化的移民和留学生教育与国家的经济、政治、文化
和外交等各领域关系密切，不仅在对外交流中发挥着重要作用，而且在一
国教育的国际化和迈向世界一流的进程中，发挥着越来越重要的作用。②
高等教育国际化是国际高等教育发展的必然趋势，教育贸易法规建设是发
展重点。

---

① 刘念才：《世界一流大学：特征、排名、建设》，上海交通大学出版社 2007 年版，第
　88 页。
② G. Altbach and J. Knight. "The Internationalization of Higher Education：Motivations and
　Realities"，Journal of Studies in International Education，Vol.11，No.3-4，（Fall/Winter），
　p.290.

　　纽约市已经认识到，教育改革应当在综合而全面分析本市教育挑战的前提下，通过更新理念和重构当地教育机构，奏响教育变革的乐章，切实保障和推进变革实施。日新月异的科学技术使得世界经济快速地进入知识经济的时代。世界各国教育发展关注的重点落在创建世界一流大学的目标上，纽约市也进一步对世界一流大学的理念进行充分的研究，并提供有效的政策支持。

第四章　多伦多世界城市建设与 教育国际化

多伦多取自于印第安 Huron 族语中"聚集之地"的意思，位于安大略湖西北岸的南安大略地区，是安大略省的首府，也是加拿大的政治、金融、商业、科技和文化中心。1986 年，多伦多是加拿大唯一一个满足约翰·弗莱德曼（John Friedmann）世界城市分类的城市，并且被归为世界城市的第二梯队。[①]2018 年，全球化与世界城市研究网络（Globalization and World Cities Study Group and Network，简称 GaWC）将其评为世界一线城市的第三梯队（alpha）。这都表明多伦多早已融入世界城市的网络，并将在这个网络空间继续扮演重要的角色。

第一节　多伦多建设世界城市的发展进程与发展道路

加拿大存在多个与"多伦多"相关的区域名词。其中"大多伦多地区"（Greater Toronto Area，简称 GTA），是加拿大人口密度最高的都会区，2016 年的统计人口为 641.75 万人，面积 7124.15 平方公里。[②]除了多伦多

---

① Melanie U. Pooch. "DiverCity-Global Cities as a Literary Phenomenon：Toronto，New York，and Los Angeles in a Globalizing Age"，Transcript Verlag，Bielefeld，Germany，2016，p.33.

② Canada Population. Largest cities in the Greater Toronto Area，2019-08-19，https：// canadapopulation.org/toronto-population/.

市以外，GTA 还包括约克区域、皮尔区域、达拉谟区域、哈尔通县以及欧萨瓦—威比地区和柏林通市在内的一个统计地区。

"多伦多都市区"（Toronto Census Metropolitan Area，简称 CMA）是加拿大统计局定义的人口普查都会区域。与"大多伦多地区"（GTA）相比，多伦多都市区不包括欧萨瓦—威比地区和柏林通市，所以，CMA 的实际范围比 GTA 小，人口相应也少。2016 年，CMA 的统计人口为 592.8 万人，面积 5905.84 平方公里，人口密度为每平方公里 1003.8 人。[1]

本章关注的"世界城市多伦多"指的是"多伦多市"（City of Toronto），是"大多伦多地区（GTA）"和"多伦多都市区（CMA）"的经济、文化和政治中心，是由多伦多、约克、北约克、东约克、士嘉堡和怡陶碧谷等 6 个城市合并而成的一个现代都市圈。整个城市南北宽 20 公里，沿安大略湖东西长 43 公里，辖区面积为 630.2 平方公里，2016 年统计人口为 273.16 万人，人口密度为每平方公里 4334.4 人。[2]

一、多伦多世界城市的发展进程

全球化的迅速发展造就了一批不同于传统世界中心城市（伦敦、巴黎、香港和纽约）的新兴世界城市，比如迪拜、新加坡、悉尼和多伦多。他们逐渐成为世界经济发展的节点和金融、科技创新以及移民中心。作为新兴世界城市的典型代表，多伦多在其二百多年的城市建设历程中，经历了人口规模的增长、城市面积的扩大、经济发展模式的转型等一系列变化，最终成长为一个世界性的资源集聚、辐射、流通和增长的载体和

---

[1]　Statistics Canada.Census Profile. 2016Census，2019-11-29，https：//www12.statcan.gc.ca/census-recensement/2016/dp-pd/prof/details/page.cfm？Lang=E&Geo1=CMACA&Code1=535&Geo2=PR&Code2=35&Data=Count&SearchText=Caledon%20East&SearchType=Begins&SearchPR=01&B1=All.

[2]　Statistics Canada.Census Profile. 2016Census，2019-11-29，https：//www12.statcan.gc.ca/census-recensement/2016/dp-pd/prof/details/page.cfm？Lang=E&Geo1=CMACA&Code1=535&Geo2=PR&Code2=35&Data=Count&SearchText=Caledon%20East&SearchType=Begins&SearchPR=01&B1=All.

中心。

　　(一) 多伦多世界城市的萌芽期:"泥泞约克"与人口多元化 (1793—1834)

　　公元 17 世纪以前,现今的多伦多是塞尼卡土著人 (Seneca Aboriginal) 的属地。1615 年,法国探险家塞缪·德·桑普兰 (Samuel de Champlain) 探险至此,无意间成为发现这个地方的欧洲发现者。直到 1720 年,法国商人才在亨伯河上建立了第一个皮毛交易点,后因财务问题于 1730 年废弃。1750 年,法国人建立了另外一个贸易站——鲁伊堡 (Fort Rouillé),位于多伦多现在国家展览馆的位置。1759 年,这个站点被法国驻军在与英国军队战败后的撤退过程中烧毁。1759 年之后该领地被英国人占领,开始有一些小商人和米西索加土著部落 (Mississauga Encampments) 在此出现。但是美国的南北战争将英籍保皇党分子送到了多伦多。南方的殖民者不愿接受美国政府管辖,想继续追随英国的统治,于是加拿大迎来了第一次移民高潮。① 他们沿着劳伦斯河定居,在 1791 年逐渐建立了"上加拿大" (Upper Canada),也就是现在的安大略省。该省的第一任统治者——约翰·格雷夫斯·锡姆科 (John Graves Simcoe) 选择这片土地营建首府,1793 年,约克镇 (York) 建成。由于此时的约克基础设施落后,又被称为"泥泞约克"。此后,约克镇不仅建造了议会大楼,还修建了道路,约克的管理制度、要塞建设以及通往上加拿大腹地的交通地位,都赋予它安大略湖区域最早的经济优势,吸引了商人、工匠和劳工的到来,使其成为当地的商业中心。而此时大洋彼岸的英国,因受到拿破仑战争的影响,经济严重衰退,许多欧洲人纷纷来到加拿大的约克寻找新的发展机遇,约克成为英国人移民到上加拿大的落脚地。随着人口规模的不断扩大,约克还通过与不断扩张的农业边境进行贸易,确立了该省早期金融中心的地位。

---

① [荷兰] 温弗莱德·马斯:《世界最美的 100 座城市:跨越五大洲之旅》,覃芳芳译,长江少年儿童出版社 2015 年版,第 118 页。

（二）多伦多世界城市的发展期：进步的城市与制造业地位的确立
（1834—1954）

19世纪30年代中期，殖民地政府与土著人签订了购买领土的条约，涵盖了上加拿大大部分适宜耕种的土地。这一购买协议涵盖了当今的多伦多、北约克、埃托比科克，约克和沃恩等地区。1834年，这个快速发展、拥有9252名①居民的"小镇"被合并为多伦多市，并导致了多伦多的第一次选举，最终由威廉·里昂·麦肯泽（William Lyon Mackenzie）出任首任市长。这位改革派的政治家试图在1837年的上加拿大叛乱中以武力夺取这座城市，他的尝试失败了，并增强了多伦多的保守倾向。但这并没有阻碍多伦多走向多伦多都市区（Metropolitan Toronto）的步伐。

多伦多现代都市的发展从"公共基础设施"建设起步。在19世纪早期，多伦多修建了广泛的污水处理系统以改善卫生状况。1841年，多伦多出现了第一盏煤气路灯。1842年，当作家狄更斯（Charles John Huffam Dickens）来访时，已经安装了100多盏。狄更斯将这一情景描述为"充满活力、动感、商业和进步的城市"②。1849年，Yonge街和King街的六人马车和后来的十人马车是多伦多最早的公共交通工具。1853年，首条自多伦多至安大略的铁路建成，连接多伦多和加拿大其他地区及美国的铁路随即建成。加拿大的大干线铁路和北方铁路联合在市中心建造了第一个联合车站。1861年，多伦多路面轨道公司（TSR）开始在几个主要街道铺设轨道和运营轨道马车。1891年，轨道马车让位给了有轨电车，当时市政府将运输专营权授予了多伦多铁路公司（TRC），TRC则进一步把轨道铺设到城市的边缘地区。③ 新铁路线的建设为多伦多制造业开拓了更为广阔的市场，也大大增加了移民的数量，并促进了商业的发展，城市的管辖区也进一步扩大了。这些都促使多伦多成为连接世界和北美大陆内陆的

---

① Careless，J. M. S.：Toronto to 1918. James Lorimer & Company，1984，p.54.

② Shapiro Linda：Yesterday's Toronto：1870–1910. Toronto：Coles Publishing. 1978，p.5.

③ Edward J. Levy：《多伦多地区的公共交通：回顾与展望》，尤文沛译，《国外城市规划》2005年第2期。

主要门户。

新产业与经济的日益丰富，加快了多伦多向现代城市迈进的步伐。1867 年，加拿大自治领的地位确立，多伦多被联邦设立为新安大略省的首府。此时多伦多的工业化程度也显著提高。19 世纪 80 年代，得益于 1879 年后的工业关税保护，以及铁路建造商卡西米尔·格索斯基（Casimir Gzowski）和百货商店建造商蒂莫西·伊顿（Timothy Eaton）等领导人的推动，哈特梅西的农业机械公司、服装厂、印刷厂和金属铸造厂都有了长足发展。19 世纪 90 年代和 20 世纪初，加拿大西部的移民和安大略北部森林和矿场的开采，为多伦多打开了更多的市场和资源。随着与北方和西部地区展开贸易往来，多伦多又以销售或供应商的身份与蒙特利尔和纽约进行贸易往来。第一次世界大战期间，在商人约瑟夫·弗拉韦尔（Joseph Fravel）爵士的推动下，多伦多进一步扩大了投资和生产的范围，不仅从事大规模肉类加工，还进行军需品的制造。1911 年，由安大略水电委员会生产的尼亚加拉瀑布的水力发电提供了廉价能源，进一步刺激了更多工厂的产生。与此同时，多伦多市的银行、投资和保险公司的影响远远超出了安大略省。到 1914 年，尽管历史更悠久、面积更广的蒙特利尔仍处于领先地位，但多伦多的金融总部、工厂和商店已使其成为全国第二大城市。

在繁荣的 20 世纪 20 年代，随着新的郊区城市在这个约 50 万人的城市周围拔地而起，多伦多城市空间范围继续扩大，从 1911 年到 1931 年，多伦多地区的人口翻了一番，从 40.9 万人增加到 81.8 万人。[1]20 世纪 30 年代的大萧条遏制了这种增长。虽然在安大略省北部的金矿和银矿开采业的帮助下，一些金融业保持了较好的经营状况，但由于建筑业大幅放缓和失业率飙升，这座城市仍然受到了沉重打击，就业率在 1934 年开始缓慢提升，但高失业率一直持续到第二次世界大战的爆发。战争推动了电子、

---

[1] Christopher Kennedy：The Evolution of Great World Cities：Urban Wealth and Economic Growth，University of Toronto Press，2011，p.170.

飞机和精密机械工业的崛起。二战时期，多伦多成为工业生产的主要中心，1943 年，87 个大工厂和很多小工厂都被动员起来满足战时所需。在战后时期，消费支出、婴儿潮、住房建设和朝鲜战争（1950—1953）都推动了多伦多经济的蓬勃发展，人口也进一步增长。截至 1951 年，多伦多的人口超过了 100 万人。① 多伦多再一次受到了以制造业为主的经济（manufacturing-based economy）对其城市发展的推动。

（三）多伦多世界城市的形成时期：多伦多都会区与知识经济转型（1954—1998）

第二次世界大战后，大量移民涌入该地区，这对多伦多郊区的发展提出了新需求。为了支持郊区的发展，安大略政府于 1954 年成立了"多伦多都会区"（Metropolitan Toronto），一个包括了前多伦多市及其郊区在内的市政结构。其中，多伦多都会区管理局（Metropolitan Toronto Authority）负责处理大都会范围内的诉求，而旧的司法管辖区则关注各自地区的问题，这是北美第一个建立起来的有效的大都市管理机构。当地政府和安大略省一起，加大了基础设施方面的投资，促进了当地人口和工业的繁荣。但是，在此之前，多伦多只是一个名不见经传的工业港口，坐落于北美五大湖地区主要的贸易路线上，是克利夫兰、底特律、密尔沃基和布法罗等制造业城镇网络的一部分。不仅缺乏国际影响力，在国内也只能屈居于蒙特利尔。这种状况一直持续到 20 世纪 70 年代后期，之后的一系列因素将多伦多送上了新的发展轨道，彻底改变了它在国内的经济和社会地位，取代蒙特利尔成为加拿大的金融中心，成为多伦多向世界城市迈进的关键一步。

多伦多和蒙特利尔的竞争由来已久，但是在 20 世纪的前半段，蒙特利尔始终走在多伦多前面。20 世纪 70 年代早期，魁北克分裂主义政治（Separatist movement）鼓动加拿大的几个规模最大的投资银行将它们的总

---

① Canada Population. Toronto Population Growth，2019-05-18，https：//canadapopulation. org/toronto-population/#Toronto_Population_Growth.

部从蒙特利尔搬迁至多伦多。这一举动大大地促进了多伦多金融业的发展，并推动多伦多取代蒙特利尔成为加拿大的金融中心。从此时起，多伦多作为加拿大最大城市的地位得以不断巩固。20 世纪末期，在金融业快速发展的基础上，多伦多成为加拿大最主要的商业和金融中心，同时也是加拿大与全球经济联系的最主要口岸。[①] 与此相呼应的是其公共交通系统的进一步完善。此时，始于 1949 年的地铁系统已经建成，公园和排水工程着手实施，主干道也已建成。"当战后北美城市正在全力建造高速公路的时候，多伦多则是第一个着手建设地下铁路系统的城市，尽管那时它只有 70 万人口。在随后的 20 年里，多伦多的人口增加到 200 万，但是大都市政府在其管辖范围内为多伦多提供了高质量的基础设施，并引进了令人印象深刻的社会服务系统。"[②]

多伦多的经济之所以能够在战后迅速恢复，也得益于移民群体的增多。1951 年的人口普查显示，居住在多伦多及其周边郊区（这些地区后来并入多伦多市）的大多数人仍然是讲英语的盎格鲁－凯尔特人（Anglo Celts），他们大部分来自不列颠群岛——英格兰、苏格兰和爱尔兰。二战后，随着多伦多地区经济发展的日益富足，外加联邦政府旨在推动经济发展的移民政策的提出，吸引了大量的移民前来，并且移民的出身也越来越多元化。首先，对非欧洲移民的限制得以取消。除了欧洲移民，新移民政策将移民范围扩大到了获得独立的原殖民地地区和国家。定居在多伦多的新移民的来源地包括东亚、南亚、加勒比地区、非洲和南美。[③] 其次，新移民政策丰富了移民的阶层来源。先前的欧洲移民大多来自农民或者工人阶级，新的移民群体则更加复杂，一半是实现家庭重聚的难民，他们填补了低收入劳动力的缺口（比如私人护工），一半则是商业和专业人才（比

---

① Derrek Ebert，Glen Norcliffe：《多伦多在新经济形势下的工作和就业》，严宁译，《国外城市规划》2005 年第 2 期。

② Larry S. Bourne：《多伦多规划所面临的挑战：过去、现在和将来》，严宁译，《国外城市规划》2005 年第 2 期。

③ Relph，E.：Toronto：Transformations in a city and its region，转引自 Daniel Hamlin and Scott Davies：Toronto：A new global city of learning，vol14，no.2 (2016)，p.188.

如企业家、工程师、IT 专家、医生）。这次移民潮不仅为多伦多带来了多元文化的色彩，更大大增加了社会劳动力，带来了有用的知识、技能和资本。

多伦多一系列具有代表性的标志性基础设施在这一时期相继建成。1953 年，多伦多大都市议会成立，其职责是为 6 个地方政府提供协调机制和公共服务，其中包括结合本地需求，提供文化服务设施，支持专业性的艺术活动。与此同时，多伦多建立了一批具有世界影响力的地标建筑，比如建于 1967 年的多伦多道明银行大厦（Toronto–Dominion Tower），建于 1972 年的第一加拿大广场（First Canadian Place），以及建于 1975 年的安大略水电公司大楼（Ontario Hydro Building）。1977 年，伊顿中心（Eaton Centre），一个四层室内购物中心也面向多伦多人开放。在高度上，多伦多所有的办公大厦都被 1976 年开放的加拿大国家电视塔（CN Tower）碾压。电视塔塔高 553.33 米，内设旋转餐厅和室内游乐场，直到 2007 年都是世界上最高的直立式建筑物。与此同时，受到蒙特利尔 1967 年世界博览会的影响，安大略政府出资在多伦多建造大量的文化场所，比如安大略游乐场（Ontario Place amusement park），安大略科学中心（Ontario Science Centre），皇家安大略博物馆（Royal Ontario Museum），安大略艺术画廊（Art Gallery of Ontario），罗伊·汤姆森音乐厅（Roy Thompson center hall）等，加拿大展览会场馆（Exhibition Stadium）的翻新，也是在这一时期完成的。这些设施不仅丰富着多伦多的文化内涵，也成为向世界介绍多伦多的一张张名片。在 Savagean 和 Loftus 的 1997 年城市排行榜中，多伦多被列为继纽约、洛杉矶、华盛顿和芝加哥之后的北美第五大文化中心。①

20 世纪 90 年代，是多伦多经济发展与世界城市形成的关键期，它实现了从工业经济向知识经济的转型。全球经济一体化是造成多伦多经济形

---

① Derrek Ebert，Glen Norcliffe：《多伦多在新经济形势下的工作和就业》，严宁译，《国外城市规划》2005 年第 3 期。

态变化的重要原因。虽然促成全球一体化的主要组织是世界贸易组织，但是，加拿大和多伦多却更多地受到了北美自由贸易协议的影响。因为大多伦多地区是加拿大制造业的巨头，北美自由贸易协议使得多伦多将很多生产过程转移到其他地方，多伦多的制造业备受打击。从 1989 年至 1992年，多伦多失去了大约 18 万个就业岗位，这个数字占了当时加拿大因北美自由贸易协议而失去的全部就业岗位的一半以上。[①] 随着制造业的减少，多伦多的产业经济更多地向知识型和信息型产业及生产过程发展。一些富有竞争力的科技创新产业开始成为拉动城市经济的重要引擎，包括生命科学产业、信息通信技术（ICT）产业，以及清洁技术和绿色能源产业。其中，ICT 产业主要包括游戏、数字化媒体、企业软件、数据中心、移动应用硬件制造和电信等子行业，清洁技术和绿色能源行业主要包括智能电网、电动汽车、绿色建筑、清洁空气 / 水技术，太阳能和风能以及废弃物处理技术等子行业。[②]

（四）多伦多世界城市的战略推进期：多伦多都市圈与全面规划引领（1998—至今）

自 1954 年多伦多都会区产生以来，其小郊区不断合并，逐渐形成了多伦多市和五个行政区的大都会结构，到 1991 年，除了东约克以外的郊区都发展成为城市。面对全球化的挑战，多伦多从提升城市全球竞争力以及地方政府财政支出效率的角度出发，秉着"合并会产生节约"的基本理念，将原组成多伦多都市区（Metropolitan Toronto）的 6 个自治市（多伦多、约克、北约克、东约克、士嘉堡和怡陶碧谷）进行合并（Amalgamation），组成了一个新的拥有 240 万人口的多伦多市（City of Toronto），并于 1998 年获得安大略省批准。至此，以多伦多为中心的都市圈（Megacity）得以形成。合并后的多伦多成为加拿大第一大、北美第

---

① Derrek Ebert，Glen Norcliffe：《多伦多在新经济形势下的工作和就业》，严宁译，《国外城市规划》2005 年第 3 期。

② 高维和：《全球科技创新中心：现状、经验与挑战》，上海人民出版社 2015 版，第241—242 页。

五大都市区，位居墨西哥城、纽约、芝加哥和洛杉矶之后。为了适应合并后城市发展规模的需要，多伦多逐渐步入依靠规划开展城市建设的阶段。从1998年10月起，多伦多市理事会启动了多伦多长期发展战略规划研究，最终编制了包括经济、环境、文化和社会发展规划等在内的一系列发展战略，其主导理念是建设爱心友好之城、清洁可持续之城、活力之城和致力于生活质量。

1. 城市经济发展规划。经济发展战略是所有改善多伦多生活质量战略的核心，多伦多的经济发展战略还被国际经济发展顾问委员会授予杰出成就奖。该规划重点分析了经济全球化的背景以及激烈的城市区域竞争对城市发展和未来角色的影响，在充分把握多伦多经济发展的优势和劣势的基础上，讨论了多伦多在知识经济时代的战略定位。总的来看，此次发展战略的根本目标是通过经济增长、创造就业、吸引投资和保持长期的财政平衡，提高城市的可居住性和生活质量。其内容可以概括为5P，即人才（People）、环境（Place）、繁荣（Prosperity）、定位（Position）与合作（Partnership）。[①]

2. 城市环境发展规划。城市规划最初产生的动机就是为居民提供更宜居的生活环境。[②] 世界宜居城市绿地相关规划始终将宜居性（livable）作为主导原则。该次环境规划报告强调了城市对于环境可持续发展的重要性，并提出从可持续的交通、可持续的能源利用、绿色经济发展、加强教育与提高公民意识等方面推动环境发展。此后，多伦多还出台了多个致力于推动环境可持续发展的规划，比如《公园规划（2013—2017）》（*Parks Plan（2013-2017）*）是多伦多市对公园发展进行的五年期规划，主要是对公园的发展和服务方向进行定位，重点是规划增加公园与使用者之间的联系，保护自然、提高绿量和绿地的可持续性，保持或提升公园品质，完善公园系统管理。《保护和扩大城市森林：多伦多森林管理战略规

---

① 王勇、陈陵虹：《多伦多经济"5P"战略定位》，《上海经济》2004年第3期。

② 蔡丽敏：《宜居城市绿地规划经验借鉴——以墨尔本、多伦多等城市为例》，《园林科技》2009年第4期。

划（2012—2022）》（*Sustaining and Expanding the Urban Forest*：*Toronto's Strategic Forest Management Plan*（*2012-2022*））①，对接下来多伦多地区的森林建设进行系统规划。

3. 城市文化发展规划。随着新多伦多市的成立，重新调整文化服务使其与区域和地方的文化发展需求相适应，成为一个重要课题。2000 年新多伦多议会面向公众开展了一系列广泛的政策和项目咨询活动。2003 年 6 月，《文化规划：缔造创新性的城市》（*Culture Plan for the Creative City*）被市政府采纳批准并成为下个十年多伦多文化事业发展的指南。②该《规划》充分意识到文化的重要性及其对于城市经济发展动力和社会凝聚力所具有的不可或缺的重要作用；意识到成功的城市都是具有创造性的城市，生活于其中的市民富有创造力，同时坚持高品位的生活质量。该规划在分析了多伦多文化建设存在的诸如资金不足、文化吸引力陈旧等问题的同时，也提出了诸多创新性的改革举措。

4. 城市社会发展规划。20 世纪 90 年代，多伦多的经济转型和发展使多伦多人一夜暴富，但是社会财富的不合理分配加大了多伦多的贫富差距，进一步埋下了市民的对立和不和谐的隐患。这不仅关系到穷人的生活，也关系整个多伦多市民的生活质量。基于这样的现实，多伦多社会发展规划提出了公正、平等、共享、参与、团结等五项原则，和"提高民主公平、人权平等、社会发展和人民的自治权"以及"促进多伦多市民收入水平的合理分配，达到最大化的资源享用和机会平等"两大核心战略目标，倡导通过加强社区建设、加大基础设施的投资，加强城市之间的合作等方式改善整体社会环境。③

---

① City of Toronto. Trees&Ravines-Parks，2019-11-14，http：//www.toronto.ca/wps/portal/ contentonly? vgnextoid=470bdada600f0410VgnVCM10000071d60f89RCRD.

② Andrew Mankwong Lee：《多伦多文化规划及其实施》，秦波译，《国外城市规划》2005 年第 2 期。

③ 屠启宇、金芳等：《金字塔尖的城市：国际大都市发展报告》，上海人民出版社 2007 年版，第 474—475 页。

二、多伦多世界城市发展道路

任何一个世界级城市都是一个复杂的系统，既有世界级城市发展的共性，又有城市自身发展的个性。较之于伦敦、纽约、巴黎、东京这些世界一线城市，多伦多的面积更小、历史更短、国际声誉也相对较低，只是在过去半个世纪才获得现在的身份。但是在二百多年的发展历程中，多伦多充分利用了自身的发展优势和外部的发展环境，在较短的时间内实现了城市发展的飞跃，形成了独具特色的世界城市发展路径。

（一）以经济发展为引擎，提高城市全球竞争力

经济实力往往是衡量世界城市的首要条件。从发展历史来看，多伦多的经济地位经历了工业港口、交通枢纽、金融中心、高级服务和信息产业中心等发展阶段。至今，它的港口和商业中心的功能依然重要，但它的主导产业转移到金融服务业、房地产和批发零售贸易上来。与此同时，多伦多还形成了独居特色的十大核心产业，分别是信息技术、通信产业、汽车产业、金融服务、健康医疗服务、航空宇宙产业、服装纺织、商务专业服务、餐饮业、媒体和旅游业。这些核心产业提高了城区经济的集约性，有利于经济总量的增长和经济效益的提高，并最终起着牵引多伦多地区经济的作用。

除此之外，多伦多的经济发展具有典型的外向型经济的特征。众多的跨国公司总部和研发机构对多伦多经济的快速发展和城市综合竞争力的提高起到了重要的推动作用。而作为加拿大的顶尖区域城市中心，多伦多相对于其他加拿大城市来说，与全球经济有着更紧密的联系，有着广阔的全球市场。多伦多的经济发展很大一部分依靠对外贸易做支撑，尤其受到美国经济状况和政策的影响较大，多伦多63%的制造业公司和57%的信息产业公司为加拿大以外的市场提供业务和服务。[①]多伦多还有着独特的区位优势，接近美国东部工业发达地区，只需90分钟车程就可以抵达芝

---

① 屠启宇、金芳等：《金字塔尖的城市：国际大都市发展报告》，上海人民出版社2007年版，第138—139页。

加哥、波士顿和华盛顿特区，地理位置极为优越。多伦多 500 英里范围内居住着 1.2 亿人口，且拥有两个国际机场——毕晓普机场提供至北美重要商业目的地的便利短途航班，皮尔逊国际机场为 84 个国家和 69 个北美目的地提供服务。这使得多伦多的企业可以直达一个拥有 4.53 亿消费者的市场，该市场所创造的国民生产总值可达 17.1 万亿美元。[①] 通过对外经济贸易，多伦多迅速融入了世界经济体系，国际影响力逐渐增强，成为在政治、经济、文化交流中具有较强辐射力、影响力和控制力的世界城市。

世界城市的形成与其经济发展与开放性有着极为密切的关系。多伦多就是在自身区域经济发展的基础上，不断推动内部经济结构的转变和经济规模的增长，充分借助独特的区位优势加强对外经济联系，并最终对国际市场产生影响，实现区域城市国际化的目标。

(二) 以多元文化建设为重点，打造人才资源聚集地

人口集中即为城市。通常来讲，城市主要源自生产集聚带动人口聚集。[②] 而多伦多则实现了移民聚集带来的人口聚集。回顾多伦多城市的成长史可以发现，多伦多世界城市建设的每一个阶段都充斥着移民群体带来的巨大人口红利。其中最突出的事件是 1967 年加拿大移民政策对种族与民族歧视的解除。此后，移民的来源国、民族和种族不再是衡量移民的指数，取而代之的是"点数制度"。新的制度依据个人的年龄、所受的教育程度、劳动技能、语言能力以及财力来衡量是否具备移民的条件。新的移民政策极大地满足了多伦多经济发展对高层次人才的需求。多伦多移民数量的增长无疑使它成为世界上拥有最多人种和文化最多元的城市之一，多伦多的城市形象已经转变为一个具有显著多样种族、语言、宗教的"多民族特征"的文化枢纽都市。"多样性"逐渐成为多伦多的优势，使这个城

① 高维和：《全球科技创新中心：现状、经验与挑战》，上海人民出版社 2015 年版，第 342 页。

② 马莉莉：《世界城市：全球分工视角的发展与香港的选择》，商务印书馆 2014 年版，第 93 页。

市成为一个具有活力、积极进取和热情好客的适宜工作和生活的地方。

　　与多伦多因移民带来的民族多元化特征相呼应的是其多元文化共融的社会环境。1971 年加拿大政府推出了"双语框架内的多元文化主义政策"。皮埃尔·特鲁多（Pierre Elliot Trudeau）总理在颁布这项政策时指出："加拿大虽然有两种官方语言，但没有官方文化……建立在对所有加拿大公民平等尊敬基础上的多元文化主义必将成为加拿大社会的基础。"[①]人们将多伦多的这种多元文化称为"马赛克"文化。与美国的"熔炉"文化不同，加拿大的"马赛克"文化是建立在接受文化多样性而不是将文化一元化的基础上的。这种兼容并蓄的文化特色深深地烙刻在多伦多整个城市的社会氛围中，吸引了更多的知识移民来此定居。知识移民的增加在无形中增加了多伦多的人口规模，丰富了多伦多的人口结构，增强了多伦多的国际人力资本优势。也正是这种多元主义文化吸引来更多的优秀人才求学和定居多伦多，为多伦多的经济发展贡献智慧和力量，快速实现了从北美的制造业中心到科技中心的转变。

　　（三）以宜居宜业环境建设为抓手，提升城市发展品质

　　优良的城市会吸引人才与投资。便捷的城市交通、舒适的生活环境和优异的创业环境不仅吸引人才和资本，更是保留人才和资本的重要筹码。普华永道（Price Waterhouse Coopers，简称 PWC）出具的 2014 年城市机会报告中，多伦多被评为全球最具吸引力城市第 4 位[②]；2015 年多伦多被《经济学人》评为世界安全性、生活成本、食品安全、民主以及商业环境最佳城市之一[③]；2019 年多伦多被《经济学人》评为世界最适宜居住的城市第 7 名[④]；2020 年国际咨询公司 Resonance Consultancy 将多伦多评

①　王建伟：《加拿大文化拾零》，上海交通大学出版社 2014 年版，第 165 页。

②　Irene Ogrodnik. Toronto 4th 'most attractive' global city：survey，2019-12-11，ttps：//globalnews.ca/news/1344014/toronto-4th-most-attractive-global-city-survey/.

③　The Economist Intelligence Unit. The Safe Cities Index 2015 White Paper，2019-08-08，http：//safecities.economist.com/whitepapers/safe-cities-index-white-paper/ .

④　Ainsley Smith. Toronto ranked the 7th most liveable city in the world，2019-09-04，https：//dailyhive.com/toronto/toronto-most-livable-city.

为世界最佳城市第 17 名。[①] 这些成绩都得益于多伦多长期以来的城市环境建设。

基础设施建设对城市发展、居民的生活方式以及消费类型形成的影响是不言而喻的。多伦多历经二百多年的基础设施建设，才成就了这座城市纵横交错、四通八达的交通网络。而多伦多之所以能够成为世界上第七大股票交易所在地，并成为加拿大占半数以上的经济机构、保险公司和房地产公司以及出版社的所在地，都有赖于多伦多城市提供优越的设施，使其能够成为重要的集会中心。

多伦多因其富裕的社会、怡人的环境、高水准的生活，以及极低的犯罪率，多次被评为全球最宜居的城市之一。多伦多经常被形容为"公园里的城市"，仅多伦多市区就有 100 多个公园，仅在沿安大略湖岸就有 50 个公园。多伦多优质的生活环境也为其吸引来大量的科技创新企业与人才。

在 2012 年《经济学人》智库的评选中，多伦多在全球城市的金融成熟度中排名第一；在 2012 年彭博市场评选的世界最强健银行中，加拿大有四家银行位列世界最强健银行前六位，这四家银行的总部均位于多伦多。[②] 多伦多广阔且稳定的市场吸引了大批国际性公司在此设立分支机构，包括微软、IBM、GSK、索尼等高科技公司。这些高科技公司在多伦多的业务活动极大地推动了当地科技创新产业的发展。除此之外，多伦多还有着全世界最慷慨的税收政策，其联邦税与省税之和低于美国大部分州。而且在研发成本的税收抵免上，联邦和安大略省政府也给出了巨大的优惠，进一步促进了中小企业的研发创新。

---

① Kayla Gladysz. Toronto ranked one of the world's best cities in 2020：report，2020-01-08，https：//dailyhive.com/toronto/toronto-world-best-cities-2020.

② 王操：《迈向卓越的城市智慧化进程：基于全球智慧城市建设案例研究》，上海社会科学院出版社 2017 年版，第 342 页。

第二节 多伦多教育发展与世界城市建设

城市是教育资源最为集中的地方，其拥有的高度密集的教育资源，不仅能够保证全体市民的基本素质，还扮演着大都市人力资源发动机的角色。可以说，教育是世界城市保持竞争力和社会繁荣的主要渠道。[①] 在 K—12 阶段的教育中，多伦多及其周边地区在学习指标（如国际学生评估项目，PISA）上表现良好，并且成为教育公平和多样性倡议的输出者；[②] 在中学后教育阶段，多伦多众多知名的高等教育机构是科研和教学的国际枢纽，每年都会吸引众多的国际学生来此求学。可以说，多样化且与全球联系紧密的人才库，是多伦多经济繁荣和创新背后的驱动力。

一、世界城市建设中多伦多教育的发展现状

加拿大是一个典型的教育分权体制的国家，加拿大联邦宪法规定教育作为各省政府的权力与义务，各省具有职权制定其相关教育政策并颁布课程标准等。中央一级政府不设教育部，主要靠教育部长理事会（The Council of Ministers of Education，Canada，简称 CMEC）协调各省教育政策。因此，各省具有各自的教育制度和特色。总体来看，加拿大全面推行 12 年免费义务教育，学校类型包括公办学校、教会学校、私立学校。加拿大的高等教育机构分为大学、大学学院、社区学院、职业学院。

（一）多伦多的基础教育系统

多伦多的基础教育由公立学校和私立学校两部分组成，但仍以公立教育为主，这是多伦多公立教育优质和普及程度的体现。通常情况下，多

---

① McCann，E.：Urban policy mobilities and global circuits of knowledge：Toward a research agenda，转引自 Daniel Hamlin and Scott Davies，Toronto：A new global city of learning，2016，14（2），p.186.

② OECD. Ontario，Canada：Reform to Support high achievement in a diverse context，2019-11-16，http：//www.oecd.org/pisa/pisaproducts/46580959.pdf.

伦多的大多数适龄儿童就读于公立学校。公立基础教育由安大略省和多伦多市的教育局共同管理。多伦多公立教育比较显著的一个特征就是，尽管城市的经济和社会发生了很大变化，学校保留着安大略相对独特的语言和宗教特色的印记。在长期的发展过程中，多伦多的公立基础教育系统分化成了四个依据语言和宗教进行划分的公立教育局，并各自负责教育系统的一部分学校群体。

1. 多伦多地区教育局（Toronto District School Board，简称 TDSB）。这是加拿大最大的教育局，也是最多元化的教育局之一，主要使用英语。TDSB 服务于多伦多 584 所学校的约 24.6 万名学生，以及在成人与继续教育项目中学习的 14 万名终身学习者。[1]

2. 多伦多天主教区教育局（Toronto Catholic District School Board，简称 TCDSB）。负责为 195 所学校的 9.1 万名学生提供公立的天主教教育。[2]

3. 维亚蒙德教育局（Conseil scolaire Viamonde）和中南天主教地区教育局（Conseil scolaire de district catholique Centre-Sud）。多伦多公立的法语教育由这两个小型的教育局负责。

除了公立教育机构，多伦多还有很多私立学校也提供小学和中学学习项目。私立学校没有接受政府实质上的经济赞助，它们的设立需要获得当地教育局批准，并要接受教育局一年一度的审核。

（二）多伦多的高等教育系统

加拿大的高等教育发端于 1663 年，历经了 300 多年的历史变迁，至今已经处于世界高等教育发展的顶端。多伦多作为加拿大最大的都市，其优质的高等教育资源为加拿大的高等教育发展作出了巨大的贡献。目前，多伦多主要有 5 所大学和 4 个社区学院组成，大学由 4 所公立大学和 1 所私立大学组成，社区学院则全部为公立性质的（见表 4–1），形成了公私

---

[1]　TDSB. Toronto International Student Programs，2019-09-10，https：//www.tdsb.on.ca/Portals/0/aboutus/International/docs/International-Brochure-Updated-May-27.pdf

[2]　City of Toronto. Education，2019-11-17，https：//www.toronto.ca/Business-economy/industry-sector-support/education/.

立结合，研究型大学与应用型大学并存，基础理论与职业技能并重的城市高等教育布局。

表4-1　多伦多高等教育的基本情况

类型	学校名称	属性	办学情况
大学	安大略艺术设计学院	公立	建立于1876年，致力于艺术和设计教育，开设的专业和研究领域涉及数字媒体与设计、可持续发展、健康与保健、本土文化与文化多样性等。
	瑞尔森大学	公立	开设62个本科学位项目和55个博士及硕士学位项目，它的DMZ孵化基地是北美顶尖的大学孵化基地。
	多伦多大学	公立	建立于1827年，是世界顶尖研究型大学之一。大学提供了范围广泛的本科及研究生学位项目。
	约克大学	公立	是加拿大主要的跨学科研究与教学机构，提供200多个本科生和研究生学位项目。
	东北大学（多伦多校区）	私立	是美国东北大学在多伦多的新校区，提供自然科学硕士学位项目（包括工程管理、信息安全和网络安全、药品／生物制品／医疗器械的监管）。
社区学院	百年理工学院	公立	是安大略的第一所社区学院，在多伦多有4个校区，提供行业认可的全日制一部分时间制项目，并且在中国、印度、韩国以及巴西开设有国际项目。
	乔治布朗学院	公立	专注于应用艺术与技术教育，有3个校区，提供了一系列学位、文凭、证书和学徒制培训项目。
	亨伯学院	公立	强调基于实践和就业导向的学习，提供本科学位、文凭、证书和研究生证书教育。
	圣力嘉学院	公立	在大多伦多地区有若干校区，提供基于实践的学习，专业分布包括工艺艺术、商务、金融服务和技术等。

资料来源：City of Toronto. Education，2019-11-17，https：//www.toronto.ca/business-economy/industry-sector-support/education/。

（三）私立职业学院

多伦多设立了140多所私立职业学院（Private Career Colleges），用于在商业管理、卫生服务、人力资源、应用艺术、信息技术、电子工业以及贸易服务等领域提供证书和文凭课程。这类课程通常面向两类群体：

（1）希望获得特定工作技能就业的人；（2）已经持有学历资格，希望增加自己的实践技能，以提高在就业市场上竞争力的人。

安大略省政府要求私立的职业学院在《私立职业学院法（2005）》的规定下登记注册，并且只能提供省政府批准的学习项目。如果违反这两条规定，将被视为违法。私立职业学院通常采取小班授课，学习时间也较为灵活，可以在一年中的任何时间入学，也提供集中授课的短期培训。

（四）语言学校

多伦多现有超过 55 所语言培训学校，分公立和私立两类，通常面向外国学生和专业人士提供英语和法语教育。

二、世界城市建设中的多伦多教育发展举措

多伦多正在走向世界科技创新城市，其重点发展的生命科学、通信信息技术、清洁技术和绿色能源三大产业也获得了全球领先的地位。但是在快速发展的同时，科技成果转化率低、工业部门科研能力低、失业严重等问题正在阻碍着多伦多科技创新的进一步发展。与此同时，虽然多伦多的文化教育水平在加拿大甚至世界范围内都处于领先地位，无论是在成人识字率、大学入学率，还是拥有大学文凭的人口比例方面都远远领先于加拿大其他城市。但是、教育公平及学业成就均等的问题，也一直阻碍着多伦多教育的进一步发展。为此，多伦多教育局在 2018 年制定了《多年战略规划》（*Multi-Year Strategic Plan*）及《行动计划》（*Action Plans*），以期通过多方面的改革，帮助所有学生实现学业上的成功。总的来说，多伦多世界城市建设过程中的教育发展举措主要包括如下几方面。

（一）坚持公平为准则，推进基础教育改革

安大略教育公平的历史由来已久。1962 年生效的《安大略人权法》，承诺人人享有平等的受教育的权利和机会，要求终止与种族、肤色、性别、信仰、年龄等有关的歧视。但是，随后的 1995—2003 年间，保守党政府实施了加强安大略教育系统的问责制、标准化和财政紧缩的政策。这一政策改革，严重影响了贫苦家庭和学业成绩不佳的学生群体。2003

年，安大略的政治格局发生了变化，自由党政府将教育改革作为其首要任务，在随后的 15 年间，进行了全面系统的教育改革以促进所有学生的进步。在此期间，安大略省因为成功实现教育的卓越和公平而获得国际认可。① 多伦多教育局作为安大略最大和最多元化的教育局，在教育公平的改革上也作出了极大的努力，比如关注原住民教育。原住民教育是多伦多基础教育改革的一个优先事项。多伦多教育局为了缩小原住民学生入学机会的差距，专门设置了城市原住民教育中心（Urban Indigenous Education Centre，UIEC），为原住民学生提供各种帮助，包括"家庭宣传和联系社区资源""一对一和团队巡回帮助""专业发展和支持学校工作人员""原住民社区内部转送和学生网络"等等。除此之外，多伦多还尝试通过提高教师的专业水平来实现教育公平。这一行动的前提假设是认为成年人的态度、偏见和实践都会对学生学习产生影响，那么让教师通过专业学习，获得确保开展教育公平实践的知识、技能和资源，可以提高教师对种族主义的系统理解，从而帮助教师通过各方的合作来解决冲突，消除障碍，并最终带来学生积极的变化。

（二）改革学习方式，培养学生的核心素养

通过为学生提供深度学习（Deep learning）的机会来改变学生的学习方式，从而培养学生的阅读素养、数学素养和全球素养。所谓深度学习指的是，学生在老师的帮助下自己自主决定学习进程，与同学合作解决具有挑战性的问题，在学习基础技能和课程的时候也能结合各自的兴趣和优势。也即从教师的教引领学生的学转向教师的教辅助学生的学，由先教后学转向先学后教，由肤浅型教学转向深度教学。② 深度学习的经历，让学生参与到社区服务、社会正义和可持续发展的问题解决中去，使他们可以把自己看作是可以在课堂、学校、社区和其他地方发挥作用的人。

---

① OECD. Strong Performers and Successful Reformers in Education：Lessons From PISA for the United States，2019-11-10，http：//www.oecd.org/pisa/46623978.pdf.

② 罗祖兵：《深度教学："核心素养"时代教学变革的方向》，《课程、教材、教法》2017 年第 4 期。

2010 年，安大略教育部就曾通过"阅读与计算素养"计划（The Literacy and Numeracy Initiative）提高了小学生的阅读和数学成绩。这一举措成功地将三年级学生的阅读、数学和写作的省考成绩的平均分从 55%（2003）提高到了 70%（2010）。六年级同样的科目成绩也有 10%—12% 的明显增长。①

（三）贯彻多元文化主义，重视移民子女教育

考虑到加拿大国土面积的大小，人口密度相对较低，出生率较低，移民在加拿大被视为一种重要且需要的资源。而加拿大教育中最引人注目的也是他们在移民子女教育方面的成功。在 2006 年的 PISA 阅读评估中，加拿大第一代移民的平均得分为 520 分，而美国和法国的平均得分分别不到 490 分和 430 分。加拿大也是少数几个移民和本土学生在 PISA 测试中没有差距的国家之一。（相比之下，美国的阅读差距为 22 分，法国和德国约为 60 分）② 加拿大之所以在移民教育方面取得这么好的成就，一方面是因为很多移民子女的父母均接受过高等教育，这与新移民政策的人才筛选功能有关；另一方面是因为加拿大的移民学生获得了与本国学生同等或者更多的教学资源。具体来说，移民学生的教学资源配置在生师比、基础设施、课堂氛围上都比本土学生要高③，这也是加拿大多元文化主义的直接体现。

除此之外，政府还为移民融入整个社会提供了方便。政府对新移民的涌入采取了相应的政策。政府设立了"英语作为第二语言的课程计划"，使所有不说英语的移民和难民更容易度过过渡阶段，政府的社区行政部门的资助使得社区团体能为移民和难民提供法律、咨询及其他服务。许多教

---

① OECD. Ontario，Canada：Reform to Support High Achievement in a Diverse Context，2019-11-10，www.oecd.org/pisa/pisaproducts/46580959.pdf.

② OECD. Ontario，Canada：Reform to Support High Achievement in a Diverse Context，2019-11-10，www.oecd.org/pisa/pisaproducts/46580959.pdf.

③ OECD. Where Immigrant Students Succeed：A Comparative Review of Performance and Engagement in PISA 2003，2019-01-09，https://www.oecd-ilibrary.org/education/where-immigrant-students-succeed_9789264023611-en.

育局在小学就设立了"祖裔语言计划"，旨在维护难民或移民家庭的第一语言和文化，帮助孩子们消除两种文化间的差异。祖裔语言计划也是由多伦多教育局首创。

（四）发挥高校集聚优势，推进城教走向深度融合

高等教育已经普遍被认为是创新经济发展的重要指标，在全球创新驱动经济发展过程中是制胜的关键。研究表明，教育和 GDP 之间的关系建立在本科及以上学历的受教育水平。一项纽约联邦储备银行的调查显示，通过使用受教育水平作为人力资本的一个指标，接受过高等教育（本科及以上）的居民比例增加 1 个百分点，美国大都市区实际人均国内生产总值增加 2 个百分点。[1] 加拿大统计的资料也显示，就所有职业来看，大学毕业生的工资总额会比高中毕业生的工资总额高出 230 万美元。[2] 总体而言，多伦多的高等学校是安大略省甚至是加拿大重点高校的集中地，本地高校在人才培养和经济发展及社会稳定过程中发挥着不可低估的作用。以信息通信技术产业为例，多伦多的 4 所知名大学提供了超过 21 个与 ICT 相关的项目，其中，安大略艺术设计学院专攻设计与数字化媒体方向。同时，多伦多地区的 4 所学院也提供了 40 多个与 ICT 相关的项目，为 ICT 行业培养合格的毕业生。目前，多伦多的 ICT 市场雇用了约 175000 多名员工，是全球 IT 就业的 12 大热门城市之一，在北美受欢迎程度排名第二。[3]

由多伦多地区贸易委员会（Toronto region Board of Trade）发布的《作为世界城市的多伦多：繁荣的记分卡—2013》（*Toronto as A Global City：Scorecard on Prosperity—2013*）的报告中显示，多伦多接受中学后教育的人群在就业过程中更具优势，其高就业率和低失业率为多伦多在世

---

[1] Jason Abel and Todd Gade. Human Capital and Economic Activity in Urban America，2019-06-10，https：//www.newyorkfed.org/medialibrary/media/research/staff_reports/sr332.pdf.

[2] AUCC. Quick Facts，2018-09-11，http：//www.aucc.ca/wp-content/uploads/2012/09/quick-facts-back-to-school-2012.pdf.

[3] 高维和：《全球科技创新中心：现状、经验与挑战》，上海社会科学院出版社 2017 年版，第 343 页。

界城市积分榜上提供了更多的优势。由于安大略省的重点高校集中在多伦多，2005 年，作为联合国大学高等研究院（UNUIAS）批复的加拿大三个教育专业区域中心之一的多伦多中心，开始着重提高以多伦多地区的教育促进可持续发展的工作，从环境问题、社会发展、经济考虑三个相互联系的方面，研究国际化的北美地区面临的可持续发展问题，这也进一步促进了教育在多伦多世界城市建设过程中的作用。

第三节　多伦多教育的国际化改革与发展

早在 20 世纪 90 年代，加拿大就意识到知识经济的未来发展趋势，鼓励科技进步和技术创新，加拿大政府也将知识经济作为维持加拿大经济繁荣的引擎。与此同时，加拿大的教育国际化也被提上日程。作为移民国家，加拿大也具有开展教育国际化的客观有利条件和现实诉求。在加拿大，无论是高等教育还是中等教育，无论政府部门还是民营企业，都在积极推动国际化进程。可以说，教育国际化已经成为加拿大各级各类教育的一种理念共识和政策导向。

一、多伦多基础教育的国际化发展与改革

随着经济全球化的推进，青少年一代正在进入一个前所未有的相互联系、竞争激烈的世界。基础教育需要培养学生参与未来世界所需要的知识、技能和态度。虽然安大略的学生在 PISA 测试中的成绩名列前茅，但是当考虑到学生对加拿大以外国家的了解程度较低的时候，加拿大人自己也时常透露出担忧。这是因为加拿大传统的基础教育课程都是以加拿大和欧洲为中心的，进一步扩展学生的国际视野，将学习内容延伸到亚洲、非洲甚至南美等地区，让学生了解他们未来可能相互竞争或一同工作的工作伙伴显得尤为必要。基于此，多伦多教育局将国际化和全球教育作为教育改革的重要内容之一。其改革举措主要体现在：

（一）招收国际留学生，提供完善保障条件

虽然多伦多每年都有 1400 余名国际学生前来求学，[①] 但多伦多教育局还是将"开发新兴市场、增加国际学生数量"作为基础教育国际化的主要任务。所谓新兴市场主要包括非洲、巴西、中亚和东南亚、中国、德国、印度、印尼、墨西哥、南美和土耳其等。为了增加国际学生招生数量，多伦多教育局不仅增加多伦多招收国际学生的学校数量，还加强在现有国际学生生源国开始招生推广活动、推进与国外目标学校的合作关系以招募国际学生。除此之外，为了持续支持国际学生，确保他们的学术和社交需求被满足，建立额外的接待中心，为国际学生从入学到毕业提供帮助和干预。主要措施包括：重点关注提高学生幸福感和心理健康的有意干预；改善后续程序，包括调查寄宿家庭和托管安排，使所有学生在多伦多的学校充分感受到安全感；为新来的国际学生和他们的监护人提供关于多伦多学校系统和其他领域的介绍，如定居、文化、TDSB 工作人员的角色和学生学习项目等；追踪国际学生过去五年的成绩和毕业成果，以衡量他们的学术成就，发现和解决差距，并提高留校率。

（二）注重跨文化交流，构建国际化教育教学环境

国际化是通过教育把跨国的、跨文化的或全球的维度整合到教育的目的、功能或教育手段之中的过程，所有的学生和教师都可以通过接触不同的文化和观点受益。其中，国际学生的整合与参与是核心。研究发现，国际学生有助于将全球和文化维度整合到学校项目和社区，很多跨文化学习都是通过非正式的学生和教师之间的个人互动进行的，学校和多伦多教育局都鼓励和创造类似的机会。联邦国际教育战略指出，置身于国际化的学习环境及其带来的跨文化体验对学生的福祉有积极影响。经济和文化全球化的力量将影响所有学生的未来学术和就业前景，而不仅仅是那些有资源或国际流动性机会的学生。所有的学生都能接触到不同的文化和观点，

[①]　TDSB. Internationalization and Global Education，2019-09-07，https：//www.tdsb.on.ca/Portals/0/International_Strategy.pdf.

可以帮助他们更好地了解自己所处的世界。除此之外，基于移民城市的特征，多伦多还开设了各种各样的语言课程，来满足移民群体的工作和学习的需要。比如，中小学国际语言项目，已有的国际语言项目为近 3 万名学生提供了 50 种现代语言的课程。接触不同的语言和文化能够帮助学生在当今多元文化社会中获得成功，并且培养国际求职市场上的有价值的技能。另外还有高中成人英语项目，为新来的移民群体提供英语学习课程，差不多已有 2 万人受益于这一项目。[①] 通过这一项目，数以千计的学习者找到了工作，通过带薪实习（co-op）的方式，一方面获得了加拿大的工作经历，另一方面实现了他们的学业目标。

（三）举办专业化学习项目，推进教师国际交流

多伦多的中小学校还设置了一些具有创新性的专业化学习项目，希望通过这些项目支持学习者在不同的学习环境中开发他们的技能和能力。比如非洲问题项目，中小学的学生通过这个项目将多元化的视角、经历和非洲后裔的故事整合进省政府授权的课程项目中。但是，体验式学习并不局限于学生。多伦多的中小学教师们也受益于出国旅行 / 工作的机会，并带着新视角和对全球问题的更广泛理解回来与学生和教职员工分享。通过相互交流，互动双方相互习得更多的教育教学经验。这种师资队伍的国际交流活动还可以进一步促进新的国际教育合作伙伴关系和项目的产生。为了促进这种交流，安大略教育部还定期邀请国际代表团来了解安大略的教育制度，也会派遣教师出国游学与工作。

（四）通过特许经营提供海外课程，推进教育资源与文化输出

安大略省已经与来自中国、荷兰、意大利、日本、埃及等国的 20 所国际学校签订了协议，允许他们提供安大略的课程，并授予安大略中等学校文凭。这些海外的合作院校会定期接受检查，确保学分课程符合安大略教育部的教学要求，并确保对方遵守了协议条框。除此之外，多伦多大学

---

① TDSB. Internationalization and Global Education，2019-09-07，https：//www.tdsb.on.ca/Portals/0/International_Strategy.pdf.

附中（The University of Toronto Schools，UTS）发起了另外一种类型的全球素养培养项目——全球思想研究所（the Global Ideas Institute），协调学生组成团队，尝试解决南半球面临的问题，比如儿童营养不良、卫生设备缺乏等问题。UTS 还与多伦多大学的亚洲研究所合作，后者为学生项目提供专业知识和反馈，这为中学和大学之间建立合作关系提供了一个范例。

二、多伦多高等教育国际化发展与改革

教育国际化是多伦多世界城市建设的重要组成部分。国际教育对多伦多本地经济的发展也产生了重要的影响。未来几年，加拿大经济的各个部门都将面临技能人才短缺的问题，国际人才成为解决这一问题的有效策略之一。与此同时，越来越多的加拿大企业在世界各地开展业务，它们急需了解其他国家知识的员工。可以说，高等教育的国际化发展是多伦多高等教育发展与改革的必然趋势。

（一）制定战略规划，推进国际化规范发展

加拿大高校的领导者们很早就意识到全球化不仅仅是一种全新的商业和生产贸易方式，更是一种全新的社会结构。国家能否强盛，完全取决于其能否适应全球化的发展环境，而教育的目的就在于实现这种适应。鉴于高等教育国际化的重要性，加拿大外交、贸易和发展部（DFATD）于 2014 年 1 月发布了第一个联邦层面的国际教育战略——《利用我们的知识优势推动创新和繁荣》（*Harnessing Our Knowledge Advantage to Drive Innovation and Prosperity*），联邦政府的目标是吸引和留住"顶尖人才"，并鼓励他们成为永久居民，以解决熟练劳动力短缺的问题。[1]2018年，安大略发布中学后国际教育战略报告——《培养全球公民：实现中学后国际教育的效益》（*Educating Global Citizens：Realizing the Benefits of*

① DFATD. Canada's International Education Strategy：Harnessing our Knowledge Advantage to Drive Innovation and Prosperity（2014），2019-11-19，http：//international.gc.ca/global-markets-marches-mondiaux/assets/pdfs/overview-apercu-eng.pdf.

International Postsecondary Education），安大略教育部在审视"教育、创新和经济之间关系"的基础上，提出了"成为世界一流的国际学生留学目的地，丰富省、社区和学生的教育资源，为经济社会发展提供强大支撑"的战略愿景，并将"加强与国际学生的招收及保留""配合经济发展的需求"和"满足 21 世纪高等教育学习者的需求变化"作为本省国际教育发展的核心原则。①

从院校层面来看，2014 年加拿大大学学院联合会（AUCC）在《加拿大大学的国际化》（*Internationalization at Canadian Universities*）报告中提到，96% 的加拿大大学将国际化纳入其战略规划，80% 的大学将国际化作为其战略规划的五大优先事项之一，比 2006 年提升 5%。而且，89%的大学表示，自 2006 年以来它们校园的国际化步伐加快了。②2017 年，多伦多大学在大学发展战略基础上制定了专门的国际化战略——《2017—2022 国际战略规划》，并提出将学生（招收、流动、国际经历）、伙伴关系（学术伙伴关系、创新、创业）、进步与声誉（校友与筹款、声誉与品牌）等 8 个方面作为这一国际战略的支柱。除此之外，多伦多大学设置了多个旨在促进大学国际化发展的机构，比如国际学生中心、国际学生交流办公室、研究与服务办公室、城市与社区研究中心、在线国际交流数据库等。③安大略艺术与设计学院（OCAD）则将国际化的战略目标贯穿于整个战略规划《提高 OCAD 大学在想象力时代的卓越水平（2012—2017)》（*Advancing Excellence at OCAD University in the Age of Imagination：2012—2017*），OCAD 还设置了国际学生支持和交流项目办公室，为国际学生、

---

① Ontario Ministry of Advanced Education and Skills Development. Educating Global citizens：Realizing the Benefits of International Postsecondary Education，2019-09-08，http：//www.tcu.gov.on.ca/pepg/consultations/maesd-international-pse-strategy-en-13f-spring2018.pdf.

② AUCC. Canada's Universities in the World：AUCC Internationalization Survey（2014），2019-07-09，https：//www.univcan.ca/media-room/publications/canadas-universities-in-the-world-survey/.

③ 唐信焱、吴小伶：《从多伦多大学国际化观照加拿大大学国际化发展》，《世界教育信息》2010 年第 4 期。

交换生和所有希望获得有意义的全球联系的学生，提供符合他们需要的服务和方案，并协助他们成为艺术和设计领域的成功实践者。[①]

（二）招收国际留学生，丰富生源结构的多样性

招收国际留学生一直是加拿大高等教育国际化的重要内容。国际学生的增加不仅有助于提高学生群体的多样性，丰富所有学生的学习环境，还是加拿大财政收入的重要来源之一。据统计，2018 年国际学生对加拿大 GDP 的贡献额为 216 亿美元，支撑了加拿大 17 万个中产阶级的工作岗位。[②] 也正是因为国际学生的经济价值，加拿大政府在高等教育领域的资助就会相应减少，正如汉斯·德维特（Hans De Wit）所言，"支付高额学费的国际学生越多，经济回报就越高，政府对高等教育的投资就越少"[③]，而安大略省的情况尤其不乐观。自 20 世纪 70 年代以来，安大略省政府向大学提供的人均学生资助已从 6500 美元降至 4200 美元，降幅高达 35% 以上。[④] 在资金如此暴跌的情况下，招收国际学生补贴办学经费显得尤为重要。

加拿大由于没有联邦教育部负责高等教育事务，所以招收国际学生的责任主要落在省级政府甚至是个体学校层面。总的来说，多伦多的 9 所高等教育机构，无论是研究型大学还是社区学院，都在各自领域有着较高的国际声望，并在全球建立了广泛的合作伙伴关系，招收了大量的国际学生。以 2019—2020 学年的在校生人数为例，多伦多大学本科生总

---

① OCAD. International students，2019-09-10，https：//www.ocadu.ca/services/international-students.

② Government of Canada. Building on Success：International Education Strategy（2019-2024），2019-08-07，https：//www.international.gc.ca/education/strategy-2019-2024-strategie.aspx?lang=eng.

③ De Wit，H.，"Internationalization of Higher Education in the United States of America and Europe：A Historical，Comparative，and Conceptual Analysis". Greenwood Press：Westport，2002，P91.

④ Langer，M.，"Underfunding Shortchanges Students"，转引自 Zainab Kizilbash，Branding Canadian Higher Education，2019-11-12，https：//cbie.ca/wp-content/uploads/2016/06/CBIE-research-Kizilbash-EN-FINAL.pd.

数为 72785 人，其中国际学生 1.9 万人，国际学生占比 26%；研究生总数
为 20296 人，其中国际学生 4019 人，国际学生占比 20%。[①] 约克大学有
49700 名本科生和 6000 名研究生，其中国际学生 8500 名，国际学生占比
15%；[②] 圣力嘉学院 3 万名全日制学生，包括来自全球 150 个国家的 7000
名国际学生，国际生占比 23%；[③] 亨伯学院拥有超过 33000 名全日制在校
生，包括来自 130 多个国家的 6500 名国际学生，国际学生占比 19.7%；[④]
安大略艺术与设计学院（OCAD）的本科生人数为 4346 人，其中 9% 是
国际学生；研究生 255 人，其中 23% 是国际学生。[⑤] 可见，多伦多各高校
普遍重视招收国际学生，且在国际学生招收上占据较大优势。为了吸引更
多国际学生前来求学，并尽可能帮助国际学生实现本土就业，各个高校
不仅设置了专门的机构用于管理国际学生事务，还为国际学生提供从入
学—毕业—工作等一系列的帮助。比如，约克大学早在 1985 年开办了英
语语言学院（English Language Institute），提供一系列高质量的英语培训
课程，帮助国际学生提高他们的专业英语水平，现在该学院已经成为该
校最大的语言培训中心。因其有效地帮助国际学生过渡到专业课程的学
习中，提高了国际学生的留存率和毕业率而被称之为加拿大最好的英语
学院。

（三）推动出国留学，培养全球视野与国际就业力

国际化不是单行道，它既包括接受留学生，也包括派遣留学生。虽
然一直以来吸引国际学生是多伦多各高校重点关注的领域，但是随着高等

---

① University of Toronto. Quick Facts，2020-05-14，https：//www.utoronto.ca/about-u-of-t/quick-facts.

② York University. This is York U，2020-05-14，https：//about.yorku.ca/files/2019/06/About_York_v4.pdf? x17753.

③ Seneca College. Seneca at a Glance，2020-05-14，https：//www.senecacollege.ca/about/reports/annual-report/seneca-at-a-glance.html.

④ Humber College. WELCOME TO HUMBER，2020-05-14，https：//international.humber.ca/? _ga=2.216479701.291871671.1594312998-136979377.1593579430.

⑤ OCAD. International Relations，2020-05-14，https：//www.ocadu.ca/about/international.

教育国际化的深入开展，派遣留学生也逐渐得到重视。但是作为一个移民国家，加拿大的大学生并不缺乏出国经历，因为一定数量的大学生群体本身就可能来自移民家庭。因此，出国留学的出发点往往以一种经济功利主义的方式呈现①，即全球化的推动要求加拿大培养具有"全球视野、国际知识和跨文化技能"的毕业生，以满足经济社会发展的需要。83%的加拿大招聘经理也表示，拥有跨文化知识和了解全球市场的员工更具竞争力。②

多伦多各高等教育机构纷纷通过与世界各地的大学、公司和非政府组织发展强有力的伙伴关系，来增加学生赴国外学习的机会。这些机会往往包括赴外短期学习、赴外研究以及赴外实习等。其中，多伦多大学在其《2017—2022年国际战略规划》中明确提出"到2022年，将参加过至少一次海外经历的学生人数从19%（2016年）增加到30%（2022年）。"③OCAD大学则认为艺术和设计的学习和实践，需要通过文化、信仰、语言、经验和地点等不同的角度来培养学生审视和分析的能力，所以，OCAD大学通过增加"student-exchange partners"项目来开发海外学习课程和海外实习的机会。乔治布朗学院和亨伯学院都因其在国际化办学方面的卓越成绩被"加拿大应用技术与职业学院协会"（Colleges and Institutes Canada）授予金奖。其中，亨伯学院每年会有500多名学生出国学习或工作。④乔治布朗学院通过工学结合（Work-integrated learning）的方式让学生完成海外的工作和学习。约克大学则设置了国际实习计划，为

---

① Edyta Kaznowska & Alex Usher. Internationalization at Canadian Universities：Are Students Seeing the Value？，2019-09-20，https：//higheredstrategy.com/wp-content/uploads/2011/07/HESAInsightBrief2.pdf.

② CBIE：A World of Learning. Canada's Performance and Potential in International Education，2019-10-11，https：//learningabroad.utoronto.ca/wp-content/uploads/A-World-of-Learning-HI-RES-2016.pdf.

③ University ofToronto. Global Engagement：U of T in the World，2019-09-18，https：//global.utoronto.ca/wp-content/uploads/2015/08/UofT-FinalAR-2018.pdf.

④ Humber College. GLOBAL OPPORTUNITIES，2019-10-10，https：//humber.ca/global-opportunities.html.

学生提供几十种以国际问题为工作重点的国外机构实习的机会，实习期限一般为 3 个月，通常在暑期期间实行，每个获准实习的学生可以获得 3000 加拿大元的补贴和旅行经费，而且这一项目无论是本科生还是研究生都可以申请。通过增加学习流动和实习实践的方式，可以开拓学生国际视野，提前为以后的国际性的工作做准备。

（四）推进国际化课程建设，将国际理解融入教育教学

通过教学和学习，以及校园活动和社区生活，将国际化整合到整个大学，以确保所有的学生从国际化教育中受益是至关重要的。① 考虑到并不是每个学生都有机会出国留学，为每个学生提供一个为全球环境做好准备的学习途径是必不可少的。因此，越来越多的人开始关注课程国际化建设。

多伦多大学在 2019 年秋季学期推出了三个项目来推动学生的国际化学习："全球公民倡议"，面向参加课外活动的学生；"全球学者倡议"，面向对国际化课程感兴趣的学生；"全球领袖倡议"，针对学生的强化项目，可以获得证书。这些举措组成了一个面向学生的，全校参与的国际化学习机会（包括课程与课外活动）。② 亨伯学院则提出了"全球公民证书"（Global Citizenship Certificate，简称 GCC）③，这是一个跨学院、多学科的项目，面向全校在册学生。该计划被设想为一个"全球背包"（Global Backpack）或一套课程和经历，学生可以结合自己已有的学习和研究经历，来考察与全球公民意识相关的研究问题。成功完成项目要求，就可获得记录着学生全球素养、知识和经历的"全球公民资格证书"。GCC 由四部分组成：（1）全球公民导论。学习者将在地方、国家和全球各个层面反思公民在社区中的权利和责任，并产生一个电子学习档案，以记录他们的

---

① CBIE. A World of Learning：Canada's Performance and Potential in International Education，2019-11-22，https：//learningabroad.utoronto.ca/wp-content/uploads/A-World-of-Learning-HI-RES-2016.pdf.

② University of Toronto. Global Engagement：U of T in the World，2019-09-09，https：//global.utoronto.ca/wp-content/uploads/2015/08/UofT-FinalAR-2018.pdf.

③ Humber College. GLOBAL CITIZENSHIPCERTIFICATE，2019-10-19，https：//humber.ca/global-opportunities/global-citizenship.html.

学习经历和成绩。(2) 亨伯的公民。学习者将探讨社区参与和发展的核心原则、构成要素以及参与的障碍。学习者可以获得指导方针、线索和一份跟踪文件，以完成 40 小时的社区参与，并陈述志愿服务的好处和理由。(3) 世界的公民。学生通过在国内外完成一项研究、工作或志愿者经历，来增进他们对世界的理解。(4) 全球研究课程。这是一门具有"国际化"学习成果的核心或选修课程。总的来说，GCC 通过整合学术课程、旅行经验和课外活动，加深了学生对人类多样性、相互联系和文化复杂性的理解，并增强了学生的个人和社区责任感。

（五）开展跨国科研合作，整合世界优质创新资源

国际科研合作不仅仅是科研活动的重要方面，也是高等教育国际化的重要组成部分。随着经济科技一体化的深入开展，国际科研合作成为保持国家科技创新力的重要路径。加拿大各高校的教师和科研人员一直重视与国外同行开展科研合作，通过"提供咨询、参与实地考察、组织会议或创建互补的研究计划、联合研究项目、共享研究设备及分担重大基础设施建设、允许访问研究数据和结果、允许链接研究中心和虚拟网络"① 等方式，开展广泛的科研合作。

多伦多大学一直致力于深化与关键战略合作伙伴的关系，认为学术伙伴关系可以互补彼此的研究优势，从而促进新的研究发现的产生。为了进一步推进大学的"城市学院项目"（School of Cities Initiative），多伦多大学继续在城市研究领域拓展国际合作关系，与印度浦那（Pune）公司签署合作伙伴关系，致力于发展智慧城市（Smart cities），并与国际合作伙伴联合举办了关于经济适用房的工作坊。除此之外，该校还与伦敦大学学院（UCL）、国家科学研究中心（CNRS）、特拉维夫大学（TAU）、香港大学以及曼彻斯特大学等国际合作伙伴，联合呼吁扩大互补合作研究，以最大限度地发挥影响。它们通过资助会议、研讨会、短期培训课程以及扶

---

① AUCC. International Research Collaboration，2019-05-30，http：//www.aucc.ca/wp-content/uploads/2011/05/International-Research-Collaboration.pdf.

持机构间合作举办有前途的科研项目，来实现教师、学生和知识的交流。2017年，环境设计、细胞生物学、泰米尔研究和医学教育等领域的合作项目获得资助，其中就包括与TAU的2个合作项目，与UCL的7个合作项目，以及与CNRS的3个合作项目。除此之外，多伦多大学还与合作院校发起了"国际博士集群"（International Doctoral Clusters，IDCs）项目。IDCs通过聚集一群在互补领域工作的教师，支持他们的研究生、博士后研究人员和协作教员的流动来促进国际合作。参与到IDCs的学生将会在外方合作大学学习并接受合作院校教师的共同指导。第一批IDCs项目就是与浙江大学在分子遗传学，与新加坡国立大学在网络安全，以及与中国香港科技大学在新一代电力设备上的合作。

（六）"引进来"与"走出去"相结合，丰富国际化办学形式

高等教育国际化的深入开展，使教育资源的跨国流动成为常态。多伦多基于错位需求，推进教育资源的"输入"与"输出"，通过"引进"国外优质教育资源以满足本土产业的新需求，通过"输出"高等教育模式以扩大高等教育的国际影响力。主要表现在：（1）引进国际分校。2017年美国的东北大学在多伦多建立了国际分校，打破了传统举办国际分校的南北模式，实现了北北联合。美国东北大学的教学具有鲜明的学术与实务相结合的特色，带薪实习（Co-op）课程使东北大学的授课具有实践性的突破意义。因此，多伦多引进东北大学的一个重要原因就在于适应本市经济结构调整的需要，其课程也主要集中在本地雇主们需求较高的领域，比如管理学、药品监督管理、生物制剂、医用器械和信息安全等。（2）输出人才培养模式。2015年，多伦多百年学院走出去与中国江苏科技大学合作举办了中国第一所具有独立法人资格的中外合作高职院校——苏州百年职业学院。中方全方位引进了加拿大百年理工学院的优质教育资源，探索"四双一直通"（双录取、双学籍、双培养和双文凭，直通加拿大本科）的人才培养模式。通过跨国办学输出加拿大教育资源，不仅在中国宣传了加拿大社区学院的人才培养模式，还提高了加拿大社区学院在中国的声誉，无形中瓜分了中国应用型人才培养的市场份额。

第五章　伦敦世界城市建设与教育国际化

伦敦坐落于英格兰的东南部，是英国的首都，亦是全国的政治、经济与文化中心。英国，全称为大不列颠及北爱尔兰联合王国（The United Kingdom of Great Britain and Northern Ireland），简称联合王国（United Kingdom）或不列颠（Britain），由英格兰、威尔士、苏格兰与北爱尔兰等部分组成。早期伦敦的发展得益于泰晤士河交通便利的哺育和历史的洗礼。目前，伦敦已发展成为顶级世界城市之一，与纽约、东京等城市齐名，具有全球影响力。

本章所讨论的"伦敦"是指英国行政区划意义上的"大伦敦"，包括33个相对独立的行政区划单元所共同构成的区域。"大伦敦"（Greater London），这一概念是由大伦敦议会于1965年予以明确并沿用至今，包括伦敦金融城（City of London）与32个伦敦自治市（London boroughs）。伦敦金融城，即伦敦城，虽然面积仅有约1平方英里，却是寸土寸金。伦敦自治市，又被划分为"内伦敦"（Inner London boroughs）与"外伦敦"（Outer London boroughs）两大城市圈层。

第一节　伦敦建设世界城市的发展进程与发展道路

英国传记作家彼得·阿克罗伊德（Peter Ackroyd）曾在《伦敦传》一

书中提出"伦敦的城市性大于英国性";① 中国作家恺蒂的著作《小英国，大伦敦》也集中体现了伦敦作为一座城市之"大"。② 伦敦，在 2000 多年的发展进程中，相继经历了不同文明的交战与融合、繁盛与黯然，也最先见证了从封建主义到资本主义的制度更迭与科技革命浪潮的起落。伦敦的世界城市建设之路，具有开创性、典型性、渐进性与发展性等特征，且已取得了举世瞩目的成就。

一、伦敦世界城市的发展进程

城市，是一种人类聚落的更高级形式。世界范围内的城市发展进程已有数千年的历史，特别是自工业革命以来，城市在世界范围内的发展进程加快。③ 城市已成为当今世界上过半人口及其四分之三经济活动的家园；预计到 2020 年，世界城市化水平将达到 56.0%。④ 特大城市，一般是指居住人口超过 1000 万的城市。据统计：2018 年，全球特大城市数量约为 33 个；预计到 2030 年，这一数量将增长至约 43 个。⑤

伦敦，也是世界范围内城市发展进程中的有机组成。从城市到世界城市，从城市的建立、起步到发展、扩张，再到世界城市的形成与确立，经由伦敦两千多年的历史生动演绎。

（一）伦敦城市的建立与起步（公元 1—11 世纪）

关于伦敦作为城市的起源，尚未形成定论。有传说，伦敦最早是由埃涅阿斯的后代布鲁特以特洛伊为样板建造的。⑥ 据现有可考证的资料，

---

① ［英］彼得·阿克罗伊德：《伦敦传》，翁海贞译，译林出版社 2016 年版，第 56 页。

② 恺蒂：《小英国，大伦敦》，人民文学出版社 2016 年版，第 78 页。

③ 顾朝林、刘佳燕：《城市社会学》，清华大学出版社 2013 年版，第 43 页。

④ The UNESCO Creative Cities Network（UCCN）. Why Creativity? Why Cities?，2019-10-10，https://en.unesco.org/creative-cities/content/why-creativity-why-cities.

⑤ United Nations，Department of Economic and Social Affairs，Population Division. The World's Cities in 2018-Data Booklet，2020-06-25，https://www.un.org/en/events/citiesday/assets/pdf/the_worlds_cities_in_2018_data_booklet.pdf.

⑥ 陈晓兰：《中西都市文学比较研究》，复旦大学出版社 2012 年版，第 73 页。

公元 43 年时罗马对伦敦的占领可视为伦敦城市发展的起点。[①] 当时的伦敦，又被称为"伦底纽姆"（Londinium），区域范围与今日的伦敦金融城大致相同[②]，伦敦人口数量约为12000—20000人[③]。公元61年，伦敦本地的爱西尼人在女王布迪卡的带领下，反抗罗马人的统治。这次反抗以失败告终，罗马人重新夺得控制权，并在接下来的 20 年对在这次战争中遭到洗劫的伦敦进行重建。[④] 公元 120 年，罗马统治时期的伦敦发展到了这一时期的顶峰，人口数量达到了45000 人，这样的人口规模一直到 13 世纪才被超越。罗马统治下的伦敦，发展成为当时英国最大的城市[⑤]，并通过在泰晤士河上架桥设栈，辟港纳船，成为商业中心。[⑥] 公元 5 世纪初，伴随罗马帝国覆灭，伦敦再度陷入混沌与衰退。

公元 410—1066 年，英国进入盎格鲁－撒克逊时期，伦敦被重新命名为"隆登威客"（Lundenwic）。公元 8 世纪末期，伦敦进入盎格鲁－撒克逊时期的巅峰时期，城市人口可能已经达到约 10000 人。[⑦] 这一时期的伦敦，建立了庞大的城镇网络，发展井然有序。但是，丹麦海盗维京人的入侵，严重影响了伦敦的发展。约公元 1042 年，盎格鲁－撒克逊时期的最后一任国王忏悔者爱德华（Edward the Confessor）打败丹麦登上帝位，并将宫廷迁到了威斯敏斯特市。自此，伦敦的两面性开始形成——伦敦

[①] Blake Ehrlich，Hugh D. Clout. London History，2019-10-10，https：//www.britannica.com/place/London/History.

[②] The City of London Corporation（伦敦金融城市政局）. Roman History，2019-10-10，https：//www.cityoflondon.gov.uk/things-to-do/visit-the-city/our-history/Pages/roman-history.aspx.

[③] Mandy Barrow. The History of London_Roman London（AD 43-410），2019-10-10，http：//projectbritain.com/london/history/romans.html.

[④] Mandy Barrow. The History of London_Roman London（AD 43-410），2019-10-10，http：//projectbritain.com/london/history/romans.html.

[⑤] The Museum of London. Roman London（AD 50-410），2019-10-10，https：//www.museumoflondon.org.uk/museum-london/permanent-galleries/roman-london.

[⑥] 钱乘旦、许洁明：《英国通史》，上海社会科学院出版社 2002 年版，第 13 页。

[⑦] Mandy Barrow. The History of London_Saxon and the Viking London（AD 550-1066），2019-10-10，http：//projectbritain.com/london/history/saxonsandvikings.html.

东部是罗马人建立起来的伦底纽姆，后来发展成为如今的伦敦金融城；伦敦西部是盎格鲁－撒克逊人发展的区域，后来成为王室、教堂、政府所在地。在接下来漫长的约 5 个世纪中，伦敦的发展就依托于当时的"伦敦"市与威斯敏斯特市的双轮驱动，这两者间主要是通过河流和舰队街相连。①

　　总体来看，伦敦作为城市的建立与起步是在 1—11 世纪完成。这一时期，伦敦先后经历了罗马人与盎格鲁－撒克逊人的统治，同时也不断经受着本土的冲突与其他外族的入侵，在曲折中前进，利用独特的地理优势，发展成为当时英国最大的城市、商业中心、政治中心，并且开始体现出城市的功能分区。

　　（二）伦敦城市的发展与扩张（公元 12—16 世纪）

　　1066—1509 年的伦敦，统称为中世纪的伦敦。在这一时期，伦敦相继经历了诺曼王朝（1066—1154）与金雀花王朝（1154—1399）、兰卡斯特王朝（1399—1461）与约克王朝（1461—1485）。②

　　该时期，伦敦城市经过快速发展，为城市扩张积聚了资本、创造了条件，也孕育了今日伦敦城市的雏形。具体表现在：第一，城市设施不断完善——在古罗马伦敦城的外围建立了各种修道院与医院，开创了中世纪时期的第一个引水系统。第二，城市建筑日益丰富——1087 年，伦敦经历一场大火后建起了圣保罗大教堂；1176 年，伦敦建成了跨越泰晤士河的第一座石桥③。第三，城市管理趋于正规化——1190 年左右，伦敦诞生了第一位市长亨利·菲茨·艾尔文（Henry Fitz Aylwin）。第四，城市人口更为多元——欧洲其他国家的人口涌入，如，犹太人聚集在齐普赛街做生意，佛兰芒和法国制衣工人的到来促使伦敦成为欧洲羊毛贸易的中心。13

---

① ［英］杰里·怀特：《伦敦：一个伟大城市的故事》，逢亚萍译，中国友谊出版公司 2018 年版，第 192 页。

② 钱乘旦、许洁明：《英国通史》，上海社会科学院出版社 2002 年版，第 362 页。

③ Mandy Barrow. The History of London_Medieval London（1066-1485），2019-10-10，http://projectbritain.com/london/history/medieval.html.

世纪，伦敦人口已达到约 80000 人，成为欧洲当时最大的城市之一；同时也成为英格兰第一议会、法院以及财政部所在地。14 世纪，伦敦经历了一个又一个的灾难，包括最为致命的黑死病（The Black Death），这场疾病在仅一年半的时间里使得伦敦的人口近乎减半。[1]16 世纪，托马斯·格雷沙姆皇家交易所创立（Thomas Gresham's Royal Exchange），[2] 伦敦开始成为世界重要的商业中心；与此同时，在社会生活方面，戏剧开始流行。

总体来看，伦敦作为城市的发展与扩张是在 12—16 世纪完成的。这一时期，伦敦相继经历了四代王朝，获得了相对稳定的发展环境，在发展中扩张，在发展中明确且丰富了城市的区域功能，使伦敦东部、西部、北部、南部各具特色。虽然也经历了大火与病患等重大灾难，但是伦敦城市建设的步伐并未停滞，而是走得更远——这一时期的伦敦，已从英国走向欧洲、走向世界，揭开了殖民扩张的序幕。

（三）伦敦世界城市的形成与确立（公元 17—20 世纪）

经过中世纪之后，伦敦又相继经历了都铎王朝（1485—1603）与斯图亚特王朝（1603—1714）、汉诺威王朝（1714—1901）、萨克森·科堡·哥达王朝（1901—1917）与温莎王朝（1917 年至今）。[3]

17 世纪中期，受益于都铎王朝与斯图亚特王朝集权化的政治与海运贸易的扩大，伦敦城市发展迅速，居民数量大幅增加。然而，在 1665 年，伦敦爆发了大瘟疫（the Great Plague），当年致死约 10 万人；1666 年，伦敦普丁巷法瑞纳面包房失火，造成了有史以来最严重的火灾（The Great Fire of London），5 天的大火烧毁了包括圣保罗大教堂（St Paul's Cathedral）在内的众多伦敦城区建筑。[4] 灾后伦敦的重建耗时 10 年，汲取

---

① Mandy Barrow. The History of London_Medieval London（1066-1485），2019-10-10，http://projectbritain.com/london/history/medieval.html.
② The City of London Corporation. City Timeline，2019-10-10，https：//www.cityoflondon.gov.uk/things-to-do/visit-the-city/our-history/Pages/timeline.aspx.
③ 钱乘旦、许洁明：《英国通史》，上海社会科学院出版社 2002 年版，第 13 页。
④ The City of London Corporation. City Timeline，2019-10-10，https：//www.cityoflondon.gov.uk/things-to-do/visit-the-city/our-history/Pages/timeline.aspx.

了历史经验教训，重视提高居民的居住条件，大力兴建各种建筑、剧院、博物馆等，客观上反而促进了伦敦经济发展，也使其成为英国社会文化生活的中心。1688 年，英国光荣革命爆发；1689 年，威廉三世和玛丽二世在伦敦宣布成为英国的统治者。1694 年，英格兰银行（Bank of England）在伦敦成立，约翰·霍布伦（John Houblon）担任首位行长。[①]18 世纪 60 年代，第一次工业革命爆发，伦敦的城市生产力进一步解放，大伦敦城市人口数量在 1801 年已增至约 1097000 人[②]，相比之下，伦敦金融城的人口数量显著下跌（详见图 5–1）——城市的扩张导致人们纷纷选择搬到金融城外居住，金融城内的大多住宅被改造成为办公场所。在这一时期，伴随工业革命的发展，伦敦成为英国最大的单一制造业城市。[③]1837 年，18

图 5–1　伦敦金融城人口历史统计（1801—2011）

数据来源：The Office for National Statistics of the UK. Historical Census Population，2020-06-25，
　　　　https：//data.london.gov.uk/dataset/historic-census-population.

①　The City of London Corporation. City Timeline，2019-10-10，https：//www.cityoflondon.
　　gov.uk/things-to-do/visit-the-city/our-history/Pages/timeline.aspx.

②　The Office for National Statistics of the UK. Historical Census Population，2020-06-25，
　　https：//data.london.gov.uk/dataset/historic-census-population.

③　Peter Stone. In brief-London during the mid-19th century，2020-06-25，http：//www.
　　thehistoryoflondon.co.uk/in-brief-mid-19th-century/.

岁的维多利亚成为英国女王,开启了维多利亚时代。维多利亚时代的伦敦在贸易、工业、照明、城市排水系统、交通运输(铁路与地铁)、城市建筑等方面发展突出,城市面貌焕然一新,俨然成为世界贸易中心。[①]19世纪60年代,第二次工业革命爆发,再次促进了伦敦的城市发展。1862年,伦敦世博会举办,建议成立欧洲同盟(European Company)。19世纪80年代,伦敦成为全球金融中心。19世纪末,经过近300年的海外殖民与三角贸易,英国成为"日不落帝国",完成了资本的原始积累。进入20世纪,伦敦经历了两次世界大战:1915年,伦敦在第一次世界大战中遭遇首次空袭;1940年,伦敦开始遭遇二战中的闪电战,截至二战结束,共有约30000人在战争中丧生。[②] 两次世界大战后,英国失去了世界霸主的地位,但伦敦的城市发展进程并未止步。一方面,伦敦通过多种举措进一步密切了与外部世界的联系,如,在1946年开始运营伦敦最大的机场希斯罗机场(Heathrow);另一方面,伦敦面对自身发展进程中逐渐凸显的环境污染、人口密集、交通堵塞、住房紧缺、中心老城区衰落等问题,由政府层面采取举措推动解决,将"城市规划"提上议程,进行了解决城市发展问题的有益探索,取得了值得肯定的历史成效。

总体来看,伦敦作为世界城市的形成与确立是在17—20世纪完成的。这一时期,伦敦经历了四代王朝,见证了"光荣革命"与两次产业革命,遭遇了两次世界大战,参与绘制了"日不落帝国"海外殖民地扩张的宏大版图。在政治、经济与国际环境等因素发生深刻变化并综合作用的背景下,伦敦生产力进一步提高,城市人口数量在19世纪中期至20世纪总体呈现出较大增速(详见图5–2),城市的基础设施与软文化实力建设加强,与外部世界的联系日益紧密,逐步具备了成为世界城市的主客观因素。同时,伴随城市大规模发展出现的"城市病",伦敦通过连续、系统、严格的"城

---

① Mandy Barrow. The History of London_Victorian London(1837-1901),2019-10-10,http://projectbritain.com/london/history/victorian.html.

② Mandy Barrow. The History of London_The Twentieth Century,2019-10-10,http://projectbritain.com/london/history/twentienth.html.

图 5-2　大伦敦人口历史统计（1801—2011）

数据来源：The Office for National Statistics of the UK. Historical Census Population，2020-06-25，
https：//data.london.gov.uk/dataset/historic-census-population.

市规划"探索了卓有成效的解决路径，丰富了世界城市的发展维度。

（四）伦敦世界城市的现状与趋势（21 世纪以来）

21 世纪以来，全球化趋势进一步加强，国际竞争日趋激烈，作为世界城市的伦敦，在经济、文化、社会等多方面继续发挥着国际影响力。

据英国国家统计局（Office for National Statistics，ONS）截至 2018 年前半年的统计：伦敦的面积约 1572 平方公里[1]，人口数量约 8908081 人[2]

---

[1]　The Office for National Statistics of the UK. Population Estimates_Summary for the UK（mid-2018），2019-10-10，https：//www.ons.gov.uk/file? uri=/peoplepopulationandcommunity/ populationandmigration/populationestimates/datasets/populationestimatesforukenglandandw alesscotlandandnorthernireland/mid20182019labboundaries/ukmidyearestimates20182019ladc odes.xls.

[2]　The Office for National Statistics of the UK. Population Estimates_Summary for the UK（mid-2018），2019-10-10，https：//www.ons.gov.uk/file? uri=/peoplepopulationandcommunity/ populationandmigration/populationestimates/datasets/populationestimatesforukenglandandw alesscotlandandnorthernireland/mid20182019labboundaries/ukmidyearestimates20182019ladc odes.xls.

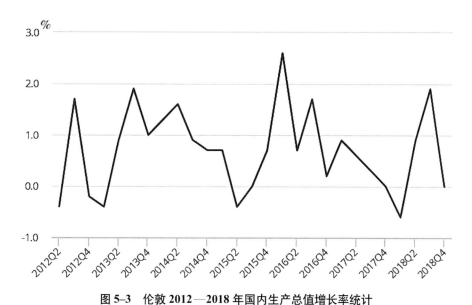

图 5-3　伦敦 2012—2018 年国内生产总值增长率统计

数据来源：The Office for National Statistics of the UK. Gross Domestic Product of London，2019-
　　　　10-10，https：//www.ons.gov.uk/economy/grossdomesticproductgdp/bulletins/gdplondon/
　　　　octobertodecember2018.

（女性人口约 4459151 人，男性人口约 4448930 人），人口中间年龄约
35.3 岁①；在经济增长率方面，2012—2018 年第二季度与第四季度的伦
敦国内生产总值增长率总体水平维持在 0%—3% 之间（详见图 5-3）；在
产业结构方面，2017—2018 年服务业产出平稳增长，生产业产出快速增
长，建造业产出明显走低（详见图 5-4）；在城市吸引力方面，自 2010 年
以来，国际游客数量（详见图 5-5）及其消费支出（详见图 5-6）总体持
续上升；在城市国际化方面，伦敦国际组织总部的数量约达到 57 个，数
量居全球第一，伦敦国际会议次数与企业国际化指数占据世界领先地
位。2012 年，伦敦成功举办第 30 届夏季奥林匹克运动会。近两年，在

---

① 　The Office for National Statistics of the UK. Population Estimates_Summary for the UK（mid-
　　2018），2019-10-10，https：//www.ons.gov.uk/file? uri=/peoplepopulationandcommunity/
　　populationandmigration/populationestimates/datasets/populationestimatesforukenglandandw
　　alesscotlandandnorthernireland/mid20182019laboundaries/ukmidyearestimates20182019ladc
　　odes.xls.

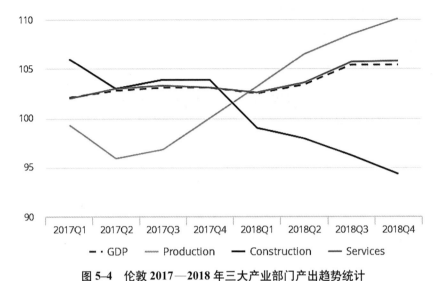

图 5-4　伦敦 2017—2018 年三大产业部门产出趋势统计

数据来源：The Office for National Statistics of the UK. Gross Domestic Product of London，2019-10-10，https：//www.ons.gov.uk/economy/grossdomesticproductgdp/bulletins/gdplondon/octobertodecember2018。

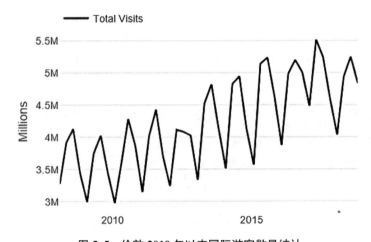

图 5-5　伦敦 2010 年以来国际游客数量统计

数据来源：Greater London Authority（大伦敦市政府）. International Visitors，2019-10-10，https：//data.london.gov.uk/。

多种国际或国内城市评估中占据着领先地位——在科尔尼国际管理咨询公司（A.T.Kearney）发布的《2019 年全球城市报告》（*2019 Global Cities Report*）中，伦敦在全球城市综合排名中位列全球第二，在全球城市潜

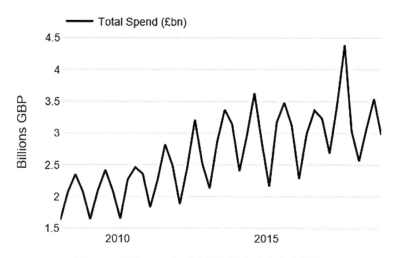

图 5-6　伦敦 2010 年以来国际游客消费支出统计

数据来源：Greater London Authority. Total Spend by International Visitors，2019-10-10，https：//data.london.gov.uk/.

力排名中位列全球第一①；在朱尼普研究公司（Juniper Research）发布的《2017 年英国智慧城市 Top10》（Top 10 UK Smart Cities in 2017）中，伦敦位列榜单第一名②；在西班牙纳瓦拉大学全球化中心发布的"2018年 IESE 城市动态指数"榜单中，伦敦荣获"全球最佳智慧城市"称号③；在全球化与世界城市研究网络（Globalization and World Cities Research Network，GaWC）发布的"The World According to GaWC 2018"榜单中，伦敦获评"Alpha++ 级世界城市第一名"④。

　　总体来看，进入 21 世纪的伦敦，相继经历了英国布莱尔执政期

① A.T.Kearney-Global Management Consulting Firm. 2019 Global Cities Report，2019-10-10，https：//www.kearney.com/global-cities/2019.

② Juniper Research. Top 10 UK Smart Cities in 2017，2019-10-10，https：//www.juniperresearch.com/resources/infographics/top-10-uk-smart-cities-in-2017-infographic.

③ 西班牙纳瓦拉大学全球化中心：《2018 年最新"全球智慧城市榜单"出炉》，2018 年 8 月 13 日，见 http：//paper.people.com.cn/zgcsb/html/2018-08/13/content_1874629.htm。

④ Globalization and World Cities Research Network（GaWC）-the leading academic thinktank on cities in globalization. The World According to GaWC 2018，2019-10-10，https：//www.lboro.ac.uk/gawc/world2018t.html.

(1997—2007)、布朗执政期（2007—2010）、卡梅伦执政期（2010—2016）、特雷莎·梅执政期（2016—2019），目前英国首相是由鲍里斯·约翰逊担任。经过漫漫历史征途，伦敦已发展成为现代化的世界城市，度过了国际金融危机的风浪，褪去了工业革命时代的喧嚣，在经济、文化、社会生活、居民心态等方面，体现出"一个成熟的工业化社会应有的自信与自得"①。与此同时，伦敦也面临着新世纪前所未有的挑战。在全球化与信息化浪潮的影响下，作为世界城市的伦敦不仅向全世界"输出"影响力，也更多"接收"着来自全世界的影响力。譬如，作为世界城市，伦敦面临巨大的人口压力。据统计，预计到 2050 年，伦敦人口数量将达到约 1000 万人，针对此，伦敦需要配套约 150 万套新住宅、600 所学校与学院，需要在保护环境的前提下提升公共交通容纳量与能源供给量，需要在 5 年内在医疗护理方面投入 10 亿英镑，需要对学生进行更多的技能训练以对接产业部门的人才需求等。②

二、伦敦世界城市的发展道路

伦敦世界城市的发展道路具有开创性、典型性、渐进性与发展性等特征，体现了世界城市形成的一般规律、累进过程与高级形态。具体包括如下方面：

（一）经济是基础，以工业化带动城市化

经济是城市发展与扩张的基础。泰晤士河畔的伦敦，自建立之初，即充分利用独特的地理位置优势，大力发展城市经济。从开辟港口、架桥通路到远航征服、海外贸易，从引领第一次工业革命到紧随第二次、第三次工业革命浪潮，从伦敦金融城到大伦敦地区，伦敦城市的经济属性始终鲜明。据欧盟统计，2017 年，伦敦人均 GDP 约为 5.62 万欧元，远高于英

---

① 钱乘旦：《英国通史》（第六卷），江苏人民出版社 2016 年版，第 233 页。

② Royal Geographical Society（with the Institute of British Geographers）. 21st Century Challenges–London：too big to succeed？，2019-10-10，https：//21stcenturychallenges.org/london-too-big-to-succeed/.

国 3.77 万欧元的平均水平；伦敦 GDP 总量约为 5540 亿欧元，相当于英国 GDP 总量的 23.6%；伦敦是英国乃至欧洲城市中人均 GDP 最大的城市。① 伦敦城市的工业化进程是以经济发展作为基础与动力，反之进一步促进了生产力的提高。实现工业化之后的伦敦，产业结构、企业布局、就业结构、专业分工等均发生了转变，促进了人口的转移，加速了城市化的进程，为伦敦跻身世界城市奠定了坚实的基础。

（二）产业是依托，从传统产业转型到现代产业

根据《国际标准产业分类》的定义，产业主要是指从事同样或类似种类的生产性经济活动的所有生产单位。回顾伦敦城市发展阶段，经历了从制造业到金融业再到创意产业、数字产业的产业转型之路。

20 世纪 70 年代，面对制造业发展严重衰退的现实，时任英国首相的撒切尔主张经济自由主义，促使金融业为中心的服务业替代了制造业的经济主导地位，伦敦成为全球金融中心，金融服务种类更为丰富，专业人员与企业数量大幅增加。

1998 年与 2001 年，英国数字文化媒体与运动部（Department for Digital，Culture，Media & Sport，DDCMS）接连发布了《创意产业图录报告》（*Creative Industries Mapping Documents*），详细分析了广告、建筑、设计、时尚、电影、出版等领域的创意产业发展情况。② 在此背景下，伦敦政府于 2015 年发布了《伦敦创意产业》（*Working Paper 70：the Creative Industries in London*）报告，对伦敦的创意产业部门进行了综合的分析③；伦敦政府于 2017 年又发布了《伦敦创意产业》（*Working Paper 89：*

---

① Statistical Office of the European Communities（Eurostat）. London Socio-economic profile，2020-06-25，https：//ec.europa.eu/growth/tools-databases/regional-innovation-monitor/base-profile/london.

② Department for Digital，Culture，Media & Sport of the UK. Creative Industries Mapping Documents，2019-10-10，https：//www.gov.uk/government/publications/creative-industries-mapping-documents-1998.

③ Greater London Authority. Working Paper 70：The Creative Industries in London，2019-10-10，https：//www.london.gov.uk/sites/default/files/creative-industries-in-london.pdf.

London's Creative Industries-2017 Update），更新了创业产业的总附加值产出、就业与生产率等数据①。当前，伦敦创意产业发展迅速，已成为仅次于金融服务业的产业。2015 年，伦敦创意产业的总附加值约为 420 亿英镑，占到了伦敦产业总附加值的 11.1%；2016 年，伦敦创意产业部门提供就业岗位约 622600 个，占到了伦敦总就业岗位的 11.9%。②

　　21 世纪，伴随全球化"大数据"的影响日益深刻，英国商业创新与技能部（Department for Business，Innovation and Skills，BIS）联合文化媒体运动部（Department for Culture，Media and Sport，DCMS）于 2009 年发布了《数字英国》（*Digital Britain*）报告，指出构建 21 世纪的数字知识经济对于英国未来的繁荣至关重要。③2013 年，英国数字文化媒体与运动部发布了《连接、内容与消费者：英国增长的数字平台》（*Connectivity, content and consumers：Britain's Digital Platform for Growth*）文件，强调了英国数字平台建设的四个方面，即世界水平的网络连接、举世瞩目的创新内容、用户安全、使用费用等。④ 在此背景下，伦敦政府于同年发布《智慧伦敦计划》（*Smart London Plan*），提出建立在线网络社区"对话伦敦"（Talk London）以征集政策建议，开放全球首个公共数据公开平台"伦敦数据库"（The London Datastore）以提供超过 700 种数据集

① Greater London Authority. Working Paper 89：London's Creative Industries-2017 Update，2019-10-10，https：//www.london.gov.uk/sites/default/files/working_paper_89-creative-industries-2017.pdf.

② Greater London Authority. Working Paper 89：London's Creative Industries-2017 Update，2019-10-10，https：//www.london.gov.uk/sites/default/files/working_paper_89-creative-industries-2017.pdf.

③ Department for Business，Innovation and Skills & Department for Culture，Media and Sport of the UK. Digital Britain，2019-10-10，https：//assets.publishing.service.gov.uk/government/uploads/system/uploads/attachment_data/file/228844/7650.pdf.

④ Department for Digital，Culture，Media & Sport of the UK. Connectivity，Content and Consumers：Britain's Digital Platform for Growth，2019-10-10，https：//assets.publishing.service.gov.uk/government/uploads/system/uploads/attachment_data/file/225783/Connectivity_Content_and_Consumers_2013.pdf.

等。①2016 年，伦敦政府发布《智慧未来：利用数字创新使伦敦成为世界上最好的城市——智慧伦敦计划（2013）更新报告》(*The Future of Smart Harnessing Digital Innovation to Make London the Best City in the World：Update Report of the Smart London Plan (2013)*)，总结了 2013 年《智慧伦敦计划》所取得的进展，进一步提出提升居民的数字参与感、数字技能等。②

（三）区域协同是机制，从中心城市走向城市集群

伦敦，包括伦敦金融城与伦敦自治市。同时，伴随交通运输条件的改善以及贸易交流活动的频繁，伦敦对周边城市产生了更强的影响力与辐射力，周边城市也对伦敦发展起到了互通、互补、互利的作用。伦敦成为世界城市，发挥了区域协同机制的效力，汇聚共识，集聚资源，互为支撑。

伦敦大都会区（London Metropolitan Area）形成于 20 世纪 70 年代，是指英格兰东南部地区环绕伦敦形成的城市群，是欧洲最大的城市都会区。这一城市群是以伦敦—利物浦为轴线，包括伦敦、伯明翰、谢菲尔德、曼彻斯特等城市与众多中小城镇。伦敦在区域中发挥核心的引领、辐射、带动作用，其他城市在发展的同时也为伦敦的发展疏散压力、提供支撑，整个区域对英国乃至欧洲的经济发展具有重要意义。2011 年，伦敦大都会区的人口数量约为 2270 万人，工作岗位数量约为 1210 万个；预计在 2011—2036 年间，伦敦大都会区的人口增长率将达到 20%，就业增长率将达到 17%；预计在 2011—2033 年间，伦敦大都会区的家庭数量将增长 27%。③

---

① Greater London Authority. Smart London Plan，2019-10-10，https：//www.london.gov.uk/sites/default/files/smart_london_plan.pdf.

② Greater London Authority. The Future of Smart Harnessing Digital Innovation to Make London the Best City in the world——Update Report of the Smart London Plan (2013)，2019-10-10，https：//www.london.gov.uk/sites/default/files/gla_smartlondon_report_web_3.pdf.

③ Greater London Authority. London Metropolitan Area，2019-10-10，https：//www.london.gov.uk/what-we-do/planning/london-plan/current-london-plan/london-plan-chapter-two-londons-places/policy-22.

（四）城市规划是保障，从单一走向多元、立体、可持续

伦敦在城市化进程中，相继面临着无序扩张、交通拥堵、环境污染、中心老城区改造、产业结构调整等问题。这些城市问题的出现，曾给伦敦发展带来了严峻的挑战或灾难，也是阻碍伦敦成为世界城市的不利因素。20 世纪 40 年代，伦敦政府开始进行关于城市规划的顶层设计，并从政策制度层面保障了城市规划的严格实施，统一攻克了城市不同区域发展中不同阶段的问题，为世界提供了范例。城市规划，保障了伦敦城市发展的秩序，增强了伦敦城市的国际吸引力，丰富了伦敦作为世界城市的维度。通过与时俱进更新城市规划的理念与实践，伦敦从单一的城市发展模式走向多元、立体与可持续的富有吸引力的城市未来。

1937 年，英国政府成立了以安德森·蒙塔古·巴罗（Anderson Montague-Barlow）爵士为首的"巴罗委员会"。1940 年，巴罗委员会交出了《皇家委员会关于工业人口分布的报告》（*The Report of the Royal Commission on the Distribution of the Industrial Population*）（即《巴罗报告》（*Barlow Report*））。报告指出，工业产出与工业人口分布失衡为城市发展带来的弊端，建议在都市区实行工厂建设的限制性政策，并通过财政激励措施吸引产业向特定区域转移。这份报告直接影响了战后英国的城市规划体系，意义深远。[1]1944 年，帕特里克·艾伯克隆比（Patrick Abercrombie）提交了《大伦敦规划》（*Greater London Plan*），成为二战后指导伦敦城市发展的重要文件。其将伦敦规划成为圈层结构——距伦敦中心半径约为 48 公里的范围内，由内向外建设 4 个同心圈，即城市内圈、近郊圈、绿带圈与外圈。[2]1943 年，伦敦郡议会（The London County Council）出台《伦敦郡规划》（*County of London Plan*），提出关于新住房形式、社区设施、学校、开放空间、工业、交通、分区、历史地段的处

---

① 　J. H. Jones. The Report of the Royal Commission on the Distribution of the Industrial Population，2019-10-10，https：//www.onacademic.com/detail/journal_1000036542914110_7427.html.

② 　Leslie Patrick Abercrombie. Greater London Plan，2019-10-10，https：//www.britannica.com/topic/urban-planning/Postwar-approaches#ref910642.

理等建议，对于伦敦的战后重建具有重要的影响力。① 上述城市规划旨在解决城市最初无序扩张所引发的系列问题，均主张城市的分散化发展模式，但是也同时造成了伦敦内城的逐渐衰落。1946 年，英国议会通过《新城法》（*New Towns Act*）；1952 年，又通过了《新城开发法》（*New Town Development Act*）。截止到 20 世纪 50 年代末，已在距离伦敦市中心 50 公里的半径范围内建设了 8 座卫星城，然而效果不尽如人意。1969 年，大伦敦议会（The Greater London Council）② 发布《大伦敦发展规划》草案（*GLDP*：*Greater London Development Plan*）并于 1976 年获得通过。该规划提出：改变城市同心圆发展模式，使城市沿三条主要快速交通干线向外扩展，形成三条长廊地带，并在长廊终端分别建设三座具有"反磁力吸引中心"作用的城市。③1978 年，英国政府通过《内城法》（*The Inner Urban Areas Act 1978*），开始重视对旧城的改造与保护。④1999 年，《大伦敦市政府法》（*Greater London Authority Act 1999*）生效，并于次年成立大伦敦市政府，要求市长组织编制大伦敦发展战略规划，协调城市各区域发展。⑤2012 年，英国政府出台《国家规划政策框架》（*National Planning Policy Framework*，*NPPF*），为地方规划当局和决策者在制定计划和决定申请时提供指导；2019 年，该文件被修订更新，再次出台。⑥进入 21 世

---

① The City of London Corporation. County of London Plan，2019-10-10，https：//www. cityoflondon.gov.uk/things-to-do/london-metropolitan-archives/the-collections/Pages/county-of-london-plan.aspx.

② 《伦敦政府法案 1963》（*The London Government Act of 1963*）批准设立大伦敦委员会，负责对从伦敦市中心延伸至约 22 公里的区域作出战略规划；1986 年，该机构被废除。

③ 大伦敦市政府：《伦敦：昨日规划　今日挑战（大城小记）》，2010 年 5 月 6 日，见 http://paper.people.com.cn/gjjrb/html/2010-05/06/content_508909.htm。

④ The Government of the UK. Inner Urban Areas Act 1978，2020-06-25，http：//www. legislation.gov.uk/ukpga/1978/50/contents.

⑤ The Government of the UK. Greater London Authority Act 1999，2020-06-25，http：// www.legislation.gov.uk/ukpga/1999/29/contents.

⑥ Ministry of Housing，Communities & Local Government of the UK. National Planning Policy Framework，2020-06-25，https：//www.gov.uk/government/publications/national-planning-policy-framework--2.

纪，大伦敦市政府围绕城市发展需求出台更新了一系列城市发展规划文件（详见表 5–1），贯穿其中的主导理念之一即可持续发展，旨在缓解城市发展进程中产生的环境、资源等问题。

表 5–1   21 世纪以来伦敦城市规划文件一览

年份	文件名称	发布机构
2004	《伦敦规划——大伦敦空间发展战略》（*The London Plan_Spatial Development Strategy for Greater London*）	大伦敦市政府（Greater London Authority, GLA）
2008	《规划更好的伦敦》（*Planning for A Better London*）	
2011	《伦敦规划》（*The London Plan 2011*）	
2014	《伦敦 2050 基础设施规划》（*London Infrastructure Plan 2050*）	
2016	《伦敦规划》（*The London Plan 2016*）	

资料来源：Greater London Authority. The London Plan，2020-06-25，https：//www.london.gov.uk/what-we-do/planning/london-plan.

第二节   伦敦教育发展与世界城市建设

教育是社会的子系统，教育发展与社会发展的关系密切。伦敦世界城市建设为伦敦教育发展提供了坚实的基础、有序的环境与开放的视野；伦敦教育发展为伦敦世界城市建设提供了智力支持、文化支撑与路径保障。

一、伦敦世界城市建设中的教育体系

当前，伦敦教育体系主要包括学前教育（Pre-primary Education）、初等教育（Primary Education）、中等教育（Secondary Education）、高等与继续教育（Higher and Further Education）等四个层级（详见表 5–2）。其中，在中等教育阶段需要经历多种考试，以确定学习者学术型、职业型、就业型等不同的发展方向。例如，学习者在完成关键阶段 4 的学习之后（通常

为 16 岁），可以参加三种考试，即普通中等教育证书考试、普通国家职业资格考试、职业科目普通中等教育证书考试；学习者在完成中学第六学级的学习之后（通常为 17 岁或 18 岁），可以参加普通中等教育证书高级水平考试、普通中等教育证书高级水平考试辅助考试、高级职业教育证书考试等。①

表 5–2　伦敦教育体系

年级		年龄	教育阶段	教育层级
/		18＋	/	高等与继续教育（Higher and Further Education）
/		16—18	中学第六学级或第六学级学院（Sixth Form）	中等教育（Secondary Education）
（义务教育）	11	14—16	关键阶段 4	
	10			
	9	11—14	关键阶段 3	
	8			
	7			
	6	7—11	关键阶段 2	初等教育（Primary Education）
	5			
	4			
	3			
	2	5—7	关键阶段 1	
	1			
幼儿园（Nursery School）		0—5	基础阶段（其中 4—5 岁为小学预备级）	学前教育（Pre-primary Education）

数据来源：Department for Education of the UK. The national curriculum，2019-10-10，https：//www.gov.uk/national-curriculum.

---

① 何伟强：《英国教育战略》，浙江教育出版社 2014 年版，第 88 页。

（一）伦敦各类中小学学校及学生数量

2013—2015 年，伦敦公立中小学的学生人数从 2013 年 1 月的 116.5 万人增加到 2015 年 1 月的 121.4 万人，增幅为 4.2%（详见图 5-7、图 5-8）。

		Number of each school type in London				School type as a % of phase total		
		2013	2014	2015	2014 to 2015 Change (%)	London 2015	England 2015	London Diff from England (% pts)
Nurseries	LA Maintained	80	80	80	0%			
Primary	Academies	77	143	191	+34%	10.6%	14.0%	-3.4%
	Free Schools	17	33	42	+27%	2.3%	0.6%	+1.7%
	LA Maintained	1,691	1,620	1,567	-3%	87.1%	85.4%	+1.7%
	Total	1,785	1,796	1,800	0%			
Secondary	Academies	220	241	253	+5%	52.8%	56.0%	-3.2%
	CTC	1	1	1	0%	0.2%	0.1%	+0.1%
	Free Schools	7	19	34	+79%	7.1%	3.5%	+3.6%
	LA Maintained	213	192	184	-4%	38.4%	38.5%	-0.1%
	Studio Schools	1	1	2	+100%	0.4%	1.0%	-0.6%
	UTC	1	2	5	+150%	1.0%	0.9%	+0.1%
	Total	443	456	479	+5%			
Special	State Funded	135	136	139	+2%	95.9%	93.4%	+2.5%
	Non-Maintained	6	6	6	0%	4.1%	6.6%	-2.5%
	Total	141	142	145	+2%			
PRUs	Total	64	59	60	+2%			
Independents	Total	547	557	555	0%			
All Schools	Total	3,060	3,090	3,119	+1%			

图 5-7　伦敦各类中小学学校数量（2013—2015）

数据来源：Greater London Authority. Annual London Education Report 2015，2020-06-25，https：// data.london.gov.uk/dataset/london-annual-education-report-2015.

		Pupils at each school type in London				Pupil nos as a % of phase total		
		2013	2014	2015	2014 to 2015 Change (%)	London 2015	England 2015	London Diff from England (% pts)
Nurseries	LA Maintained	7,992	8,301	9,071	+9%			
Primary	Academies	35,764	64,012	81,932	+28%	11.2%	16.0%	-4.8%
	Free Schools	1,236	2,964	4,947	+67%	0.7%	0.3%	+0.4%
	LA Maintained	659,103	648,905	643,689	-1%	88.1%	83.7%	+4.4%
	Total	696,103	715,881	730,568	+2%			
Secondary	Academies	246,200	268,260	282,974	+5%	58.5%	61.3%	-2.8%
	CTC	1,091	1,170	1,202	+3%	0.2%	0.1%	+0.1%
	Free Schools	868	2,970	6,741	+127%	1.4%	0.9%	+0.5%
	LA Maintained	221,032	200,492	191,932	-4%	39.7%	37.4%	+2.3%
	Studio Schools	85	132	176	+33%	0.0%	0.1%	-0.1%
	UTC	77	396	770	+94%	0.2%	0.2%	0.0%
	Total	469,353	473,420	483,795	+2%			
Special	State Funded	13,010	13,456	14,091	+5%	97.7%	96.2%	+1.5%
	Non-Maintained	311	323	336	+4%	2.3%	3.8%	-1.5%
	Total	13,321	13,779	14,427	+5%			
PRUs	Total	3,196	2,982	3,112	+4%			
Independents	Total	141,296	143,600	146,341	+2%			
All Schools	Total	1,331,261	1,357,963	1,387,314	+2%			

图 5-8　伦敦各类中小学学生数量（2013—2015）

数据来源：Greater London Authority. Annual London Education Report 2015，2020-06-25，https：// data.london.gov.uk/dataset/london-annual-education-report-2015.

在此期间，小学的人数增加了 5%，中学的人数增加了 3.1%。另外 14.6
万名学生就读于私立学校，占伦敦在校学生总数的 10.5%。

（二）伦敦各类高校学生数量

2015 年以来，伦敦高校学生数量开始恢复增长（详见图 5–9）。
2018—2019 学年，伦敦共有 386000 人在其 39 所高校就读，其中有近
254000 名本科生（占比 66%）与近 132000 名研究生（占比 34%）。

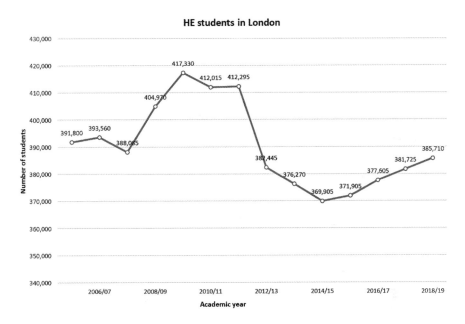

图 5–9 伦敦高校学生数量（2006—2019 学年）

数据来源：London Higher[①]. London Higher Factsheet_Students in Higher Education，2020-06-25，
https：//www.londonhigher.ac.uk/news-resources/publications/key-factsheets/。

二、伦敦世界城市建设中的教育战略

伦敦在英国不同历史时期的教育战略的影响之下，结合伦敦城市发
展实际，也相应制定出台了一系列教育战略。近几年，伦敦出台的教育战

---

① 伦敦高等教育综合机构（London Higher），成立于 1999 年，是一家非营利性的慈善机
构，为伦敦数十所高校发展提供支持。

略主要包括：

（一）《伦敦城 2016—2019 年教育战略》（*City of London Education Strategy 2016—2019*）①

该教育战略承接《伦敦城 2013—2015 年教育战略》，强调伦敦应提供世界水平的教育与学习机会，伦敦市政府应确保城市的每一位儿童均能接受高质量的教育，帮助其充分发挥学术与个人潜力。该教育战略主要关注伦敦市内优秀的文化历史资源的利用、市内教育机构的评估、就业机会与路径的提供等。其主要内容包括：

第一，确保在教育中充分利用本地优秀的文化历史资源，丰富所有伦敦学习者的学习经历。伦敦金融城的独特之处在于，在如此小而具有历史意义的地理区域内，拥有如此密集广博的高质量文化场所。通过最大限度地利用城市的文化场馆，汇集其在国际上具有重要意义的藏品与专业知识，帮助培养积极参与、富有创造力的未来公民，他们将是建设伦敦城市的新生力量。该战略具体涵盖 19 个不同的文化场所，包括伦敦博物馆、巴比肯艺术中心、市政厅艺术画廊、市政厅音乐与戏剧学院、纪念碑、伦敦城市档案、塔桥、济慈故居等。2014—2015 年，体育场馆的教育项目吸引了超过 1 万名 5 岁以下儿童、6 万名家庭成员、17 万名小学生、2.35 万名成人学习者和 2300 名高等学校学生参加。文化场馆与体育场馆，是伦敦城市的文化资源载体与历史精神象征，也是富有意义的教育场所，为学习者提供了学习与发展的支持性环境。当前，伦敦政府已设立了学校参观基金（基金由伦敦博物馆负责管理），旨在让伦敦不同学校的学生均可以最大限度地接触到伦敦的文化场馆，共同享有这种教育文化的熏陶。2015 年，英国政府出台《丰富英国：文化、创意和增长》（*Enriching Britain：Culture，Creativity and Growth，2015*）报告，报告中也高度强调了创意与文化产业部门在创造就业、经济投资和城市形象方面的重要价

---

① The City of London Corporation. City of London Education Strategy 2016–2019，2019-10-10，https：//www.cityoflondon.gov.uk/services/education-learning/schools/Documents/city-of-london-education-strategy-2016-19.pdf.

值。同年，英国艺术委员会发起了文化教育挑战，宣布在全国范围内建立
150 个文化教育伙伴关系。这些活动将地方政府、学校与文化场所联系在
一起，促进学习文化氛围的形成。可见，伦敦的教育战略与国家层面的教
育战略理念趋同。

　　第二，确保本市所有的教育机构在三年内被认定为"优秀"，并继续
提供优质的成人教育或高等教育产品。本市任何新学校、学院或其他教育
机构都有潜力在三年的评价中"脱颖而出"。这些学校致力于建立和分享
一种团队精神，积极发展伙伴关系，分享最佳教育实践，相互学习，合作
探索提高教育效率的可能，以期向全球提供一种世界水平的卓越教育。战
略中还强调，既为私立学校的学生提供助学金，也为国王爱德华学校、威
特利学校与基督医院学校等学校的学生提供助学金。在此过程中，需要正
确的问责程序、明确的教育标准、高度的廉洁等；需要制定一个监管城市
教育的框架，鼓励不同学校像大家庭一样合作，共同追求卓越；需要审查
城市的整个教育投资与开支情况，以评估这种投资是否对城市发展目标以
及教育公平的实现有积极作用；需要发掘整个伦敦与其他地区的教育最佳
实践案例，以此为参照推动改进本市的教育实践。

　　第三，确保提供良好的就业机会和途径。伦敦政府致力于为年轻人
提供体验工作的机会以及匹配的岗位。据英国统计局 2019 年 6—8 月的
统计，伦敦 16—64 岁群体的就业率约为 74.2%，低于英国全国的平均水
平 75.9%，[①] 而伦敦 16—24 岁年轻人的失业率要远高于全国平均水平。伦
敦政府认为，尽管伦敦年轻人在普通中等教育证书考试中取得了更好的成
绩，但与英格兰其他地区的年轻人相比，更有可能失业。伦敦，作为首
都，就业市场的竞争激烈程度更强，本市年轻人，特别是来自弱势群体的
年轻人，面临巨大的择业压力。因此，该战略特别强调了为年轻人提供更
多的与雇主接触的机会、更多锻炼技能的机会，在学习中增加与工作相关

---

① The Office for National Statistics of the UK. Unemployment Rate，2020-06-25，https：//
data.london.gov.uk/dataset/unemployment-rate-region.

的互动，培养其对职业道路和未来就业前景的认识，帮助其获得成功所必需的软技能和特质，从而促进其在本市或其他城市的顺利就业。同时，伦敦政府也将为年轻人提供高质量和可靠的职业建议和信息，以确保其对未来的工作生活作出理性思考、理性选择。2014 年，伦敦学徒和接受培训的年轻人的比例约为英国平均水平的一半，而且有相当大一部分年轻人在 16 岁以后就放弃了职业资格的选择，这种情况亟须政府层面予以政策指导与支持。这项战略目标也响应了英国关于解决技能短缺问题的号召，以及由伦敦议会和伦敦企业委员会联合发起的《伦敦职业发展愿景》（*London Ambition Career Offer*）的倡议，超越了城市边界，不仅仅局限于对本市年轻人的支持，也包括对大伦敦地区全体年轻人的支持。

第四，确保完善相关数据建设，追踪每位年轻人的发展轨迹。伦敦政府希望通过数据，搭建与学校、大学以及其他利益相关者的对话平台，特别关注无法上大学或面临辍学风险的年轻人，为其发展提供更多的可能。近年来，英国发布多个政策文件，强调英国的数字化建设，其中包括数据平台的搭建与共享。该战略与英国国家层面提出的发展动向相符合。

（二）《伦敦城 2019—2023 年教育战略》（*City of London Education Strategy 2019—2023*）①

《伦敦城 2019—2023 年教育战略》是由伦敦社区与儿童服务部（Department of Community and Children's Services，DCCS）负责出台。这份政策文件主要提出了"六个战略目标"，每一个目标都被进一步分解为"目标"（行动路线）与"结果"（效果评估），每一年也将更新一份行动计划，概述这一年的目标实现情况。这六个教育战略目标，反映了伦敦教育改革与发展的最新动向。这些目标能否在 2023 年实现，将有赖于伦敦政府与社会各界的通力合作。"六个战略目标"的主要内容为：

支持学生在家庭或学校中能够接受变革性的教育，帮助学生实现自

---

① The City of London Corporation. City of London Education Strategy 2019–2023，2019-10-10，https：//www.cityoflondon.gov.uk/services/education-learning/schools/Documents/city-of-london-education-strategy-2019-23.pdf.

己的潜力与价值。《伦敦城 2019—2023 年教育战略》承诺确保每一位学生都能受益于全面而均衡的教育。这种教育应是一种培养全人的新教育，能够帮助学生具备 21 世纪发展所需的技能与能力，培养其对学习的热爱并将这种热爱贯穿于一生。实现此目标，需要专业教育人才，需要采用创新的教学方法，需要开展创造性学习方式，并重点发展学生的融合技能。

第二，确保学校或其他机构提供高质量的教育，满足现在和未来的挑战与技能要求。《伦敦城 2019—2023 年教育战略》强调，应提高每个学生的学业表现水平，帮助每个学生均能取得最好的学习成绩；通过合作和创新，应提升城市教育发展潜力，确保学校或其他教育机构可以提供卓越的教育，否则将采取明确的问责措施。

第三，教育应是安全、包容、支持与赋权的，教育不应由于个体年龄、背景或环境的差异而有所区别对待。《伦敦城 2019—2023 年教育战略》承诺，积极鼓励社会流动，赋权所有年轻人，通过接受优质的教育实现人生的自主选择与发展。学校、家庭将合作并分享最佳实践案例，为政策支持方案提供证据，帮助在教育中处于劣势的学生；确保教育中所有安保程序的执行，促进儿童福利，保护儿童免受意外伤害；应促进养成健康、积极的生活方式，促使年轻人保持心理健康，保证规律的饮食作息，增强个体生活适应力与个人规划能力。

第四，确保每一位学生在教育的所有阶段均能获得高质量的工作机会。《伦敦城 2019—2023 年教育战略》的重点是强调个体在终身学习过程中的每个阶段的学习均能够与工作世界相联系；应确保学校里的每一位年轻人都能得到高质量的、有针对性的就业指导，促使其根据自己的知识、技能基础作出明智、理性的职业选择，而不是盲目被动地接受工作安排。这一战略提出在学校中应帮助学生构建一定的核心行为以及企业所需的融合技能，夯实基础，提升综合素养。

第五，通过城市文化、遗产与环境资产为学生提供深度体验的学习机会。《伦敦城 2019—2023 年教育战略》提出，传承、文化与创造性学习是儿童和青少年茁壮成长的核心要素；学生通过艺术教育以及创造性的教学，可充分实现自身潜力，提升审美素养，也使得城市文化、遗产与环境资产更加彰显出新的时代价值。该战略的重点是学校与家庭如何与城市文化或环境机构建立教育伙伴关系，共同为丰富所有学生的学习内容与体验而努力。

第六，《伦敦城 2019—2023 年教育战略》将发挥强大的监督评估作用，重点关注战略所产生的影响，即须衡量为实现《伦敦城 2019—2023 年教育战略》而采取的措施、计划或活动的影响。在每一个战略目标实现过程中，政府将收集来自社会合作伙伴与目标群体实时反馈的高质量数据，评估该战略在短期或长期内可能产生的影响，并及时形成、更新年度行动计划的执行进展报告；教育实施机构也应定期向政府教育部门提交评估数据、评价结果、绩效管理与证据等。该战略呼吁政府教育部门官员、州长与各类学校领导、员工等展开合作，明确问责机制，旨在保持或提升伦敦教育的卓越水平，进一步拓展其全球影响力。

（三）《伦敦人的技能——伦敦技能与成人教育战略》（*Skills for Londoners——The Skills and Adult Education Strategy for London*）[①]

《伦敦人的技能》（*Skills for Londoners*，*SfL*），是由伦敦市长于 2018 年提出的第一个专门针对 16 岁后群体技能培训与成人教育的发展战略。其列举出了伦敦所面临的技能短缺的挑战、伦敦正在实行的技能培训体系以及相关的目标与行动计划。

该战略指出，当前众多伦敦人可能无法获得在这个城市工作的机会，即便获得了工作机会，也面临着高失业率、低工资收入、有限的职位晋升等问题；同样，不可否认，伦敦持续存在着由于性别、种族、身体缺陷等带来的不公平问题。伦敦有富人集聚区，伦敦同样也是英国贫困人口比例最高的地区；弱势群体的学历水平低，缺乏基本的读写、英语、计数与信息等素养。另外，当前伦敦人所获得的教育与就业方面的信息缺乏连贯

---

① Greater London Authority. Skills for Londoners—The Skills and Adult Education Strategy for London，2019-10-10，https://www.london.gov.uk/what-we-do/skills-and-employment/skills-londoners/strategy-and-research.

性，也缺少有针对性的就业指导与建议，加之伦敦儿童保育成本的飙升，因此，亟须政策层面的引导与支持。该战略的出台，也面临着由雇主一方带来的挑战。雇主需要高层次技能人才，但是目前雇主对于员工培训与学徒培训的投入却处于历史最低水平；雇主所在的企业有职位空缺，却无法找到与之所需技能匹配的人才。此外，21世纪以来，尽管伦敦的学校成绩有了显著的提高，但仍然落后于世界上最好的学校，低水平的教育技能仍阻碍着年轻人或成年人实现潜力，在弱势群体或社区中尤为严重。特别是在普通中等教育证书考试中，伦敦16岁后年轻人的表现不佳，在英国所有地区中排名倒数第二。具体到各区域、各群体来看，教育发展的不平衡性问题也突显——伦敦外围地区的表现优于除西北地区以外的所有地区，而伦敦内城在全国排名中处于中间位置；在职业教育方面，与白人相比，16—18岁以及来自少数族裔群体的年轻人在伦敦开始学徒生涯的可能性仍然较小；在高等教育方面，伦敦贫困家庭的学生在19岁之前上大学的可能性仍然低于富裕家庭的学生；伦敦大学的退学率为10%，也高于英国的平均水平（8%）；黑人学生的辍学率（14%）高于其他种族背景的学生；男生的辍学率也高于女生（12%比9%）。综上，为解决劳动力结构性短缺的问题，须建立灵活、有效、开放、包容的技能培训体系，培养伦敦人的技能，从而为伦敦参与在全球范围内的竞争创造有利条件。

该战略的出台，是伦敦市长与伦敦各行政区的企业雇主、技能提供者、社区、志愿团体以及其他当地利益相关者合作完成的，目的即汇聚力量，为伦敦打造一个更连贯、更简化、更有效的技能体系，帮助更多的伦敦人获得与工作相关的技能，同时，通过在技能提供者和雇主之间建立更强的联系来支持当地的经济增长。

该战略强调，让每个伦敦人均有权参与到这个日益数字化的社会中，在工作中学习并实现自我价值，从而减少社会的不平等问题，改善弱势群体的不利处境，建设一个更为包容、开放的伦敦。具体要点包括：

第一，让所有伦敦人获得教育与技能，参与社会发展，在教育或工作方面取得进步。伦敦将创建一个全年龄段的职业发展通道，以期减少终身学习或者工作晋升的障碍；伦敦市政厅将与伦敦的国家职业服务机构合作，提供更完善的就业指导服务；伦敦市长还将扩大伦敦企业顾问的网络，使其覆盖伦敦经济行动伙伴关系（LEAP）地区的每一所公立中学与大学；伦敦市政厅将设法增加伦敦成年学习者的数量与多样性，使其获得参与社会所需要的技能，并有条件进入更高层次的学习或工作阶段。

第二，满足伦敦经济和雇主的需求。伦敦将支持雇主充分利用现有和未来劳动力的技能，密切与雇主合作，以确保职业技术技能体系发挥积极作用；伦敦市政厅将游说英国政府将学徒税收入下放到伦敦，以支持伦敦的经济发展与劳动力技能提升；伦敦将建立伦敦职业技能委员会，统筹指导技能的提供与运用；伦敦特别关注一些关键领域职业培训的适切性与质量，比如，建筑、数字与创意产业等。

第三，提供战略性的全市范围的技能教育与成人教育。伦敦将建立技能与就业知识中心，通过这样的数据信息服务平台，帮助个体提高有效信息获取能力，支持学习者与雇主在培训方面作出更为明智的决策；伦敦还将与其他地区合作建立更具合作性和战略性的技能体系，分享提高 16 岁后学生成绩的最佳实践；伦敦将寻求提高学生的学习参与度，并改善其向中级或高级技能发展的路径；伦敦将努力提高伦敦成人高等教育部门的设施水平、教学质量与领导能力，促进其专业发展，并确保其可持续性。该战略强调技能发展与经济发展的互动关系，并确定了一系列技能指标，其中，技能发展指标包括"学习参与度""雇主对劳动力技能的投资""改善技能供给——弥补技能短缺""改善技能供给——提升工作年龄人口中级水平技能"。

第三节　伦敦教育的国际化改革与发展

伴随全球化进程的加速，国家与国家之间、国家与地区之间、地区与地区之间的联系日益密切。凭借四通八达的交通网络系统与日新月异的互联网科技，全球人力、资本、信息、物质等要素的流通更加畅捷。作为世界城市的伦敦，曾是第一所国际学校（International School）国际教育学会伦敦学院（London College of the International Education Society）的诞生地。伦敦的教育国际化水平已成为衡量其国际影响力的重要维度。推进伦敦教育的国际化改革与发展，是伦敦建设现代世界城市的迫切要求，亦是其发展的不竭动力与智慧支点。当前，伦敦将教育视为一种"全球产业"与"国际服务商品"，积极开拓教育的国际市场，不断推进教育国际化改革与发展，成为全球教育国际化进程的一面旗帜。

一、伦敦推进教育国际化改革与发展的背景

英国享有世界一流的教育设施、全球声誉与强大的国际市场，拥有世界上最庞大、最多样化的跨国高等教育体系之一，其高等教育机构在全球也颇负声望。根据 QS 发布的《世界大学排名（2020）》，英国有 4 所大学进入世界前 10 名，18 所大学进入世界前 100 名。[①]

英国的教育产业以发展经济作为驱动力，为国家经济增长作出了重要贡献，创造了英国需要的投资与就业机会，增强了英国的国际影响力。2019 年，英国启动了"跨政府国际教育战略"（The Cross-government International Education Strategy），将跨国高等教育确定为英国教育出口的"关键增长领域"。该战略不仅承认跨国公司在经济方面的作用，而且认为其在促进人员、知识和思想的交流以及建立软实力方面也发挥了作用。[②]据英国政府统计：2016 年，英国教育相关出口产生了近 200 亿英镑的重要经济贡献，其中超过 18 亿英镑来自跨国教育（Transitional Education，TNE）活动。据英国大学协会（Universities UK）统计：在 2018—2019 年度，英国高等教育机构共有 439955 名员工（不包括非典型员工）。[③] 据英

---

① Quacquarelli Symonds（QS）. World University Rankings 2020，2020-05-26，https：//www.qschina.cn/university-rankings/world-university-rankings/2020.

② Universities UK International（UUKi）. The Scale of UK Higher Education Transnational Education 2017-18，2020-05-26，https：//www.universitiesuk.ac.uk/policy-and-analysis/reports/Pages/The-Scale-of-UK-Higher-Education-Transnational-Education-2017-18.aspx.

③ Universities UK（UUK）. Higher Education in Numbers，2020-05-26，https：//www.universitiesuk.ac.uk/facts-and-stats/Pages/facts-and-stats.aspx.

国大学国际协会（Universities UK International）统计：2017—2018 年，参与英国跨国高等教育学习的学生人数为 693695 人，其中有 332125 人修读英国跨国高等教育课程，比上一年增加了 2.0%（从 2013—2014 年到 2017—2018 年期间，学生人数增长了 19.9%）；同年，英国跨国高等教育在 225 个国家和地区开展，而英国跨国高等教育提供者的数量从 2013—14 年度的 131 个增加到 2017—2018 年度的 139 个。[①]

21 世纪以来，全球政治、经济、人口等因素发生着深刻的变化，全球教育市场发展迅速，世界教育格局多方逐力，英国所面临的教育对手越来越全球化、专业化且具有高度的竞争力，为英国的全球教育产业带来了新的挑战。在此背景下，改革势在必行。

2004 年，英国政府出台政策文件《将世界与世界级教育整合》（*Putting the World into World-class Education：An International Strategy for Education，Skills and Children's Services*），提出了国际教育的愿景、理由、目标与策略，以期将"国际维度"纳入到英国各个教育部门。[②]

2006 年，英国政府开始实行"国际教育首相倡议计划"（Prime Minister's Initiative for International Education，PMI），提出一个五年目标：英国高等教育部门招生额外增加（非欧盟）留学生 7 万名，继续教育部门增加 3 万名；年输送留英学生数量超过 1 万的国家的数量增加一倍；改善留英学生体验，显著提高在英留学生满意度；实现英国高等教育国际战略伙伴数量的显著增长等。[③]

2013 年，英国政府发布《国际教育战略：全球增长与繁荣》

---

① Universities UK International（UUKi）. The Scale of UK Higher Education Transnational Education 2017-18，2020-05-26，https：//www.universitiesuk.ac.uk/policy-and-analysis/reports/Pages/The-Scale-of-UK-Higher-Education-Transnational-Education-2017-18.aspx.

② Department for Education and Skills of the UK. Putting the World into World-class Education：An International Strategy for Education，Skills and Children's Services，2019-10-10，https：//dera.ioe.ac.uk/5201/.

③ 王影：《英国"国际教育首相倡议计划"研究》，西南大学 2017 年硕士学位论文，第 22 页。

（*International Education Strategy_Global Growth and Prosperity*），确立了政府与教育相关机构的合作关系，强调发挥英国在国际学生、跨国教育、教育技术等方面的优势。①

2017年，英国政府推行《2017年高等教育和研究法案》（*Higher Education and Research Act 2017*），旨在消除公立与营利性高等教育提供者之间的差异，鼓励新的教育产品提供者参与全球市场竞争，同时支持免费学校发展，提高了教育产品的质量标准与多样性等。②

2019年，英国政府发布了最新的教育国际化战略政策文件——《国际教育战略：全球潜力，全球增长》（*International Education Strategy_Global Potential，Global Growth*）。该文件是政府联合教育行业的教育产品提供者共同制定的发展战略，旨在说明当前英国政府对教育出口产业的愿景，以及如何积极主动地识别和克服监管障碍，支持英国各教育部门或行业抓住全球机遇，激发英国教育部门潜力，扩大国际影响力，从而在全球关键市场促进本国教育利益的实现，满足世界日益复杂的教育需求。在《国际教育战略：全球潜力，全球增长》中提出，计划到2030年，英国每年的教育出口额将增加到350亿英镑，英国每年接待的国际高等教育学生人数将增加到60万。③

二、伦敦推进教育国际化改革与发展的举措

英国的国际化教育战略，为伦敦教育的国际化改革与发展提供了基

---

① Department for Business，Innovation & Skills and Department for Education of the UK. International Education Strategy Global Growth and Prosperity，2019-10-10，https：//assets.publishing.service.gov.uk/government/uploads/system/uploads/attachment_data/file/340600/bis-13-1081-international-education-global-growth-and-prosperity-revised.pdf.

② Department for Education of the UK. Higher Education and Research Act 2017，2019-10-10，https：//services.parliament.uk/Bills/2016-17/highereducationandresearch.html.

③ Department for Education and Department for International Trade of the UK. International Education Strategy Global Potential，Global Growth，2019-10-10，https：//www.gov.uk/government/publications/international-education-strategy-global-potential-global-growth.

本的方向与积极的支持；伦敦的教育国际化改革与发展，是英国国际化教育战略的不可或缺的组成。伦敦市政府在最新的《城市规划》(The London Plan) 中明确提出：伦敦将保留并扩展其作为一个可持续的商业、创新、创造力、健康、教育和研究、文化和艺术中心的全球角色；伦敦的发展支持欧洲和英国的空间、经济、环境和社会发展，特别将在英国城市网络中发挥独特的作用。当前，伦敦推进教育国际化改革与发展的举措主要包括：

（一）创办国际学校

国际学校 (International Schools) 的创办，是伦敦中小学教育国际化程度的重要体现。目前，伦敦国内约有 26 所国际学校。与一般的公立学校 (Public Schools) 或私立学校 (Private Schools) 相比，不同的国际学校能够为外籍的中小学生提供相对熟悉的教育环境，在发展其英语运用能力的同时巩固其母语读写能力。伦敦比较著名的国际学校有：ACS 国际学校 (ACS International School)、伦敦美国学校 (American School in London)、国际社区学校 (International Community School)、伦敦国际学校 (International School of London)、南岸区国际学校 (Southbank International School) 等。

国际学校的创办，进一步促使伦敦在读中小学生的构成趋向多元化。2013—2015 年，伦敦小学生中第一语言非英语的群体比例已从 47.5% 上升至 48.6%，白种人群体占比仅 41% 左右（详见图 5–10）；伦敦中学生中第一语言非英语的群体比例已从 38.9% 上升至 40.6%，白种人群体占比相较 2013 年下降约 2%（详见图 5–11）。

（二）开发课程的"全球维度"

开发课程的"全球维度"，是伦敦中小学全球素养教育的一大特色。"全球维度"(Global Dimension)，是由英国政府于 2000 年提出，旨在学校中推广关于全球与发展主题的学习，帮助学习者学会如何在一个相互依存的世界中求同存异，从而为建设一个更加公平与可持续发展的世界而努力。"全球维度"包含八组关键概念：一是全球公民 (Citizenship)，即获

		London 2013	2014	2015	Change from 2014 to 2015 (% pts)	England 2015	London diff from England (% pts)
FSM	FSM Eligible	23.7%	21.0%	18.5%	-2.5%	15.6%	+2.9%
EAL	First language English	52.2%	51.5%	51.0%	-0.5%	80.4%	-29.4%
EAL	First language not English	47.5%	48.1%	48.6%	+0.5%	19.4%	+29.2%
SEN	EHCP / Statement	1.6%	1.6%	1.7%	+0.1%	1.4%	+0.3%
SEN	SEN Support	16.5%	15.7%	13.2%	-2.5%	13.0%	+0.2%
Ethnicity	Asian	20.0%	20.0%	20.1%	+0.1%	10.6%	+9.5%
	Black	21.7%	21.5%	21.0%	-0.5%	5.7%	+16.3%
	Chinese	0.7%	0.7%	0.7%	0.0%	0.4%	+0.3%
	Mixed	9.5%	9.7%	10.0%	+0.3%	5.5%	+4.5%
	White	41.6%	41.5%	41.6%	+0.1%	75.4%	-33.8%
	Any Other Ethnic Group	5.5%	5.5%	5.5%	0.0%	1.8%	+3.7%
	Unclassified	1.0%	1.0%	1.0%	0.0%	0.7%	+0.3%

图 5–10　伦敦在读小学生群体特征（2013—2015）

数据来源：Greater London Authority. Annual London Education Report 2015，2020-06-25，https：// data.london.gov.uk/dataset/london-annual-education-report-2015.

		London 2013	2014	2015	Change from 2014 to 2015 (% pts)	England 2015	London diff from England (% pts)
FSM	FSM Eligible	23.4%	21.5%	19.6%	-1.9%	13.9%	+5.7%
EAL	First language English	60.5%	59.5%	58.9%	-0.6%	84.7%	-25.8%
EAL	First language not English	38.9%	39.8%	40.6%	+0.8%	15.0%	+25.6%
SEN	EHCP / Statement	2.1%	2.1%	2.1%	0.0%	1.8%	+0.3%
SEN	SEN Support	18.9%	17.5%	13.3%	-4.2%	12.4%	+0.9%
Ethnicity	Asian	19.8%	20.2%	20.5%	+0.3%	9.9%	+10.6%
	Black	21.1%	21.1%	21.3%	+0.2%	5.3%	+16.0%
	Chinese	0.8%	0.7%	0.7%	0.0%	0.4%	+0.3%
	Mixed	8.2%	8.5%	8.7%	+0.2%	4.4%	+4.3%
	White	42.7%	42.0%	41.1%	-0.9%	77.2%	-36.1%
	Any Other Ethnic Group	5.4%	5.5%	5.6%	+0.1%	1.5%	+4.1%
	Unclassified	1.9%	2.0%	2.1%	+0.1%	1.3%	+0.8%

图 5–11　伦敦在读中学生群体特征（2013—2015）

数据来源：Greater London Authority. Annual London Education Report 2015，2020-06-25，https：// data.london.gov.uk/dataset/london-annual-education-report-2015.

得成为负责任的全球公民所需的、关于概念与机构的知识、技能与理解。二是冲突解决（Conflict Resolution），即理解冲突的性质及其如何阻碍发展，以及解决冲突、构建和谐的必要性。三是多样性（Diversity），即理解并尊重差异性，并将其与自身建立联系的共同点。四是人权（Human Rights），即知晓人权，特别是《联合国儿童权利公约》。五是相互依存（Interdependence），即理解人、地域、经济与环境在全球范围的紧密关联性。六是社会公正（Social Justice），即理解社会公平对于可持续发展与提升大众福祉的重要性。七是可持续发展（Sustainable Development），即理解保持与改善环境的必要性。八是价值观与理解（Values and Perceptions），即发展对于世界其他地区图景的批判性评价，并理解其对于人们态度与价值观的影响。当前，伦敦积极响应、落实英国政府的政策号召，将"全球维度"融入中小学不同学科科目的教学与学习中（详见表5-3），助力提升学生的跨文化理解能力与国际视野。

表5-3　伦敦"全球维度"融合课程目标体系（义务教育阶段）

学科科目	关键阶段1 （5—7岁）	关键阶段2 （7—11岁）	关键阶段3—4 （11—16岁）
英语	阅读小说或非小说类的文学作品，了解其他国家的人口、地域与文化	阅读来自不同文化与传统的故事、诗歌与文本，展开主题讨论，运用戏剧表演体验他者的感受	学习媒介，阅读不同文化与传统的文本
数学	在不同的情境中使用数字，探索不同文化背景下的数字模型	理解数学的普遍性	学习数量、代数、几何、空间、测量与数据处理，认识到数学在技术领域的应用之广泛
科学	认识到任何人维持生存均需要食物与水	了解人类生命发展的普遍过程，理解需要保护生物与环境	认识到人类活动对世界环境的影响，意识到保护多样性的必要性
设计与科技	了解到不同文化背景的人的不同需求，并判断如何满足需求	设计、制作、评价不同的成品	探究技术对于社会发展与个体生活的影响

续表

学科科目	关键阶段 1 （5—7 岁）	关键阶段 2 （7—11 岁）	关键阶段 3—4 （11—16 岁）
信息通信技术	能够从不同渠道收集信息	使用广泛的信息通信工具与信息源完成指定任务	使用信息通信技术有效地分享、交流信息，批判性地认识信息通信技术对人类生活的影响，综合考虑社会经济、政治、道德等问题
历史	学习重要人物与事件	学习广阔世界中不同社会文化、宗教与道德的差异性并建立联系；了解过去人们的日常生活	了解世界历史的关键方面，理解不同社会与文化的历史事件之间的联系性
地理	认识更开阔的世界	了解发展中国家、环境变化与可持续发展等议题	学习世界不同地区的人口、地域与环境以及经济发展状况
艺术与设计	理解艺术的差异性与相似性，认识不同文化与传统的设计	比较不同文化与传统所承载的理念与方法，了解艺术家与设计者的多样化的角色	理解不同文化与传统的理念与价值观是如何通过艺术形式表现的，了解西欧以及更广泛世界的艺术家的多样性的目的
音乐	倾听不同文化背景的音乐，熟悉不同国家的乐器与音乐传统	学习不同文化与传统的音乐，使用代表不同文化的乐器演奏音乐	学习并鉴赏不同时期、不同文化的音乐
体育	做简单的游戏，表演不同文化的舞蹈	了解不同文化与传统的舞蹈并团队表演	创作、表演不同文化与传统的舞蹈，参加全球性的运动项目
公民教育	认识到自己是社会的一员，享有权利与义务；感知他人的感受并了解其观点、需求与权利。	讨论、辩论全球问题与全球事件的议题，理解他人的经历，尊重宗教与种族的多样性	理解人权、媒介与世界社会的多样性本质，增进相互理解；了解本国与国际组织的角色与工作

续表

学科科目	关键阶段 1 （5—7 岁）	关键阶段 2 （7—11 岁）	关键阶段 3—4 （11—16 岁）
现代外语	/	/	提高使用他国资源的文化意识，通过学习语言了解他国文化，培养对非英语国家的积极态度

数据来源：Department for Education and Skills of the UK. Developing the Global Dimension in the School Curriculum，2020-06-25，https：//globaldimension.org.uk/wp-content/uploads/old//documents/gdw_developing_the_global_dimension.pdf.

（三）支持高校的全球发展战略

伦敦是世界上高等教育机构最为聚集的城市之一，大约有 40 余所高等教育机构（不包括国外大学在伦敦的分校）坐落于此，其中不乏世界名校。近年来，伦敦的大学与学院陆续发布了全球化发展战略，对伦敦乃至英国的教育国际化进程产生着重要影响。以伦敦大学学院（UCL）为例：2012 年，伦敦大学专门制定了国际化发展策略《全球视野：伦敦大学学院国际化发展战略（2012—2017 年)》（*Global Vision：UCL International Strategy 2012—2017*），突显了其作为伦敦全球化大学（London's Global University）的发展定位，从师资、招生、科研、课程、教学等方面提出了进一步推进国际化的举措，强化了伦敦的教育品牌效应。[①] 实际上，伦敦大学学院自 1858 年以来即尝试与世界各地建立合作关系，推行跨国高等教育模式，以扩大学生接受高等教育的机会。2018 年，全球约有 190 个国家 / 地区的 50000 名学生参与伦敦大学的学位学习，伦敦大学学院的"全球化"属性日益凸显。据泰晤士高等教育世界大学排名（Times Higher Education World University Ranking）发布的"2020 年世界大学国际化排名"（Most International Universities in the World 2020）显示，排名前 15 的大学中有 4 所位于伦敦，依次是伦敦帝国理工学院（Imperial College London）、

---

① UCL Global Engagement Office. Global Vision：UCL International Strategy 2012-2017，2019-10-10，https：//www.ucl.ac.uk/global/.

伦敦大学学院（UCL）、伦敦政治经济学院（London School of Economics and Political Science）、伦敦国王学院（King's College London）等。①

（四）扩大国际留学生的规模及类别

2010年以来，伦敦高等教育机构接收国际留学生的数量总体呈上升趋势（详见图5-12）。据伦敦高等教育综合机构（London Higher）的统计，在2018—2019学年，伦敦高等教育阶段的学生人数约为38.6万人（约占英国高等教育阶段学生人数的16%）；其中，伦敦高等教育阶段的国际留学生约为12.2万人（约占英国高等教育阶段国际留学生人数的25%），相比上一年增加约7445人。

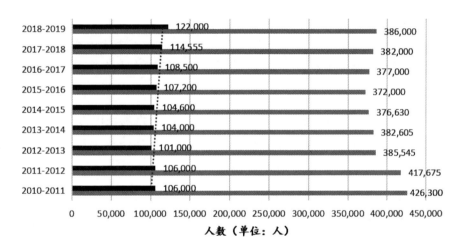

图5–12 伦敦高等教育阶段国际留学生的数量趋势（2010—2019学年）

数据来源：London Higher. London Higher Factsheet_Students in Higher Education，2020-06-25，https：//www.londonhigher.ac.uk/news-resources/publications/key-factsheets/.

同时，伦敦高等教育机构接收国际留学生的类别也更加多样化。首先，体现在国际留学生来源国别的多样化。据伦敦高等教育综合机构

---

① Times Higher Education. Most International Universities in the World 2020，2020-07-02，https：//www.timeshighereducation.com/student/best-universities/most-international-universities-world.

(London Higher）的统计，来自非欧盟国家的学生在伦敦国际留学生中的比例逐步增加，截至 2019 年，该比例已增至 69%[1]，特别是中国、印度、马来西亚、新加坡、泰国、尼日利亚等非欧盟国家在伦敦求学的留学生数量占比显著。第二，体现在国际留学生就读专业的多样化。据英国大学国际机构（Universities UK International，UUKi）2017—2018 年的数据显示，国际留学生就读的学科专业已包括约 18 个（以下学科专业按就读人数降序排列）：工商管理、工程技术、社会学、创意艺术与设计、生物科学、法律、医学、语言、计算机科学、物理科学、建筑与规划、大众传播、牙科学、教育、历史与哲学研究、数学科学、农业、兽医学等。[2]第三，体现在国际留学生就读层级的多样化。2018—2019 学年，伦敦来自非欧盟国家的留学生人数在本科与研究生阶段均有显著增长，来自欧盟国家的留学生人数在本科与（授课型）研究生阶段均有增长（详见表 5-4）。

为了进一步吸引国际人才和留学生，英国完善了移民与签证政策。英国政府在《英国未来基于技能的移民体系》（*The UK's Future Skills-based Immigration System（2018）*）中提出，具有学位授予权的单位应对硕士生、本科毕业生一律延长 6 个月的带薪假，对博士生一律延长 12 个月的带薪假，学生可以在毕业假期期间工作。此外，英国政府也对留学生签证系统与流程进行了审查与优化，以提升留学满意度。在上述政策举措的支持下，伦敦加大对留学生的吸引力度，完善招录体系与资助举措，为留学生求学与就业提供更多的便捷与支持。

---

[1] London Higher. London Higher Factsheet_Students in Higher Education 2018/2019，2020-06-25，https：//www.londonhigher.ac.uk/wp-content/uploads/2020/06/HESA-Update-2020-New-Version-JN.pdf.

[2] Universities UK International（UUKi）. International Facts and Figures 2019，2020-06-25，https：//www.universitiesuk.ac.uk/International/Documents/2019/International%20facts%20and%20figures%20slides.pdf.

表 5-4　伦敦本科与研究生阶段国际留学生的数量分布（2018—2019 学年）

	来自非欧盟国家的留学生人数	与 2017—2018 学年相比	来自欧盟国家的留学生人数	与 2017—2018 学年相比
本科	40160 人	+5300 人	24325 人	+2600 人
研究生（授课型）	38040 人	+4335 人	11090 人	+70 人
研究生（研究型）	6285 人	+280 人	3255 人	−95 人

数据来源：London Higher. London Higher Factsheet_Students in Higher Education，2020-06-25，https：//www.londonhigher.ac.uk/news-resources/publications/key-factsheets/.

（五）提升高校师资的国际化水平

提升高校师资的国际化水平，引进全球范围的学术人才，是伦敦推进高等教育国际化的关键举措。

据英国大学国际机构（Universities UK International，UUKi）2017—2018 年的统计，共有 87615 名国际教员（International Staff）任职于英国高等教育机构（约占英国高等教育机构教员总数的 20%），该人数相比 2013—2014 年增长了约 25.3%。其中，意大利（7755 人）、德国（6835人）、爱尔兰（6820 人）、美国（5435 人）、中国（5115 人）是英国国际教员的五大主要来源国。[1]

截至 2019 年，伦敦高等教育机构共有约 9.4 万名教员，已占到英国高等教育机构教员总数的 18.4%。[2] 伦敦拥有的高校师资不仅在数量上占据着优势，在国际化程度上更是英国乃至世界的一大标杆。据统计，在 2005—2006 年，伦敦高等教育机构已有 15325 名非英国籍教员（Non-UK Staff），约占伦敦高等教育机构教员总数的 28%（该比例比伦敦以外的英

[1] Universities UK International（UUKi）. International Facts and Figures 2019，2020-06-25，https：//www.universitiesuk.ac.uk/International/Documents/2019/International%20facts%20and%20figures%20slides.pdf.

[2] London Higher. London Higher Factsheet_Staff in Higher Education 2018-2019，2020-07-02，https：//www.londonhigher.ac.uk/wp-content/uploads/2020/04/HESA-Staff-Update-2020-.pdf.

国其他地区的比例高 10%）。① 近年来，伦敦出台举措不断增强高等教育机构国际教员的引进力度，并改善国际教员的工作环境及福利待遇，进一步提升了伦敦高校的师资国际化水平与综合实力，使其在多个全球性大学排行榜的国际化指标中表现突出（详见表 5–5）。

表 5–5　伦敦高校② 世界大学排名情况一览（2020）

伦敦高校	QS《世界大学排名》综合位次	QS "国际教员比例" 单项得分② （百分制）	THE《世界大学排名》综合位次	THE "国际化展望" 单项得分③ （百分制）	THE《世界大学国际化排名》综合位次
伦敦大学学院 （University College London）	8	99.1	15	96.2	12
伦敦帝国理工学院（Imperial College London）	9	100	10	97.1	6
伦敦大学国王学院（King's College London）	33	98.5	36	95.6	11
伦敦政治经济学院（London School of Economics and Political Science）	44	100	27	93.2	15
伦敦大学玛丽女王学院（Queen Mary University of London）	126	98.5	110	96.7	/

---

① London Higher. London Higher Factsheet_Staff in Higher Education 2005-2006，2020-07-02，http：//www.londonhigher.ac.uk/wp-content/uploads/2017/02/HESAStaffRecord2007.pdf.

② 选取了入围 2019 年与 2020 年 QS、THE、U.S.News 或 ARWU《世界大学排名》前200 名的伦敦高校。

② QS "国际教员比例"（International Faculty Ratio）是 QS《世界大学排名》评价指标之一（占比 5%）。

③ THE "国际化展望"（International Outlook）是 THE《世界大学排名》评价指标之一（占比 7.5%），具体包括国际教员比例（占比 2.5%）、国际学生比例（占比 2.5%）、国际合作（2.5%）。

数据来源：

（1）Quacquarelli Symonds（QS）. World University Rankings 2020，2020-05-26，https：//www. qschina.cn/university-rankings/world-university-rankings/2020.

（2）Times Higher Education（THE）. World University Rankings 2020，2020-07-02，https：//www. timeshighereducation.com/world-university-rankings/2020/world-ranking#！/page/0/length/25/ sort_by/rank/sort_order/asc/cols/stats.

（3）Times Higher Education（THE）. Most International Universities in the World 2020，2020-07-02， https：//www.timeshighereducation.com/student/best-universities/most-international-universities-world.

（六）开拓海外分校全球市场

创办海外分校，是伦敦推进高等教育国际化的重要途径。据统计：截至 2017 年，共有 4 个国家在英国创办 9 所海外分校，全部坐落于伦敦（详见表 5-6）；英国在他国共创办 45 所海外分校，分布在 22 个国家或地区（详见图 5-13），约占全球海外分校数量的 14.2%；其中，伦敦的高等教育机构参与创办了澳大利亚伦敦大学学院（University College London，Australia）、伦敦大学学院卡塔尔分校（UCL Qatar）、威斯敏斯特国际大学塔什干分校（Westminster International University in Tashkent）等。[①]

表 5-6　坐落于伦敦的海外分校一览（截至 2017 年）

海外分校（International Branch Campus）	创办国（Home Country）
ESCP Europe London	法国（France）
EDHEC Business School	
Groupe INSEEC London	
Limkokwing University of Creative Technology	马来西亚（Malaysia）
Glion Institute of Higher Education	瑞士（Switzerland）
Schiller International University	美国（United States）
American Intercontinental University	
The University of Chicago Booth School of Business，London Campus	
Hult International Business School，London Campus	

[①] Cross-Border Education Research Team（2017，January 20）. C-BERT Branch Campus Listing（Data originally collected by Kevin Kinser and Jason E. Lane），2020-06-25， http：//cbert.org/resources-data/branch-campus/.

数据来源：Cross-Border Education Research Team（2017，January 20）. C-BERT Branch Campus Listing（Data originally collected by Kevin Kinser and Jason E. Lane），2020-06-25，http：//cbert.org/resources-data/branch-campus/.

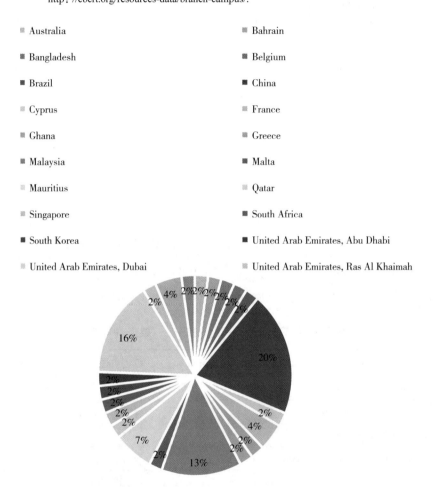

- ▪ Australia
- ▪ Bahrain
- ▪ Bangladesh
- ▪ Belgium
- ▪ Brazil
- ▪ China
- ▫ Cyprus
- ▫ France
- ▪ Ghana
- ▪ Greece
- ▪ Malaysia
- ▪ Malta
- ▫ Mauritius
- ▫ Qatar
- ▪ Singapore
- ▪ South Africa
- ▪ South Korea
- ▪ United Arab Emirates, Abu Dhabi
- ▫ United Arab Emirates, Dubai
- ▫ United Arab Emirates, Ras Al Khaimah

图5-13　英国海外分校全球分布情况（截至2017年）

数据来源：Cross-Border Education Research Team（2017，January 20）. C-BERT Branch Campus Listing（Data originally collected by Kevin Kinser and Jason E. Lane），2020-06-25，http：//cbert.org/resources-data/branch-campus/.

（七）设置专项发展资金

伦敦已设置专项资金，用于发展留学项目与教育国际交流活动等。英国政府在《国际教育战略：全球潜力，全球增长（2019）》（*International Education Strategy_Global Potential，Global Growth*（*2019*））中提出，在

2019 年设置 500 万英镑作为全球范围内教育出口活动的专项支持基金。据伦敦高等教育综合机构（London Higher）的统计，在 2019—2020 学年，伦敦高等教育机构共收到了 9.084 亿英镑的补助，用于开展教学与研究；其中，伦敦高等教育机构的教学类补助有 3.273 亿英镑，包括专项用于"伊拉斯谟＋"项目与其他海外留学项目的 400 万英镑；其中，伦敦高等教育机构的研究类补助中有 5460 万英镑专项用于知识交流活动。[①]

（八）建设智慧城市

伦敦市政府在《智慧伦敦计划》（*Smart London Plan（2013）*）中提出，伦敦是世界上最重要的创新与文化中心，也是全世界拥有最多顶尖大学的城市，须充分利用伦敦的研究、技术和创新人才，将伦敦的创新传播到全球。具体举措包括：开展智慧伦敦出口项目；争取一个新的伦敦签证，吸引全球人才聚集；将数据公开作为城市运作的方式，进一步完善数据平台"London Datastore"，加强数据的透明度与问责机制。此外，伦敦市政府在"London & Partners"网站[②]（https：//www.londonandpartners.com）开设了高等教育专栏，与伦敦各大高校与行业组织开展合作，宣传伦敦的教育与学术资源，提供便捷的教育资讯服务，旨在保持伦敦作为国际学生优选留学目的地国的世界领先地位。在媒介化社会，伦敦市对数字化、智能化、技术化、网络化的追求，有利于提升城市的综合实力与影响力，对于促进教育国际化具有积极的意义。

（九）打造语言培训产业链

语言培训产业，在伦敦教育出口中占据重要地位。成立于 1934 年的英国文化教育协会（British Council）总部坐落于伦敦，并在世界 100 多个国家发挥着影响力。其通过推广英语语言与文化，促进他国与英国在文化、教育、科学、技术等领域的合作。2013 年，英国文化教育协会推

---

① London Higher. London Higher Factsheet_Teaching and Research Recurrent Grants for 2019-20，2020-06-25，https：//www.londonhigher.ac.uk/wp-content/uploads/2019/09/Grants_OfS_RE_2019.pdf.

② 该网站于 2011 年由伦敦市政府创立。

出面向国际学生的专门网站"Study UK"（https：//study-uk.britishcouncil.
org/)，帮助国际学生为留学生活做好准备；2016—2017 年，全球雅思考
生数量首次突破 300 万人次。① 目前，伦敦的语言培训产业已发展出较为
完善的产业链条，产品类型丰富，服务体系完备，具有显著的经济效益与
文化效益，是伦敦推进教育国际化的助力器。

---

① 英国文化教育协会：全球雅思考生人数去年首破 300 万，2020 年 6 月 25 日，见
　 https：//www.chinaielts.org/whats_new/media_centre/81448.shtml。

第六章　巴黎世界城市建设与教育国际化

巴黎是欧洲大陆国家法国的首都，也是法国最大的城市，集政治、经济、文化职能为一体。作为与纽约、伦敦、东京齐名的四大国际城市，巴黎不仅在法国占据中心位置，也在欧洲和国际舞台上扮演着重要角色。巴黎不仅是法国对外开展国际交往的重要窗口，区域内集中了众多国际组织机构及国际知名企业，而且巴黎凭借其浓厚的艺术气息和文化底蕴在以城市为代表的世界文化百花园中拥有独特的魅力和竞争优势。

法国作为拥有悠久历史和灿烂文化与艺术影响力的知识和科研大国，通过声名斐然的高校和教师、高质量的教育课程和高含金量的文凭吸引了众多国际学生赴法留学。巴黎则在其中扮演着不可替代的作用。时尚、富有、浪漫……或许是世人赋予巴黎的标签，但这座培养出众多科学巨匠、文学巨擘，以及经济、政治和社会精英的城市绝不仅限于此。它不仅是欧洲高等教育的发源地之一，也是奠定法国教育制度和体系的先行地，更秉持开放姿态，吸引了来自世界各地的学子和知识分子在此聚集不断生产新知识与创造新发现。同时，巴黎以帮助未来世界的主人——年轻一代"充分实现个人发展，形塑社会能力，胜任未来学业，融入社会生活，并作为合格的公民参与社会进步"[①] 为宗旨，继续培养和锻造着国际化人才。因

[①]　MEN. Le socle commun de connaissances，de compétences et de culture，2019-04-18，http：//www.education.gouv.fr/cid2770/le-socle-commun-de-connaissances-et-de-competences.html.

此，本章将以法兰西的代表——巴黎这座世界城市的建设和教育国际化的发展路径进行研究和分析。

第一节　巴黎建设世界城市的发展进程与发展道路

行政空间上，"巴黎"这一语汇指向两个层次的概念：大巴黎和小巴黎。两者属于行政依附关系，具体区别如下：

大巴黎（Île-de-France）即巴黎大区①，也被称作法兰西岛，于 1976 年成立。其前身是于 1932 年成立的巴黎地区（District de la Région Parisienne）。区内面积约为 1.2 万平方公里，人口约 1200 万人②，由巴黎市与上塞纳省、瓦勒德马恩省、塞纳—圣但尼省、塞纳—马恩省、伊夫林省、埃松省以及瓦勒德瓦兹七个省组成。依据城市化程度，大区可分为建成区与通勤区两大功能区。③2014 年，法国政府在巴黎大区内将巴黎与近郊三省（上塞纳省、瓦勒德马恩省、塞纳—圣但尼省）的小市镇合并，建立巴黎大都市区（Métropole du Grand-Paris），属于跨市镇的公共合作机构，并于 2016 年生效。

小巴黎（Ville de Paris）即巴黎市，是法国巴黎大区的首府也是巴黎大都市区的中心，面积约为 105 平方公里，人口大约 220 万人④，市区划分为 20 个区，是大巴黎地区人口最多的城市。2017 年巴黎城市地位改革法令，确认了巴黎市的独特建制，取代了以往巴黎市镇与省的双重地位。

作为世界城市的巴黎，指的是由巴黎市与其他省市共同组成的巴黎大区。本章为行文简洁，在提及巴黎时均指大巴黎地区。随着城市化的发

---

① 法国的行政区划自上而下分为四个层级：中央政府、大区、省、市镇。

② INSEE. Comparateur de territoire，2019-09-19，https：//www.insee.fr/fr/statistiques/1405599？geo=REG-11.

③ 严涵、聂梦遥、沈璐：《大巴黎区域规划和空间治理研究》，《上海城市规划》2014 年第 6 期。

④ INSEE. Comparateur de territoire，2019-09-19，https：//www.insee.fr/fr/statistiques/1405599？geo=DEP-75.

展，同时产生了巴黎都市圈（Unité urbaine de Paris）与巴黎都市区（Aire urbaine de Paris）等概念，但由于没有进入正式的行政规划，故在此不多赘述。

巴黎与北京同属古都，两地长久以来一直扮演着国家政治中心的角色，且同样具备深厚的历史积淀与丰富的人文内涵。巴黎和北京一样，在城市化的进程中经由传统工业城市转型为现代化服务型的国际化大都市，其特有的文化魅力和浪漫的艺术气息已经成为城市核心竞争力的一部分。因此，理清巴黎的城市演进与转型脉络，对于推动北京市转型，打造城市风格，进而建设国际化大都市具有启发意义。

一、巴黎建设世界城市的发展进程

巴黎作为法国的首都，不仅见证并参与了法国悠久历史文化的发展，更成为法兰西民族的象征。巴黎地区的人类活动最早可以追溯到新石器时代。巴黎最早是从塞纳河渡口的一个小岛——西岱岛上（Île de la Cité）发展起来的。拉丁语中将古巴黎称为卢泰西亚（Lutèce），在公元前52年的卢泰西亚战争中，古罗马人攻破了古巴黎城。在罗马统治时期，古巴黎仅仅是一座中等城市，直到公元357—360年，罗马皇帝尤里安在此停留，古巴黎城才开始具有战略地位，并在此期间改名为巴黎。公元508年，克洛维一世（Clovis I）定都巴黎，此后，巴黎始终在政治舞台上扮演着重要角色。11世纪，巴黎城逐渐扩大，超出了西岱岛的边界，并不断向右岸发展。此后的几百年间，尽管王朝更迭，巴黎始终是法国的重要大城市之一，且城市范围不断扩大。近代以来，伴随欧洲的思潮涌动，资本主义的发展及世界市场的扩大，巴黎开始获得国际影响力并最终建成世界城市，这个过程可以大致分为三个阶段：自发阶段（16—18世纪），自觉阶段（19世纪）与完善阶段（20世纪中期至今）。

（一）16—18世纪：城市化进程缓慢累进

中世纪晚期，王朝更迭与外敌入侵造成的连绵战争、大规模疫情的爆发对法国城市的发展造成了巨大打击，此前巴黎曾是欧洲最大城市，也是人口密度最高的城市，然而这一时期巴黎人口急剧下降，从 1350 年的 23 万人下降至 1400 年的 13 万人①。15 世纪中叶，英法百年战争逐渐平息，疫情得到遏制，巴黎经济开始恢复，为城市化进程累进创造了条件。16 世纪初期，一方面由于中央集权下的君主制政府垄断了大量机会与资源，从贵族到平民各阶层的人到首都寻找机会；另一方面，近代社会初期巴黎地区手工业的发展、工商业的崛起、道路交通等配套设施的完善成为吸引外来人口的重要动力。这一时期，巴黎人口开始持续稳定增长，城市建设也不断完善。然而至 16 世纪后半叶，法国宗教战争（1562—1598）的爆发中断了原先城市经济发展、人口增长的态势，巴黎再次面临人口剧减的危机。

17 世纪法国王权不断巩固，君主专制不断发展，这一时期巴黎开始依托王权进行城市建设，并取得了初步进展。卢浮宫、杜伊勒里宫、巴黎荣军院等建筑都是在这一时期修建。为了宣传王权，巴黎出现了各种以古典主义为艺术特色的建筑、绘画与雕塑，为巴黎城市文化的形成奠定了基础。17 世纪中期，法国在路易十四的统治下，封建王权达到顶峰，政治稳定与经济恢复为城市化发展创造了条件。巴黎作为国家的政治中心，吸引了大量外来人口，与此同时，官僚队伍的扩大和城市丰富的文化生活也为巴黎人口增长带来新动力。巴黎人口增长的势头一直持续到 18 世纪，并在法国大革命前达到 60—70 万人。

法国大革命期间，政局动荡造成大量贵族与教士出逃，与此同时大量外省农民定居巴黎，城市内青壮年比例大大提升，为巴黎经济发展奠定了基础，巴黎的人口体制因此改变。同时，人口激增给城市市政建设带来巨大负担，城市内贫富差距、交通堵塞等问题滋生使巴黎市容肮脏不堪。在城市化缓慢向前推进的同时，巴黎仍保持着中世纪传统的城市风貌。

16—18 世纪的近代早期，法国仍是以农业为主的国家，资本主义发

---

① Atals historique de Paris. La croissance de Paris，2019-09-19，http：//paris-atlas-historique. fr/8.html.

展缓慢，作为首都的巴黎虽已初具规模，并成为欧洲最大城市，但发展程度仍不如意大利、荷兰等国的大城市，与国内里昂、南特、波尔多等城市相比也没有形成绝对优势。这一时期巴黎城市化进程虽然不断向前推进，但城市发展经常面临战争、瘟疫等挑战，发展速度较慢，且没有统一的城市建设规划，城市发展带有自发性。

（二）19 世纪：城市化与工业化并进，打造国际化大都市

1. 城市建设的起步（1800—1850）

19 世纪初期，巴黎仍保持着半农业的城市面貌，城市范围局限在今天的前 6 个行政区，其他 14 个区及城郊地带治安混乱、房屋低矮，城市处在农田与庄稼的环抱之中。① 同时期社会动荡使大批外省移民涌入巴黎，并在复辟王朝与七月王朝时期达到峰值，人口激增给城市带来巨大负担，城市内各种社会问题涌现。

为加强巴黎的城市建设，1793 年，国民议会组建了艺术委员会，绘制了巴黎城市规划图，并制定了一批市政工程方案，但最终无果而终。巴黎的城市建设在拿破仑统治时期有了新的进展。拿破仑希望将巴黎打造成世界之都，在他看来，巴黎不仅是国家的政治中心，更是国家荣耀的体现。他开展了许多建设工程，为巴黎带来了新秩序：在塞纳河两岸建起河堤，扩建卢浮宫，修建凯旋门等。尽管他统治的短短 20 年间许多规划没有动工，但他打开了巴黎城市改造的序幕。

复辟王朝时期，城市建设主要由私人建筑公司与银行家们规划并承建，当时建造的新街区富有新古典主义风格，吸引了大量文人、艺术家前来定居，富人也纷纷搬离市中心前往新区，新区得到发展的同时老城区依旧脏乱。

七月王朝时期，巴黎城市建设开始在政府主导下进行。尤其在 1833 年，巴黎爆发霍乱之后，兴起一阵美化巴黎的冲动，当时的塞纳省省长朗

---

① ［法］贝纳德·马尔尚：《巴黎城市史》，谢洁莹译，社会科学文献出版社 2013 年版，第 13 页。

布托决心改造巴黎，将巴黎建造成现代化城市。为改善城市的交通条件，他下令拆迁老旧楼房，整治并修建道路，一条以他的名字命名的道路由此建成，几条人行道也得以修建。

其他措施如建设新车站，规划城市绿地，建设公共照明系统等也同时开展，使得巴黎开始向现代化迈进。

同时期工业革命的开展也促进巴黎向工业城市过渡。为满足王室贵族的需要，巴黎的奢侈品行业，特别是纺织业得以发展。工业革命带来新的技术大大提高了纺织业的生产效率，服装业得以快速发展，并成为巴黎的重要产业，这为日后巴黎成为时尚之都奠定了基础。除此之外，新技术投入生产还催生了皮革业、家具业等其他产业。1830 年前后工业时代的发明基本都已投入生产，巴黎在这一时期创新力居于全国前列，城市面貌发生了巨大变化。1837 年，巴黎的第一条铁路线巴黎—圣日耳曼昂莱线修建成功；1842 年，国民议会开始立法筹备建立起以巴黎为中心的铁路网络。便捷的交通与工业的发展，吸引了越来越多的人来到巴黎。

巴黎作为法国的政治、经济、文化中心，经历了法国大革命、政权更迭的洗礼，孕育了启蒙思想家及众多杰出艺术家，一系列的城市改造与工业的发展使其开始步入现代化。尽管当时的巴黎经济与科技发展程度都不如伦敦，但已经开始在文化与艺术方面获得国际声望。

2. 城市建设与工业化的深入推进（1853—1870）

19 世纪中期的巴黎仍面临着交通混乱、街道狭窄、道路脏乱等问题，由于之前的城市改造缺乏整体性，巴黎仍处于现代化建设的起步阶段。随着工业革命的推进，巴黎的经济迅速发展，铁路线的延长便利了巴黎与外省的交流，城乡间的巨大差距使大量外省移民涌入巴黎，加剧了城市拥挤、环境脏乱等问题。1853 年，奥斯曼男爵被任命为塞纳省省长，主导巴黎城市改造计划，由此开始，巴黎的城市结构才发生深层次的变革。

不同于以往分区式的城市规划，奥斯曼将城市作为整体，实施了一套完整详细的规划方案。奥斯曼改造的重点分为建筑重建和基础设施修建两个方面。① 为建立起完善的交通网络，他大刀阔斧地进行城市交通改革，着重城市中轴线的开辟，以宽阔笔直的林荫大道代替拥挤狭窄的小巷，重要建筑之间有道路连接，形成放射形的交通路线，颠覆了城市的空间结构，巴黎变得宽阔起来。1852 年巴黎各种道路长度共 239 英里，到 1860 年则增至 261 英里，奥斯曼离职时达到 525 英里。② 城市地下管道系统的建设与城市绿地的规范化也使巴黎变得整洁。

为解决巴黎住房紧张问题，奥斯曼将旧房屋拆除建起更高的新房，但同时保留了新建筑的古典主义特色，赋予建筑以美学内涵，巴黎的文化风貌因此得以保存。奥斯曼的改造工程有三大特点：承认公共设施的重要性，建立起资产阶级城市的典范，强调了城市的整体协调性。③1853—1870 年间，奥斯曼将巴黎打造成一座现代化之城。

这一时期，巴黎的工业化进程也不断推进，近代大工厂逐步建立起来。1840—1860 年法国经济快速增长，直到 1870 年才开始放慢脚步。同期巴黎的工业化深入推进，冶金业、钢铁业等新兴产业开始崛起。棉纺织业持续发展，产品通过铁路运往全国。全国铁路线路在此期间不断延长，1848 年全国铁路长度只有 1800 公里，到 1860 年则增至 9000 公里。④ 当时巴黎贡献了全国 15% 的国民生产总值及财富。经济发展与交通便利使巴黎人口持续增长，1848 年巴黎人口在全国人口中仅占 2%，到 1870 年则已上升至 5.3%。⑤ 工业的迅速发展，催生大批银行的出现，巴黎的金融业发展迅速，成为欧洲的第二大金融中心。

城市建设与工业化的同步推进使巴黎与外省其他城市拉开距离，并

---

① 南晶晶：《在奥斯曼城市规划理论背景下的巴黎公共园林研究》，硕士学位论文，天津大学，2015 年，第 8 页。

② 胡洁：《19 世纪巴黎大改造对中国旧城改造的启示》，硕士学位论文，武汉理工大学，2013 年，第 23 页。

③ [法] 贝纳德·马尔尚：《巴黎城市史》，社会科学文献出版社 2013 年版，第 79 页。

④ 胡洁：《19 世纪巴黎大改造对中国旧城改造的启示》，硕士学位论文，武汉理工大学，2013 年，第 25 页。

⑤ [法] 贝纳德·马尔尚：《巴黎城市史》，社会科学文献出版社 2013 年版，第 79 页。

逐渐发展成为与伦敦、纽约媲美的国际化大都会。

3. 法国工业中心与世界之都的形成（1890—1930）

1872 年以后，法国经济进入低谷期，工业发展进入停滞状态。同时期巴黎的房价迅速上涨，促使大量工厂与污染型企业迁往郊外，只留下了银行、服务业与商业，巴黎市内产业结构发生改变。从 19 世纪 90 年代起，法国经济开始复苏，并在 1896 年后经历了一次飞跃，这段经济快速发展的时期被称为"美好年代"。经济发展促进了城市基础设施的完善，为举办"万国博览会"提供了条件。

19 世纪末期，电力、石油的运用催生了大批新兴产业，新技术的发明与应用大大提高了生产效率，汽车工业、冶金业、化工业等新兴工业部门迅速发展。巴黎城区以人才优势吸引了大量如航天、精工等现代化、技术型企业入驻。郊区则吸纳了大量传统工业与重工业，工业发展势头迅猛。巴黎市区和城郊共同组成一套完整的工业体系，极大地促进了法国工业发展，巴黎工业中心的地位因此确立。科技进步也促进了城市面貌的改善。汽车工业的发展使巴黎出现了有轨电车，1907 年巴黎开始引入公共汽车，交通工具的进步改善了马车带来的交通混乱的局面。

在"美好年代"时期，巴黎分别于 1889 年和 1900 年举办了万国博览会。万国博览会汇集了当时世界上最新的工业成果与最先进的科技，吸引了大批游客参观。巴黎为筹办这两次万国博览会进行了城市改造，加快了城市的现代化进程，并因此获得国际声誉。1889 年的万国博览会正值法国大革命 100 周年，古斯塔夫·埃菲尔为庆祝法国大革命设计建造了埃菲尔铁塔。尽管当时饱受争议，埃菲尔铁塔现如今已成为巴黎的标志性建筑。为迎接 1900 年的万国博览会，巴黎于 1898 年开始修建第一条地铁，并于 1900 年通车。除此之外，巴黎市政府对城市街区进行整治，改善了巴黎街区卫生不良、住宅拥挤的局面。城市的空间结构随着"美好年代"的城市改造得以优化。

在工业迅速发展与城市现代化建设给巴黎带来国际声誉的同时，知识分子与艺术家的汇集则使巴黎成为欧洲的文化中心。巴黎一向是法国贵

族与商人的聚集地，近代以来孕育了众多思想家。20世纪初巴黎自由的
文化氛围和浓厚的文化底蕴吸引了来自各国的艺术家与知识分子，巴黎的
咖啡馆成了艺术家们的聚集地，并拉近了他们彼此之间的关系。巴黎的文
化盛名随着各类思潮、各类艺术家的涌现而不断扩大。

一战后，巴黎政府开始着重协调城区与郊区间的空间发展。1913年
编制的《巴黎城市扩展规划》开启了法国以区域为单位进行城市规划的先
河。此后，规范城市发展的各项法律也开始出台，巴黎的城市发展规划方
向更加明确。20世纪20年代，巴黎最终跃升为世界之都。

（三）二战后至今：由单中心工业城市发展为多中心服务型城市

二战后，法国经济恢复迅速，并进入"光辉三十年"。巴黎在二战期
间遭受的战争创伤并不严重，战后受婴儿潮的影响，1946—1951年间，
法国人口年均增长40万人[1]，巴黎每年的人口增长数约为5万人[2]。1948—
1953年期间，由克罗迪于斯·珀蒂主导巴黎的重建工作。到1952年，巴
黎的重建工作基本结束。巴黎凭借工业基础雄厚、交通便利等发展优势，
吸引了更多人口与工业聚集，巴黎经济得以恢复，该地区的工业比重占到
全国的22%。[3]20世纪50年代，巴黎的汽车、航空、电子等工业在法国
占比达到60%，经济迅速发展带来的聚集效应给巴黎带来巨大负担。

50年代巴黎的城市建设政策处于矛盾状态：一方面有人主张效仿伦
敦，限制巴黎地区继续发展扩大；一方面有人主张继续扶持巴黎发展。
1960年，政府批准的《巴黎大区规划》（PADOG）才开始对巴黎市区域
作出明确规划。1965年出台的巴黎地区规划总图《大巴黎区规划和指导
方案》（SDAURP）奠定了巴黎主要的城市结构，对巴黎发展采取限制措
施，并沿着巴黎周围的交通干线规划了8个新城。政府同时对巴黎地区产
业布局作出调整，采取"工业分散"政策，城郊得以发展的同时没有削
弱巴黎的发展势头，巴黎的产业结构得以优化。1976年，为平衡巴黎与

---

① ［法］贝纳德·马尔尚：《巴黎城市史》，社会科学文献出版社2013年版，第239页。
② ［法］贝纳德·马尔尚：《巴黎城市史》，社会科学文献出版社2013年版，第240页。
③ 冯奎、郑明媚：《中外都市圈与中小城市发展》，中国发展出版社2013年版，第52页。

周边地区的发展，法国政府设立法兰西岛（Île-de-France）这一行政层级，由巴黎市与周围其他 7 省组成，形成以巴黎为中心，许多新的城市节点在其外围环绕的多中心的大都市圈空间结构。[①] 80 年代的城市规划主要在地方政府的主导下进行，90 年代私有企业与地方议会的话语权不断加强，地方分权造成了一定程度上的权力分散与开发无序。1994 年，为保证巴黎大区的国际竞争实力，出台《法兰西岛地区总规划》（SDRIF）。进入新世纪后，法国政府开始注重区域整合，以支持大巴黎区的整体发展。2014 年，法国政府在巴黎大区内将巴黎与近郊三省（上塞纳省、瓦勒德马恩省、塞纳—圣但尼省）的小市镇合并，建立巴黎大都市区（Métropole du Grand-Paris），缓解了权力分散带来的问题，多中心的城市格局得以优化。

　　21 世纪以来，发展低碳经济、人文城市成为世界城市发展的共同愿景。多中心城市的构建对巴黎产业结构的调整发挥了重要作用，工厂大量外迁郊区甚至外省城市，巴黎逐渐形成以第三产业为主的工业结构。2002 年，巴黎的第三产业提供了城市 82% 的工作岗位。[②] 从市中心到城市外环，巴黎各功能圈层的主导产业依次为金融业、服装业和出版业、商业。巴黎从单中心的工业城市转型为多中心的服务型大都市。

二、巴黎建设世界城市的发展道路

　　基于巴黎城市建设的历史沿革与重要变革，我们可以从政策规划、人文理念和城市精神三方面概括其城市发展之路。

　　（一）以政策规划为引导，明确城市发展方向

　　受法国集权传统的影响，直到 20 世纪初期，巴黎的城市发展始终在中央政府的统筹规划下进行，城市建设服从国家发展需要。随着民主化进程的加快，主张城市规划权力下放的提议开始不断增加，中央与地方政府

[①]　严涵、聂梦遥、沈璐：《大巴黎区域规划和空间治理研究》，《上海城市规划》2014 年第 6 期。

[②]　王祎：《地方分权政策影响下的巴黎大区区域规划（1960—2015）》，中国城市规划年会论文，2016 年。

开始在城市建设中担任不同的职能，城市规划的治理模式开始逐渐明晰。通过法国政府对巴黎作出的六次城市规划，在此过程中巴黎的城市建设得到了进一步的发展。

1934 年，法国政府组织编制《PROST 规划》，目的在于遏制巴黎大区周围郊区的蔓延现象。这是法国政府初次在巴黎作出城市规划。1939 年出台的《巴黎大区发展规划》（PARR）从政府高度对巴黎市内城区建设作出规划，并将大巴黎区的城市范围限定在以巴黎圣母院为中心、半径 35 公里的范围内。两次规划分别为巴黎大区的城区与郊区发展指明方向，但由于第二次世界大战的影响，方案未得到具体实施。

1950 年，法国政府颁布《巴黎地区国土开发计划》（PARP）旨在加强巴黎郊区的建设，提升郊区人口密度。1956 年，政府对规划方案作出进一步的具体规定，重点在于将部分市区内的人口及工业疏散至郊区，从而降低市区内的人口密度，并促进郊区快速发展。

1958 年，法国政府颁布法令要求各市镇在中央派驻机构的协同下建设"优先城市化地区"，通过在巴黎郊区建设大型住宅区，抑制市区内人口日益膨胀的问题。1960 年正式出台的《巴黎大区规划》（PADOG）继续支持城区企业向郊区疏散，加强郊区的大型住宅建设，并限制巴黎城区扩张。规划还首次提出建设以拉德芳斯为代表的卫星新城，促进区域整体均衡发展。

1965 年，《大巴黎区规划和指导方案》（SDAURP）颁布。规划提出在巴黎的交通干线周围建设 8 个新区，从而规范郊区发展的空间布局。同时，完善市区内的基础设施建设，促进城区与郊区间的协调发展。规划初步勾勒出巴黎地区的空间格局，为后来城市空间结构调整奠定基础。

1976 年，法兰西岛大区（Île-de-France）成立。随后，政府对《大巴黎区规划和指导方案》（SDAURP）作出调整，并颁布了《法兰西岛大区规划与指导纲要》（SDARIF）。规划提出继续加强新城建设，尤其是在巴黎市的远郊，以此促进巴黎向多中心城市的转变。规划强调加强巴黎市近郊与远郊间的交通建设，便利城区与近、远郊地区的人员流通，从而缓解城区人口过多的问题并促进郊区的城市化发展。

1994 年，《法兰西岛地区总规划》（SDRIF）出台，明确了巴黎地区发展的总体目标。规划坚持完善巴黎地区多中心的城市布局，强调加强城市间的联系，打破城市间的行政壁垒，注重各种人文因素的整合，从而提升巴黎大区的国际竞争力。

政府主导下的六次城市规划具有连贯性、延续性的特点，明确了巴黎的城市发展方向，为解决巴黎城市问题、寻求新的发展空间作出详细部署，从而保证巴黎得以持续、稳定发展。此外，2007 年，在法国总统萨科齐的倡导下，法国政府推出"大巴黎计划"，目的在于到 2030 年，将巴黎打造成"世界之都"。

（二）以人文关怀为内核，塑造城市文化形象

城市文化形象是对城市文化软实力的体现，由城市内的历史积淀、人文底蕴、城市景观的美学价值等共同构成。巴黎的文化形象建设始终与物质条件改造协同进行。城市布局、城市建筑、城市设施等物质条件为城市文化建设提供了基础。在巴黎城市改造的过程中，明确的城市定位使其城市形象具有独特性；规划的整体性确保了城市视觉上的协调性；而高度的建筑保护意识则保证了城市的文化性。

法国是世界上最早进行遗产保护的国家。20 世纪初，法国就颁布了《建筑保护法》，但当时的保护措施仅仅局限在对历史建筑自身的保护层面。1943 年修订的法律强调历史建筑周围半径 500 米内的环境建设使之与建筑本身相协调。1962 年，保护措施更加完善，通过将建筑周围领地设为保护区，并由政府编制规划，对保护区内建筑以美学特征加以保护并改造。规划对区内不和谐建筑进行改造或拆除，明确需要保留的建筑，对绿地面积、空间结构作出详尽规定，历史建筑的保护由此迈上新台阶。巴黎有两个历史保护区，分别设在塞纳河两岸。

大力发展以时尚业为主的优势文化产业，一方面丰富了巴黎的城市文化内涵，另一方面则有助于进一步提高巴黎文化竞争力。20 世纪以来，法国政府制定了一系列政策支持时装业的持续发展并扩大影响力。1999

年法国政府对纺织业、服装业实行税收减免政策，企业设计新产品的大部分花费可以享受税务抵免的优惠待遇。此后，这一政策扩大到钟表、首饰、金银制品等众多行业。此外，政府对这些行业中的企业征收部分职业税，用以开展创新性活动，培训创新型人才。同时，法国政府实施了促进时尚业发展的配套措施，如设立法国时装学院等教育机构；设立专门的投资基金，扶植新兴品牌的发展；举办各类宣传活动与时装展览等。通过促进创新、加强宣传等有效手段，巴黎时装业的产业附加值得到提升，并形成不可替代的国际品牌。

　　巴黎加强构建绿色、宜居城市，体现了以人为本的发展原则，提升了城市的文化风貌。巴黎政府推行了许多加强环保建设的方案，诸如对市内建筑每平方米的能耗作出规定，要求市内建筑高度不得超过 50 米，大力发展城市公共交通等，由此提高居民的生活品质与城市可持续发展的能力。巴黎政府同时根据《城市地方规划》的相关规定，将巴黎划分为四个功能区：普通城市区、城市服务区、绿色城市区和自然林业区。绿色城市区的设置保证了城市的公共空间与绿地建设。巴黎政府同时注重郊区森林和绿地整治，保护郊区的自然环境，以促进大区内生态平衡。2008 年修订的巴黎大区总体规划将发展公共交通，保护自然资源作为巴黎城市规划的重要内容，试图打造"全球绿色和设计最大胆的城市"①。

　　（三）以包容精神为依托，形成可持续创新氛围

　　城市的不断发展离不开不断吸收不同地域乃至不同民族的优秀文化。因此，包容精神成为城市长远发展的根本保证。城市的包容精神，一方面是指城市内机会均等，城市可以为个人提供良好的发展空间；另一方面是指以准入门槛为代表的人口管理体系具有包容性，降低了个体社会融合的障碍。

　　巴黎包容性的城市精神是通过不断的空间调整得以实现的。一方面，城市交通网络的不断完善保证了空间内人口的自由流动，加速了区域内的

---

① 冯奎、郑明媚：《中外都市圈与中小城市发展》，中国发展出版社 2013 年版，第 55 页。

文化融合；另一方面，城市空间结构调整为优化产业结构提供了条件，从而促进了区域内均衡发展。20世纪60年代以来，巴黎的城市规划始终围绕两个层面展开：遏制城市中心区的扩张；扶植发展新城。新城工业化的不断发展为城市移民提供了更多工作机会，有助于吸引其长时间定居。中心区与新城协同发展，缩小了区域间的发展差距，促进实现城市内的机会公平与权利公平。同时，巴黎大力发展公共交通，加快中心区与新城间的公路网建设，方便区域间的人员往来，为城市文化融合提供了条件。各项举措有利于吸纳外来移民，显示了巴黎包容性的城市精神，也为城市的长远发展提供了创新源泉。

　　提升外来人口的接纳能力不仅可以促进城市多元文化的形成，也为城市的进一步发展提供了人力资本。以巴黎的时尚产业为例，各类人才培养机构为时尚产业输送创新性人才的同时，巴黎包容性的城市精神也吸引了大量国际优秀人才。广阔的个人发展空间与包容性的城市文化共同构成了巴黎吸引国际人才的核心竞争力。除此之外，巴黎还以包容的精神扶植各类创新型活动或产业的发展，为城市发展带来了巨大的经济收益。为扶植服务产业的发展，巴黎大力举办各种国际会议和展览，吸引世界各地的企业与个人前往。巴黎地区时装领域的会展就多达30个。2003年起，巴黎市旅游局联合巴黎两大展览馆，将17个包含家居、设计等行业在内的会展整合起来联合宣传，促进行业间的交流，激发城市的创造活力。每年一次在巴黎举行的国际航空展、汽车展，就为巴黎带来了数十亿欧元的收益。[①] 同时，巴黎还致力于国际宣传，以包容开放的面貌面向国际，以此提升城市的接待能力。包容开放的城市文化为城市发展提供了多种可能性，通过激发创新，在城市内形成可持续发展的良好氛围。

---

①　姚晓东、孙钰：《城市服务业发展的国际比较——天津与巴黎的对比研究》，《亚太经济》2006年第2期。

第二节　巴黎教育发展与世界城市建设

伴随经济全球化和区域经济一体化，教育在世界城市的发展中扮演着越来越重要的作用。巴黎作为法兰西政治、经济、文化和商业中心，不仅是法国教育高水平的代表，也是法国推动教育改革的核心地带。巴黎教育的发展与巴黎世界城市建设也有着千丝万缕的联系。在法国中央集权的管理体制下，巴黎的基础和高等教育发展均与中央政府（国民教育部）的教育规划和政策制度保持高度一致。同时，巴黎也在城市发展的进程中，不断引领教育走向世界、走向国际化。

一、巴黎教育发展现状

大巴黎区（Ile-de-France）共设有巴黎（l'académie de Paris）、凡尔赛（l'académie de Versailles）、克雷泰伊（l'académie de Créteil）三个学区（见图6-1）。巴黎学区的学区长也是整个大巴黎区的学区长，负责统筹教育决策，协调教育资源；凡尔赛学区和克雷泰伊学区各设一名学区长，负责本学区内教育发展事宜。

大区学区负责维系并改善三个学区间的交流合作，通过颁布政策，保证区内教育政策的连贯性。其职责具体包括：大区内职业培训、学生学习、学生职业生涯定位、预防学生学业脱节、地方公共教育机构教育大纲、高等教育与研究、公共数字化教育、规划欧盟基金的用途、建立国家—大区层面的规划合作等。[1]

（一）巴黎的基础教育规模

2018年，大区内共计6800所小学，1150所初中，700所高中，共有230万名学生接受初等及中等教育。[2]

---

[1]　L'académie de Paris. La région académique Île-de-France，2019-07-16，https：//www.ac-paris.fr/portail/jcms/p2_1418402/la-region-academique-ile-de-france.

[2]　L'académie de Paris. L'académie de Paris en chiffre，2018-10-19，https：//www.ac-paris.fr/portail/upload/docs/application/pdf/2019-08/acad_en_chiffres-2019.pdf.

2019 年，巴黎学区内基础教育阶段的学校数量达到 762 所，大约 16 万在读学生，包含行政人员在内的教师数量为 7750 人，政府在基础教育阶段的财政投入为 4.79 亿欧元。初中阶段，学区内共有 177 所学校，大约 8.5 万名在读学生，4300 多名教师；高中阶段的学校数量为 172 所，包含 7.5 万多名学生。政府在初高中阶段的财政投入共计 10.6 亿欧元。[①]

2018 年，凡尔赛学区初等教育阶段共有 3306 所学校，大约 63 万名学生，教师大约 3.5 万名（包含行政管理等职位）；在中等教育阶段，学区内共有 810 所学校，大约 53 万名学生，3.6 万名教师（包含行政管理等职位）。[②] 克雷塔伊学区内，初等教育阶段共有 2634 所学校，大约 51 万名学生；在中等教育阶段，学区内共有 660 所学校，大约 39 万名学生。[③] 此外，就教师数量而言，凡尔赛学区与克雷塔伊学区的教师数量领先全国。[④]

（二）巴黎的高等教育规模

巴黎大学作为中世纪最早建立的大学之一，不仅在世界大学史上具有重要影响，也是法国高等教育的雏形与典范。同时由于地缘优势，法国最早的一批国家级科学研究机构，以及普法战争、法国大革命时期设立的"大学校"均设在巴黎。在此后近一个多世纪，法国的高等教育机构变化较小。直到 1960 年，巴黎高等教育机构的布局结构发生了一些变化。"五月风暴"导致巴黎大学分裂为 13 所[⑤] 学科特色明显的小大学；同时，为应

---

① L'académie de Paris. l'académie de paris en chiffre，2019-07-16，https：//www.ac-paris.fr/portail/upload/docs/application/pdf/2019-08/acad_en_chiffres-2019.pdf.

② L'académie de Versailles. Dossier de rentrée，2019-09-05，http：//cache.media.education.gouv.fr/file/2018/75/5/DOSSIER_PRESSE_RENTREE_2018_VD_995755.pdf.

③ L'académie de Créteil. Chiffres clés de l'académie de Créteil，2019-10-25，http：//www.ac-creteil.fr/pid31123/les-chiffres-cles.html.

④ L'académie de Paris. L'académie de Paris en chiffre，2018-10-19，https：//www.ac-paris.fr/portail/upload/docs/application/pdf/2019-08/acad_en_chiffres-2019.pdf.

⑤ 2016 年，巴黎四大和巴黎六大成功合并；2019 年，巴黎五大和巴黎七大合并成功。

对高等教育大众化，法国在大巴黎区建立了8所新大学。① 同时，鉴于巴黎生活成本高昂和空间稀缺等因素，一些原来建在市区的高校转移至75省（巴黎市）周边省市。如工艺制造学院（巴黎中央理工学院前身），从1969年转移到92省沙特奈马拉布里（Chétenay-Malabry）。学者米里亚姆·巴伦等人将巴黎的大学分布变化情况称之为从巨物到巨型地区（指大巴黎地区）的结构化变革。② 这也奠定了巴黎高等教育的基本规模。

2019年，大巴黎共有17所大学、70所"大学校"等高等教育机构和科研机构。2017—2018年大巴黎区各类高等教育与科研机构有共计近65万名学生，占法国学生人数的25%；高校的科学生产率占全国的35%。凡尔赛和克雷泰伊两个学区的学生人数在各学区中可谓最多，巴黎学区则汇集了全国最多的接受中等后教育（大学、其他院校以及大学校预备班）的学生。③ 根据2016—2017学年的统计数据显示，大巴黎区公立和私立高等教育机构的入学人数达到近35万人，其中学生为177254人，包括大学技术文凭（DUT）准备者2010人，大学校预科班学习者15021人，高级技术员班和类似文凭学习者16152人，商业、销售、管理和会计类学校学生有33150人，接受公私立工程师培训的学生有10211人，其他高等教育机构有96129人。其中有58785人为当年高等教育教学计划奖励获得者，同时获得法国政府奖学金的外国学生有1143人。④

在经费预算方面，2018年高等教育、研究和创新部针对大学生奖学

---

① 法兰西岛共四所：巴黎西北郊瓦尔德瓦兹省塞吉—蓬多瓦兹大学（前身属于巴黎第十大学）；巴黎南郊的埃松省埃夫里—瓦尔德艾松大学（前身属于巴黎第十一大学）；巴黎东南郊的马恩—拉瓦莱大学（前身属于巴黎第七大学）；巴黎西南郊伊夫林省圣康丁昂伊夫利纳—凡尔赛大学（前身属于巴黎第十大学）；还有法国北方的阿尔图瓦大学、滨海大学；大西洋沿岸的拉罗谢尔大学、南布列塔尼大学。

② Myriam Baron，Loïc Vadelorge，"Les Universités Parisiennes dans la Tourmente des Regroupements，"*Métropolitiques.eu*，2015，pp.1-6.

③ L'académie de Paris. l'académie de paris en chiffre，2019-07-16，https：//www.ac-paris.fr/portail/upload/docs/application/pdf/2019-08/acad_en_chiffres-2019.pdf.

④ L'académie de Paris. l'académie de paris en chiffre，2019-07-16，https：//www.ac-paris.fr/portail/upload/docs/application/pdf/2019-08/acad_en_chiffres-2019.pdf.

金和助学金的总预算高达 1.815 亿欧元；文化住房部的预算共计 650 万欧元。在学生服务方面，巴黎学区为大学生提供了 73 栋大学宿舍楼，向大学生提供了 7325 个住处；学区共计 18 间大学餐厅、50 间快餐厅。同时，巴黎还有闻名遐迩的国际学生学者的生活服务区——国际大学城。因此，学生、学者在享受巴黎充足的文化教育资源的同时，也可以在开放包容的国际化环境中体验别样的生活趣味。

二、世界城市建设中的巴黎教育发展战略

作为重要的世界城市，巴黎始终引领法国在向学生提供优质的教育资源，改善学生学业困难、缓解社会不公平等方面提出相关发展战略。但不能忽视的是，近年来法国学生的学业失败问题严重，且优等生和学困生间的学业水平差距越来越大。同时，全国教育评估委员（Conseil national d'évaluation du système scolaire）2018 年公布的调查结果显示，大巴黎地区内各学区的教育资源不均。在一些教学资源较薄弱的学区，初中教师的平均年龄较为年轻，师资不足且教学团队不稳定，导致这些学区初中生的学术表现存在显著差异。[①] 为更好地提升基础教育质量，各学区积极响应，在国家的改革方案基础上，提出了中期教育发展计划。如巴黎学区的《2017—2020 年巴黎学区提升教育质量的改革规划》和克雷泰伊学区的《2016—2019 年克雷泰伊学区发展规划》、凡尔赛学区的《凡尔赛学区 2020 学术计划》等，由此我们也可以进一步梳理大巴黎区在世界城市建设过程中的教育发展战略。

（一）提升教育质量，建立平等且雄心勃勃的学校

要建立平等且充满雄心的学校，各学区提出了教育发展的工作轴心，具体总结如下：

---

① Mehdi Bautier. Île-de-France：une étude du Cnesco mesure les inégalités territoriales dans les collèges，https：//www.vousnousils.fr/2018/10/24/ile-de-france-une-etude-du-cnesco-mesure-les-inegalites-territoriales-dans-les-colleges-618147.

1. 消除学生知识的掌握

首先，对抗由社会资本引发的教育不平等现象。即将社会因素列入巴黎每所学校的发展计划，以鼓励学生申请奖学金，参与学校组织的各项活动。同时，利用分区和分配的杠杆形式，增加小学和初中的相互融合。如巴黎学区提出应当促进内部资源流动，并与地方政府共同提升教育优先学校的吸引力。具体在学区和学校层面，对学生的个人学业发展进行反思并在初中落实"作业帮扶"（devoirs faits）计划。其中，"作业帮扶"计划是将课堂学习与课后作业联系在一起，为在校学生提供陪伴学习的时间，通过教师的及时辅导，让学生能顺利地完成作业，以提高其学业水平，减少成绩差异。其次，家校合作共同帮助教育优先区的学生正常入学。具体措施包括：保质保量地促进教育优先区 3 岁以下儿童接受学前教育，完成"助学圆梦"计划（Grande pauvreté et réussite scolaire），并建立好衔接班；在小学预备班和基础 1 班推行分班政策，保障教育优先区学生能够掌握基本知识。最后，促进有特殊需求学生的融合与学业成功。具体措施包括：细致分析学生存在的学习问题，并给予多样化的反馈与帮助；在中小学建立有外部人员参与的教学单位；通过团队合作，加强来自社会融合地区或新移民学生的融入，丰富社会融合地区职业高中的培养目标和运行模式。如巴黎 18 区和 19 区已经开始在其初中实施生源混合制，即将处于同一街区的不同社会阶层家庭的学生进行混合，进入同一个初中学习，确保不同家庭背景的学生享受同等的教育资源。①

2. 加强教学方法的个性化

为促进学区内部各地教育实践更具灵活性，大区鼓励各学区制定针对每个区域的差异化政策，并在既定的学术框架内加强网络工作。首先，根据学生的异质性给予其相应的教学回应。具体措施包括：尽可能给予学生和学校所需要的支持和陪伴；分析学生困难原因，推动改进教学关系；

---

① L'académie de Paris. Projet académique de l'académie de Paris 2017-2020，2019-04-14，https：//www.ac-paris.fr/portail/upload/docs/application/pdf/2018-09/projet-academique.pdf.

通过培训和团队协助，发展教师进行差异性教学的能力，并推广相关教学实践；① 使教学评估更易理解，简化衡量学生知识掌握和学业进步的方式；鼓励学生小组合作与实践。其次，加强文盲预防工作。具体措施包括：通过测量和解释的诊断工具预测文盲风险；通过相关培训和支持，加强扫盲教育行动者的专业性；与外部人员合作以更好地评定和处理风险。最后，激励学生开展学习的积极性。具体措施包括：加强对学生的个性化陪伴，使其尽早了解学校规则、打破自我限制；鼓励学生展现音体美等个人才能；通过接受一系列优质课程，促进教育优先区和强化教育优先（REP+）区学校的学生（特别是女生）选择科学技术类专业或进入大学校预备班学习。②

3. 保证学生课业的连续性和多样性

首先，建立循序渐进且具有可逆性的培训课程，发展指向终身受用的能力。③ 具体措施包括：加强母育教育至初中教育的连续性，夯实初中高年级教育；借助追踪手段确保学生幼儿园和小学之间的连续性；保障小学和初中教育的连续性，优化跨年级教育培训。其次，在初中和高中辅导学生学习，为高中会考做好准备。具体措施包括：提升职业教育价值，丰富培训方式，为学生转换各类教育打通渠道；在高中指导学生定向选择，陪伴辍学生重新接受教育。最后，加强基础教育和高等教育在信息和教学实践方面的衔接。具体措施包括：关注高中生在高等教育阶段的融入问题，并在高中阶段为其未来学习做好准备；促进职业会考文凭和高级技术文凭之间的衔接。④

① L'académie de Creteil. Le projet académique 2016-2019，2019-10-10，http：//cache.media. education.gouv.fr/file/L_academie_de_Creteil/85/1/PDF_pour_mise_en_ligne_doubles_ pages-DEF_606851.pdf.

② L'académie de Creteil. Le projet académique 2016-2019，2019-10-10，http：//cache.media. education.gouv.fr/file/L_academie_de_Creteil/85/1/PDF_pour_mise_en_ligne_doubles_ pages-DEF_606851.pdf.

③ L'académie de Versailles. Projet Academique Versailles 2020，2019-10-10，http：//www. projet-academique.ac-versailles.fr/IMG/pdf/depliant_projet_acad_2020.pdf.

④ L'académie de Paris. Projet académique de l'académie de Paris 2017-2020，2019-04-14， https：//www.ac-paris.fr/portail/upload/docs/application/pdf/2018-09/projet-academique.pdf.

4. 重振共和国价值观教育的活力

具体措施包括：首先，加强学生对公共服务原则的认识，以及对教育实践和道德规则的反思。其次，发展学生参与社会和行使公民权的意识。[1] 再次，提高学生个人和集体参与性，如为改善共同生活而行动；加强教育行动与学习行动的协同作用，帮助学生形成参与意识和团结意识。[2] 最后，建立学区"公民集群"或团队，协助学校进行共和国价值教育，例如由中小学人文和科学领域的教学专家、律师，以及人力资源、学校生活和医疗领域的专家组成公民教育团队；通过小到关注具有纪念意义的节日、可持续发展教育、尊重和理解他人，大到理解世俗主义等原则，培养学生的包容态度和共和国公民性。[3]

（二）让教育组织和运行模式适应公众需求

学校的组织方式直接影响着学校发展的有效性和公众对它的信任。因此，各学区提出要在不断变化的环境中重新思考学校运转的一致性及其在各层面与教育工作者之间的关系。其中，特别强调了加强对行政机构的审查，发现并纠正其可能出现的问题，从而提高教育系统的性能和服务。具体改革内容包括以下四个工作轴心。

1. 简化行政手续和提升办事效率

首先，简化行政和人事管理程序。具体措施包括：关注新进工作人员的接待和团队融合问题；依照学区需求，完善人员招聘政策和制度；通过加强学区各部门与学校之间的联系，优化人员替代管理和监督方式；制定简单易懂的行政程序。其次，为行政和管理人员提供现代化的工作环境。具体措施包括：加强人员联系，升级和简化行政程序；确保行政程序的安

---

① L'académie de Creteil. Le projet académique 2016-2019，2019-10-10，http：//cache.media. education.gouv.fr/file/L_academie_de_Creteil/85/1/PDF_pour_mise_en_ligne_doubles_ pages-DEF_606851.pdf.

② L'académie de Versailles. Projet Academique Versailles 2020，2019-10-10，http：//www. projet-academique.ac-versailles.fr/IMG/pdf/depliant_projet_acad_2020.pdf.

③ L'académie de Versailles. Une promotion des valeurs de la République，2019-10-11， http：//www.ac-versailles.fr/cid144463/une-promotion-des-valeurs-de-la-republique.html.

全性，规范操作并制定时间表和内部监管办法；提供信息获取通道；借助
网络和项目模式，促进服务运作的合理化；鼓励树立和汇集实践典型。最
后，改善行为者和用户之间的沟通。具体措施包括：发展学区各部门和学
校间的沟通工具；借助远程方式等有效的对话工具，开通家校联络服务；
缩减对家校请求的反馈时间。①

2. 实行以评估为主导的共享型指导

首先，在学校及其所在地区之间形成评估文化。具体措施包括：凝
聚、设计、推广和共享用于分析、自我评估和考核的统一分析数据和评价
工具②；帮助教学团队进行自我诊断，并使评估需求和评估行为正式化；促
进实践交流。其次，倡导管理和指导中的对话逻辑，即就学校的生活、培
训政策和伙伴关系进行定期交流分享。再次，重启学校的契约化发展。具
体措施包括：继续推动增值性评估，鼓励开展主动性、创造性和协作性教
育教学工作③；让每个学校社区参与确定具体的战略和业务目标；以协调一
致的方式制定学校中期行动计划。最后，推广评价工作。具体措施主要是
促进跨学科督导团队对学校进行交叉性走访，以便评估学校的成就，提出
相应建议或配合工作。④

3. 加强对教师的陪伴，提高教职吸引力

首先，伴随实践框架的专业化，重新思考教师发展轨迹。具体措施
包括：营造共享、友好又相互区别的工作环境；加强分类培训与管理；为
提高教师的工作生活质量创造有利条件。其次，扩大教职人员招聘，保持

① L'académie de Paris. Projet académique de l'académie de Paris 2017-2020，2019-04-14，https：//www.ac-paris.fr/portail/upload/docs/application/pdf/2018-09/projet-academique.pdf.
② L'académie de Creteil. Le projet académique 2016-2019，2019-10-10，http：//cache.media.education.gouv.fr/file/L_academie_de_Creteil/85/1/PDF_pour_mise_en_ligne_doubles_pages-DEF_606851.pdf.
③ L'académie de Versailles. Projet Academique Versailles 2020，2019-10-10，http：//www.projet-academique.ac-versailles.fr/IMG/pdf/depliant_projet_acad_2020.pdf.
④ L'académie de Paris. Projet académique de l'académie de Paris 2017-2020，2019-04-14，https：//www.ac-paris.fr/portail/upload/docs/application/pdf/2018-09/projet-academique.pdf.

人力资源稳定，提升人力资源价值。具体措施包括：完善教师招聘和人员接待政策，更好地满足学区需要；加强所有工作人员的培训，同时根据学区问题制定指导人员（personnels d'encadrement）相关政策。① 再次，加强对教师个人和教师群体的陪伴。具体措施包括：共同构建评价和陪伴教师的新模式；以多样化的方式关注所有教职工的个人专业陪伴需求；加强对进新入职教师的支持；发现困难教师给予支持，配合其工作；从人力资源管理的角度为个人培训后续行动创造条件；通过促进自我评估实践，以合作方式满足学校、学区服务部门、学科或跨学科团队的不同需要。最后，让继续教育适应教师发展的新需要并促进培训模式的创新。具体措施包括：完善协商方式，鼓励教师自由表达培训需求；通过培训和评估工作更新培训模式；动员和培训潜在的教师帮扶人员，以营造学习型的组织环境；开发教师培训人员人才库，重视学区教师培养队伍建设。②

4.围绕校园环境开展教育共同体建设

首先，预防旷课、辍学、排斥学校、扰乱校纪等行为。具体措施包括：在学校建立针对旷课、逃课、辍学和妨害校园等行为的自我诊断机制；制定防止旷课、逃课、辍学和妨害校园等行为的策略和行动方案；完善复学机制，并加强内部和外部教育团体行动；促进各级人员心理社会能力（移情、情感管理）的发展，并建立培训人员人才库。其次，以共和国价值观为基础，促进参与性和民主代表性校园文化的发展；特别是借助学校的参与性机构（如学生会、学生互助组织等）与学生分享关于学习、校园生活环境的反思；汇集、重视和传播人人参与校园环境建设的成功做法，并突出联络网工作（小学—初中—高中联络网，学生团体联络网等）；依托公民参与服务和发展批判精神形成相应的伙伴关系。再次，建立和

---

① L'académie de Creteil. Le projet académique 2016-2019，2019-10-10，http：//cache.media.education.gouv.fr/file/L_academie_de_Creteil/85/1/PDF_pour_mise_en_ligne_doubles_pages-DEF_606851.pdf.

② L'académie de Paris. Projet académique de l'académie de Paris 2017-2020，2019-04-14，https：//www.ac-paris.fr/portail/upload/docs/application/pdf/2018-09/projet-academique.pdf.

维护保护性、安全性、友好性和支持性环境框架。具体措施包括：通过急救培训，提高校园安全意识；培养学生对学校的归属感和共同价值观，明确世俗主义原则；每所学校都应重视并制定对抗校园暴力和校园秩序的计划；在课堂和学校内发扬博爱与合作精神。最后，巩固家长在学校的地位。具体措施包括：促进男女同校，向学生家庭公开学生帮扶工作的目的、过程、地点和时间，并与其分享校园评估信息；与学校附近的机构建立和加强伙伴关系，丰富社会教育资源。①

（三）加强和提升学校的开放性

加强学校的开放性，充分调动各学区教育资源与合作伙伴积极性，是大巴黎区发展教育的第三个重点规划。其坚持的原则是要对现代科学和技术秉持开放态度，对学校周边文化主体秉持开放态度以及对世界秉持开放态度。具体规划如下。

1.促进符合当前背景的教学实践

一方面，激励、挖掘、促进、提升和共同确定具有创新性和有效性的教学实践。具体措施包括：根据现有实践（开放课堂、灵感课程、实践分析、专业发展小组、研究行动），建立分类和按年度推进的新型培训模式；鼓励和支持涉及学生参与以及发展学生自主权（社会能力）的创新项目，并搭建就近帮扶人员网；注重评价研究，发展研究型伙伴关系并使之正规化；建立学区级教育创新实践和互助机构。另一方面，在教师能力培养和扩大学生入学方面加强数字工作的使用。具体措施包括：通过数字化教学和自主性的发展，提高学生的学习和技能；重视数字教学实践及其所能创造的附加值；让教师初始和继续教育培训模式与数学化教学相适应，共同探索提升教师能力的实践良方；从学区层面到班级层面落实更有效、更明显的数字化政策。②

---

① L'académie de Paris. Projet académique de l'académie de Paris 2017-2020，2019-04-14，https：//www.ac-paris.fr/portail/upload/docs/application/pdf/2018-09/projet-academique.pdf.

② L'académie de Paris. Projet académique de l'académie de Paris 2017-2020，2019-04-14，https：//www.ac-paris.fr/portail/upload/docs/application/pdf/2018-09/projet-academique.pdf.

2. 通过面向学生的直接伙伴关系充分改善校园文化环境

首先，帮助学校和教育机构对学生进行文化培训。具体措施包括：分享教育专业知识，迎接学生文化教育的挑战；思考和设计适合于教师需求的培训内容，注重平衡和展现各类文化；协助教学团队追踪学生文化培训并使培训更容易理解；通过合唱等形式促进集体活动发展。其次，发展学校与合作伙伴的交流协作，加强合作伙伴行动与学校教学活动的一致性。具体措施包括：广泛动员教育、教学和行政人员之间的合作，加强学校及其合作伙伴建立的紧密关系，促进与学生家长共享的教育环境；[1] 加强每所学校的文体建设，发展连贯统一的艺术和文化课程；发挥教学大纲内容和社会合作伙伴实践行动的协同作用，制定校园文化建设方案。最后，重视"纪念性工作"（le travail de mémoire）以及推动学校重要教学事件召集者参与学校文化建设。具体措施包括：在学校的纪念活动和重要比赛中，让师生了解并向其解释学校具有纪念意义的事件；发展跨学科与合作交流能力，记录学校具有纪念意义的工作事件和发展学校重要事件召集者参与学校文化建设；加强不同教育层面的行动联系，在纪念牌匾、雕塑、校训碑等学生容易接触的地方开展文化教育工作。[2]

第三节　巴黎教育的国际化改革与发展

在经济全球化不断深入，信息化发展日臻成熟，人工智能引领社会发展的新时期，教育国际化已成为创新知识经济高地、促进人才流动与聚集、提升国家综合实力的重要推动力。巴黎有着悠久的教育国际化传统。在中世纪，伴随行会组织的兴起与人员的流动，巴黎吸引了来自欧洲各国

---

[1] L'académie de Creteil. Le projet académique 2016-2019，2019-10-10，http：//cache.media. education.gouv.fr/file/L_academie_de_Creteil/85/1/PDF_pour_mise_en_ligne_doubles_ pages-DEF_606851.pdf.

[2] L'académie de Paris. Projet académique de l'académie de Paris 2017-2020，2019-04-14，https：//www.ac-paris.fr/portail/upload/docs/application/pdf/2018-09/projet-academique.pdf.

的学子、学者。他们汇聚在拉丁区——这一最早的"国际化"教育场所，并促成了巴黎大学的诞生。此后，巴黎一直秉持教育对外开放的传统，至现代社会。二战后，巴黎凭借丰富、优质的教育文化资源，成为法国教育的中心，并始终吸引着来自全球的"求知之士"。尽管法国在全球教育竞争中不敌英美加等盎格鲁－撒克逊国家，但却是吸引外国学子和学者最多的非英语国家。在欧盟高等教育一体化和国际教育市场的驱动下，法国将教育外交置于"法国国际战略的中心位置"。当前，逆全球化趋势凸显，面对英国退出欧盟等现实，法国继续保持开放态度，并希望借此机会实现欧盟金融中心的转移。因此，大巴黎区推出"选择巴黎地区"计划，积极招商引资，扩大其在欧洲乃至全球的影响力。与此同时在教育领域，巴黎也制定了一系列旨在推动各级各类教育国际化深入发展的改革措施。

一、巴黎基础教育国际化发展与改革

在基础教育方面，大巴黎区各学区始终以开放的态度，将加强教育对外开放作为帮助学生成功和提升巴黎城市文化在全球影响力的重要途径。一方面，大巴黎区积极响应欧洲一体化的号召，促进教育资源跨境流动，助力法国充分发挥其在欧盟中所扮演的政治、经济、社会和文化发展的引领者和促进者角色；另一方面，大巴黎区通过鼓励各学区中小学丰富外语教学、国际课程，推广数字化教学，迎接国外教育代表团与相关人员培训、建立国际友好教育城市等不断扩大其全球影响力。

（一）完善语言政策，扩大学校外语教学语种

早在 1981 年 5 月，法国就已出台第 81—594 号政令，要求在小学、初中和普通高中开始国际科目（les sections internationales）以满足法国和外国学生的教育需求。[①] 此后，法国通过政令对有资质开设国际班的学校予以承认，进一步规范了国际教育"市场"。而各学区按照政令中设计的

---

① L'académie de Verssailles. Sections à ouverture linguistique, européenne et internationale, 2019-04-14, http：//www.ac-versailles.fr/cid108484/sections-ouverture-linguistique-europeenne-internationale.html.

课时量、大纲、文凭类型、课程开设方式、教师招聘与学生行政管理制度，发展各自的国际科目。与此同时，各学区也进一步完善教学语言的相关政策，鼓励使用外语教授其他科目，促进学生更好地掌握不同国家的教育特色和相关知识文化。

如巴黎学区提出应促进从小学到初中再到高中，特别是教育优先区学校语言课程的一致性和连续性；培训和帮助教师加强语言教学中的跨文化理解和整合；加强教师掌握外语及其教授法方面的能力，非语言学专业教师可与语言学家共同开展合作教学。克雷泰伊学区提出吸引欧洲和国际教师开展外语教学工作，实现学区内部双语教学。如加强国际高中内部英语、阿拉伯语、西班牙语和中文等外语课程，为学生高考增加砝码；推出法德、法西、法意双国家课程，并获得由两个国家所承认的文凭。① 凡尔赛学区规定了所属中小学（特别是高中）积极拓展外语语种教学，除传统的德语、英语、西班牙语、意大利语，逐渐兴起的阿拉伯语、中文、俄语和日语外，凡尔赛学区还提供丹麦语、荷兰语、挪威语、波兰语和瑞典语等 15 种外语教学科目。

（二）主张区域间合作，积极推动欧洲一体化

欧盟自成立以来便通过推进欧洲一体化，应对日益激烈的国际竞争和全球化挑战，在教育领域也不例外。2000 年欧盟在里斯本会议上确立了 21 世纪的总体发展目标，决定在教育和培训领域大力推进终身学习。2006 年欧盟正式推出的"核心素养"框架，包括学生应掌握母语、外语、数学与科学技术素养、信息素养、学习能力、公民与社会素养、创业精神以及艺术素养八项能力，以实现个人发展、社会融入，胜任未来工作所需，并为终身学习奠定基础。② 2005 年，欧盟为贯彻学习信息化行动计划，

---

① L'académie de Créteil. L'ouverture européenne et internationale，2019-04-14，http：//www.ac-creteil.fr/pid34102/l-ouverture-europeenne-et-internationale.html.

② The European Parliament and the Council of the European Union. Recommendation of the European Parliament and of the Council of 18 December 2006 on Key Competences for Lifelong Learning，2019-09-30，https：//eur-lex.europa.eu/legal-content/EN/TXT/PDF/?uri=CELEX：32006H0962.

提倡在成员国的中小学校推行电子结对（eTwinning），通过增强掌握信息通信技术的技能，提高欧洲师生在不同文化间的交流能力，建立起包容多样的文化和价值观念。在一系列教育一体化政策的推动下，大巴黎区在践行法国"共同基础"的同时，借助欧盟平台，扩大教育合作伙伴，促进教育方法革新，创造更具吸引力的教育环境。

如巴黎学区强调，要通过数字化丰富教学的多样性，在欧洲进一步发展和建立伙伴关系；同时积极支持和促进学区内中小学校利用信息通信技术网络，引入欧盟融合教育等资源。凡尔赛学区则组织关于介绍欧洲、特殊事件、档案和增值项目的"欧洲门户"（Portail Europe）主题教育活动，并积极号召学区内中小学组建活动场地，用于活动开展与推广。① 克雷泰伊学区整合和分析已有活动，鼓励本区学校、师生与欧洲其他国家学校和人员形成交流网络，利用欧盟数字化平台，支持教师和其他教职工接受在线职业培训，形成学校结对、学校管理层结对、教师结对、教师团队结对、图书管理员结对、指导顾问结对和学校督学结对等不同主体参与的教育合作。

（三）丰富交流项目，促进广大师生在欧洲和全球的流动

大巴黎区为进一步提升基础教育的国际化水平，积极鼓励以人员流动为主的教学交流与培训合作项目。同时，各学区也努力保持和发展欧盟以外的伙伴关系，特别是与地中海地区国家的合作，以及与法语研究机构或教师培训机构建立的长期伙伴关系，希望通过人员流动加强对外联系，推动学校与地方当局、企业及其代表产生协同合作效应。②

在学生交流方面，巴黎学区提出继续在教育优先网络③ 等地区推进伊拉斯谟＋培训计划；扩大和提升相关学校、预备小组和企业网络建设在支

---

① L'académie de Versailles. Portail Europe，2019-09-30，http：//www.ac-versailles.fr/cid108475/portail-europe.html.

② L'académie de Paris. Projet académique de l'académie de Paris 2017-2020，2019-04-14，https：//www.ac-paris.fr/portail/upload/docs/application/pdf/2018-09/projet-academique.pdf.

③ 教育优先网络（Réseaux déducation prioritaire，REP）是法国对教育薄弱地区按照一定资助标准给予更多教育经费和资源投入的地区网络。

持学生赴海外进行职业培训的数量和质量；支持因班级或个人需求提出的学生流动。克雷泰伊学区推出暑期实习、职业培训旅行、法德法英交流和伊拉斯谟等项目，大力支持学生借助各种机会赴国外学习、实习和教育交流。

在教师交流方面，克雷泰伊学区将受聘教师作为儒勒·凡尔纳计划的一部分，派遣他们去全球教育合作学校或合作机构开展学术交流。如在2015—2016学年，该学区向巴西、中国、西班牙、墨西哥和瑞典派遣了5名教师。作为回报，克雷泰伊学区也积极欢迎外籍教师回访交流，同年该学区也接受了来自巴西、中国和墨西哥等国家的教师。

（四）加强世界城市间合作，发展同国际组织的伙伴关系

拓展友好城市，实现世界城市间教育合作与同频共振，也是大巴黎推进教育国际化的重要举措。三个学区发挥各自特色，与欧洲、北美洲、拉丁美洲和亚洲等地的城市建立了紧密的伙伴关系。

巴黎学区与柏林、伦敦、北京、首尔、芝加哥、罗马、马德里、墨西哥城等世界城市建立了教育合作网络，具体措施包括：与芝加哥公立学校签订教育合作伙伴协议（谅解备忘录），与芝加哥中小学签订姐妹学校，与北京市委北京市教委签署有关各级各类学校的四年期合作协议，以及深入推进诸如莫利埃高中、查理曼高中的法墨交流项目，纪尧姆职业高中的法意交流项目等。高中生远赴国外，体验合作城市的教育和生活方式，提高了其外语语言水平，并加深了对当地文化知识的认识，发展了学生的学习和社会交往自主性。凡尔赛学院已与西班牙、突尼斯、德国和英国的区域教育当局签署（或计划很快签署）合作协议。在学区一级签署的这些合作协定通常是国家教育部长和外国对应方在国家一级建立的更广泛框架的一部分。[1] 同时，凡尔赛学区还与国际组织签署国际协定和公约，申请加入联合国教科文组织联系学校项目网络，通过合作加强本区学生对"全球

---

① l'académie de Versailles. Les partenariats de l'académie de Versailles，2019-10-24，http：//www.ac-versailles.fr/cid108364/les-partenariats-academie-versailles.html.

公民"概念的认识，践行为和平服务的教育理念。①

二、巴黎高等教育国际化发展与改革

在高等教育方面，法国在进入新世纪后主要围绕人员、机构、课程和项目合作提出了一系列改革措施，务求为高等教育国际化提供切实可行的方向与路径。如 2006 年的《研究规划法》提出加强法国高等教育国际科研合作水平；2007 年的《大学自由与责任法》要求重建高等教育署（Campus France）；2013 年的《高等教育与研究法》将可在高校实行英语授课纳入教育法典。还有一些政策是高等教育与研究创新部（下简称高教部）基于高等教育国际化现状提出的改进建议。如高等教育署联合 Kantar Sofres 民调机构分别于 2011 年（《法国未来十年走向何处?》）、2013 年（《投资高等教育国际化》）和 2017 年（《外国学生眼中的法国形象和吸引力》）推出的高等教育国际化战略报告。2018 年 11 月，法国推出旨在提高法国国际留学吸引力的高等教育国际化新战略——"欢迎来法国"。该战略将引进国际留学生置于提高法国国际声誉的核心位置，目的是到 2027 年使法国接受的国际学生数量达到 50 万人，同时使更多的法国学生以校际交流的形式或以获取文凭为目的出国留学。② 在法国中央集权的管理体制下，大巴黎区积极配合国家政策，同时各院校也发挥能动性，积极拓展国际合作，提升高等教育国际化水平。

（一）推进高等教育组织变革，建立开放包容的国际化校园环境

伴随高等教育跨境流动规模的不断扩大，法国高等教育对外交流与合作愈加频繁。2005 年法国政府推出高校与科研地区性合作项目，2006 年建立科研与高等教育集群，2008 年启动"校园计划"建立具有国际水

---

① l'académie de Versailles. Les partenariats de l'académie de Versailles，2019-10-24，http：//www.ac-versailles.fr/cid108364/les-partenariats-academie-versailles.html.

② Ministre de l'enseignement supérieur de la France. Bienvenue en France：la stratégie d'attractivité pour les étudiants internationaux，2019-04-28，http：//www.enseignementsup-recherche.gouv.fr/cid136251/-bienvenue-en-france-la-strategie-d-attractivite-pour-les-etudiants-internationaux.html.

准的卓越校园，2010 年又推出大学"卓越计划"（Initiative d'excellence）、
"地 方—经 济—科 学—创 新 计 划（I-SITE）"和"卓 越 实 验 室 计 划
（LABEX）"等项目，选拔优质的合作高校及其相关研究机构给予包括发
展国际化合作在内的特殊经费支持。这些举措均在吸引国际学生、提升法
国高等教育国际化水平方面发挥着积极作用。这些举措也是大巴黎区打造
巨型一流国际化大学，吸引国际精英人才流入，促进当地经济增长和提高
高等教育国际竞争力的关键。

2006 年，法国将三个学区内的所有大学、"大学校"和科研机构进
行整合，形成东巴黎（联合）大学、巴黎高科技工程师学校（Paris Tech，
一种高校集群形式）、南巴黎（联合）大学、巴黎西岱联合大学、索邦
（联合）大学、高等研究—索邦—艺术与工艺大学集群、巴黎科学与文
学—拉丁区集群、西大巴黎（地区）大学集群、法兰西岛（学校）委员会
和巴黎卢米埃尔大学 10 个科研与高等教育集群。各集群积极开展对话合
作，联合申请大学"卓越计划""卓越实验室计划"等国家项目资助，打
造多个大型国际化教学研究基地。2013 年后，在政府的号召下，各集群
转变身份，成为大学与机构共同体。在此过程中，巴黎六大和四大、七大
和五大进一步发挥各自优势、强化合作，分别开展合并改革并建立了新大
学。与过去各院校单兵作战不同，合并大学与高校联盟更具开放性和包容
性，同时国际化校园环境也为法国扩大留学生吸引力提供了硬件支持。

（二）加强国际研究合作，大力引进全球高层次人才

推动地区高等教育国际化，离不开知识创新驱动。巴黎也通过友好
和包容的国际姿态，积极开拓国际研究伙伴，扩大和深化国际研究合作；
借助各类平台和渠道，引进全球高层次人才，积累人力资源，助力地方高
等教育发展。

一方面，巴黎各高校不仅与盎格鲁－撒克逊等发达国家的高校继续
开展研究合作，而且积极拓展与巴西、中国、印度、俄罗斯以及韩国等新
兴国家高校、科研机构以及一流企业的合作，特别是在新能源、新材料等
交叉学科领域，完善科学团体的运作机制，建立维持合作网络的专门机

构，促进尖端科研及其成果转化，从而为城市发展服务。另一方面，巴黎张开双臂迎接外国科研人才，大力吸引高学历留学生，为高等教育发展注入创新动力。如巴黎学区提出科技人才配套吸引政策，建立外籍研究人员服务中心网络（réseau EURAXESS），为国际教师和研究人员及其家庭提供个性化帮助和陪伴，包括提供处理居留手续、日常生活、儿童上学、寻找住房、语言和文化融入等服务。①

（三）增加英语授课项目和法语培训，为国际交流扫除屏障

为避免因语言不通而造成的留学生和国际人才流失，法国积极推动英语授课课程和学位。2013 年法国出台的《高等教育与研究法》已允许高校在与国外高校签订协议的情况下使用外语进行授课，从而使法国大学突破了只用法语教学的刻板界限。2004—2018 年间，法国大学的英语授课课程数量增长了 5 倍。截至 2019 年，法国有 1015 门课程采用全英文授课，且大多为硕士阶段课程，其余课程为英法双语授课。在这些英语或双语专业中，经济管理、工程技术、环境科学与健康等专业大受欢迎。②

大巴黎区鼓励各学区积极开展英文授课项目，并申请"欢迎来法国"项目基金，以支持国际人才特别是非法语国家学生的培养。如巴黎综合理工学院在 2017 年创建新本科专业时提出优先接收留学生，以开展国际化工程师精英教育。此外，各学区还借助英语大力推动双学位课程、联合学位课程、国际硕士文凭等项目，吸引外国人才赴法留学。同时巴黎各高校积极发展法语培训机构和远程法语教学项目，为非法语国家和避难国留学生以及攻读特殊文凭的科技人才等提供法语语言支持，进一步弘扬法语和法国文化。

---

① Ministère de l'Éducation nationale. de l'Enseignement supérieur et de la Recherche，Accueil en France des scientifiques étrangers，2019-10-28，http：//www.enseignementsup-recherche.gouv.fr/cid56284/accueil-en-france-des-scientifiques-etrangers.html.

② Ministère de l'Éducation nationale. de l'Enseignement supérieur et de la Recherche，Livre blanc de l'enseignement supérieur et de la recherche 2017，2019-10-19，https：//cache. media.enseignementsup-recherche.gouv.fr/file/Actus/04/1/ESR_Livre_Blanc_707041.pdf.

（四）调整多项优惠政策，简化出入境行政手续

为进一步提升高等教育的国际竞争力，法国推出多项优惠政策，并提出简化国际人员出入境行政手续等措施，推进高等教育国际交流与合作。大巴黎区也以公平、便利与高效为原则，积极响应国家新战略。

首先，实行学费差异化制度。为促进教育公平，巴黎部分高校从2019年秋季入学开始上涨非欧盟国家国际学生注册费，并实行差异化收费。即本科阶段每年2770欧元，硕士及博士阶段每年3770欧元。而国际博士将免于缴纳差异化学费。事实上，法国政府仍将承担实际教育成本的三分之二。其次，增加奖学金名额。法国政府承诺将为国际学生提供15000个国家奖学金名额和6000个院校奖学金名额。巴黎2019年相较2018年增加了200个奖学金名额。再次，简化签证程序。法国大使馆将优先处理留学生签证；开通"法国签证"电子门户网站，方便学生查询需提交的资料和注册进展。曾在法国取得硕士文凭的留学生也可以申请特殊居留证，以方便其再次返法寻找工作。[①] 同时，巴黎率先开始实行签证审批电子化，留学生不再需要前往法国移民局办理签证手续，便可获得学生居留证，且其有效期等同于学生在法学习时长的总和（有效期最长为4年）。为方便学生办理居留证，法国在大学周边及省会设置一站式服务窗口。各院校还将为每位留学生分别分配一名顾问，帮助留学生办理留学前后各种手续。此外，巴黎鼓励延长职业型、理学专业和大学校联盟毕业生在法额外停留时间，硕士和博士毕业生借助5年往返签证和博士生"人才护照"等政策，可以积极尝试在巴黎或其他城市创业或就业。

（五）优化留学教育服务，打造融合性高等教育国际化基地

伴随法国大学自治改革的深入，法国认为高校只有通过开放、灵活

① Ministère de l'Éducation nationale. de l'Enseignement supérieur et de la Recherche，Bienvenue en France：la stratégie d'attractivité pour les étudiants internationaux，2019-05-10，http://cache.media.enseignementsup-recherche.gouv.fr/file/Enseignement_superieur/73/1/Strategie_d_attractivite_pour_les_etudiants_internationaux_-_19.11.2018_1034731.pdf.

的治理，充分调动各方资源，才有助于保持其国际地位。因此，法国将留学生事务管理服务工作下放至高校或高校联盟，由学校自行制定标准。大巴黎区在此过程中，鼓励各高校制定优化留学生服务的相关举措。如在对学生进行趋同化管理的同时，为其提供个性化陪伴；联合第三方机构追踪高等教育国际化发展状况，推出高校留学生接待水平认证机制，为政府和高校善治提供有力支持。

同时，大巴黎区通过国际大学城，致力于将自身打造成为融合性高等教育国际化基地。巴黎国际大学城（La Cité internationale universitaire de Paris，简称 CiuP）坐落在巴黎十四区，作为大学宿舍群，有 40 幢住房建筑，每年会接待来自 140 个国家的 1 万名学生、学者或艺术家，大学城更配有剧院、公园、图书馆、排练室和体育设施。1921 年，在第一次世界大战后，为了汇集世界各地的学生，促进各国人民交流，这所巴黎国际大学城应运而生，这里的瑞士楼、阿根廷楼、突尼斯楼等，也被列为"历史古迹"。大学城所在地交通便利，除紧挨巴黎环线高速公路和城市有轨电车 T3 线外，旁边还有地铁、区域快铁 B 线等车站。学生乘公交前往大学集中的拉丁区和大巴黎其他地区都非常便捷。

值得一提的是，2016 年，在第三轮中法高层人文交流框架下，巴黎大学管理委员会与北京市政府就建造"中国之家"学生公寓达成了协议，将由中方斥资 3000 万欧元，建造一幢有 300 间宿舍的中国楼，公寓面积将达 2800 平方米。这是法国首次邀请外国团队在大学城建造新房。中国之家成为大学城的新外交据点。中国之家是自 2011 年以来在大学城开展的"城市 2020"项目的重要组成部分。该项目在巴黎占地 34 公顷的土地上分配了 10 块新建筑用地，其中 4 块由国外团队负责建设。① 总之，拥有 90 多年历史的大学城作为"国际化学生城市"，通过风格各异的国际性

---

① Le Figaro étudiant. La maison de la Chine，nouveau bastion diplomatique à la cité universitaire，2019-10-10，https：//etudiant.lefigaro.fr/article/la-maison-de-la-chine-nouveau-bastion-diplomatique-a-la-cite-universitaire_27f29a98-f614-11e7-adbe-e5630109b1d6/.

学生宿舍，为各国青年精英深入交流、进行文化融合提供了广阔平台。

　　此外，在扩大吸引力的同时，大巴黎区也积极"走出去"，扩大其在海外的高等教育影响力。如巴黎与其他国家的地方政府开展合作，通过建立附属学校（établissement franchisé）、卫星校园（campus satellite）及合作院系（établissement associé）三种方式向当地学生提供高等教育，彰显其高等教育国际化水平。目前法国已在国外建立了 140 所院校。如巴黎的索邦大学与中国人民大学共建中法学院，开拓人大苏州校区。2016 年 6 月，中法学院获得了"中法大学合作优秀项目"奖项。海外分校的建设有助于推广巴黎的高等教育，使国外学生更加了解巴黎和法国文化，增加赴法留学的需求。

第七章　东京世界城市建设与教育国际化

　　东京作为日本的首都，既是全国政治、经济、文化与交流等领域的枢纽中心，也是全球公认的与纽约、伦敦并列的三大顶级世界城市之一，其辐射力不仅限于日本列岛本土，已经波及全世界。由于东京城市地域范围不断向周边扩张，并向城市群体空间演进，形成了不同层次的巨型都市圈，因而衍生出了东京都、东京圈和首都圈等多种东京概念，且大多不加严格区分而被混用。鉴于当前学术界关于东京概念的理解和名称使用上的分歧，本章拟首先针对上述概念及其相互关系加以明确和厘清。

　　东京都：行政区划意义上的东京都（Tokyo Metropolitan）是日本一级行政区47个都道府县①中的都行政机构，它由区市町村等行政单位构成。其总面积约2188平方公里，占全国总面积的0.6%。人口约1350万，占日本总人口的10.6%，在日本47个都道府县中位居首位。② 东京都辖23个特别区、26个市、7个町、8个村以及伊豆群岛、小笠原群岛等岛屿。

　　东京圈：又称东京都市圈（Tokyo Megalopolis），指以东京都区部（23个特别区）为中心的都市圈，从东京都心（中央区千代田区港区）向

---

① 日本的行政区划分为1都、1道、2府和43县。其中，1都为东京都，1道为北海道，2府为京都府和大阪府。日本的"县"相当于中国的"省"，共43个。各都道府县下设"市町村区"。

② 東京都公式ホームページ：東京都の人口（推計）2015年度，2015年12月23日，见http://www.toukei.metro.tokyo.jp/jsuikei/js-index.htm。

外扩张，半径约 70 公里同心圆范围内的区域，相当于东京的近郊通勤圈，受东京的辐射影响最为强烈，通常包括 1 都 3 县，即东京都、埼玉县、千叶县及神奈川县。

首都圈：(Capital Circle)，指从东京都心向外约 100—120 公里的区域，即东京圈之外再包括外围的茨城、栃木、群马、山梨等共计 1 都 7 县的区域，相当于日本八大区域中的关东地区。

本章研究的议题是世界城市与教育国际化问题，作为世界城市的"东京"是指以首都圈为依托的、行政区划意义上的东京都。以下在东京世界城市建设与教育国际化的研究中所提到的"东京"，指的是东京都。

第一节　东京建设世界城市的发展进程与发展道路

作为亚洲的世界城市，东京有着不同于纽约和伦敦的发展轨迹。从江户到东京，东京经历了从封建社会小城堡向现代资本主义世界级国际化大都市的转变过程，也经历了从全国政治中心向全国经济中心，再向世界经济中心的转变过程。研究东京建设世界城市过程中的成功经验和失败教训，对于向着世界城市迈进的北京有着极大的借鉴意义。

一、从江户到东京——国家政治中心时代（1457—1868）

现代的东京是以旧江户城为中心逐渐发展起来的。江户原是隶属"武藏国"的一座边陲小渔村。江户的开发始于平安时代（794—1192）后期，当地的豪族江户重继在江户的樱田（即后来的江户城）建立宅邸，并以地方为名字，改名为"江户太郎"。1457 年，武士太田道灌在此修筑江户城，当时规模不大，仅 100 多户居民。由于江户城面江临海，背依日本最大的关东平原，是武藏国、下总国、相模国、伊豆国等令制国的交通要塞，腹地经济较为发达，故建城后，逐步成为武藏国的政治和贸易中心。1590 年，统领关东八州的德川家康将其统治中心移驻江户，江户城开始繁荣起来。1601 年，江户因大火全城焚毁。1603 年，德川家康在江户开设了延续 200 多年的江户幕府，着手对江户古城扩建后修筑了城池，并于 1640 年建成了"天下第一城"——江户城。从此，江户城作为幕府将军的居城成为全国的幕政中心，加上"参勤交代制"①，幕府倾举国之力发展江户，大量不事生产的武士家族于此繁衍，服务于武士阶层的商人、工匠、使役作为"町人"亦大量涌入，江户城迅速发展成为全国的政治中心。19 世纪初，江户人口已超过百万，不仅是日本最大的城市，也是当时世界上人口最多的城市之一。在江户幕府时代，虽然首都设在京都，但统治实权掌握在将军和武士手中，所以江户是日本真正的政治中心。

1868 年明治维新结束了幕府统治，鉴于江户在全国的重要地位，明治天皇将都城由京都迁居至此，改江户为东京，与西京即京都相对称。从此，东京正式成为日本国的首都。这一时期东京的主要职能是国家的政治中心。

二、从明治维新到二战前——国家经济中心功能形成时代（1868—1939）

明治维新后，明治政府在加快近代国家资本主义体制建设的同时，主要通过在城市改造和城市建设方面，直接引进和运用欧美的城市建设技术和经验，以实现建设欧洲风格的新城市的目标。这一时期，东京的城市结构中出现的新的组成部分就是新兴工业区。但是，在日本对外开放之初，即明治维新后至 20 世纪 20 年代，东京只是全国的政治和文化中心，在全国的经济中心地位并不稳固。日本的工业中心仍然是位于关西地区的大阪。大阪的工业主要是以商业资本为基础发展起来的轻工业和民用工业，而东京的现代工业，则主要是在日本银行等政府金融机构的支持下，以国家资本和官办企业为基础发展起来的铁路、电信电话、制铁等重型工

---

① 参勤交代制，又称参觐交代制。是日本江户幕府严格控制各藩大名的重要措施，也是武家诸法度中最重要的组成部分。根据此项制度，各藩大名每年都需要在一定期间前往江户辅佐幕府将军执行政务，然后再返回自己领土执行官职。

业。①20世纪初，以大阪—神户为中心的"阪神工业地带"占全国工业总产值约30%，形成"大阪一极集中"现象，而当时以东京—横滨为中心的"京滨工业地带"却只占15%。②尔后，随着中央政府加强了对全国经济的管控，加之第一次世界大战又为日本国内以军工业为中心的重型化工业的快速发展提供了一次绝好的机遇，使得东京的经济地位逐步提升。从20世纪30年代开始，东京及其周边地区的工业生产总量开始超过大阪，城市化发展的速度随之进一步加快。1943年7月1日，日本政府颁布法令，将东京市改为东京都，扩大了它的管辖范围。

在快速工业化进程中，因东京市内有轨电车和铁路系统的建成而带来越来越多的劳动大军的流动，为东京城市的扩张创造了有利条件。同时，由于1923年关东大地震摧毁了东京城区60%的建筑物，导致大量人口涌入郊区，为东京城市建设空间扩展提供了动力。19世纪末，以东京为辐射中心的日本全国铁路系统已经建成。到1919年，东京城区中心著名的山手环线得以全线贯通，通勤交通方式的改变使得以山手环线各站点为核心的东京副中心——新宿、涉谷、池袋等区域迅速发展起来。同期，许多郊区的私人铁路线路也把终点站延伸到山手线的各站点，这极大地推动了东京周围农村地区卫星城镇的发展，在20世纪30年代，在离东京中心30公里半径的范围内有相当数量的郊区城镇和大学校园小镇在铁路沿线建设起来。③伴随着产业革命中资本、人口以及以家族财阀为中心的三井、三菱、住友、安田四大财团为首的垄断企业中央管理功能向东京的"一极集中"，东京由单纯的政治性城市逐渐转向兼有政治、经济中心功能的城市。政治、经济双重中心功能的聚集为东京日后成为世界城市并形成以其为中心的大都市圈奠定了基础。

---

① 王郁：《城市管理创新：世界城市东京的发展战略》，同济大学出版社2004年版，第12页。
② ［日］阿部和俊：《先进国の都市システム研究》，地人书房1996年版，第34页。
③ 虞震：《日本东京"多中心"城市发展模式的形成、特点与趋势》，《地域研究与开发》2007年第10期。

三、从二战后到《广场协议》签订——国家经济中心功能强化时代（1945—1990）

（一）占领与经济恢复期（1945—1955）：东京重建规划（1946）

二战战败后至 20 世纪 50 年代初，日本经济经历了一段严重的衰退时期。战前高度发展的重型装备制造业的优势地位在战争中已基本丧失殆尽。在近 10 年的战后经济复兴期，日本政府推行优先发展东京的经济复兴政策，重点发展煤炭、电力、钢铁等能源、原材料工业，这一期间新建的工业继续向阪神和京滨工业地带集中，形成了西部阪神、东部京滨的"两眼对称"结构。在城市化进程方面，东京规划系统一方面和日本的行政系统一起接受美军占领当局的民主化改造，一方面又面临着繁重的重建任务。东京都规划局相继推出了《帝都再建方案》（1946）和《战灾复兴城市规划》（1946）。尽管这两个项目在实施过程中都遭遇到了阻力和困难，但项目的完成为东京城市发展奠定了良好的基础。1955 年，由首都圈建设委员会制定的"首都圈构想草案"是这一时期都市圈建设的主要成果。

（二）经济高速增长期（1955—1972）：第一次"首都圈发展规划"（1958）、第一次综合国土开发规划（1962）、第二次"首都圈发展规划"（1968）与第二次综合国土开发规划（1969）

20 世纪 50 年代中期至 70 年代初，在优先发展重化工业的产业政策指导下，日本经济开始腾飞，并在其后将近 20 年里保持了经济的高速增长，提升了东京在国际金融领域的地位。钢铁、机械、石油化工等重化学工业在这一阶段的产业成长中扮演了关键角色。截至 1964 年东京夏季奥林匹克运动会结束后，东京在经济飞速发展的大潮中取得了长足发展。1968 年，日本经济总规模跃居世界第三，仅次于美国和苏联。日本的经济结构，特别是制造业也开始了由轻工业向重化学工业向高加工度化工业结构的迈进。钢铁、机械、石油化工等重化学工业先是在京滨、阪神、中京和北九州四大工业地带迅速发展，然而人口和产业高度向东京、大阪和名古屋三大城市及其周边的集中，引发了居住环境恶化、地价上涨、交通拥堵等大城市病和区域差距扩大等问题，于是政府采取了抑制京滨、阪神两大工业地区的政策，严格限制在这一地带建设新工厂。与此同时，日本政府先后实施了全国综合开发计划（一全综，1962 年）和新全国综合开发计划（二全综，1969 年），新建的大规模工厂便向四大工业地带周边的临海港口地带区位发展，陆续建设的新干线和高速公路沿着太平洋沿岸把这些工业地带连接起来，形成了东起东京湾东侧鹿岛，向西经过东京湾、骏河湾、大阪湾和濑户内海（所谓"三湾一海"），一直到北九州，长达1000 公里的太平洋带状工业地带。① 东京圈与同是位于日本列岛东南沿海平原地带的名古屋圈、阪神圈（大阪、京都及神户等市）构成了环太平洋西岸大都市经济带，成为日本国民经济的主要集聚区域。

伴随着经济的高速发展，日本的城市化也进入了史上最大规模的加速发展期。1956 年"首都圈整顿方案"获批，日本政府意图构建一个以东京为中心、半径 100 公里的"首都圈"。1958 年首都圈建设委员会制定了第一次"首都圈发展规划"，仿照 1944 年"大伦敦规划"提出建设卫星城市的方案，最终获批付诸实施。在此阶段，东京都城市重建基本完成，基础设施水平较战前有了较大提高，逐渐成为东京大都市圈的中心城市，人口、资源和产业向东京集聚，产业结构发生了变化，开始了从制造业中心向经济中心的过渡，东京国家经济中心的功能逐步得到恢复和强化。但是，伴随着东京战后经济的复兴和人口的恢复增长，导致了东京城市出现了"极轴"现象。东京都"一极"结构造成了城市过度拥挤、城市规模无限扩张、城市功能过度集中等问题。为了适应经济的发展，控制中心区人口、产业和功能的过度集中，东京城市规模不得不向外扩张，进一步改变城市空间结构，由传统的"一极结构"向"多极结构"转变。1965 年，日本政府对"首都圈整治法"进行了修改，对首都圈的功能体系进行调整，进一步提出了巨大地域复合体构想。在 1968 年和 1976 年，日本政府又先后出台了第二次和第三次"首都圈发展规划"。较 1958 年第一次规划

---

① 郑京淑、郑伊静：《东京一极集中及其城市辐射研究》，《城市观察》2013 年第 5 期。

而言，这两次规划将首都圈范围扩展至"一都七县"，不仅扩大了首都圈的规划范围，而且分散了东京城市中枢管理的功能，设想建设"区域多中心城市复合体"的分散型网络结构。在 1956—1975 年这 20 年间，日本城市化发展不仅是数量的提高，更主要是城市经济结构的高度化带来城市化质量的提升。日本成为东亚地区首先基本完成现代化、城市化的国家，东京的经济、人口、建成区面积都快速增加，工业带动着城市向郊区快速蔓延。

（三）经济调整和重新增长期（1972—1990）：第三次"首都圈发展规划"（1976）、第三次国土综合开发规划（1977）与第四次"首都圈发展规划"（1986）

20 世纪 70 年代初，由于国际汇率体系由原来的固定汇率制转变为浮动汇率制，日本迫于美国压力使日元兑美元汇率大幅上升，再加上 1973 年和 1979 年接踵而至的两次石油危机致使需要大量依赖海外石油资源的重化工业扩张以实现经济高速增长的日本受到重创，经济增速持续减缓。东京的制造业在日本 GDP 和就业总量中的份额逐步下降，电子和高技术产业逐步取代重化工业成为制造业当中的主要增长部门。经历结构调整之后，日本经济重新步入增长期，高技术产业、服务业成为支撑经济增长的新兴部门。[1] 从 20 世纪 80 年代起，日本的经济增速维持在 4% 以上，在发达国家中保持着最高水平，日本人均国民生产总值开始超过美国。由于日本产品具有节能、环保和生产自动化等优势，在国际市场极具竞争力，这为日本赢得了巨大的贸易盈余，金融储备因此大量增加，从而极大提升了东京在国际金融和相关事务中的地位。全国工业化过程的积累为东京发展为世界城市打下了坚实的经济基础。[2]

这一时期，日本城市化也开始进入以质的提升为主的稳定阶段。为了落实首都区规划的部分内容和适应东京从 20 世纪 70 年代的经济不景气

---

[1] 吴唯佳等：《特大型城市发展和功能演进规律研究——伦敦、东京、纽约的国际案例比较》，《上海城市规划》2014 年第 6 期。

[2] 沈金箴：《东京世界城市的形成发展及其对北京的启示》，《经济地理》2003 年第 7 期。

中恢复的形势需求，东京都制定了 1980 年东京长期规划。针对东京在发展中出现的问题，该规划将东京都地区分成不同地区提出了不同的发展政策和规划方案，如在高密度建成区提出改善交通状况，并建设副中心；在距离中心区较远的多摩地区提出增强地区自主发展能力，减少对于中心区的依赖等。① 同时，受新自由主义影响，东京全面放松了空间管制特别是对中心区的空间管制。1986 年，日本政府提出将东京"一极集中"的结构转变为"多心多核"的结构设想，推进"区域多中心城市复合体"的建立，即将东京都市圈进一步分成几个自立性高的区域，建设业务核心城市和次核心城市，并进一步提出建设环状交通基础设施。在这一时期内大量设施在东京都市区的范围内兴建，东京的土地价格开始急速上升，成为投机资本的主要投资地区，也是日本经济泡沫的代表地区。第三次、第四次"首都圈发展规划"沿袭了第二次规划的理念，它们之间唯一的区别就是不断扩张的城市发展区域。事实上到 1986 年第四次规划时，在郊区发展区域之外的整个关东平原已经完全城市化了，人们已经无法清晰地看到那种像伦敦一样的核心城市———卫星城镇间隔着绿带的发展模式，这些规划以官方文件的形式表达了一种城市发展理念，就是要将经济发展从过分拥挤的核心分散到地区的外部边缘，意图构建"多极"或"多中心"型大都市格局。②

四、从《广场协议》后至今——世界经济中心时代、全球性城市（1990—　）

1985 年，美国、日本、英国、法国及联邦德国等 5 个工业发达国家的财政部长和央行行长在美国纽约广场饭店举行会议，签署了《广场协议》（*Plaza-Agreement*）。《广场协议》的目的在于五国政府联合干预外汇

---

① 吴唯佳等：《特大型城市发展和功能演进规律研究——伦敦、东京、纽约的国际案例比较》，《上海城市规划》2014 年第 6 期。

② 虞震：《日本东京"多中心"城市发展模式的形成、特点与趋势》，《地域研究与开发》2007 年第 10 期。

市场，诱导美元对日元及马克等主要货币的汇率有秩序地下调，以解决美国巨额贸易赤字问题。该协议的签署导致日元大幅升值，极大地促进了日本的对外直接投资（FDI）。而随着日本 FDI 流向亚洲、欧美等国，日本经济也就发展成为一个跨国体系；随着日本企业在世界范围内大量的投资活动以及金融管理活动在东京的集聚，东京成为这个跨国体系的中心。东京的角色因此由日本全国的经济中心转变成为整个亚洲经济体系乃至世界经济体系的重要管理中心，中心管理功能（Central Managerial Functions，简称 CMF）也就成为东京的主要职能之一。跨国金融资本的流动更是促进了东京 CMF 的发展，巩固并加强了东京在世界经济中的中心控制地位。

1990 年以来，泡沫经济的崩溃致使日本陷入了连续 20 年的经济停滞状态，史称"失去的二十年"。同时，日本高速发展时期积累的体制问题全面暴露，政府丑闻不断曝光；人口增长停滞与人口的老龄化导致社会负担沉重；集权发展与分权改革难以平衡。在这种情况下，日本开始寻求各种改革措施，以图恢复社会经济的活力。日本政府先后出台了"第四次综合国土开发计划"（1989）和"第五次综合国土开发计划"（1998）。东京这一时期也采取了各种措施试图恢复自身的经济活力，包括通过维持经济活力保持国际竞争力、实现环境的协调发展、提高生活环境质量、复兴中心区的衰落地区等。①

1999 年的第五次"首都圈发展规划"，规划期从 2000 年到 2015 年，提出了与"多中心多核"结构都市圈相近的新设想——区域多中心城市"分散网络构造"。规划基于区域一体化的理念，将首都圈作为一个区域整体考虑，还从区域合作的角度考虑到首都圈周边区域的发展，目的是要将东京城市中心及周围区域的次中心城市的部分功能分布到都市圈内包括千叶、琦玉、神奈川等县的范围中。第五次"首都圈发展规划"旨在改变东

---

① 吴唯佳等：《特大型城市发展和功能演进规律研究——伦敦、东京、纽约的国际案例比较》，《上海城市规划》2014 年第 6 期。

京原来单核"外溢"的城市空间结构，促进都市圈向"多中心多核"的城市空间结构转变，从而达到大都市圈均衡有序发展的目标。翌年，东京都出台了《东京都规划》(2000)。该规划集中反映了东京都政府对于21世纪初期东京发展的一些基本设想，也反映了90年代以来日本政治、经济、社会观念发展变化的一些新趋势。规划提出了包括居住与就业平衡，提高居民、货物、信息相互作用的便捷程度，建设自然与文化资源丰富的东京等16项目标，中心在于恢复东京的活力。规划还提出了1个环形的都市结构以及在2001—2003年中准备实施的23项工程。①

2006年，东京发布城市发展战略"东京巨变：10年规划"，规划确定了通过改善交通条件、创造城市亲水景观、降低环境负荷、减少城市灾害等途径提升城市整体水平的远景目标和运作策略。

综上所述，从20世纪80年代以来，东京凭借人口、经济规模以及所集聚的最高级城市职能，成为日本经济的主要支撑，占据了日本城市体系最顶端。东京作为东亚地区的顶级世界城市，其所在的周边区域成为东亚地区发展水平最高的世界城市地区。而且，随着日本经济的服务业化和国际化功能的增强，东京的地位和重要性不断增强，将长期居第二位的日本第二大都市圈、西日本中心大阪远远地抛在后面。② 今天，东京作为世界5大全球性国际金融中心之一，既是国际航空口岸，也是亚洲第一时尚中心，亦为全球最大的都市经济体。

五、东京世界城市的发展道路

（一）以创新为源泉的雄厚的综合经济实力是东京成为世界城市的基础

雄厚的经济基础、优越的区位条件以及强大的对区域（世界）经济的控制能力是一个城市成为世界城市的必要条件。东京之所以成为与纽约、伦敦齐名的全球性顶级世界城市，是因为它建立了以创新为主要引领

---

① 吴唯佳等：《特大型城市发展和功能演进规律研究——伦敦、东京、纽约的国际案例比较》，《上海城市规划》2014年第6期。

② 郑京淑、郑伊静：《东京一极集中及其城市辐射研究》，《城市观察》2013年第5期。

和支撑的经济体系，大力发展了为中央政府中枢管理功能服务的都市型制造业和服务业。

　　东京第三产业极为发达，是日本最大的商业、金融、管理以及服务业中心，对内对外商务活动频繁。东京的商业（尤其是批发业）、金融保险业十分发达，其重要地位在 20 世纪 60 年代即已形成，此后，二者占GDP 的比重基本保持稳定不变。日本资本在 50 亿日元以上的公司，90%集中在东京，全国各大银行或总行或主要分行都设在东京，东京在千代区和中央区分别设有闻名于世界的日本银行和活跃于世界股票市场的东京股票交易所。素有"东京心脏"之称的银座，是当地最繁华的商业区。同时，服务业在东京第三产业中的比重持续上升，成为 20 世纪 70 年代以后推动东京第三产业发展的最主要力量，其中很大一部分需求来自中央及地方政府和各种公司总部。此外，与纽约、伦敦等世界城市不同的是，东京在第三产业迅速发展的同时，仍是日本工业最发达的城市之一。一大批企业的研发机构和新兴的产业在东京郊区地带发展起来，这些副中心城市逐渐成为某些特定产业或新兴产业的集聚区以及技术创新的核心区。例如，东京西面的八王子市是机械产业的集聚地，立川市主要是金融、保险和情报产业，多摩新城是金融、保险和教育产业集聚区；东京南面的横滨市先后发展了与港口海运相关的造船与钢铁工业、汽车制造业和石化产业，并随之带动了电子机械等相关产业的发展，而川崎市的产业以运输业和建筑业为特点；东京北面的浦和市以金融业和服务业为特点；东京东面千叶市的钢铁、机械工业比较发达；首都圈东部的筑波市是研究学园都市，集中了 47 个国立研究机构和大量的研究开发型企业。[①] 东京的工业结构体现了为中枢管理功能服务的首都特色。印刷出版业和技术密集型的电机、通信机械、精密机械和运输机械为主导部门，尤其是印刷出版业，销售额占全国的一半。

---

① 虞震：《日本东京"多中心"城市发展模式的形成、特点与趋势》，《地域研究与开发》2007 年第 10 期。

创新是东京经济发展的根本动力，是城市竞争力存在的源泉。东京的主导工业部门尤其是中小企业显示出强大的生命力，并始终保持着良好的发展态势。日本素有"企业王国"之称，而它的中小企业则堪称其"企业王国"之根本。它们规模不大，面对日元升值、日益激烈的竞争和顾客的严格要求，并且自 20 世纪 60 年代以来迫于激烈的国际竞争和城市环境问题的出现曾经是政府勒令搬迁的对象，但却通过不断创新提高了自身的市场适应能力，成为支撑日本经济发展的一支不容忽视的力量。如以大田区为中心的东京南部的产业综合体已成为日本机械产业体系中最重要的技术创新核心，并出现了工业与居住良好共存的工业居住综合体，形成理想的土地利用模式，最终获得政府和社会的认可。对企业自身而言，只有加强自主创新才能保持发展活力与动力。没有创新就没有东京制造业今天这样的生命力。

生产者服务业是提升城市创新能力的基础产业。东京生产者服务业发展迅速，正逐步取代制造业成为东京都市区经济增长的核心要素，且成为东京城市空间结构重塑的主要力量。众多总部设在东京的大型跨国公司，向发展中国家转移了大量的低级产业、资金和外围技术，经济活动分散化导致管理的复杂化。因此跨国公司为了实施全球生产、资本的有效控制，就要求服务业不断创新，生产新的服务种类和新的金融衍生品，以满足控制不断延伸和拓宽的全球产业链的需要。①

（二）国家信息中心的角色是东京形成世界城市核心功能的关键

随着信息化时代的到来和传播技术的迅猛发展，信息化、数字化、网络化正在成为世界城市经济社会的基本运行方式。世界城市作为全球信息网络的重要节点以及信息高度集聚与扩散的中心点，带动和加速了物流、人流、信息流、资本流和技术流的集聚和扩散强度和速度，使城市的综合功能进一步明显加强，并形成产业分工跨越国界和产业体系区位分离的结构。东京作为全国乃至世界的信息中心，来自政府部门（尤其是中央

---

① 沈金箴：《东京世界城市的形成发展及其对北京的启示》，《经济地理》2003 年第 7 期。

政府）的信息是主导东京世界城市核心功能形成的关键因素。

　　作为首都，东京具有中央政府政务功能、商务和金融管理功能、流通和运输功能、制造业和 R&D（research and development，研究与开发）功能、服务功能、教育和研究功能、媒体功能等。这些功能具有一个显著共同点，即都与东京作为全国乃至世界信息中心的角色密切相关。国家的立法、行政、司法以及代表国家间重要交涉和交往的常驻外交机构、领事机构和国际组织驻日代表机构，还有东京地方政府所属的大量组织机构，政府在政务活动过程中所产生的信息能犹如一巨大的磁场强烈地吸引着各种中心支配和控制功能聚集于东京。例如，中央政府将所征收的超过全国 2/3 的公共税收的相当部分用于财政开支，而东京政府将开支掉所有税收（包括公共、地方税收）的 2/3，巨大而复杂的资金流不可避免地吸引了各种管理功能集中于东京，同时中央政府的政策信息源作用和拥有的审批权也促进了各种政府办公功能和跨国企业总部集聚于东京。①

　　与此同时，东京良好的信息技术基础设施为金融、银行、保险、物流、知识密集型制造业的发展提供了重要条件，生产者服务业也因此得到迅速发展。作为日本的文化中心，东京是日本国内高等教育最为发达的区域，拥有各类优质的教育资源，高等教育发展水平位居全国之首。东京集中了全国 17.7% 的大学和 27% 的大学生，东京还拥有占全国 1/3 的研究和文化机构，拥有全国 80% 的出版社和规模大、设备先进的国立博物馆、西洋美术馆、国立图书馆等。在日本，一直以来东京（中央）与地方的这条主轴始终影响和制约着日本高等教育的等级结构。日本的第一所大学就是创立于 1877 年的东京大学，东京大学的建立标志着日本以大学为塔尖的多层、双轨制高等教育体系雏形的确立。由于高校和研究机构、文化机构的聚集与国家政治经济活动（如政策的制定和咨询）、新产品的研发有着千丝万缕的联系和强烈的促进作用，二战后，为了削弱东京（中央）对地方的影响，日本政府曾采取了高等教育的地方分权化政策，却收效甚

————————
①　沈金箴：《东京世界城市的形成发展及其对北京的启示》，《经济地理》2003 年第 7 期。

微，最终发现人为的分散仍抵挡不住东京强烈的吸引力，尤其是那些与首都活动和产品研发关系密切的科学与工程研究部门。东京也集中了全国大部分的媒体功能。这里发生的各种政治经济活动形成的信息流和来自全国全世界的信息流使东京成为全国信息交汇最为集中和迅速的地方。因此东京集中了众多全国最大最权威的媒体机构，例如日本放送协会（NHK）、日本 TBS 电视台等广播机构，《每日新闻》《朝日新闻》《读卖新闻》等全国性、综合性日报的总部就集聚在东京。

与美国大都市依靠小汽车交通的发展模式不同，东京的空间发展模式是以发达的公共大交通为基础的。东京的公共大交通体系是由广域干线道路网和铁轨道网以及各种汽车、地铁、轻轨等交通工具构成的交通网络。时速达 200 公里的新干线，从东京延伸到九州，并向东北方向延伸。地下铁道几乎能到达所有的重要地区。铁路、公路、航空和海运组成了一个四通八达的交通网，以东京为中心呈放射状通向全国及世界各地。东京发达便利的交通网络设施确保了东京圈内以及东京（中央）与地方之间的人和物资的流动，提高了人和物资运输的效率性和便利性，拉紧了东京圈内以及与全国的经济联系，进一步加强了东京的经济中心地位。

（三）再塑全球竞争力与影响力是东京保持其世界城市地位的主要手段

20 世纪 90 年代初，随着日本经济泡沫的破灭，预示着日本引以为荣的经济超高速增长期的终结。随之而来的长期萧条更是给东京经济带来重创。东京逐渐失去在国际上和城市间竞争中的地位和竞争力。20 世纪 90 年代末，席卷亚洲的金融危机导致东京主要的证券机构和商业银行纷纷破产，而政府几乎束手无策，无法提供任何救助，这意味着由政府保障国家企业的体制宣告终结。日本政府及国民开始意识到融入全球化发展趋势和改变社会价值体系的必要性。日本政府在 2001 年 4 月提出"经济复苏计划"（Emergency Economic Package）。作为该计划的组成部分，政府在内阁中成立了由首相直接领导的"城市复兴总部"。为了再塑东京的标杆地位，日本政府把增进城市影响力，提高城市竞争力，作为政府发展东京世界城市的新的政策指向。

国家影响力是国家文化软实力最直接的外在表现，是引领时代潮流的主导力量。世界城市的影响力应既包括文化和舆论的力量，也包括组织和制度的力量。东京规划顾问委员会提交的一份关于城市结构、物质规划和基础设施开发方面的研究报告（2001）提出："……东京规划的目标应该定位于创建一座有吸引力和活力的国际城市，并鼓励城市之间的竞争"，"在全球范围的城市竞争中，没有国际影响力和竞争力的国家与城市将不可避免地面临失败。社会经济结构的全面改革是完全必要的，如在公共行政、产业结构、金融和商业管理等方面"。[①] 为了提高东京世界城市的竞争力，东京政府在《2000 年东京规划》中还提出了几项新政策和计划，其中包括振兴城市核心区、首都重新布局、机场和滨水区开发的相关政策和计划。在恢复城市核心区的活力方面，新的发展战略关注提升城市的竞争实力，强调服务和基础设施的建设，以支撑东京落后于其他世界城市的商业功能；强调核心区商业功能聚集的重要性，提倡功能混合，营建一个令人愉快的、方便的环境，以提升城市竞争力，促进日本经济大发展。针对东京人口过度集中、交通拥挤和地价过高等问题，东京都市区政府在规划中提出采用区域的方法和控制政策，使区域在保持中央政府功能的同时实现效率。这种行动整合的观点对于把东京建设成为一个有竞争力的世界城市来说至关重要。

以日本大地震为契机，东京对未来十年的发展之路进行了深入而全面的探索和规划，并于 2011 年 12 月 23 日公布了《东京 2020 年城市发展战略规划》，规划围绕提升东京整体实力水平的 8 大目标和 12 个工程展开，与以往的发展规划相比新规划更加重视城市防灾、能源和提升城市的国际竞争力，该规划的颁布实施将为引导日本走出地震阴影、保持可持续发展起到积极的作用。其中的 8 大目标为建设具有超强抗灾能力的城市；建设高效自给的能源分散型低碳社会；建设水域空间和绿色长廊环绕的魅力城

---

① Asato Saito，Andy Thornley：《城市规划对全球经济变化的回应：以东京为例》，张雯译，《国外城市规划》2001 年第 6 期。

市；建设海陆空一体、具有超强国际竞争力城市；建设产业魅力和城市魅力兼备、发展轨迹独特的城市；建设灵活应对少子老龄化问题的世界模范城市；建设人人有创业机会、杰出人才辈出的城市；建设人人爱运动、青少年儿童有梦想的城市。①

此后，由于在 2013 年 9 月东京获得了 2020 年夏季奥运会的主办权，日本东京都政府又于 2014 年底发布了《创造未来：东京都长期展望》。本版规划也大多围绕 2020 年左右的发展目标和策略展开，并首次提出了创建"世界第一城市（The World's Best City）"的宏伟目标。整体上，《创造未来：东京都长期展望》提出两个目标：举办有史以来最好的奥运会及残奥会；解决当前挑战及确保东京走向可持续发展的未来。前一个目标下包括三个方面的策略：成功的 2020 奥运会；进化的基础设施；独有的待客之道。后一个目标的实现则涵盖五个领域：公共安全治安；环境支撑；国际领军城市；可持续发展城市；多摩地区及离岛。在这 8 大主题下共提出了 25 项具体的规划措施及相关指标。②

第二节　东京教育发展与世界城市建设

在经济全球化和区域经济一体化进程加快的大背景下，许多国家和地区都把建设世界城市或全球城市作为 21 世纪城市现代化建设可持续发展的战略目标。在世界城市的评定指标中教育在城市发展中的地位和所起的作用越来越多地受到学者们的关注。世界城市是世界经济体系的空间表达，而教育在世界城市建设中扮演着重要的角色。世界城市中的教育发展是其经济体系建立的助推器。东京不仅是日本的政治经济中心，也是名副

---

① 　東京都都市整備局：「都民ファーストでつくる『新しい東京』～ 2020 年に向けた実行プラン～」，2020 年 5 月 20 日，见 https：//www.toshiseibi.metro.tokyo.lg.jp/keikaku_chousa_singikai/keikaku.html/。

② 　東京都公式ホームページ：「東京都長期ビジョン」の概要，2019 年 10 月 16 日，见 http：//www.seisakukikaku.metro.tokyo.jp/tokyo_vision/vision_index/。

其实的文化教育中心。早在明治维新时期，日本政府就确立了"教育立国"的发展战略，把提高全体国民的素质作为经济和社会发展的重要任务，把教育摆在优先发展的战略地位。以首都东京为核心的东京圈地区是日本教育政策最直接、最大的受益者，成为全国教育最发达的地区。近代以来，东京都凭借发达的教育体系，为首都产业圈的形成和发展奠定了坚实基础。

一、世界城市建设中的东京教育发展现状

由于世界城市具有知识型、智慧型和创意型的特点，则它的可持续发展便离不开与教育的互动。作为世界城市应当充分发掘、重新整合、有效配置和充分利用一切知识资源，实施以知识为基础建立学习型城市为首要任务的发展战略，以教育带动城市的核心竞争力。①从第二次世界大战后日本执政党的经济思想和政策演变的历史轨迹可以看出，历届政府对经济发展、城市建设与教育之间存在的互动关系的认识日益清晰。在1955年的"经济自立五年计划"和1957年的"新长期经济计划"中，均明确提出了"振兴科学技术"。在20世纪60年代的"国民收入倍增计划"中，又把教育的作用扩大到对人的能力的开发，明确提出"提高人的能力和振兴科学技术"，并在制定计划的机构中专门设置教育训练分委员会，以研究经济高速增长时期科技人才的培养问题。20世纪80年代和90年代，日本对教育的认识更是达到了前所未有的新高度。在中长期经济发展计划中明确提出"科学技术立国"的战略思想，把教育发展和科技振兴作为经济社会发展的基础与原动力。根据不同时期国家国民经济和社会发展总体方针，东京都注重落实，加大教育投入，充分调动多元投资主体的积极性，坚持"公费""私费"并举、官民共同分担的办学理念，有力地保证了以东京为核心的首都圈基础教育的普及以及职业教育与高等教育的大力

---

① 佟婧：《北京建设世界城市与教育发展》，"北京文化论坛——打造先进文化之都培育创新文化论坛"论文集，2011年，第111页。

发展，最终发展成为全国的文化教育中心。① 这就为东京的世界城市建设
奠定了坚实的文化和教育基础。

东京都是日本国内教育最为发达的区域，拥有各类优质的教育资源，
教育发展水平位居全国之首。20世纪七八十年代，东京政府提出了要成
为日本的教育中心和人力资源的枢纽城市的发展目标，并将发挥中心、枢
纽的作用，为以东京为核心的首都圈内的经济发展提供智力支持与技术创
新。此后，在世界城市的建设过程中，东京具备了可以与其他国际化大都
市相媲美的教育规模和教育实力。

（一）东京的基础教育规模

日本政府认为，落后国家在追赶发达国家阶段能否获得"后发性利
益"②，关键因素在于人；在科技成果迅速传播的时代，各国经济竞争成败
的关键在于能否迅速有效地将科技成果结合、应用于生产过程。而占总劳
动力一半以上、直接从事生产的劳动者是否受到良好的教育和训练，则
直接决定了各国的经济竞争力。③ 为此，日本地方政府克服重重困难，较
早普及了九年义务教育和高中教育。据日本文部科学省公布的2015年度
《学校基本调查》的东京都基础教育相关统计数据显示：东京都有国公私
立幼稚园1010所，小学1351所，初中815所，高中442所（含全日制、
定时制高中429所；函授制高中13所），中等教育学校8所，特别支援学
校70所，专修学校404所，各种学校④ 155所。国公私立幼稚园幼儿16.5
万人，小学生59.2万人，初中生31.1万人，高中生32.8万人（含全日制、

---

① 王贺兰：《日本东京湾港口城市产业圈建设中的教育发展策略》，《河北学刊》2008年
第2期。

② "后发性利益"是发展经济学的一个常用概念，其内涵是指一切后进的国家、民族和
地区在和相对先进的国家、民族和地区的交往合作中，只要把握机会，充分借鉴、汲
取其发展的经验和技术，就能取得跨越式发展，缩短与其的距离，获取自身的增长和
发展。

③ 王贺兰：《日本东京湾港口城市产业圈建设中的教育发展策略》，《河北学刊》2008年
第2期。

④ 各种学校是指设置教养、料理、裁缝等专业的教育机构。例如，珠算学校、予备校、
日语学校、驾校、国际学校等都属于"各种学校"范畴。

定时制高中生 31.7 万人；函授制高中生 1.1 万人），中等教育学校 7024 人，专修学校 14.5 万人，各种学校 2.2 万人。[①]2015 年度东京都的中等教育入学率为 98.5%，不仅创下全国历史新高，而且在世界上也处于领先地位。

同时，职业教育在东京建设世界城市过程中也扮演了非常重要的角色。一方面，学校将职业教育渗透在初、高中的教育中，实现了实施普职融通教育的综合高中的制度化，加快了其发展进程；另一方面，充分发挥日本企业重视职业教育的传统，支持企业设立了各种形式的培训中心，对员工进行系统而有计划的技术培训，强化和提高技术人员、管理人员的专业技能。这些做法有效地提高了国民素质，为东京都经济的腾飞提供了大量高素质的适应型人才。

（二）东京的高等教育规模

东京都是日本国内高等教育最为发达的区域，辖区内师资力量雄厚，拥有各类优质的教育资源，大学学科建设和科学研究始终处于国内领先地位，高等教育发展水平位居全国之首。据 2015 年度《学校基本调查》的东京都高中应届毕业生出路调查显示：2015 年度，东京都高中应届毕业生 100636 人，考入四年制大学、短期大学 67205 人，升学率占 66.8%；考入专修学校（专门课程）11939 人，升学率 11.9%；应届毕业生的就职人数为 6685 人，就职率 6.6%。[②]

在全球知识经济的大背景下，世界城市的高等教育在开始建设时均已进入大众化阶段，目前已到普及阶段；高等教育的规模、归属、学位授予、学科门类、学制等关键因素的多样化、多元化，各种层次、不同类型高等教育协调发展成为世界城市高等教育发展共同特点。高等教育机构根据发展需求，不断调整发展目标、定位、层次、规模、类型，形成联合、互动、错位发展，以适应世界城市高端发展的演进。东京高等教育系统以

---

① 東京都の統計：平成 27 年度学校基本統計速報（学校基本調査の結果速報），2016 年 1 月 6 日，见 http://www.toukei.metro.tokyo.jp/gakkou/2015/gk15pgaiyou.pdf。

② 東京都の統計：平成 26 年度学校基本調査（平成 27 年度データ更新），2016 年 1 月 6 日，见 http://www.toukei.metro.tokyo.jp/gakkou/2014/gk14qg10000.htm。

不断满足广泛、多样性的社会发展需求为目标，形成了高等教育的多样性局面。东京高等教育系统形成了功能清晰、层次分明、交叉互补的国立大学、公立大学、私立大学三位一体的高等教育结构，以大学院、大学、短期大学、高等专门学校为不同办学层次的高等教育体系，多样化的高等教育适应了多样化的社会发展需求。不同类型的大学在服务城市转型发展中作用的多样性、多元化，即不同的策略、方式，以及所发挥的不同作用。① 据2015年度《学校基本调查》的东京都高等教育相关统计数据显示：作为日本教育中心的东京都有四年制大学154所（23个特别区部95所，26个市部44所），其中国立14所、公立2所、私立138所，占全国大学总数的19.8%，在校学生人数约72.1万人，占全国大学生总数的25.2%；短期大学43所（23个特别区部32所，26个市部11所），且都是私立短期大学，在校学生人数约1.56万人；高等专门学校3所，国立、公立、私立各有1所，分别位于东京都八王子市、品川区和町田市，在校学生人数3430人。② 东京大学、早稻田大学、庆应义塾大学、立教大学、明治大学、一桥大学、法政大学等一大批历史悠久、综合实力雄厚的著名大学都设立在此。

二、世界城市建设中的东京教育发展战略——三次"东京都教育愿景"解读

以推进"新道教育"为选举口号之一的日本著名右翼保守政治家石原慎太郎自1999年起连续12年担任东京都知事。自此，东京都开始了具有新自由主义和保守主义色彩的教育改革。③2001年，以"满足都民多样需求"为由，石原主导都立高中改革，时隔35年公开以升学为口号，在

---

① 宫天然：《世界城市高等教育多样性研究》，首都师范大学博士学位论文，2012年，第64—65页。

② 東京都の統計：平成26年度学校基本調査（平成27年度データ更新），2016年1月6日，见http://www.toukei.metro.tokyo.jp/gakkou/2014/gk14qg10000.htm。

③ 胡国勇：《"成熟社会"的教育发展战略——两次"东京教育愿景"解读》，《全球教育展望》2009年第6期。

高中阶段创设了"升学指导重点校"制度（相当于我国的重点高中）。尔后，东京都重点高中逐年增多，教育质量不断提升，考入东京大学等名牌大学的公立高中生明显增多。2003 年完全废除学区制度，2005 年开始推行以升学为中心的"初、高中一贯教育"，整合重建了都立大学——首都大学东京。其在任期间，作为对政府一系列教育政策的呼应，东京都教育委员会分别于 2004 年和 2008 年先后发布了两次"东京都教育愿景"，"愿景"的实施周期为 5 年。

（一）第一次"东京教育愿景"（2004）

2004 年 4 月，东京都教育委员会发布了第一次"东京都教育愿景"（以下简称"愿景"）。①"愿景"认为战后日本新教育制度促进了国民素质的提升，是推动经济高速发展的原动力。但是，教育中存在着"物质优先，对培养孩子而言非常重要的正义感、伦理观、为他人着想之心等等精神的价值没有充分传达，过分重视自由、权利，出现了轻视责任、义务的倾向……从而导致缺乏规范意识和公共心、学习意愿低下、忍耐力不足、不愿长大成人、缺乏对未来的梦想与希望、参与社会意识淡漠的青少年的增加。而家庭、学校、地区、社会对此并没有发挥其应有的作用……学校教育在进行传统整齐划一教育的过程中，把机会的平等置换成结果的平等，出现过分回避切磋琢磨、相互竞争的倾向。其结果，造成了孩子们个性、能力不能得到充分发挥的现状"。

有鉴于此，"愿景"提出了如下教育目标："重视从知性、感性、道德心及体力等方面，培养尊重相互人格、为人着想、具有规范意识的人；培养作为社会一员愿意为社会做贡献的人；培养自己学习、思考、行动具有个性与丰富创造力的人的教育。"为此，家庭要成为"使孩子掌握基本的生活习惯，使孩子在家庭爱中找到心灵的归依的场所"；学校要成为"孩子学习社会要求的知识、技能、人际关系的基础等的场所"；地区要成为

---

① 東京都教育委員会：東京都教育ビジョン《概要版》—東京の教育が目指す 12 の方向と 33 の提言—，2016 年 1 月 6 日，见 http://www.kyoiku.metro.tokyo.jp/buka/soumu/vision/saisyu/gaiyo.htm。

"使孩子学习人际关系及社会中的习惯、规则的场所";社会要成为"使孩子们通过职业生活、社会贡献自我实现的场所"。

"愿景"提出了东京都教育发展的 12 个方向和 33 个建言:

1. 在学前教育阶段的努力方向包括:(1) 重视家庭的作用,从各方面支援育儿与家庭教育;(2) 希望作为职业人的父母努力兼顾工作与家庭生活,企业也应支援员工的教育活动;(3) 构建能够顺利过渡到小学的学前教育。建言包括:(1) 充实、强化育儿和家庭教育支援;(2) 学校教育中的保育体验课程必修化;(3) 积极参与教育,以此来发挥父母的应尽之责;(4) 企业应支援员工的教育活动,并完备相关保障措施;(5) 强化保育院、幼儿园、小学的密切联系,注意两个阶段教育的相互衔接,从而使孩子顺利过渡到小学;(6) 向满足家长需求的学前教育转变。

2. 在小学学龄期阶段的努力方向包括:(1) 培养作为终生学习基础的扎实学力,发展每个人的个性与能力;(2) 从长远发展教育重新审视现行义务教育的发展框架;(3) 提升教师的资质;(4) 推进学校与区域协作培养孩子社会性的活动。建言包括:(1) 在"宽松的环境"中培养扎实的学习能力和生存能力;(2) 根据儿童的理解与熟练程度,采取小班授课的教学形式,进行个别指导;(3) 培养人际交往能力,为将来的人际关系奠定基础。(4) 小学就学年限弹性化与入学年龄改革;(5) 探讨小学、初中一贯制教育;(6) 改善多动症、自闭症、情绪障碍、学习障碍等身心障碍教育;(7) 改革教师培养方式;(8) 构建重视努力与成果的制度;(9) 探讨教师任命权的分化;(10) 学校与区域协作开展交流、体验活动;(11) 振兴志愿者实践活动,整合社区教育资源。

3. 在中学阶段的努力方向包括:(1) 确立学生的规范意识和公共心;(2) 通过系统的职业生涯规划教育,培养面向未来的目的意识和学习愿望;(3) 实现拥有多样化选择的学校教育。建言包括:(1) 培养生存于国际社会中日本人的自觉意识;(2) 使服务体验、劳动体验必修化;(3) 保护学生并防止学生卷入违法犯罪活动;(4) 学校整体开展有组织、有计划的职业生涯教育;(5) 推进社会实践教育,创设充实职业生涯教育的游学制度；(6) 完善学校与企业间人事交流制度，任用社会人为短期市民讲师；(7) 支援残障学生走向自立；(8) 构建能够进行复线型进路选择的灵活的学校制度；(9) 推进都立、私立协调发展的东京都社会公共教育；(10) 改革大学入学考试制度，提高高中教育质量。

4. 在高等教育阶段的努力方向包括：(1) 以构建促进年轻人自立、包容多样生活方式的社会为目标；(2) 改革高等教育机构，使之能够与年轻人自立相联系。建言包括：(1) 从教育视点关注"飞特族"(自由职业者)问题；(2) 构建以生活方式多元化下个体的自我实现为目标的社会；(3) 充实作为高等教育机构的专门学校与高等专门学校；(3) 大学学制多样化；(4) 重视大学通识教育；(5) 构建具有目的意识、学习意愿的人都能够学习的大学。

在经济高度成长时期，日本经济产业界对为企业输送大量劳动技能较高、服从性很好的劳动力的学校制度是满意的。但随着经济全球化和知识经济时代的到来，经济产业界开始对学校制度越来越不满意。1995 年，日本经营者联合会提出所谓"劳动者三分类"的主张。即作为企业骨干的正式社员、作为专业人才的契约社员以及灵活雇佣的"可替代劳动力"。在这样的人才结构需求背景下，经济产业界当然不愿意再继续承担传统的整齐划一教育所需的公共经费。因此，综合上述东京都教育发展 12 个方向和 33 个建言可以看出，东京都政府为经济产业界代言，重新审视现行教育制度，构建符合经济产业界需求的人才培养机制的意图。一方面，政府以竞争、能力等市场化原理构建精英人才选拔培养体制；另一方面，对于很难看到自己人生价值、容易产生不满情绪的灵活雇佣"可替代劳动力"，则以强化"规范意识""公共心""道德心"等来应对，把道德和纪律作为控制学生的法宝。①

---

① 胡国勇：《"成熟社会"的教育发展战略——两次"东京教育愿景"解读》，《全球教育展望》2009 年第 6 期。

（二）第二次"东京都教育愿景"（2008）

2006 年 12 月，日本《教育基本法》修订。"希求真理与和平"被换成可以任意注解的"希求真理与正义"，充满保守色彩的"公共精神""继承传统"成为关键词。2008 年 2 月，日本新《学习指导要领》颁布。时隔 30 年，新要领重新增加了从 1977 年以来持续减少的教学总课时以及主要学科课时，对 20 世纪 80 年代以来实施的"宽松教育"进行了轨道修正。以此为背景，2008 年 5 月，在第一次"东京都教育愿景"取得成果的基础上，根据东京都城市发展战略"10 年后的东京"的基本思路，东京都教育委员会制定并发表了第二次"东京都教育愿景"，并把该愿景定位为未来 5 年的"教育振兴基本计划"。①

根据新教育基本法及新学习指导要领的基本精神，即教育要培养"相互尊重人格、为他人着想和具有规范意识的人；作为社会的一员，为社会作贡献的人；自我学习、思考、行动，具有丰富个性与创造力的人"。第二次"愿景"把社会全体共同致力于儿童教育和推进"生存能力"培养作为今后 10 年的两大教育目标。② 第二次"愿景"提及今后的社会是终身学习社会，是所有人能够为自我实现而终身努力的富裕的社会，要求集结政府、企业、大学、NPO 等社会全体的力量，实现终身学习社会。所谓"生存能力"，包含"切实的学力""丰富的人性""健康与体力"三要素，具体指"自己发现课题、自我学习、独立思考、主体判断行动，更好地解决问题的能力，不断自律、与他人协调、为他人着想、感动的人性以及健康与体力"。这些是生活于今后急剧变化社会中必须掌握的能力。在高度信息化与全球化进程日益加剧的 21 世纪，要求在与具有各种各样文化、价值观的多样的主体共同生活的同时，具备能够在激烈的国际竞争社会生存的能力。

---

① 胡国勇：《"成熟社会"的教育发展战略——两次"东京教育愿景"解读》，《全球教育展望》2009 年第 6 期。

② 東京都教育委員会：「東京都教育ビジョン（第 2 次）」の概要，2016 年 1 月 8 日，见 http://www.kyoiku.metro.tokyo.jp/buka/soumu/vision2/pr080522v-gaiyo.pdf。

　　第二次"愿景"提出了"支援家庭、地区教育力量的提高""推进教育质量提高、教育环境建设"和"支援儿童和青年的未来"三个主要视点，并依据这三个主要视点提出了未来 5 年东京都教育发展的 12 个发展方向以及 27 个重点措施。其中，与侧重于制度构建和环境改善的前两个视点相比，"支援儿童和青年的未来"的视点则侧重于学校教育的内容。尔后 5 年，东京都计划在以下几方面重点突破切实推进教育发展：

　　1. 在支援家庭、地区的教育力量的提高方面：(1) 推进从乳幼儿期开始的儿童教育支援项目。东京都之所以把这一项工作摆在未来 5 年教育工作首位，是因为自 1997 年男女雇佣机会均等法（2006 年修订）颁布以来，日本女性的雇佣环境发生了巨大变化，结婚生育后继续工作的女性大幅度增加，但是作为大都市的东京尚未构建起支援育儿期职业女性的社会环境保障体系；同时，在开发以所有的父母为对象，有效传达从乳幼儿期开始的儿童教育重要性的同时，应推进在地区构建支援乳幼儿和家长的居民之间的网络。(2) 开发学前教育相关综合性课程与项目。为使幼儿在幼儿园、保育所能够接受高质量的幼儿教育，不断开发学前教育课程，重视学前与小学教育的衔接。(3) 培养承担地区教育活动的赞助者。今后 5 年，是日本"团块世代"① 大量退休的时期，东京都希望培养与利用以"团块世代"为中心的地区居民，使他们成为地区教育活动的支持者，从而促进学校教育的活性化。(4) 规划设立"学校支援志愿者推进协议会"，推进区域社会各类人才在各种教育活动中的活跃。

　　2. 在推进教育质量提高、教育环境建设方面：(1) 规划在公立学校任用指导教谕②；为提升在职教师的资质，还要积极利用教师职业研究生院培养在职教师；向教师职业研究生院派遣教师及教育管理候补者，使之

---

① 所谓"团块世代"，是指 1947—1949 年出生的一代人，是日本二战后出现的第一次生育高峰人口。"团块世代"被看作是 20 世纪 60 年代中期推动日本经济腾飞的主力。这群约 700 万人的庞大群体经济基础雄厚，购买力强，于 2007 年开始陆续退休，退休后还将拥有充足的闲暇时间。

② 指导教谕是指对其他教师进行必要指导，提出改善建议的教师。

掌握学校经营能力、高度实践能力；有计划地培养骨干教师及具有高度专业能力优秀行政感觉的指导主事等等。（2）在中小学人事制度中引进竞争机制，通过不同职位有差别的工资，奖优罚劣，提升教师工作的积极性；推进教学体制的改善，促进教师职务的效率化。（3）与地区各种团体、相关机构等协作，构建积极利用具有各种专门能力的学校外部人才的体系。（4）复线型教育制度是东京都长期追求的目标。在初中、高中一贯制中学培养优秀人才的同时，在工业高中利用寒暑假等闲暇时间开设以中小学生为对象的综合实践活动教室等，推进从中小学阶段开始的、呼应产业界需求的实践教育活动。此外，"愿景"对一些具体的教育问题，也提出了相应的规划。例如，制定"安全教育计划"，作为解决学生放学后问题的手段；规划"放学后儿童教室"；充实对外国学生的日语指导等等。

3. 在支援儿童和青年的未来方面：（1）培养"扎实的学力"。2008 年初，随着日本新《学习指导要领》的颁布，培养"扎实的学力"成为教育改革口号。为此，东京都在《学习指导要领》的要求之外，提出了中小学阶段"东京最低限基准"，同时要求根据东京都以及国家的有关学力调查结果等，推进通过"教学改善推进计划"的制定、实施、验证、改善的循环体系，改善教学。（2）为应对高度信息化社会，推进都立学校 ICT（Information and Communications Technology，信息、通信技术）计划。东京都要求在所有都立学校建设校内 LAN，促进利用 ICT 机器教学，推进利用 ICT 制作教材、提高学校事务处理效率以及利用 ICT 提高教师教学能力等。（3）为了从学校阶段培育学生规范意识，在开发、制作有关法制教育课程、指导资料的同时，实施教师研修；还要进行有关儿童自尊感情形成的研究，利用其成果开发相应指导内容与方法，并实施教师研修。（4）为了推进"日本的传统·文化"课程，在实施教师培养研修的同时，建立聘用校外专家、专家信息共有的制度，同时开发相关课程。此外，"愿景"还提出了要求积极推进提高学生体力的竞技体育，加强特殊教育学校职业教育与就业支援等具体改革措施。①

如前所述，两次"愿景"具有鲜明的新自由主义与保守主义特色。石原慎太郎治下的东京都是日本新自由主义与保守主义教育改革的先锋。例如，在全国率先推行义务教育阶段择校，初中、高中一贯制精英教育，学校制度复线化，学区的弹性化、学校评议员等自由化政策。

（三）第三次"东京都教育愿景"（2013）

在第二次"东京都教育愿景"时期，随着经济全球化的加速，新兴国家经济的复苏与崛起对世界经济格局和国际政治秩序产生了重大而深远的影响。与此形成鲜明对比的是，日本经济增长持续停滞低迷，前景堪忧。而与经济发展停滞甚至倒退相伴随的是生育率下降、儿童减少、老人增加的少子老龄化趋势，且愈演愈烈。日本在发达国家中第一个进入了"超老龄社会"。少子老龄化对复苏日本经济和激发社会活力带来严重的负面影响。如何应对少子化及扩充老龄人口福利则成为日本政府面临的重要命题。此外，日本式雇佣体制的崩坏以及 2011 年东日本大地震的发生更是使得日本政府陷入外忧内困、进退维谷之境。2011 年 12 月，为了应对同年日本大地震对东京都造成的巨大冲击和严重影响，东京都知事石原慎太郎正式发布题为"2020 年的东京"的新一轮东京都城市发展规划。2013 年 5 月，在前两次"东京都教育愿景"取得成果的基础上，根据"2020 年的东京"的基本思路，东京都教育委员会制定并发表了第三次"东京都教育愿景"，并把该愿景定位为未来 5 年的"教育振兴基本计划"。

第三次"愿景"的基本理念是"当今世界经济全球化迅猛发展，社会全体要培养德智体全面发展、具有独立思考和独立行动的能力、主动为社会做贡献的人。"同时，第三次"愿景"还提出了"着眼并最大限度强化每个孩子个性与能力的同时，提升其自我认同感""培养德智体全面发展生存的基础""培养能够在急剧变化社会中生存下去的思考力、判断力、

---

① 胡国勇：《"成熟社会"的教育发展战略——两次"东京教育愿景"解读》，《全球教育展望》2009 年第 6 期。

表现力和创造力等""增强作为社会一员的自觉意识、行动力以及为社会发展做贡献的服务意识"和"学校、家庭、区域社会三维互动协作培养儿童"5 个主要视点，并依据这 5 个主要视点提出了未来 5 年东京都教育发展的 10 个发展方向以及 23 个重点措施。①

1. 在学龄儿童的智力发展与培养方面：(1) 巩固学习的基础。"愿景"强调要通过"掌握型教育"(基础知识和基本技能的培养) 和"探究型教育"(自主学习、独立思考能力的培养) 来综合培养儿童扎实的学力。具体举措延续了第二次"愿景"的一些方式方法。(2) 最大限度提升个体的能力。为此，应培养儿童的思考力、判断力、表现力，推进能满足时代变化与社会需求的教育；培养在国际社会中活跃的日本人。

2. 在学龄儿童的德育发展与培养方面：(1) 培养丰富的人性，提高规范意识。主要举措包括在东京都公立学校推行和开展人权教育；推进"强化道德认知和道德教育社会性功能"的教育。(2) 提高应对社会变化的能力。在培养儿童灵活应对社会变化的能力的同时，进一步开展小学、初中、高中不同学龄阶段的职业生涯教育。

3. 在学龄儿童的体育发展与培养方面：(1) 锻炼身体，强健体魄。基于"提升儿童综合性基础体能方针 (第 2 次推进计划)"，开展"东京都统一体能测试"，并根据测试结果制定相关改善方案。以全国大赛与关东地区大赛为目标，提高东京都立高中的整体体育竞技能力。(2) 培养健康、安全生活能力。根据"都立学校健康推进计划"，以科学为基础来设计、实施健康教育。在东京都所有都立高中实施"一宿两日"防灾训练，提升自助、互助的实践能力。

4. 在学校教育方面：(1) 提升教员的资质与能力。通过强化与大学等机构的合作，培养优秀的教员预备人才；通过对不同资历教员开展研修及海外派遣研修等，提高在职教员的资质与能力；培养优秀的学校管理人员。

---

① 東京都教育委員会：「東京都教育ビジョン（第 3 次）」概要版，2016 年 1 月 8 日，见 http://www.kyoiku.metro.tokyo.jp/buka/soumu/vision3_0411/gaiyou.pdf。

（2）构建高质量教育环境。切实推进都立高中改革推进计划；切实推进东京都特别支援教育推进计划；在东京都所有公立小学、初中、高中设立心理咨询师，构建儿童救助支援体制，防范校园欺侮、暴力等事件的发生；推进小学、初中的校务改善，提高都立高中的组织管理能力；通过对学校设施完成抗震加固翻新、ICT 机器的活用、校园绿化，完善学校的教育环境。

5. 在家庭教育方面，提高家庭的教育能力。在东京都所有小学与初中构建福利专家对家庭的支援体系，充实对家长的支援体系；开展以企业为代表的社会全体兼顾事业与家庭的教育活动，促使家长能积极参与学校教育活动。

6. 在区域社会教育方面，提高区域社会教育能力。继续推进区域社会各类人才在各种教育活动中的活跃；通过开展"心灵的东京革命"活动，充实丰富地区的教育活动。

如第一节所述，自日本从京都迁都江户并改称东京后，共有四次城市发展计划（或称都市计划），分别是：1923 年关东大地震后制定的《震灾复兴计划》；1945 年东京大空袭后制定的《战灾复兴计划》；1982 年开始编制的《东京都长期规划》；2011 年推出的"10 年之后的东京"，又称《2020 年东京》。每一次都市计划的提出都是针对近期问题的解决，同时考虑长远发展的一次政策调整。例如，2011 年东京发生了 9.0 级大地震，为应对大地震灾害而明显增强的抗震能力和能源政策等新问题，适应 21 世纪城市发展要求，东京都遂于同年推出了《2020 年东京》。尔后，2013 年 9 月，东京都获得了 2020 年夏季奥运会的主办权。2014 年 2 月，舛添要一成功当选东京都知事。日本政府与社会民众均寄希望于 2020 年的奥运能复制 1964 年奥运所带来的巨大发展机遇。由此，2014 年底，在修订《2020 年东京》的基础上，东京都政府知事、前厚生劳动大臣舛添要一重新主持编制了新一轮东京规划——《创造未来：东京都长期展望》（以下简称《展望》）。该规划的两个目标是举办有史以来最好的奥运会及残奥会和解决当前挑战及确保东京走向可持续发展的未来，并提出要把东京建设成为"世界第一城市（The World's Best City）"。规划也大多围绕 2020 年左右的发展目标和策略展开。舛添要一在该规划寄语中提到,《展望》是构建"在成熟中不断成长的"社会体系所需的东京都政策中的大方针。除了为取得 2020 年奥运会的成功而采取的涉及多方面的举措和明确了奥运会、残奥会的有形及无形资产外,还正面指出了东京都所面临的少子高龄、人口减少社会的到来及首都直下型地震的威胁等各项课题,设定数值目标、提出并推广具体政策等用于解决课题的方针路线。适逢第三次《东京都教育愿景》推出不足两年,再加上本版东京都规划显示出鲜明的"迎奥运"色彩,故而《展望》中并没有过多提及东京都教育发展。但教育发展与城市建设是互动关系。教育发展系城市发展规划的重要一环,对于推动城市经济发展具有不可估量的重要作用。城市发展也必然会决定和影响教育发展方向。新一轮东京都城市规划的推出,对于第三次《东京都教育愿景》的实施以及第四次《东京都教育愿景》的制定必将产生巨大的影响。

第三节　东京教育的国际化改革与发展

随着经济全球化的深入发展、信息化的高度发达、知识经济的全面勃兴,教育国际化已经成为当今世界教育发展的潮流和主要趋势,而日本则走在了这一潮流的前头。1987 年,日本"临时教育审议会"(简称"临教审")发布了关于教育改革的最终报告,确立了教育改革与发展的三大理念,即"个性化原则""向终身学习体系过渡"和"国际化、信息化"。"临教审"的最终报告首次正式提出把"教育国际化"作为日本教育改革"第一目标",并把国际化确立为日本教育发展国策的重要组成部分。尔后,"临教审"的四次咨询报告成为同年日本内阁公布的《教育改革推进大纲》的蓝本,文部省则"根据'临教审'答询报告及《教育改革推进大纲》,具体落实各项教育改革措施"。2000 年 12 月,在"教育改革国民会议"向首相提交的《教育振兴基本计划》中,国际化被提升到"国际战略"的高度。2006 年 12 月,国际化首次正式写入新修订的"教育宪法"——《教育基本法》,被赋予前所未有的法律地位。2010 年 6 月,日本制定了新国家发展战略《新增长战略——"活力日本"复兴方案》，国际化进一步被纳入日本国家的总体发展战略。①

一、日本教育国际化的内涵与推进措施

教育国际化不仅是一种教育理念，而且是一种正在全球范围内展开的教育实践活动。日本的教育国际化内容丰富，是"通过教育的所有机会"予以推行的。根据日本政府历年《教育白皮书》中的相关内容，可将教育国际化归纳为以下三个方面：（1）针对日本人的国际化。（2）针对外国人的国际化。（3）教育的国际合作与开发。②

（一）"内部国际化"——针对日本人的国际化

日本政府主要通过海外日本人子女教育、国内的国际理解教育、鼓励出国留学等途径，以培养日本人的"国际素养"。

1.海外日本人子女教育

随着日本派往海外就职的常驻人员日益增多，随行的义务教育阶段的子女人数也逐年递增。出国常驻人员的子女教育（日文称"海外子女教育"）就成为教育领域的一大课题，也得到了日本政府和教育界的日益重视。1984年日本海外日本人子女为36223人，截至2014年4月增至76536人。为此，日本政府在海外开设了日本人学校、补习学校、私立海外教育设施三类教育机构。1984年海外设有日本人学校76所、补习学校102所；据日本外务省《日本人子女数量调查》相关数据显示，截至2014年4月15日，在日本人学校就读的海外日本人子女为2.1万人，占27%，在补习学校和当地学校1.9万人，占25%，在当地学校及其他海外教育机构3.7万人，占48%。③

①　臧佩红：《试论当代日本的教育国际化》，《日本学刊》2012年第1期。

②　臧佩红：《试论当代日本的教育国际化》，《日本学刊》2012年第1期。

③　文部科学省：『平成26年度文部科学白書—第2部文教　科学技術施策の動向と展開 第—第4章世界トップレベルの学力と規範意識等の育成を目指す初等中等教育の充実』，2016年1月10日，见http://www.mext.go.jp/b_menu/hakusho/html/hpab201501/detail/1361563.htm/2016-01-10。

2. 国际理解教育

日本重视并在初等和中等教育领域广泛开展了国际理解教育，但除了部分高中以外，日本中小学基本上都没有叫作国际理解教育的独立课程，有关国际理解的教育是渗透在各个教学科目当中的。在初等、中等教育领域，1989 年、1998 年、2008 年三次课程改革，都将"推进国际理解""培养日本人立足国际社会的素质"确定为四大基本方针之一。具体而言，1989 年改革提出中小学社会课要加深理解"世界与日本的关系"，国语课要"加深国际理解、培养国际协调精神"；初中与高中要重视外语课，道德课及特别活动要"培养日本人的世界意识"，世界史成为高中必修课。在 1998 年的课程改革中，外语会话被作为小学"综合学习时间"的活动环节之一，外语活动成了"综合学习时间"当中国际理解教育的主要内容。在 2008 年的课程改革中，在小学五、六年级单独设置了"外语活动"课，对于"综合学习时间"中的国际理解教育则增加了开展问题解决型及探究型的学习活动，调查和体验外国的生活习俗和文化形式。[1] 在高等教育领域，则新设了国际关系、国际政治、国际经济、国际文化等专业或院系。

3. 国内学生的出国留学

日本政府还出台措施鼓励高中生、大学生出国留学。高中主要包括"高中生留学"（三个月以上）、"海外学习旅行"（三个月以下）和"修学旅行"三类。然而，据统计，自 1984—2010 年，日本学生出国留学数量在不断下降，特别是到中国、印度、韩国留学的日本学生数量在大幅下降。究其原因发现：第一，家庭收入下降；第二，在国外学习的时间往往是在大三的最后一个学期和大四的第一个学期，与学生找工作的时间重叠，有些学生担心将会面临找不到理想工作的风险；第三，受"少子化"影响，18 岁以下学生的数量在下降，这也是导致日本赴海外留学学生数

---

[1]　李协京：《日本国际理解教育的发展历程及相关政策》，纪念《教育史研究》创刊 20 周年论文集——外国教育政策与制度改革史研究专题，2009 年，第 1620—1622 页。

量下降的主要因素。

面对这样的挑战，日本政府采取措施鼓励日本学生出国留学。一是鼓励日本公司延迟发布招聘信息，让学生在赴海外留学前能找到工作。二是政府和私营企业、机构合作推出新的资助留学计划。三是推出长期支持计划，扩大国际学生交流支持体系。自 2009 年起，日本政府实施了"留学生交流支援制度（长期派遣）"，支持学生赴国外大学攻读研究生学位。在这一计划的框架下，学习研究生项目的留学生数量达到 500 名，选择留学两年的学生从 1 万名增加到 3.2 万名。

（二）"外部国际化"——针对外国人的国际化

针对外国人的教育国际化，主要包括对外日语教育与考试、接收留学生教育两大方面。

1. 对外日语教育与考试

随着日本国际影响力的不断提高，学习日语的外国人逐年增加。据日本国际交流基金 2014 年发布的《海外日语教育现状 2012 年度日语教育机构调查结果概要》相关统计数据显示，（1）日本以外的日语学习者由 1984 年的 58 万人增至 2012 年的 136 个国家和地区约 399 万人，增幅为 31.3 倍；学习机构则由 1979 年的 1145 家增至 2012 年的 1.6 万余家，增幅为 14 倍；在日本以外的日语教育机构学习日语人数最多的国家中，中国大陆高居首位，约 104.6 万人，以下依次为印度尼西亚和韩国等。（2）日本从 1984 年开始实施"日语能力考试"（JLPT），考生由最初的 15 个国家和地区约 7000 人，增至 2014 年的 66 个国家和地区约 52 万人。① 此外，日本自 2002 年起实施"日本留学考试"。据独立行政法人日本学生志愿机构发布的《2015 年度日本留学考试实施结果的概要》相关统计数据显示，于 2015 年 6 月和 11 月分两次实施的"日本留学考试"在日本国内 16 个

① 日本国际交流基金，『海外の日本語教育の現状——2012 年度日本語教育機関調査結果概要』，2016 年 1 月 10 日，见 http://www.jpf.go.jp/j/project/japanese/survey/result/dl/survey_2012/2012_s_excerpt_j.pdf/2016-01-10。

城市、日本以外 17 个城市举办，考生共计 38176 人。①

2. 留学生教育

在全球一体化的世界背景下，为了应对世界各国对高端人才争夺日趋白热化的国际形势，日本政府重点实施了扩大接收留学生的政策。1984年，日本政府制定了《面向 21 世纪的留学生政策》，计划在 21 世纪初招收 10 万名留学生。该计划历时 20 年，最终于 2003 年超过预期目标达到了 109508 人。近年来，日本政府加快科技立国、人才立国战略的实施步伐，把留学生政策视为实现"知识的国际贡献""加强国际竞争力"的重要手段。从留学生的总体规模来看，从 1983 年至 2008 年，日本接收的外国留学生基本上保持稳步、持续增长态势，1997 年受亚洲金融危机的影响一度出现负增长的局面，但翌年又恢复到平稳增长状态。2008 年，文部科学省与外务省、法务省、厚生劳动省、经济产业省、国土交通省等其他省厅联合制定并出台了《留学生 30 万人计划》，计划在 2020 年实现接收 30 万名留学生的目标。《留学生 30 万人计划》通过放宽政策限制，采取积极灵活的各项准入政策，确保赴日留学渠道更加畅通；延长留学生在日找工作的时间，推动雇佣留学生在日就业等措施，吸引更多的留学生赴日就读。据文部科学省发布的《文部科学白皮书》(2014) 相关调查数据显示，截至 2014 年 5 月 1 日，日本接受的留学生达到 18.4 万人，依旧保持着稳步增长的态势。②

翌年，文部科学省出台了"G30 计划"。该计划为大学国际化战略计划提供全面的支持，主要援助对应于各大学特色的高品质教育以及为留学生提供宽松环境的国际化基地建设。其目的是加强日本高等教育的国际竞争力，通过对留学生提供有魅力的教育服务，营造出日本学生与留学生共

---

① 独立行政法人日本学生支援機構：《日本留学試験実施結果の概要》，2016 年 1 月 10 日，见 http://www.jasso.go.jp/eju/result.html/2016-01-10。

② 文部科学省：『平成 26 年度文部科学白書—第 2 部文教　科学技術施策の動向と展開第—第 10 章国際交流　協力の充実』，2016 年 1 月 10 日，见 http://www.mext.go.jp/b_menu/hakusho/html/hpab201501/1361011_017.pdf/2016-01-10。

同学习、相互勉励的环境，培养能够活跃在国际上的高素质人才。2009年，国际化基地建设项目委员会选定东京大学、东北大学、名古屋大学、庆应义塾大学等 13 所大学作为促进国际化的基地进行重点建设，每年每所学校投入建设经费 2—3 亿日元，原则上 5 年为一个建设周期。具体措施包括：大幅度增加用英语授课的课程，积极促进交换生项目、短期留学项目，促进学生的流动性，加强大学的专门组织体制的建立，增加外籍教师等，通过保证教学质量提高大学在国际上的影响力。

继"G30 计划"之后，日本政府又相继出台了《日本复兴战略——JAPAN is BACK》（2013）和《日本复兴战略修订 2014——面向未来的挑战》（2014），通过"官产学"三方联手充实现行留学生政策，营建创新型、复合型、多样性人才持续大量脱颖而出的环境，把吸引大批优秀外国留学生来日留学并在日就业作为日本"人才立国"战略的长期方针，以保持日本在科技发展中的不败地位。

此外，为促进基础教育阶段的青少年交流，日本政府还重视接收小留学生。文部科学省联合国土交通省及其他相关省厅自 2005 年起实施了《外国青少年接收倍增计划》，计划到 2010 年接收外国中小学生的人数由每年 4 万人增至 8 万人。截至 2010 年 5 月，就读于日本公立小学、初中、高中的外国学生达 74214 人。①

（三）"援助国际化"——教育的国际合作与援助

教育的国际合作与开发，主要包括参与国际组织的教育事业和对发展中国家的教育援助两大内容。

1. 国际教育合作

日本从 1988 年参加联合国教科文组织的"亚太地区教育开发计划""亚太地区全面普及教育事业计划"，20 世纪 90 年代参与"艾滋病教育事业""妇女识字教育""环境教育""信息技术教育"等合作项目。日

---

① 文部科学省：『平成 22 年度文部科学白書—第 2 部文教　科学技術施策の動向と展開第—第 7 章国際交流　協力の充実』，2016 年 1 月 10 日，见 http：//www.mext.go.jp/component/b_menu/other/__icsFiles/afieldfile/2011/10/05/1311679_016.pdf/2016-01-10。

本还积极参加经合组织教育研究与改革中心的"提高教育质量""成人继续教育培训"等研究课题，参与实施"国际学生评估项目"（PISA），也参与了亚太经合组织人才培养领域的相关活动。① 此外，在高等教育领域，自 20 世纪 80 年代末以来，日本高校积极创办海外分校，与国外大学签订包括联合培养、合作研究等国际交流协议，完善学分互换制度等。

2. 国际教育援助

日本的国际教育援助始于 20 世纪 60 年代。20 世纪 60 年代至 90 年代前，日本的国际教育援助旨在加强与亚洲受害国的教育文化交流，改变"侵略国""经济动物"等负面的国家形象。20 世纪 90 年代之后，特别是进入 21 世纪后，教育援助在日本对外援助体系中的地位逐渐加强，国际教育援助甚至被融入日本对外经济合作的框架之中，日本的国际教育援助倾向于服务其"政治大国"战略。例如，在非洲，日本通过举办非洲发展国际会议，输出了新的援助理念，国际教育援助为其联合国外交作出了贡献；在亚洲，日本为扩大其政治影响力，选择了蒙古、越南、泰国等"战略性国家"进行援助。教育援助因其直接与受援国人民的福祉相关，在为日本与这些"战略性国家"建立良好关系，提高日本软实力方面发挥了重要作用。②

日本对发展中国家的国际教育援助针对不同的教育层次有着不同的政策侧重点。2002 年，日本政府将"加强对基础教育领域的开发"列为对外教育援助的政策内容之一。日本通过采用硬件援助（建教室）和软件援助（提高家长和社区人员的认识，以及确保他们参与学校管理）双管齐下的方法来提高所有孩子接受教育的机会。具体做法是：（1）对发展中国家基础教育的援助，要加大力度建设充足的校舍，帮助发展中国家的教师加强数学和科学等学科的课堂教学能力，并改善教学方法，使学生发现学习的乐趣。（2）针对基础教育之上的不同教育阶段，通过联合研究、培训

① 臧佩红：《试论当代日本的教育国际化》，《日本学刊》2012 年第 1 期。
② 彭文平：《日本的国际教育援助及其软实力构建》，《比较教育研究》2014 年第 2 期。

项目、赴日留学等方式进行综合性援助。(3) 在教育和其他部门发展协同效应。比如通过援助发展中国家的艾滋病防治教育并促进当地社会提高防治传染性疾病的意识。(4) 创造一个国内国外所有人参与合作的教育援助机制。

日本对高等教育的援助政策则既从其对国家、社会和个人的作用出发，又充分考虑高等教育与基础教育的关系以及受援国的实际情况。日本主要通过改进高等教育的学习内容和教学方法、更新学校设施、减少不平等和改进学校管理等方式援助发展中国家。其中，特别关注工程、农业和商业管理等学科领域。同时，为了回应大学教育全球化的趋势，日本积极促进全球教育研究网络的建设，从日本各大学中选派教师出国，在国内外大学之间交换教师，并通过信息技术开展远程学习。[1] 归纳其具体做法如下：(1) 加强高等教育领域的合作，平衡发展中国家整个教育部门对高等教育的需求；(2) 援助要结合受援国的现实条件；(3) 援助包括从专业援助到管理援助的各个领域；(4) 援助的区域中心由亚洲转向非洲。[2]

据此，文部科学省建立了国际教育援助的两大国内体制：(1) 从 2002 年开始建立国际教育合作"据点体制"。以广岛大学与筑波大学为中心，联络大学、非政府组织、企业，有组织、系统地全面利用日本的资源，援助发展中国家的初中等教育；(2) 从 2003 年开始设立"国际开发合作支援中心"，旨在促进大学、大学与技术顾问、国外大学、非政府组织间的合作，使各界有组织地参与国际教育援助。

二、东京教育的国际化发展与改革措施

教育国际化是城市国际化最重要的基础。教育是城市发展的"引擎"。教育国际化是东京建设顶级世界城市的必然选择，是东京教育质量提升、内涵发展的内在需要，是满足东京都民众多样化教育需求的重要举

---

① 沈雪霞：《日本国际教育援助的发展现状》，《世界教育信息》2009 年第 10 期。

② 彭文平：《日本的国际教育援助及其软实力构建》，《比较教育研究》2014 年第 2 期。

措，也是大力培养国际化人才的主要途径。下面拟从东京基础教育中的国际理解教育和高等教育中的国际化策略入手，详细解读东京教育的国际化发展与改革措施。

（一）东京基础教育国际化发展与改革

在全球化背景下，教育国际化已成为世界性的教育思潮，而教育国际化的核心是国际理解教育。我们必须重视国际理解教育，加强国家与人民之间的交流、了解及相互理解和支持，构建起与国际理解教育相互联系的新机制，以顺应教育国际化的浪潮。东京中小学国际理解教育的实践活动自二战后至今，大致经历了三个阶段：别国理解的教育实践（1945—1974）、异文化理解的教育实践（1974—20 世纪 90 年代末）、多元文化理解的教育实践（20 世纪 90 年代末至今）。国际理解教育主要包括理解发展中国家、参与开发教育、异文化教育、和平教育、环境教育、归国子女教育等。东京都中小学的国际理解教育从招生对象、教学目标、课程设置、活动安排等方面，都展现了教育国际化的特征。

1. 东京学艺大学附属大泉小学的国际理解教育

东京学艺大学附属大泉小学的前身是建于 1938 年的东京府大泉师范学校附属小学，1966 年被认定为联合国教科文组织"致力于国际理解与国际合作教育"的合作学校，1969 年开设了海外归国儿童教育特设班级，特设班级现名"百合班"（3—6 年级），招收对象是海外来日小留学生和归国日本人子女。大泉小学积累了近 50 年的国际理解教育研究与实践活动的丰富经验，形成了归国儿童教育和国际理解教育的特色和传统。2001—2003 年，由于该校在综合学习时间、英语活动、道德教育等方面的突出表现，还被文部科学省认定为研究开发学校①。②

①　研究开发学校是指经由文部科学省特许的、为了达到开发出应对教育实践中提出的各种课题以及满足学校教育多样化需求的新教育课程、教学方法，可以编制并实施不遵照学习指导要领等国家基准的教育课程的学校。

②　東京学芸大学付属大泉小学校教育目標 / 学校長のご挨拶，2016 年 1 月 14 日，见 http://www.es.oizumi.u-gakugei.ac.jp/activities/index.html/2016-01-14。

　　该校每年都举办各种各样的国际理解教育活动。例如，2007—2008年，该校1年级学生和东京韩国学校1年级学生开展了两次文化交流活动，内容包括参观对方学校、演示韩国民族服装、介绍日本传统游戏，一起会餐体验不同的饮食文化，等等。通过这些活动，1年级的孩子们超越了民族和语言不同的障碍，积极交流互动，丰富了不同文化的体验。同年度，该校中高年级（3—6年级）的国际班和海外归国儿童班与普通班的学生一起，利用"综合学习时间"展开了交流活动，内容是由归国学生使用计算机、模型及实物介绍海外的情况，包括所在国的文化、学校的情况，并用所在国的语言扮成店员和顾客、教师和学生等来演示在国外的生活和学习场景。通过这些活动，普通班的学生接触到了不同的语言和文化，视野得到了开阔，而海外归国班的学生则认识到国外生活经历是一笔宝贵的人生财富，自信心得到了增强。除此之外，该校还组织国际班和海外归国儿童班的外籍和日籍学生体验日本的茶道，请茶道老师讲授茶道礼仪，并与国外迎宾待客的礼仪进行比较，加深对不同文化习俗的了解。该校的各种活动，集合了田渊五十生所说的日本国际理解教育四种不同阶段的特征，从不同的角度深化了东京的国际理解教育。

　　2. 东京都立国际高中的国际理解教育

　　1979年在日本全国教育长协会作出的《开发高中教育研究报告》中，首次提出了今后应建立新型高中，除了学分制高中以外，以艺术、体育、外语等为主的专门高中是其中的亮点。东京都立国际高中位于东京中心区之一的目黑区。该校设立于1989年，是为了适应国际化社会的发展而开设的，它是日本全国第一所以国际科为主的全日制高中。其培养目标为：培养具有渊博知识、身心健康、全面发展和丰富协调的国际意识及优秀的外语能力，将来有所作为的国际人才。

　　作为实施国际高中教育的一所先行试点校，东京都立国际高中具有以下的办学特色：(1)学生来源广泛。每年招收的新生中除了包括一般的日本人子女外，还包括海外归国子女、居住在东京的外国人子女等，后者大约占到总在校生人数的三分之一。(2)教学课程设置中国际学科特点突

出。除普通高中基本学科外还设有国际学科。国际学科中另设有专门的
"国际理解"学科，这门学科细分为：文化理解（包括日本文化、比较文
化、传统艺能、外国文学）；社会理解（包括国际关系、社会生活、社区
研究、福利）；情报信息与表现（包括信息科学、通讯报道、映像、演剧
等）。此外，外语课程中除了英语学科为必修学科外，还包括了各国概况
的了解以及德语、法语、西班牙语等其他语种的学习。该校从教学目标到
招生对象以及课程设置，都展现了国际化的特征，招生条件造就了良好的
国际化氛围及良好的外语语言环境，有利于对学生进行国际理解教育。①

（二）东京高等教育国际化发展与改革

日本的高等教育国际化始于明治维新时期。由于日本现代高等教育
体制的建立先后参照了法国、德国和美国高等教育模式，因此其现代高等
教育起步之时就具备教育国际化倾向。20 世纪 80 年代以来，日本政府提
出"高等教育国际化"的口号，并将此作为发展高等教育的重要战略任
务，完善了相关的政策法规。经过几十年的发展，日本已成为世界上高等
教育普及化和国际化程度最高的国家之一。特别是进入 21 世纪以后，日
本的高等教育无论是政府宏观层面，还是专业设置和课程内容、信息交流
等微观层面，以及国际合作的实践层面都日益呈现出向全球化发展的趋
向。就日本国内而言，无论是在教育国际化的总体规模上，还是在教育国
际化的整体水平上，东京都都领先于其他城市，独占鳌头，并日益接近欧
美先进国家的水平。因此，下面拟以东京大学为例，重点分析其国际化发
展战略的轨迹、实施国际化发展战略取得的经验以及政府为推进大学国际
化而营造的良好政策环境。

1. 东京大学的历史沿革

东京大学始建于 1877 年，是日本创建的第一所国立综合性大学，也
是亚洲创办最早的综合性大学之一，被公认为日本最高学府。东京大学的
前身是明治时期创办的东京开成学校和东京医学校。东京大学建立之初，

---

① 王坚定：《东京国际理解教育的实践及其对我国教育的启示》，《才智》2013 年第 21 期。

仅有法、理、文、医四个学部。1886 年，明治政府为适应国家需要，培养具有国家主义思想的人，颁布了《帝国大学令》，东京大学改名为"东京帝国大学"，采用分科大学制，并开始设置研究生院，成为一所名副其实的大学。东京大学作为日本历史最悠久的大学，在二战前就成为日本的"旗舰大学"，日本研究型大学的形成也是以东京大学为先导的，其研究功能是毋庸置疑的。经过战后数十年的扩充与改组，东京大学逐渐发展成为日本乃至世界公认的一流研究型大学。东京大学作为日本的第一所综合性大学，自创建之日起，就一直受到国家的大力扶持与资助。截至 1897 年日本第二所帝国大学——京都帝国大学建立，日本政府一直将国家教育经费的 40% 左右投入到这所独一无二的大学。经过百余年的发展，东京大学已经发展成为具有法学部、文学部、经济学部、教育学部、医学部、理学部、工学部、药学部、农学部、教养学部 10 个学部、11 个研究生院、11 个研究所，3 万余师生员工的综合性大学。东京大学是目前日本 86 所国立大学中规模最大的大学。东京大学由于学科齐全，经费充足，教员队伍整齐，一些传统学科办学水平高，教学和研究的力量与水平是日本其他大学无可比拟的。东京大学保持着传统大学的特征，即多学院、多学科。由于东京大学设置于明治时代，其学科设置具有浓重的传统色彩，差不多全是历史悠久的老学科，办学水平很高，几乎所有学科均能授予硕士和博士学位。此外，东京大学还有医科学研究所、地震研究所、东洋文化研究所、社会科学研究所、生产技术研究所、史料编纂所、分子细胞生物学研究所、宇宙线研究所、物性研究所、海洋研究所、先端科学技术研究中心等 11 个研究所和 13 个供全校乃至全国共同使用的研究中心。这些全国性共同使用机构，由文部科学省投资进行设备更新和组织人力，吸收外来人士，包括国外研究学者和国内其他大学教员，设备对外开放，实际上已成为全国性的科学研究中心。

2015 年度，东京大学约有本科生 1.4 万人，研究生 1.39 万人（其中，硕士 6722 人，博士 5827 人）。此外，东京大学还有来自 111 个国家和地区的 3062 名留学生，是日本大学中拥有留学生人数最多的大学之一。该校教职员工约 7832 人，其中，教授 1292 人、副教授 894 人、讲师 277 人、助教 1383 人、办公人员 1483 人、技术人员 557 人、大学附属医院的医疗人员 1854 人，师生比为 1∶7。① 东京大学师资力量雄厚，自日本学士院奖（1912）设立至今，从获得学士院奖的学者在日本各大学中的分布情况来看，东京大学教师获奖人数始终居于首位。

2. 东京大学的办学特色、理念及教育国际化发展

经过创立期、二战后的改革期，独立行政法人东京大学迎来了第三大发展期，把目标定位于培养在学术研究方面位居世界领先地位，同时能够为实现社会公平、科学技术的进步和文化创造作出贡献，具有国际视野的精英人才。在学术研究方面，东京大学秉承学问自由的原则，以探讨真理和创造知识、维持及发展世界最高水准的教育和研究为目标。东京大学为探究真理及创造知识，尊重具有自主性、创造性的研究活动，确保研究人员构成的多样化，追求世界最高水平的研究。东京大学积极主动地对研究活动进行自我评价、检查，并将评价结果向社会公布，同时接受第三方评价，承担说明责任。在研究领域方面，东京大学在尊重研究的体系化和连贯性的同时，积极致力于对萌芽研究以及未知的研究领域进行开拓。此外，东京大学针对横跨广泛领域的跨学科课题，充分利用自身综合性大学的优势创造研究组织和研究个体之间的多样关联，期望通过学术融合创造出新的学问领域。在研究成果的社会回馈上，东京大学将创立以来所积累的学问以教育的形式还原给社会，并非追求短期的成效，而是为了实现持续性的、普遍性的学术体系为目标；与此同时，还把与社会的联合研究反映到基础研究中。2003 年，东京大学评议会制定并通过了《东京大学宪章》，明确宣布"要成为能为世界提供公共服务的大学"，建设"世界的东京大学"。该宪章规定，东京大学的基本使命是"超越国籍、民族、语言等各种束缚，追求人类普遍的真理与真实，通过教育和研究，为世界和平

---

① 東京大学：東京大学概要，2016 年 1 月 14 日，见 http：//www.u-tokyo.ac.jp/content/400033446.pdf#page=4/2016-01-14。

与人类的福祉，为人类与自然的共存、安全环境的创造、各地区均衡的可持续发展、科学技术的进步以及文化的批判、继承与创造，作出贡献。"这一宪章强调了东京大学的国际化发展使命。

从世界最高水平研究中心的分布也可以看出东京大学的教育国际化水平。为了推进具有国际竞争力的世界最高水平大学的确立，日本政府从提升本国国际竞争力的迫切需要出发，结合本国高等教育的发展实际，由文部科学省于2002年出台了"21世纪COE计划——为了形成世界性研究教育基地而实施的重点支援项目"。"21世纪COE计划"（2002—2006）通过采取对建设具有世界最高水平的研究和教育基地进行重点资助的方式，在日本高校中营造竞争型学术氛围。在"21世纪COE计划"取得积极成果的基础上，日本政府于2007年启动"全球COE计划"（2007—2009），"全球COE计划"继承了"21世纪COE计划"基本思路和理念，其目的是进一步深化国际"最高水平的研究"和"具有前沿性的研究"，加强对在具有国际引领作用的独创性研究领域的年轻科研人才的培养。

在"21世纪COE计划"实施过程中，东京大学共计获批28个卓越研究中心。具体归纳如下：（1）2002年分别在"生命科学领域"获批卓越研究中心3个、"化学/材料科学"领域2个、"信息/电气/电子领域"2个、"人文科学领域"3个、"跨学科/复合/新领域"1个，共计11个COE；（2）2003年度分别在"医学领域"获批卓越研究中心3个、"数学/物理学/地球科学领域"4个、"机械/土木/建筑/其他工学领域"2个、"社会科学领域"4个、"跨学科/复合/新领域"2个，共计15个COE；（3）2004年度在"革新的学术领域"获批卓越研究中心2个COE。① 在"全球COE计划"实施过程中，东京大学统计获批17个卓越研究中心。具体归纳如下：（1）2007年度分别在"生命科学领域"获批卓越研究中心1个、"化学/材料科学领域"获批1个、"信息/电气/电子领域"1个、"人

---

① 文部科学省：平成14年度国公私别申请　採択状况；平成15年度国公私别申请　採择状况；平成16年度国公私别申请　採択状况，2016年1月14日，见 http://www.mext.go.jp/a_menu/koutou/coe/main6_a3.htm/2016-01-14。

文科学领域"2个、"跨学科/复合/新领域"1个，共计6个COE；（2）2008年度分别在"医学领域"2个、"数学/物理学/地球科学领域"2个、"机械/土木/建筑/其他工学领域"2个、"社会科学领域"2个、"跨学科/复合/新领域"2个，共计10个COE；（3）2009年度在"交叉学科、复合学科、新兴学科领域"获批1个卓越研究中心。①

2007年，根据《第三期科学技术基本计划》和《技术创新综合战略》（2006），日本文部科学省推出了"世界领先国际化研究中心建设项目"（World Premier International Research Center Initiative，WPI），开始建立和资助世界级研究机构，以加强对世界顶尖科研人员的培养，并探索科研体制改革。"WPI"的资助对象是基础研究领域，目标是在未来10—15年内，创建5个世界级研究基地，对每个基地每年资助14亿日元左右。"世界顶尖研究基地建设计划"于2007年度首次开展世界顶尖研究据点的申报和遴选工作，共有22家研究机构提交了33项申报，结果有5家研究机构的5项申报获批，审批通过率为22.7%。东京大学在数学/物理学领域获批名为"数物合作宇宙研究机构"研究据点1个。②此外，2008年度文部科学省还对研究活动受到高评价的东京大学与京都大学在原有资助金额的基础上各自提高了5000万日元的资助。2007年度入选该计划的5家研究机构，通过良好的运营机制、稳定的经费支持、国际化的研究环境建设、公平公正的国际招聘规则、能力导向的薪酬制度等，使一批国外顶尖的科学家和青年研究人员聚集到了日本。③

---

① 文部科学省：平成19年度「グローバルＣＯＥプログラム」大学別申請 採択状況一覧；平成20年度「グローバルＣＯＥプログラム」大学別申請 採択状況一覧；平成21年度「グローバルCOEプログラム」申請 採択状況，2016年1月14日，见http：//www.mext.go.jp/a_menu/koutou/globalcoe/index.htm /2016-01-14。

② 文部科学省：平成19年度世界トップレベル研究拠点プログラムの採択拠点の決定について，2016年1月14日，见http：//www.mext.go.jp/b_menu/houdou/19/09/07091102.htm/2016-01-14。

③ 文部科学省：平成21年度世界トップレベル研究拠点プログラムフォローアップ報告書，2016年1月14日，见http://www.mext.go.jp/b_menu/houdou/22/08/attach/1297118.htm/2016-01-14。

在教育教学和人才培养方面，东京大学的校门向具备在东京大学学习的相应资质的所有人士敞开，培养具有开阔视野同时兼备高度的专业知识和理解力、洞察力、实践力、想象力，且拥有国际性和开拓者精神的各领域的指导性人格，在尊重学生的个性和学习权利的同时，追求世界最高水平的教育。在东京大学的本科教育中，构建了以广泛的文科教育为基础，与多样化的专门教育有机结合的灵活的教育体系，且不断进行完善与改进。在研究生教育中，有效利用了综合性大学拥有的涉及各种专业领域的研究科、附属研究所等优势，为培养研究者以及高级专业技术人员而构建了一个广泛的高度专门教育体系。作为各自学术领域中的第一线研究者，东京大学的教员将各自的经验和成果系统地反映到教育教学之中。此外，为给所有学生提供最佳的学习环境，去除其就学的障碍，东京大学还致力于完善经济方面的支援体制。

日本文部科学省于 2009 年出台了"国际化基地建设项目 Global 30"（以下简称"G30 计划"），计划建设 30 所接受留学生的高质量高水平的国际化大学，政府在 5 年内给予必要的经费支持。但由于经济危机和随之而来的削减财政预算，进入"G30 计划"的大学数减为 13 所。由此，人们将这一计划从"G30"改称为"G13"。留学生的规模以及是否设有使用英语取得学位的讲座和设有海外共同利用事务所（美国、中国除外）等是当选的一些必要条件。2009 年上半年，共 22 所大学提交了申请，经过竞争，第一批 13 所大学于 7 月决定。除 7 所旧帝国大学——东京大学、京都大学、东北大学、大阪大学、九州大学、名古屋大学、筑波大学以外，还有庆应义塾大学、上智大学、明治大学、早稻田大学、同志社大学、立命馆亚太大学等 6 所私立大学。以上 13 所大学中，东京大学、庆应义塾大学、上智大学、明治大学、早稻田大学等 5 所大学均坐落于东京都，占38.5%。

根据申请计划，东京大学的国际化措施如下：(1) 充实留学生接受体制，在本乡、驹场、柏三个校区设置"国际中心"，自 2010 年 4 月起为留学生提供出入国援助、宿舍介绍、日语教育、就业援助等综合性服务；

（2）培养能够应对国际业务的事务管理人员；（3）强化面向留学生的日语教育体制；（4）实现校园网（Ut-mate）系统的英语化；（5）除了已经能用英语取得学位的专业以外，从 2010 年 10 月开始增设 9 个专业，在研究生院经济学研究科、理学系研究科、工学系研究科、农学生命科学研究科、医学系研究科、新领域创成科学研究科、信息理工学系研究科、学际信息学部、公共政策学教育部等 30 多个专业开展使用英语授课的学位教育；（6）推进日本人学生的国际化程度；（7）聘用更多的来自全世界的外籍教师；（8）在印度的班加罗尔设立海外大学共同利用事务所；（9）进一步拓展和强化国际研究网络来促进自己的研究活动，深化与大学国际组织或联盟的关系，积极与国际社会开展合作，寻求建立更多的实质性合作项目。东京大学在参加国际间大学组织的活动方面非常积极，现为 IARU（国际研究型大学联盟）、APRU（环太平洋大学联盟）和 AEARU（东亚研究型大学协会）的成员，并在其中发挥着重要作用。此外，东京大学还先后与麻省理工学院、斯坦福大学、新加坡国立大学、斯德哥尔摩大学、北京大学、清华大学以及首尔大学举办了"东京论坛"，并根据各校之间的合作前景设立不同的论坛主题，探讨双方在未来加深合作的可能性。

第八章　新加坡世界城市建设与教育国际化

新加坡，一个形似蝙蝠的菱形岛国城市，隔着一条狭窄的柔佛海峡，与马来半岛的最南端遥遥相望。它环境优美、物产富饶、居民康乐幸福。从 1996 年 1 月 1 日起，新加坡成为东南亚第一个发达国家，进入世界发达国家的行列。新加坡不仅成为国际贸易中心之一，也成为国际金融中心之一和国际运输中心之一。①

如果说曼谷可以作为东南亚神圣城市的典型，新加坡可以作为东南亚市场城市的典型。新加坡从建立之初，就是依赖于贸易而存在、得益于贸易而发展的城市。作为"亚洲四小龙"之一的新加坡，其经济和城市建设一直都走在东南亚的前沿和顶端。② 至今，新加坡在城市建设方面仍旧保留独特的优势，如独特的地理优势——国际海上货运中心；独特的体制优势——小而精的城市国家；独特的自然环境优势——亚热带花园城市；独特的经济优势——国际金融中心等。在这些独特性中，有一些是客观条件如地理优势，其他城市无法复制，也有一些是执行政府决策的成功结果，其他城市可以借鉴。本章拟对新加坡世界城市的建设和教育国际化的发展进行论述和分析，力求为其他国家建设世界城市（全球城市）以及相

---

① 赵文春、张振国：《瞩目新加坡》，中国城市出版社 2004 年版，第 122 页。

② 张庭伟、吴浩军：《转型的足迹：东南亚城市的发展与演变》，东南大学出版社 2008 年版，第 104 页。

伴而行的教育国际化提供更多的参考和借鉴。

第一节　新加坡建设世界城市的发展进程与发展道路

全球化不断扩充着世界经济体系，同时也形塑着世界城市体系，使一些聚集全球资本和具有产业管控能力的城市逐步升级并先后加入"全球城市"或"世界城市"的行列。新加坡是一个城市国家，也是公认的世界城市。[①] 其进军世界城市的发展历程可归纳为三个阶段，分别是从1819—1945年的早期殖民发展阶段、1945—1990年的腾飞发展阶段以及1990年至今的全球化发展阶段。

一、早期的新加坡："不落"的自由港

新加坡在1819年沦为英国的自由港之前还是一个尚未开发且人口数量不足二百的农业地区。当时，英国和荷兰对东南亚地区海上贸易权的争夺正如火如荼。作为贸易领域后起之秀的英国需要在东南亚建立尚未被其他殖民国家占领的英属殖民地，并决心将该殖民地开发成为一个既无纷争又可与之较量的战略基地。因新加坡位于马来半岛的顶端，与中南半岛之间仅隔着一条狭窄的运河，且地势平坦，入海口的大量遗留土地可设立港口，进行海上贸易，[②] 如此地缘优势成为英国殖民者关注的焦点。因此，在1819年，英国东印度公司的托马斯·斯坦福·莱佛士爵士（Sir Thomas Stamford Bingley Raffles）绕开英国国会的授权，独自与当地的土著酋长签订合约，宣布新加坡成为英国的自由港。

作为当时第一个采用自由港政策的港口城市，零税收政策的推行吸引了大量商人前来交易。同时，因为新加坡处于东南季风和西北季风的交

---

① 谭善勇：《世界城市新加坡的社区治理模式及北京的选择》，"转变经济发展方式，奠定世界城市基础——2010城市国际化论坛"论文，2010年，第48页。

② 张庭伟、吴浩军：《转型的足迹：东南亚城市的发展与演变》，东南大学出版社2008年版，第105页。

汇带，地理位置的优势不仅为东西方商人的航行带来便捷，而且也使得新加坡成为当时著名的停泊港。1827 年，新加坡的进出口贸易量就已经超过了东南亚另外两大港口城市槟城（Penang）和马六甲（Malacca）的总和，成为东南亚最大的港口城市。①

1869 年，苏伊士运河的开通使马六甲海峡成为东南亚海上贸易路线的首选航路，欧洲到东亚的所有船只必须经过新加坡，贸易量直线上升。1870 年左右，蒸汽船的问世使得远距离海上航行成为可能，很多东南亚港口城市逐渐从商业贸易港沦为停靠港。20 世纪初，伴随着马来西亚锡工业和橡胶工业的快速发展，新加坡作为国际区域中心港的地位也显著提升。第一次世界大战后，美国经济迅速崛起，而英国在印度的势力日渐衰微，导致了全球贸易市场中心的转移。新加坡的贸易覆盖地区从最初的东南亚区域内部及欧洲地区，逐渐转变为欧洲和远东地区。贸易路线的变更使得贸易产品也发生极大的变化，而不同的贸易产品由于生产、存储、包装和运输等方面的不同，导致其对城市空间区位有着不同的需求，继而导致了城市空间组织的变化。② 但是，总体而言，这些贸易产品的范畴仍属于港口运输型产品，其加工程序的变化无法从根本上撼动城市的空间布局，更不会导致城市空间的重组。

在新加坡城市发展的早期阶段，值得一提的是 1922 年的城市规划。该规划的提出与实施不仅改善了城市环境，而且有效发展了经济。由于人口的增多以及海上交易量的膨胀导致了新加坡的无序发展，为此，在 1922 年，拉弗勒斯委任英国驻新加坡的工程师兼土地调查员的菲利普·杰克森（Philip Jackson）根据新加坡的实际发展情况来制定一份城市规划。首先，该规划提出，根据其地形地貌的现状，将新加坡设计为"带形城市"；其次，菲利普根据不同种族、不同宗教集中聚居的特点，对新

---

① James Alexander, *Malaysia*, *Brunei*, *and Singapore*, Cincinnati：The Globe Pequot Press, 2006, p.45.

② [澳] 彼得·纽曼、安迪·索恩利：《规划世界城市：全球化与城市政治》，刘晔等译，上海人民出版社 2007 年版，第 292 页。

加坡的人口分布进行重新规划，其中，欧洲人居住区、欧式商业区和政府行政办公区坐落于城市中心；亚洲商业区、华人居住区和印度人居住区位于新加坡河的南部；阿拉伯人、伊斯兰教徒、亚裔天主教徒的居住区被圈定在城市北部；而本土的马来人居住区没有被纳入规划之中，他们大多分布在城市北郊，保留着传统的村落形式。① 总体而言，1922 年的城市规划可以说是适宜且成功的规划，其构想与设计充分考虑了既存的自然因素和人文因素，为现代新加坡的转型发展奠定了坚实的基础。

二、二战后的新加坡：起飞的"狮城"

得益于国际政治气候的变化、国内政治环境的稳定以及政府管理体制的高效等影响因素，二战结束后的新加坡在经济发展和城市建设方面都取得突飞猛进的进步，成为世界城市发展史中可供学习借鉴的典范。

1945 年 8 月 15 日，日本宣布无条件投降，日本对于新加坡为期 3 年之久的残暴统治终告结束。日本投降后，英国殖民者卷土重来，新加坡再度沦为英国的殖民领地，继续受其殖民统治。但这时的新加坡人已经逐渐觉醒，先后掀起了多次声势浩大的民族独立运动，并得到全国人民的支持。1963 年 9 月 16 日，新加坡正式并入马来西亚，成为马来西亚联邦的一个州。新加坡加入马来西亚联邦后，马来族人在联邦内数量方面的优势逐步下降，种族关系的矛盾问题日益升级。1965 年 8 月 9 日，新加坡政府在不得已和别无选择的情况下宣布退出联邦，成立了一个具有独立主权的国家，即新加坡共和国。②

自立国开始，在极短的时间内，新加坡的政治地位发生巨大的翻转，即从殖民地走向政治经济自立和独立。这一变化的产生对于新加坡的城市发展而言具有积极的影响。新加坡的独立可以使其立足于自身优势（如优良的港口城市、劳动力结构小而精等）制定适合经济发展和城市建设的国

---

① Ole Johan Dale, *Urban Planning in Singapore*：*The Transformation of a City*，Oxford：Oxford University Press，1999，pp.100-120.

② 赵文春、张振国：《瞩目新加坡》，中国城市出版社 2004 年版，第 12 页。

家政策，例如，发展以港口基地为基础、运输量较大的石油加工、产品加工、造船等工业；发展需要高新技术人员的电子工业等等。此外，新加坡对周边国家的低技术人口实施限制准入的政策，从而甩掉了大量农村移民的包袱，避免了大多数东南亚大城市普遍存在的农村移民人口过多、棚户蔓延以及经济双重结构等问题。在 1945—1970 年间，新加坡 GDP 的平均增长速度达到了 10% 以上。[①]

政治地位的独立，尽管会让国家的主权自治得到切身保障，同时很多经济与资源方面的问题也会接踵而来。1965 年，这个新独立的国家隔绝了与马来西亚、印度尼西亚等多个国家的联系，这使得城市政府开始在此不寻常的状况下寻求生存策略，而这一直延续至今。对此回应的重要方面，是国家在决定国内的经济走向时发挥核心作用，采用外向型策略，这也是国家资源规模有限而无其他的选择。

独立后不久，政治家们就开始筹划，认为新加坡应当成为"全球城市"。可以说，新的城市国家"在此社会科学概念产生和普及之前，就将自身改造为'全球'城市了"。[②] 这种预见似乎在新加坡发挥了很好的作用——从二战后至今，人均收入持续上涨，在世界排名中的地位逐步提升。

1950—1990 年，新加坡共经历了两次经济转型。第一次是从传统农业经济转向制造业。直至 1980 年，制造业一直都是新加坡经济发展最重要的支柱。1985 年的国际经济震荡迫使新加坡政府减轻对传统制造业的依赖，进而转向对服务业的大力支持，尤其注重吸引跨国公司的高端服务活动，如研发、行政和管理中心等，这是新加坡第二次经济转型。政府通过鼓励提高生产水平以及强制提升工资水平来促进产业升级，从低技术、低成本产业转向高技术、高附加值产业。而新加坡在通讯、交通、生产技

① 张庭伟、吴浩军：《转型的足迹：东南亚城市的发展与演变》，东南大学出版社 2008 年版，第 107 页。

② C. B. Huat，"Global Economy/Immature Polity：Current Crisis in Southeast Asia"，*International Journal of Urban and Regional Research*，Vol.4（2013），p.782.

术方面的优势，使得新加坡保持其在全球生产网络中的地位，成为世界的重要"制造平台"。但是，从某种程度而言，一味地追求经济与国际的接轨会不断地削弱本土资本的竞争优势，使其只能在跨国公司的夹缝中求生存，只能扮演服务全球资本的角色。

经济转型和产业升级为新加坡世界城市的建设奠定了坚实的基础，但是，由于城市功能增加、空间不断被占用而导致的住房和就业等问题也逐渐移入政府工作的视线之内。因此，政府决定将城市发展政策的中心从原来的主要发展港口经济逐步过渡到发展外向型出口制造业经济和关注社会发展二者并重的政策。值得一提的是，东南亚很多国家在独立后几乎都会进行城市空间民族化运动，例如建设象征民族主权的公共建筑等，而新加坡则与其不同，新加坡独立后继续鼓励外来投资，而且一些殖民时期的政府建筑仍然占据着城市的中心地带，甚至有关城市发展规划的问题仍然会请教外国专家的建议。新加坡政府之所以这样做自然是结合国情而不是出于对发达国家的盲目崇拜。一方面是因为新加坡本身的多民族结构，另一方面是由于新加坡本身即为市场城市，意识形态单薄而经济实效意识浓厚，也就是人文因素中的经济因子远远胜于政治情怀，这与东南亚其他城市，甚至是世界中大部分城市都极为不同。

社会发展规划的提出和实施对新加坡城市发展形态以及切实解决居民住房问题提供了值得借鉴和推广的经验。在后殖民时代，新加坡的新政府需要承担两个重要的使命，一是联合草根阶级，创造条件扩大草根阶级的发展机会，获取基层市民的支持；二是通过提升整体经济水平和国家竞争力来证明新政府的执政能力。但这两个使命在达成过程中是相互矛盾的：经济水平的提高需要政府进行城市改造，拆除旧房危房来营造一个现代化大都市的形象。但是，拆除旧房必然会损害低收入群体的利益，不利于联合草根群体促进社会发展。因此，基于使命的矛盾，新政府提出了新的对策，即政府通过提供大规模公共住房这一补偿形式来满足低收入群体的居住要求，有助于政府联合草根阶级来拉动经济，并提升城市空间质量。

　　公共租屋是根据规划，按照新镇模式进行设计的。一个镇的规模为
15 万—20 万人。每个城镇中心都是一个商业和行政管理中心，设有地铁
站、快速路、公共汽车转换站以及文化、娱乐体育等配套设施，功能非常
齐全。这对于激发人民群众对国家意识的认同感具有重大作用。① 新加坡
公共住房政策的推行，不仅可以有效解决联合草根阶级和促进经济发展之
间的矛盾，同时也凝聚了很多的发展经验供其他国家学习和参考。首先，
公共住房不仅出租给市民，而且还鼓励租房的市民将其买为自己所有。其
次，住房和发展委员会（Housing and Development Board）在住房建设和
管理上都取得了巨大的成功，不仅住房供给量增多，且设计质量也在逐年
提高。最后，公共住房建设和国家发展计划、国家（城市）概念规划相衔
接，利用公共住房建设带动新城建设。

　　综上所述，独立后的新加坡的发展史是政府的发展政策和行政干预
不断调整，成功促进经济发展和城市建设的独特历程，对于整个东南亚抑
或是全世界而言，都属罕见。一般来讲，东南亚国家为应对外部世界的变
化会呈现出三种不同的反应。第一种是"自我封闭型"。这类国家在面对
外部挑战时，始终维持着传统的政治经济轨道，例如缅甸。第二种是"半
开放型"。这类国家采用"西学东用"的方式，即在经济上和外部保持交
流，在政治上却完全保留原有的系统和体制，例如越南。第三种是"全开
放型"。这类国家的政府努力适应国际风云的突变，经济上完全融入国际
经济体系，政治上在坚守自身基本体系的同时也会随国际变化而进行调
整，新加坡就是这类城市国家的典型代表。② 由于新加坡自建立以来就是
一个自治的港口城市，一个务实的贸易城市。在东南亚的几个国家有清晰
可见的意识形态僵化的心态，而新加坡却能够始终服从于经济发展的现实
目标。所以，新加坡政府在后殖民时代积极融入全球经济发展体系，成为
世界经济链条中不可缺少的一环，保证了本国经济的持续增长，为"世界

---

① 　赵文春、张振国：《瞩目新加坡》，中国城市出版社 2004 年版，第 30 页。

② 　Giok Ling Ooi, *Beyond the Port City*, New Jersey：Prentice Hall，2003，p.100.

城市"的建设奠定了扎实的经济基础。

三、全球化时代的新加坡：对标"世界城市"前进发展

20 世纪 90 年代伊始，由于世界发达国家高端现代服务业在全球范围内的大力扩张，以及东南亚区域内缺乏可与新加坡媲美的区域性国际都市，因此，新加坡在全球化时代成为东南亚区域的国际中心，在海运物流、金融外汇、国际通讯和航空中转等发展领域，新加坡都可堪称"东南亚之最"。

早在 1972 年，新加坡当时的外交部部长拉惹勒南（S.Rajaratnam）曾谈及他对新加坡成为"世界城市"愿景，即"让世界成为它的腹地，把一系列城市连接起来，这样能够'在不同重要程度上分享和指引世界范围的经济系统'"①。从 20 世纪 90 年代开始，新加坡政府就以"世界城市"作为发展指引和蓝图，努力加快产业升级和城市建设。在全球化的时代，新加坡积极主动对标"世界城市"的发展历程主要表现出如下四大特点。

（一）城市规划始终面向未来

新加坡的规划具有显著的"超前性"，始终面向未来。2030 年的"愿景规划"显示，新加坡的人口将增加 20% 以上，住宅和工商业用地需求也将相应增加，届时土地资源必定捉襟见肘。为了应对这一变化，市区重建局推出了一项"空中花园"（Skyland）规划。依据这一雄心勃勃的方案，新加坡将充分利用高科技的发展，打造一个"空中城市"，即大规模的住宅建设和部分工商业将向空中发展，相应地，防御空间和储藏空间建设也将向地平线以下进行延伸，从而建成一个立体化的城市。②

实践证明，新加坡市区重建局所提出的通过建设"空中城市"来预留土地的规划方式是科学且合理的，这为环境保护作出了很大的贡献。这些预留的土地陆续地被用于重要的环境基础设施建设，如污水收集系统、

① 施春风：《在全球化世界中的城市与大学的互动发展》，《复旦教育论坛》2005 年第 6 期。
② 徐林：《"花园城市"的"管"与"治"：新加坡城市管理的理念与实践》，中国社会科学出版社 2016 年版，第 136 页。

垃圾处理设施等。需要强调的是，新加坡的城市变迁从未破坏过生态环境，也没有破坏过集水区的水源地，生态丰富的地区都在城市进化中而被完好保存。

（二）不断加强智慧城市的建设

随着物联网、云计算等新技术为代表的信息技术的迅猛发展，利用信息技术改善城市管理已成大势所趋，数字城市、智慧城市等相应概念也应运而生。为追赶世界潮流、加快智慧城市构建，新加坡制定了 iN2015、iN2025 分阶段实施计划，每一个阶段有着各自的战略重点，最终目标是建立一个全民共享的智慧服务体系。

2006 年，新加坡正式推出了"智慧国 2015"（iN2015）10 年蓝图，覆盖了公共部门、私人部门和国民等利益相关者，这是全球第一个智慧国家蓝图，其目的是打造"无处不在 + 永远 online"的"城市交响乐"。为了配合"iN2015"的宏伟目标，新加坡在 2006 年年底就推出了无线 @ 新加坡计划（Wireless@SG），希望在市区购物带和中心居住区等人流密集的区域实现无线免费上网。①

新的时代产生新的诉求。2014 年 9 月，新加坡政府再次推出了"智慧国 2025"（iN2025）十年规划，其理想是将新加坡变成全球信息传媒中心，为国人提供高品质的生活服务，并支撑高质量的社会经济发展。为稳步落实 2025 的规划与畅想，多年来，新加坡政府不断完善数据收集和信息整合功能，充分利用收集到的数据，尤其是实时数据，建立面向公众的有效共享机制，通过大数据分析，更好地预测公共需求，使决策更有前瞻性，服务更具有针对性。②

（三）社区治理模式日趋综合化

政府与非政府组织之间的关系并不是单方面的顺从与服从的关系，

---

① 徐林：《"花园城市"的"管"与"治"：新加坡城市管理的理念与实践》，中国社会科学出版社 2016 年版，第 206—207 页。
② 徐林：《"花园城市"的"管"与"治"：新加坡城市管理的理念与实践》，中国社会科学出版社 2016 年版，第 206—207 页。

而是彼此相互依赖的关系，"这是因为它们都掌握着某些重要的资源"。①
实现可持续的城市战略有赖于政府部门和私人部门的利益相关者的共同努
力，"共享资源、目标和期望"②。在新加坡的社区治理过程中，政府力量
是非常强大的，但新加坡的社会力量同样很强，属于"强政府—强社会"
型，二者相互补充，在社区层面形成了政府与社会的协同联动。

总体而言，新加坡的社区治理模式是政府主导与社区自治相结合的
治理模式。执政党和政府并不是仅仅把握和控制社区治理活动的方向，而
是积极推动社区相关机构和个人参与到社区治理和服务中来。

具体来讲，新加坡执政党和政府推动社会各方面的积极参与，主
要做法包括如下三个方面：首先是经费支持。政府支持社区自治组织
（NGO）开展活动，并按照一定的标准进行考核，并据此下拨相应的活动
经费。其次是直接带动。新加坡政府官员几乎都在民间非营利组织中担任
职务，带头参与社区治理活动，从而在无形中起到带头作用。最后是义工
倡导。新加坡的社会志愿贡献者也被称为是义工。国家成立义务工作重
心，促进义务工作成为民众生活的一部分，为义工提供培训及设施，使
义工成为一种为社会贡献力量的有效形式，也使得义工服务成为光荣的
事情。③

（四）持续加大基础设施建设的投入

"走向世界城市"是新加坡城市基础设施规划和建设的宏观定位。在
落实这个目标时，新加坡市区重建局扮演着极其重要的角色。它负责拟定
长远的城市基础设施建设规划和详细具体的实施方案，策划新加坡未来的
发展和建设。

新加坡基础设施的规划与建设不追求短期、侥幸的效益，而是为了

① J. Saidel, "Resource Interdependence: the Relationship between State Agencies and Nonprofit Organizations", *Public Administration Review*, Vol.6 (1991), pp.543-553.
② A. C. Otegbubu, "Governance and Management of Urban Infrastructure Sevices in Lagos Nigeria", *Journal of Public Administration and Policy Research*, Vol.1 (2013), pp.8-21.
③ 谭善勇：《世界城市新加坡的社区治理模式及北京的选择》，"转变经济发展方式，奠定世界城市基础——2010 城市国际化论坛"论文，2010 年，第 48 页。

整个城市的共同利益和持续发展而进行从长计议。创造一个多样化、高素质的世界级花园城市，一个生机勃勃的繁荣大都会，是新加坡基础设施建设的最终目的。① 从当前来看，新加坡城市基础设施配套齐全、功能完善，服务优质。近些年，为改善民生、稳定城市发展，政府不断追加投资到城市公共交通、交通转换枢纽、供排节水设施、电力与燃气供应、污水处理、垃圾焚烧厂、城市管道等关系民生的工程性基础设施方面，不断为居民打造便捷、安乐的生活环境。

四、新加坡建设世界城市发展道路的综合分析

1915 年，苏格兰城市规划师格迪斯（Patrick Geddes）首度提出了"世界城市"这一概念，并在 1966 年由英国地理学家、规划师彼得·霍尔（Peter Geoffrey Hall）对此概念做了进一步阐释。他认为，世界城市是对全球大多数城市或者国家产生影响力的国际大都市，而国际大都市的建设和发展并非一蹴而就，需要以创新为核心的经济转型作为前提和基础；以维护政府尊严的廉政建设作为承诺和保障；以渲染社会氛围的文化价值观作为支撑和关键；以驱动智慧创新的信息技术作为引擎与导向。新加坡世界城市的建设正是得益于经济、政治、文化和科技等方面的接受与辐射的强大功能，使得新加坡从"不落的自由港"发展成为举世瞩目的国际都市。

（一）经济转型是新加坡世界城市建设的前提和基础

20 世纪 60 年代，刚刚走向独立的新加坡仍然位列于第三世界国家的排行之中，人均国民生产总值低于 320 美元。当时的新加坡基础设施薄弱、资金缺乏，经济以低端的商贸活动为主，为数不多的工业生产也仅仅勉强维持国内的消费，鲜有甚至没有外来的直接投资，失业以及工人动乱问题非常严峻。②

---

① 李林：《新加坡"智慧岛"建设的经验与启示》，《当代党员》2018 年第 4 期。
② 张汉东：《新加坡经济转型的启示》，《浙江经济》2018 年第 5 期。

为加快工业化的脚步，切实解决工人失业和动乱的问题，新加坡政府积极建设裕廊工业区，并正式成立经济发展局（EDB）。这两大重要举措标志着新加坡开始迈向了工业化的道路，通过大力发展制造业来吸引外国资本。工业化的成功助力国家经济的发展，但同时也出现了劳动力短缺等问题。面对这一棘手问题，新加坡政府决议开启第一次经济转型，即向技能密集型转变，政府为此大力发展大专院校，设立实验室，引进大量外籍高等教育学术人才，为国民提供专业化的技能培训。

1985 年后，新加坡政府通过大力推动石油冶炼、化学化工等产业的发展，将经济发展模式引入资本密集型的发展轨道。这不仅吸引了大量的海外投资，也促使产品多样化，使得新加坡的出口贸易在经济衰退的形势下仍能保有一席之地。

进入 21 世纪以后，新加坡中小型企业升级优化的速度十分缓慢，由于整体经济体系过度依赖外贸出口、依赖制造业而导致国家整体经济发展持续滑落，以知识经济为基础的第二次经济转型也随之拉开序幕。在新一轮转型中，政府坚决实现经济重组，把科技创新与劳动效率提升紧密捆绑在一起，将信息、技术切实整合融入中小型企业的发展中去。作为技术创新和成果转化最具活力的群体，新加坡的众多中小型企业在推动科技研发、产业转型中发挥着中坚作用。

世界城市是经济发展到高级阶段的必然产物。新加坡世界城市建设的发展历程与其经济发展模式的转型和升级密不可分。由上文可知，新加坡自建国以来，国家经济发展实现了从传统劳动密集型到如今资本与技术密集型的飞跃。近年来，以知识经济为基础，高端服务业和现代制造业齐头并进的发展趋势更是锐不可当。短短 50 余年的经济转型与发展历程，为新加坡构建世界城市奠定了坚实的经济基础。

（二）廉政建设是新加坡世界城市建设的承诺与保障

作为一个较为发达的国际化都市，新加坡政治清廉、经济腾飞、社会安定、和谐有序，其成功发展可归功于独特的法治思想和实践。新加坡的法制建设是世界城市建设的深厚根基和有力保障，其中，加强廉政建设和保障公务员制度是新加坡廉政建设的两个重要体现。

1.执政为公，建立廉洁政府

新加坡政府之所以能够在廉政建设方面取得巨大成就，与其执政党——人民行动党的高度廉洁是分不开的。以新加坡前总理李光耀为首的人民行动党认为，新加坡本土资源匮乏，难以通过内生性发展模式来推动城市乃至整个国家的经济链条。因此，通过建立廉洁政府、营造清廉的政务环境来吸引外资，完善外向型经济发展模式是新加坡经济发展的理想选择。以李光耀为首的人民行动党自执政伊始便开始制定和实施各项举措，从思想和实践多方面着手，始终将创造廉洁清正的政务环境作为重要旨意。

2.建立公平廉洁的公务员制度

新加坡的政务清廉在世界上享有盛名，与其系统完备的公务员制度是紧密相关的。新加坡政府对公务员所实行的公开招聘、公平竞争和择优录用的制度始终是其他国家和城市政府学习和仿效的典范。首先，公开招聘体现了政务的透明化。每年招聘时间一般在 11 月至第二年 2 月进行。各部门会先行将所需人才类目上报中央进行协调，以避免造成重复招聘或人才资源浪费等现象。招聘岗位与参选条件都是公开透明的，对所有志愿参与者而言是平等公正的。一般来讲，政府所设定的参选门槛相对较高，本科及以上学历才可报名参加笔试和面试。[①] 其次，公平竞争和择优录取凸显了政务的公正和严明。政府有一套确保招聘质量的公开、公正、公平的办法，以保证把那些真正有本事而又真正愿意为公众服务、条件合格的人选聘到公务员队伍中来，在重要的岗位上任职。[②]

(三)"亚洲价值观"是新加坡世界城市建设的文化支撑

新加坡的"亚洲价值观"主要包括以下四点内容，分别是涉及个人和集体关系的"集体主义"、用于描述政治体制层面的"威权主义"、关

---

① 赵文春、张振国：《瞩目新加坡》，中国城市出版社 2004 年版，第 48 页。

② 赵文春、张振国：《瞩目新加坡》，中国城市出版社 2004 年版，第 48 页。

系到利益表达方式的"国家合作主义"以及指向政府有关种族和宗教政策方面的"多元种族主义和多元宗教主义"。新加坡亚洲价值观的核心内容是儒家思想。李光耀曾对儒家思想进行了界定和重新解释，并将其概括为"忠孝仁爱礼义廉耻"八个字，合称为"八德"，作为新加坡的治国之纲。①

新加坡的"亚洲价值观"是传统与现代交融汇集而生成的产物，是东西方思想文化相互碰撞的智慧结晶，也是新加坡政府自我延续、自我发展的一次文化飞跃，对于新加坡经济发展、政治清明、世界城市建设所作出的贡献不可小觑。首先，"国家至上"的思想演绎为一种国家导向的发展主义。在强邦兴国的精神号召下民众之间容易消除分歧，放弃利益争夺，形成为祖国积极贡献的民族向心力和凝聚力。② 其次，"新加坡拥有今日的成就，应归功于新加坡领导层的实力和健全的政策。"③ 新加坡政府的廉政建设为国家外向型经济的发展提供了坚实可靠的保障。最后，宣传秩序与和谐的文化思想为新加坡的经济发展创设了温情而有序的社会环境，为新加坡的国际交流与合作搭建包容开放的新平台，有效地促进新加坡世界城市建设的发展。

（四）信息技术是新加坡世界城市建设的引擎和导向

随着以物联网、云计算等新技术为代表的信息技术的迅猛发展，利用信息技术改善城市管理已成为大势所趋，因此，数字城市、智慧城市等概念也应运而生。新加坡政府立足长远、超前规划，为满足城市居民当前以及未来不断出现的新需求，分别于 2006 年和 2014 年制定了 iN2015 和 iN2025 分阶段实施规划，其最终目的是依靠先进的信息技术建立一个全民共享的智慧服务体系，加快推进世界城市的建设。

在 iN2015 和 iN2025 的规划指导下，新加坡政府已经构建了成熟的资讯通信产业，并不断稳步迈向"一个以资讯通信为驱动力的智能化国度和全球化都市"的宏伟目标。在资讯通信技术设施持续提升的同时，支付、医疗、交通等关键经济领域信息化和智能化程度也不断发展，更多的新加坡居民得以受益于资讯通信技术的创新应用。同时，新加坡亦与时俱进，走在时代前沿，云计算、数据分析、绿色 ICT 等新技术也得以吸收应用，并于 2011 年推出了"电子政府 2015"的规划蓝图，旨在建立一个与国民互动、共同创新的合作型政府。①

第二节　新加坡教育发展与世界城市建设

在经济全球化和区域经济一体化进程加快的大背景下，许多国家和地区都把建设世界城市或全球城市作为 21 世纪城市现代化建设可持续发展的战略目标。在世界城市的评定指标中，"教育"在世界城市发展进程中所处的地位日益提高而引起了专家学者对这一影响维度的广泛关注。世界水平的教育体系既是世界城市发展的一个重要标志和重要内容，同时也是世界城市演变的支撑力量之一，发挥着关键性作用。新加坡世界城市建设的全方位推进与教育发展实现了态势良好、影响深远的双向互动模式。一方面，世界城市的建设为新加坡教育走向国际化、建设教育枢纽、创建教育合作联盟提供良好的政策和时空环境；另一方面，新加坡优质、卓越的教育体系为世界城市的建设和发展贡献创新人才和智慧决策。

一、新加坡世界城市建设背景下的教育发展轨迹

1819 年，英国的殖民开拓者莱佛士在东印度公司高层领导人极力反对的压力之下，创办了新加坡书院（Singapore Institution）。莱佛士所设计的书院是由三部分组成，第一部分是为华人而设的文学伦理部；第二部分是为巫、暹土著而设的文学伦理部；第三部分是以学科为单位而设立的科学部。新加坡书院的创立宗旨是"培养各民族的领袖和公务员，使书院

---

① 李斯勤：《"智慧国 2015"：引航新加坡智慧未来》，《上海信息化》2012 年第 3 期。

成为马来群岛与东方文化的研究中心"①。1834年，圣公会牧师戴拉（Rev Darrah）接管了新加坡书院。戴拉从文学着手，创办马来文、泰米尔文以及闽、潮、粤等初级方言班，同时也积极筹备创设英文部来吸引欧洲人子女入学。

从1867年起，新加坡作为海峡殖民地一州，受到伦敦殖民部管辖。从1867年到1942年新加坡开始被日本掌控的这段时间内，英国殖民地政府建立了几所以英语为教学语言的中小学校以及免费的马来语小学校，同时也补助一些教授其他语文的学校。由于殖民地时期的社会发展目标是大力提升转口贸易经济，因此，当时的英语教育主要是培养殖民地政府和商行所需要的行政官员和经济人才。值得一提的是，当时殖民地政府并未对华语教育进行限制，也未提出相应的发展要求，因此，华校成为传播和辐射中华文化的重要媒介和演绎中华民族优秀传统的宽阔舞台。然而，新加坡华校的发展也会受到中国内外的政治事件的严重影响。

在大专教育方面，海峡殖民地和马来联邦政府医学科学院创办于1905年，该校后改称为爱德华七世医学院。1925年设立的莱佛士学院，开办了文科和理科。1936年6月，爱德华七世医学院和莱佛士学院共有在校学生322名。在日本占领新加坡前夕，新加坡总人口约为76.92万人，中小学和学院学生总数约为7.25万人，占总人口的9%。其中约有7.18万人是普通学校的中小学生，另外，约有300名是巴立士地尔初级工艺学校和圣约瑟工艺学校的学生。②

以上是对新加坡早期教育发展情况的简要梳理。随着"世界城市"概念的引入以及世界城市建设实践的推广，新加坡的教育理念、原则和政策在不同时期呈现出不同的特点，也发挥着不同的作用。从1945年到现在，新加坡的教育共经历了四个发展阶段。具体而言，第一阶段（1945—1959）是教育夯实基础阶段；第二阶段（1959—1978）是扩大教

---

① 李大光等：《今日新加坡教育》，广东教育出版社1996年版，第24页。
② 李大光等：《今日新加坡教育》，广东教育出版社1996年版，第24页。

育机会、增强凝聚力阶段；第三阶段（1978—1990）是教育多元发展阶段；第四阶段（1990年至今）是教育回应全球化阶段。每个阶段教育发展都各有侧重，对经济、政治乃至整个社会的辐射程度也都各有不同。

（一）1945—1959：夯实教育基础，扎稳治学根基

1945年9月，日本结束了对新加坡的殖民统治。1946年4月，新加坡恢复了民治政府，从此，新加坡成为一个分治的殖民地。战后的十年期间，新加坡教育发展基本上遵循着1947年出台的"新加坡十年教育规划"和1950年补充的"五年规划"来逐步实施的。经过十余年的平稳发展，基础教育和高等教育等领域都取得了一定程度的进展。

1. 基础教育的发展

"新加坡十年教育计划"由尼尔森（J.B.Neilson）起草，于1946年提交咨询议会，并于1947年8月正式通过。该计划的出台被视为新加坡教育历史上将教育目标明确渗透在教育政策中的首次尝试，旨在解决当时新加坡所面临的较为棘手的教育问题。按照"十年计划"的规定，6—12岁儿童可享受免费的小学教育。到1957年底，中小学学生人数达26万人，占总人口的18%，其中大部分学生在英语学校接受教育。

该计划突出强调了英文教育在中等教育中的地位和价值，这也遭到了本土语言学校和华文学校的反对和批评，且这种不满在1953年"白皮书"——《中文学校——双语教育和增长的教育援助》（*Chinese Schools-Bilingual Education and Increased Aid*）发布过后，表现得更为淋漓尽致。"白皮书"的核心倡议是力求使所有学校推行将英语作为第二语言的双语教学，且各学校要开设以新加坡为中心的共同课程。全社会对该报告的倡议作出积极响应，主要表现为两个方面，其一是成立了新加坡华文学校教师联合会（Singapore Federation of Chinese School Teachers）；其二是成立华文学校协调委员会（Chinese Schools Coordinating Committee）。[1]

---

[1]　S. Gopinathan，*Singapore Chronicles：Education*，Singapore：Straits Times Press，2015，pp.17-24.

在 1957 年马来亚联合邦宣布独立后，1959 年英属的新加坡便被英殖民地政府授予自治地位，在英国统治下享有相当大的自主权。从 1957 年伊始，新加坡开始逐步改革它所承袭的英国的教育制度，因为该制度倾向于英文学校，不利于各民族语文学校的发展。其改革的第一步即是规定华文、泰米尔文、马来文和英文在社会上享有同样的地位，所有学校采用内容相同的共同课程。双语教育也在政府的推动下开展得较为顺利。为此，新加坡立法议会于 1957 年通过教育法令，定出一套新的学校注册、视察、监督与财务管理的程序。这些程序流程流传至今，只不过在发展过程中，部分内容随社会发展而进行了变更。

2. 高等教育的发展

在 1945—1959 年中，高等教育和基础教育齐头并进，共同推动社会经济的发展。1949 年，爱德华七世医科学院和莱佛士学院合并组成马来亚大学。1950 年，师资训练学院正式成立，切实保障了中小学的师资建设，有力地提升了中小学的师资力量。1953 年，杜比委员会（Dubby Committee）提出了成立一所工艺学院的建议。1954 年 10 月，新加坡政府正式通过了新加坡成立工艺学院的法令。与此同时，华人社会创办了南洋大学，其目的是为本地华校高中毕业生提供以华语为教学语言的高等教育。在这里，笔者将着重笔墨对这一时段的南洋大学予以介绍。

1949 年，由爱德华七世医科学院和莱佛士学院合并而组成的马来亚大学是当时殖民地政府为发展本地高等教育而特设的唯一高等学府。因殖民政府始终对华文教育持有排斥和逃避的态度，因此政府也会摒弃华校高中毕业生进入马来亚大学进行修读。1953 年 5 月，在时任新加坡会馆主席及中华总商会会长陈六使（1897—1972）的带领之下成立了开办华文大学的筹备委员会，共同为筹建一所以华语为主要语言媒介的大学而努力。在强烈号召之下，新加坡福建会馆献赠了裕廊地区一幅广达 500 余亩的地段作为备用的校址。但是，当时殖民地政府反对赋予该校以大学的身份和地位，因此，该校仅以公司的方式进行注册。因其创办的宗旨是为东南亚地区服务，因而被命名为"南洋大学"（"南洋"是以前华人对东南亚的通称）。而且，1959 年 3 月 4 日，政府通过立法确定了南洋大学的法定地位，南洋大学的发展规模与速度迅速膨胀起来。

（二）1959—1978：切实扩大教育机会，正式推动双语教育发展

自 1959 年人民行动党（People's Action Party）掌权后，新加坡政府对社会经济、政治和文化教育都进行了全面深入的改革。在受过良好教育且精通英语或华语的专家官员等人的带领下，全党对新加坡的未来发展绘制了清晰、理想的蓝图，并且也在有步骤地采取积极举措实现发展规划。

在经济发展方面，人民行动党的目标是建立一个现代化和工业化齐头并进的城市国家。经济的不断增长意味着新加坡的基础设施建设、教育、住房、医疗、交通等领域将会有更多资金的注入，为社会的发展创造更大的效益；同时，经济的不断转型也为持续增长的年轻群体创造更大的就业空间，利于保障社会的稳定。

在政治发展方面，1962 年所举行的公投活动标志着广大群众对于新加坡并入马来西亚政治决策的广泛支持。1963 年，新加坡以立法的形式正式加入马来西亚联邦，成为其中的一员，但不得不提的是，新加坡在遵守合并协议条款的同时，在教育方面仍然保留很大的自主权。1965 年，新加坡又从马来西亚联邦中独立出来，并于同年的 8 月 9 日正式成立独立的国家。总体而言，从新加坡加入马来西亚联邦再到成立独立国家，尽管仅仅经历了 2 年左右的光景，尽管"合并"始于新加坡自身的"脆弱性"，但新加坡的独立也可说是"代表着另一种自由，代表着一种勾勒和创造未来能力的发挥，从一定程度上讲，这也是马来西亚联邦对新加坡的'钟情'和'偏爱'了"①。

在文化价值方面，新加坡政府领导人多次在公众演说中提及共同的主题，即对"多元价值观"的强调。新加坡政府认为，多元种族主义、多元语言主义、多元文化主义的并存既是一种包容又是一种促进。而且，

---

① S. Gopinathan, *Singapore Chronicles*：*Education*，Singapore：Straits Times Press，2015，p.26.

社会利益将优先于个人，社会的安全和繁荣同时也是个人安定和发展的保障。①

　　新加坡的经济和政治的发展以及文化价值观念的熏陶，对于该城市国家中教育体系的发展走向具有深刻而广泛的影响。前总理李光耀在1966年对学校校长发表讲话的内容较好地诠释了以上观点。"……我们社会和学校体系的宗旨是培养学生对于集体的认同感和归属感和面向未来而行动的能力……集体智慧的结晶要以服务社区建设和发展为旨意。这就意味我们要重新定位发展方向，重新组合我们的思想价值观念。"② 因此，切实扩大教育机会、全面推行双语教育是该阶段教育领域的重要表现。

　　1. 切实扩大教育机会

　　为了实现教育机会均等的目标，新加坡政府开办了多所学校，同时拨款给若干所私立学校。到了60年代末期，每个学龄儿童都能接受免费的小学教育，全民接受基础教育的事实成为60年代末期人人传颂的佳话。从入学人数占总人数比例的变化趋势可看出，新加坡政府在逐步扩大教育机会，不断落实教育公平和社会公平。

　　首先，基础教育入学人数显著增长，教育机会不断扩大。1964年，初等教育和中等教育的总入学人数为390951人，占适龄人口的22.3%；1968年，初等学校和中等学校的注册总人数为522611人，所占适龄人口比例上升到26%；1969年，初等教育入学人数所占适龄人口比例提升到75.7%，而中等教育占适龄人口的注册人数44.3%；1979年，初等教育注册人数占适龄人口的比例上升至84.5%，中等教育注册人口所占适龄人口的比重也相应提高，占53.7%。③ 在无任何强制义务教育立法的前提下，入学人数比例逐年增长的良好态势令人欣慰，同时也令人震撼，这标志着

---

① S Gopinathan, *Singapore Chronicles：Education*, Singapore：Straits Times Press, 2015, p.27.

② Lee Kuan Yew, *New Bearing in Our Education System：An Address to Principals of Schools in Singapore*, Singapore：Ministry of Culture, 1966, p.18.

③ C. M. Seah & L. Seah, *Sin-gapore：Development Policies and Trends*, Singapore：Oxford University Press, 1983, p.246.

新加坡政府在基础教育公平方面所作出的努力以及取得的建树。

其次,高等教育入学人数也逐年增长。职业技术学院的注册人数从1963 年的 843 人增长到 1979 年的 14516 人,增长 17 倍之多;自治大学和学院注册人数的总体趋势也是不断攀升的,从 1962 年的 10113 人增长到1979 年的 20743 人,增长 2 倍有余。①

此外,学校基础教育体系的统一化、标准化改革也是教育公平的重要体现。新加坡政府提供了 4 种语文源流学校所有基本科目的新课程,并实行面向毕业班学生的 4 种语文的统一考试。中学录取学生的标准变得更加清晰明了,纯粹是以学生在小学的综合表现和小学离校考试的成绩(PSLE)作为参考依据。之前,仅有英文源流学校的学生才可享受免费借阅书籍的福利,60 年代后,所有学校的学生均有权利体验免费借阅书籍的快乐。而且,政府要求每一所学校都是男女同校,且男女教师的薪金也是一样,这一系列举措都彰显了基础教育改革的统一化和标准化。

2. 正式推动双语教育发展

1959 年 4 月,新加坡第一任教育部部长林永年(Yong Nyuk Lin)在发表重要讲话时曾提出:"多元语言将是新加坡破解封闭与隔离,走向多元与开放的有力工具。"②

在这一时期,新加坡政府密切关注官方语言教学中课程与教学方法方面的改革措施和成效。尽管有关语言教学的政策会随着社会的变化而不断完善,但是双语教育在学校体系中的地位已基本稳固,双语教育的相关政策不会随社会发展而变更。从根本上讲,双语教育模式的确立是有其基本前提的。尽管英语是英国殖民者的官方语言,但却是促进新加坡未来经济发展的潜在力量。新加坡政府领导阶层认为,英语是连接不同种族语言的桥梁和纽带,可以维持不同种族语言之间的和谐与共生。另外,作为一种既定的国际语言,英语的学习对于新加坡的科技创新和人才招募所发挥

---

① S. Gopinathan, *Singapore Chronicles*:*Education*, Singapore:Straits Times Press, 2015, p.28.

② N. L. Yong, *Spring Source of Our Nation*, Singapore:The Tasks Ahead, 1959, p.23.

的作用不可小觑。

确立英语在学校教育体系中的位置，并不代表对本土语言的忽视。随着双语教育模式的推广，新加坡对本土语言的课程规划和教学方法方面的改革予以更多的关注。新加坡政府认为，本土语言代表的是新加坡的"亚洲性"。强化本土语言的训练和学习，不仅可以冲破殖民主义对思想的桎梏，同时也可加强国民的身份认同，避免殖民化、国际化对本土的过度冲击和挤压。因此，新加坡的双语模式即确立英语为各阶段教学的第一语言，学生的母语作为必修的第二语言。英语被界定为最具有经济发展潜力的国际化媒介，而母语被定位为传授传统道德和价值观念的最佳手段。

在双语教育政策推行的早期阶段，为将"双语"充分落实到学校教学体系中，新加坡政府进行了很多探索与尝试。如政府提倡在非英语源流学校中，从小学一年级伊始开设以英文授课的科学和数学等课程以及在英语源流学校中，为小学三年级的学生提供以母语为教学媒介的历史课程。但由于教科书对于语言使用标准较高，因此很多举措不能满足所有学生的学习需求，故而很多提议和举措都不得不被终止在双语教育模式的尝试和探索之中。

在 1965—1970 年，为深入落实双语教育政策，新加坡政府根据实际情况提出了一些行之有效的举措。值得一提的是，政府要求各中小学加强对第二语言（母语）的关注和重视，如增加第二语言教学的授课时间、提高小学离校毕业考试中第二语言成绩的所占权重。在政府和学校的强力配合下，从 1966 年伊始，对于所有中一及以上阶段的学生，第二语言成为所有学生的必修科目；从 1969 年起，第二语言也作为阶段考试中必考科目而存在。

（三）1978—1990：从标准化到多元化：教育制度因势而变

经过长期持续的评估和评价，新加坡于 1978 年和 1979 年对教育制度进行了改革，体现了教育由标准化走向多元化的趋势。

1977 年以前，学校制度提供 6 年的小学教育（从小学一年级到六年级）和 4 年的中学教育（从中学一年级到四年级）和 2 年的大学前教育。所有的学生都接受同样的课程学习，小学毕业时接受小学离校毕业考试（PSLE），中学毕业时接受"O"级普通教育证书考试（The General Certificate of Education "O" Level Examination）和大学前 2 年毕业时接受"A"级普通教育证书考试（The General Certificate of Education "A" Level Examination）。这个制度不允许学生因为跟不上学习进度而增加学习年限或留级继续学习，必须离开学校。

1976 年，新加坡教育部确认有必要为不同学习能力、不同学习态度和不同学习兴趣的学生设置不同的学习课程。1978 年 8 月，由新加坡副总理、国防部长吴庆瑞（Goh Keng Swee）领导的教育研究小组制定出一套能够适应学习能力强、中、弱多个层次学生学习的教育制度，并撰写和发表了《1978 年教育部报告》（*Report on the Ministry of Education*），报告内容详细阐述了新的教育结构体系。

新教育制度中的小学教育计划于 1980 年 1 月起逐步推广实施，小学教育制度中的标准课程和基础课程分阶段予以取消。新教育制度中的中学课程于 1981 年分阶段按部就班实行，原课程体系逐步取消。

按照新教育制度，小学前 3 年的课程主要以语言学习为主，重点已经不是原来的实际知识的获得。这种改革主要目的是使学生能够在小学的早期阶段为将来的数学、科学等课程的学习奠定良好基础。小学三年级课业结束后，学生将分流进入正常双语课程，学生是否需要学习内容更为广泛的双语课程或较为简单的单语课程，视学生前三年的成绩而定。学习正常双语课程的学生要在 6 年的时间内学习两种语言和其他科目课程，而学习扩大双语课程的学生可用 8 年的时间来学习上述内容。修习正常双语课程和扩大双语课程的学生都要参加小学离校考试并进入中学阶段学习。而修读单语课程的学生在三年级进入分流后要进行为期 5 年的学习。顺利完成课程学习的学生都要参加考试，并根据成绩获得证书。当然，学生也可以进入职业和工业训练局学习职业课程。①

---

① 李大光等：《今日新加坡教育》，广东教育出版社 1996 年版，第 31 页。

　　根据学生的小学离校考试成绩，学生进入中学后可以修习特别课程、普通课程和扩展课程。修读特别和普通课程的学生要求学习两种语言，在四年级课业结束时，需接受"O"级普通教育证书考试，通过考试者可进入大学前课程的学习。在中学中学习扩展课程的学生要在毕业前接受中学普通证书的考试（Certificate of Secondary Education Examination），通过考试者可以再学习 1 年后可以参加"O"级证书考试。①

　　教育体制中的多重分流可以最大限度地保障课程与学生能力的适应程度，多类型的教育选择不仅提升了学生的学习乐趣，而且在一定程度上推动了入学人数的增长。另外，1978 年教育部还成立了一个课程评估办公室，其目的是制定课程评估标准和评估指标，为每一阶段的课程设置进行把控和监测。

　　（四）1990 年至今：把握机遇，迎接挑战：教育对全球化的积极回应

　　20 世纪 90 年代开始，全球化浪潮席卷而来，不断冲击政治、经济、教育、社会等多个领域。"全球化是指经济全球化的出现，经济全球化的特征是出现了无法控制的市场力量及新的经济实体，比如跨国公司、国际银行及其他的金融机构。"②

　　1990 年，吴作栋继任新加坡新一代领导人后，为新加坡经济发展作出了卓越的贡献，使新加坡在全球化的浪潮中能够紧握发展机遇、积极应对挑战。20 世纪 90 年代以后，新加坡的服务业在市场经济份额中所占比重逐步提升，传统制造业在市场经济中所占份额日益下降。相关数据显示，制造业所占市场经济份额由 1957 年的 14.2% 上升到 1980 年 30.1%，但在 1990 年有所回落，比重下降到 28.9%。但是相比之下，以金融业为首的服务业伴随全球化的发展而稳步前进，其所占市场经济份额由 1957 年的 4.6% 上升到 1980 年的 7.4%，到 1990 年时再创新高达到 15.2%。③

---

①　李大光等：《今日新加坡教育》，广东教育出版社 1996 年版，第 31 页。

②　J. N. Pieterse，*Global Modernities*，London：Sage，1995，pp.45-68.

③　S. Gopinathan，*Singapore Chronicles*：*Education*，Singapore：Straits Times Press，2015，p.53.

以上数据足以表明，该阶段新加坡的经济面临着重大的调整和转型，逐步改写以出口为导向的经济发展历史，投入到以知识经济为基础的新经济发展阶段。

经济全球化背景下新加坡政府很快意识到，作为一个蕞尔小国，人力资本是新加坡唯一可信赖、可发展的优质资源，因此，获得和培育人才是新加坡回应全球化的关键之举。为了最大限度地开发其公民的潜力，适应全球化对人才培养提出的新要求，新加坡政府坚持不断地加大在教育、终身学习和人才培养领域的投入。1997 年 7 月，新加坡总理吴作栋提出，要建设"思考型学校、学习型国家"的方针，并已成为当时新加坡改革的主要旋律。这一方针的主要内容包括如下三个方面：思考技能、信息技术和国民教育。

1. 培养创新型思维

新加坡政府很早就认识到全球化会为教育发展带来前所未有的挑战，创新型人才是一个国家未来发展的必备资源。新加坡注重学校教育，尤其注重学生开创性思维的培养。1995 年，新加坡政府抽选 5 所中学作为试验学校，并在这 5 所学校中引入以马札诺（Robert J. Marzano）《学习的维度》为蓝本的新思维课程，并逐步推广到其他中学。思维课程开展的目的是让学生能够认知思维技能，在日常学习生活中，能够运用创新型思维解决问题和指导决策。

2. 加速信息技术教育改革

历经金融危机后，面对全球化带来的挑战，新加坡将高新技术和信息产业确立为国家经济发展的核心命脉。信息化教学是获取技能的关键途径，它能加强学校与外部世界的联系，扩展和丰富学习环境；它能促进学科的交叉和融合，提供跨学科、跨文化的学习平台；同时它能鼓励创造性思维的培养，敦促学生养成终身学习的习惯和富有强烈的社会责任感。

新加坡的信息技术教育改革主要有两方面的举措。第一，扩大信息技术教育投资。1996 年，新加坡教育部制定了信息技术总体规划策略，并在接下来的 5 年内投资了 20 亿美元，用来扩建信息技术教育基础设施，利于提升学生的信息技术素养和能力。2002 年，新加坡所有中小学中学生和电脑的比例都达到 2∶1 以上。[1] 第二，提升教师信息技术应用能力。除追加投资来扩建教育信息技术基础设施外，组织培训来提升教师的信息技术素养和应用能力，也是政府工作的重中之重。在 1997—2002 年间，新加坡政府通过"四层扇形"结构的逐步推展，完成了这个城市国家内所有教师信息技术应用能力的培训工作。

3. 注重国民教育

全球化背景下，国民教育的重要性日益突出。新加坡国民教育的目标是：第一，灌输新加坡成功发展的核心价值观——"刻苦耐劳、爱国爱民、勤于学习、善于思维、开拓胸襟和视野、具有崇高的品德和力求上进的精神"[2]。第二，加深对新加坡国家历史的认识，增加国家的认同感。第三，勇于面对未来的挑战。新加坡公民通过接受代表国家形象、具有国家特色的国民教育，能够形成强烈的国家意识，增强对国家的归属感和认同感。

此外，全球化对新加坡的道德教育也提出了更高的要求。新加坡重视公民的道德教育，通过在中学开设儒家伦理课程，以期培养具有崇高品格的新加坡公民。为确保 21 世纪的公民培养与时代和社会发展能够顺利接轨，新加坡政府曾声明，要根据社会的变化来及时修正和调整道德教育课程标准的相关内容。

4. 倡导教育的分权化和市场化

教育的分权化是教育重建策略之一，目的是通过权力的下放来增强学校的灵活性，从而使教学内容、教学方法等与学生实际需求能够高度契合。新加坡建国之初，在中小学管理方面采取的是中央集权的管理体制。随着市场经济的发展和教育不断的民主化，新加坡在基础教育管理上已经走向了分权化。目前，新加坡很多中小学都会根据学生的实际需求来设计

---

① 张宇：《全球化对新加坡教育改革的影响及其借鉴意义》，《文教资料》2016 年第 7 期。
② 王学风：《21 世纪新加坡中小学国民教育的特色》，《德育探索》2005 年第 11 期。

课程，同时，新加坡政府鼓励学校开设有意义的创新项目，给学生提供更多的选择。

全球化使得更多的商业元素渗透到教育中，比如竞争、权力下放、私有化等等，这些商业化观念渗透到教育体系的方方面面。新加坡政府注重激发学校的内部动机，并赋予学校更多的自主管理权，诸多积极举措一方面减少了政府对学校的干预，同时也强化了学校运行系统的市场机制。当市场概念进入教育系统时，选择和竞争变得愈加重要。其具体表现是，学校可以自行开设很多与市场需求相匹配的选修课，例如游戏设计、网页制作、电子应用等等。学生可以凭借这些课的学分考取初级学院或理工学院，转变原有的集中管理的录取体制。

二、新加坡世界城市的建设推动教育的全面发展

从 1965 年 8 月 9 日独立之日起，新加坡取消了所有的进口关税。外部环境的转变使新加坡政府认识到正视全球性竞争的重要性。新加坡甚至在世界贸易组织提出"环球化经济"这个概念之前就已经成为一个环球化经济体。跨国公司之所以青睐于选择新加坡作为资金注入地，是因为新加坡奉行自由开放的经济政策，没有外汇制和产业保护。在这一方面，中国和印度的表现就相形见绌。新加坡学者严崇涛在《新加坡发展的经验与教训》一书中这样说道，在 40 年前，中国和印度拒绝外资参与国内经济。40 年后，中国和印度都对外资开放了门户，但所能够吸引的外资规模和外资数量都无法与新加坡相提并论。截止到 2014 年，中国每年能够吸收的外商投资不足 500 亿美元；而印度只有 50 亿美元。[1] 因此可以说，在 20 世纪 60 年代早期，新加坡是少数几个实行自由开放的经济政策的国家，外国资本的大量涌入，使得新加坡经济从建国到 2014 年近 50 年的时间里获得了 8% 的持续高速增长。[2]

---

① ［新］严崇涛：《新加坡发展的经验与教训》，江苏人民出版社 2014 年版，第 8 页。
② ［新］严崇涛：《新加坡发展的经验与教训》，江苏人民出版社 2014 年版，第 8 页。

新加坡政府在自由开放的环境中，通过制定和推行财政和税收的"倒金字塔"政策、公积金削减政策、土地和交通政策、教育公平政策等促进新加坡不断发展，赢得诸如"国际航运中心""国际贸易中心"等美誉，推动新加坡这个城市国家不断迈向世界城市的行列。反过来说，世界城市的建设也不断推动着教育的前进和发展，为教育发展带来新的契机。

（一）世界城市建设背景下的新加坡基础教育发展经验

为适应经济发展与社会发展对人才的需求，新加坡教育部根据本国的实际，建立了符合国情的基础教育体系，富有特色，适于推广。

1. 实行教育分流，丰富人才体系

人力资源是新加坡经济发展唯一可依靠和信赖的重要资源。因此，新加坡从基础教育伊始就推行了精英主义教育政策，以培养高素质的、能适应各种生产需要的有技术的劳动力为教育旨意，故新加坡的教育分流制度也是在这一目标之下应运而生。基础教育阶段将有三次分流，分别是在小学四年级末、小学六年级末和中学毕业后。教育分流根据学生在校学习的综合表现和考试成绩来判断学生的学习潜能和爱好倾向，并决定学生进入相应的课程和学校。新加坡的教育分流在充分尊重学生学习能力和学习意愿的前提下，为学生提供不同类型的学习平台，形成梯形的人才结构。对于国家而言，教育分流为国家建设所需多样化人才提供了制度保障；对于学生而言，教育分流以学生作为学习的主体，给予学生充分的选择权利和个性发展权利。

2. 倡导双语教育，增强国家凝聚力

众所周知，新加坡双语教育政策的推行，尽管是"形势所逼"，但却"因祸得福"。多种族、多文化、价值观复杂的国情决定了新加坡政府在语言政策的制定与出台上须持有谨慎的态度，加之新加坡受英国殖民统治者的控制和影响，因此，双语教育的推行是缓解国家、种族与社会矛盾的关键举措。所谓双语教育即除英语作为所有学生必修的第一语言外，学生还应继续加强本身母语的学习。实际上，随着世界城市的建设，新加坡对外贸易持续增长，逐步融入世界经济一体化的浪潮中，英语作为一种交流媒介，在国际社会上和新加坡学校教育中的地位也更加重要。因此，新加坡的双语教育可以被定位为"以英语为本的双语教育"。

双语教育政策的实施，不仅解决了语言引发的冲突和矛盾，而且保留和传播了各民族的文化传统和道德价值，有利于增强国家的凝聚力。①以英语为本的语言教育对于新加坡参与国际事务、吸引外部投资、发展外向型经济等具有至关重要的作用。

3. 加强道德教育，培养国家意识

面对文化全球化与多元化带来的一系列负面影响，新加坡政府对此高度重视，采取一些强有力的措施来抗拒西方文化中颓废思想的侵蚀。一方面，着力进行新加坡文化再生运动，构建独立的新加坡国家精神；另一方面，努力在学校德育中引入传统儒家伦理教育，用儒家价值观引领青少年的道德和精神世界。20 世纪 90 年代以后，新加坡更是掀起了道德教育改革的高潮。新加坡道德教育改革的着力点集中于道德教育与文化的关系问题上，在其所处的复杂文化背景下注重培养青少年对国家的认同感和责任感。在长期的发展过程中，新加坡中小学逐步形成了与文化全球化、多元文化、多元化民族相适应的集东西方文化于一体的道德教育特色。②

（二）世界城市建设背景下的高等教育发展经验

1979 年，新加坡政府启动了技术革新，包括重建经济，开展技术密集型制造和服务型活动。此时，高等教育注册人数激增以满足新人力需求中的预期性上涨。自从 20 世纪 80 年代中期以来，新加坡政府通过颁布政府经济报告来强调，面对其他国家在相同技术水平下调工资标准的激烈竞争，为保持新加坡在全球经济中的国际竞争力，高等教育培养人才的定位愈加凸显。因此，20 世纪 80 年代以来，政府通过不断提供政策和资金支持来扩大高等教育入学机会和创建多元化高等教育体系，借此来回应经济发展对复合型人才的大批量需求。

---

① 王学风：《新加坡基础教育》，广东教育出版社 2003 年版，第 191—193 页。

② 董海霞：《新加坡中小学道德教育的文化旨趣及其启示》，《外国教育研究》2013 年第 9 期。

1.经济发展是高等教育发展的助推器

新加坡政府于 1960 年出台的《工业化规划》，提出了以进口为导向的社会发展政策。1965 年新加坡独立后，以出口为导向的发展战略和劳动力密集型工业的迅速发展转变了产业发展模式，为经济创新注入了生机和活力。1979 年，政府通过启动建筑项目来调整产业发展模式，使其更聚焦于侧重研究与发展的技术密集型产业。1985—1986 年的经济衰退为国家经济发展敲响警钟，政府部门为应对危机组成了一个经济委员会，其主要任务是为未来的经济增长指引方向。在委员会所提出的报告中，涵盖了不同领域的多种战略决策。提升人口教育水平是其中的关键决策，同时委员会也建议在大学与理工学院在原本科生和研究生计划基础上继续扩招。报告提出，该阶段高等教育应根据社会需要开设信息技术学、生物工艺学、机器人技术与人工智能、微电子学等学科，重点加强高新技术学科的建设。

20 世纪 90 年代早期，新加坡政府连续出台了更多的经济发展报告，其中较为著名的是国家科学技术委员会的《战略经济规划》，其目的是强化新加坡科教兴国的能力。《战略经济规划》提出，到 2030 年，新加坡的人均国民生产总值要与美国相匹敌。因此，"提升人口教育水平""培养关键技术的专业人才"和"培养创新和创造型技能"的培养目标再次为高校的发展明确前进的方向。

2.政府在高等教育发展中扮演重要角色

新加坡国立大学、南洋理工大学等高校都是由教育部直接管理。教育部于 1992 年创立大学拨款委员会，其工作任务是在大学经费分配和资源分配方面为教育部建言献策。此外，新加坡所有高校的宪章都是共和国法案的组成部分。例如，教育部长在解释共和国《新加坡管理大学法》的第二条款时说："新加坡管理大学将以一个私立公司形式组建……这将给新加坡管理大学尽可能多的办学自治权，使其进行革新与追求卓越……在一定程度上讲，新加坡管理大学的行为受制于《新加坡管理大学法》是非常有必要的，同时，新加坡管理大学也能获得国家更多的经费支持。因此，《新加坡管理大学法》为政府与大学搭建了沟通的桥梁，政府能够根据法案为大学的发展指明正确的方向，使其更加符合公众利益，同时也能有效监督大学合理使用政府的拨款。"①

第三节　新加坡教育的国际化改革与发展

虽然教育的国际化是当代教育包括各级各类教育改革与发展的基本理念，但是高等教育阶段的国际化表现得尤为突出。高等教育国际化和城市国际化之间存在着相互依托、相互支持的密切关系。世界城市是吸纳人才、汇集资金、传播信息以及荟萃技术的共享平台，在教育国际化进程中发挥着国际教育枢纽、科技创新中心、国际化人才培养中心、国际人才聚集中心等职能。而高等教育是推动城市发展的至高领地，高等教育国际化是世界城市发展进程中的重要特征和显著优势，为世界城市的建设提供具有国际视野的先进理念、优秀人才、创新科技以及发展决策。在世界城市与教育国际化改革的积极互动之下，新加坡也以积极的姿态融入其中，在世界舞台上演绎和建构了具有亚洲特色的"城教"互动模式。

一、新加坡高等教育国际化改革的缘起

影响高等教育国际化改革的因素有很多，新加坡高等教育国际化改革即在多重影响因素交织与互动中产生和发展。总体来讲，是受国际环境和本土因素的双重影响。

（一）高等教育国际化改革的全球浪潮

20世纪80年代以来，由新自由主义所倡导的自由市场理念席卷全球，对各个国家的政治、经济、文化和教育都产生极其广泛的影响。全球化和全球主义重塑高等教育体系，为高等教育国际化提出了新的要求。为回应全球化的挑战，各国高校纷纷加入高等教育国际化改革的行列，为实现大

---

① 张建新：《东南亚高等教育》，云南人民出版社 2008 年版，第 124 页。

学国际化和区域国际化的协调联动而不懈努力。

在全球化和经济发展需求的强力助推之下，亚洲留学市场成为全球留学输出和输入的重要领地。为在亚洲留学市场中保有一席之地，新加坡、马来西亚和香港等地均凭借其优越的地理位置和各自特有的高等教育资源优势积极地启动高等教育国际化改革。阿特巴赫（Philip G. Altbach）曾指出，"许多亚洲大学是在依附传统意义上的盎格鲁 – 撒克逊模式的高等教育发展路径。尽管这种对于西方模式的复制在亚洲高等教育国际化改革的过程中产生了一种浓重的依附文化，但这却是许多后发社会试图与传统留学大国抢占市场的常见路径。"① 新加坡在启动高等教育国际化改革、打造国际教育枢纽历程中也绕不开全球化的冲击以及西方模式的影响。在全球化的浪潮中，新加坡为提升高等教育体系的竞争力，主动敞开大门，通过与世界顶尖大学合作等策略进行国际化改革，真正将新加坡的教育推向世界并为世界服务。

（二）高等教育国际化改革的本土基因

20 世纪末，因为金融危机和全球经济放缓，新加坡陷入了严重的经济衰退的困局。在这样的历史背景下，以李光耀为首的人民行动党提出要努力向知识经济转型，并积极与世界主要经济体签订自由贸易协定，高等教育的国际化改革也在此时被置于贸易与服务总协定（General Agreement on Trade and Services）的框架之下。

2000 年，新加坡时任教育部部长张志贤在一场国际会议中明确提出："简言之，我们的目标是打造东方波士顿，即希望新加坡成为各方人才交流想法的知识枢纽、创意和灵感的孵化器。"② "打造东方波士顿"这一深刻的全球化战略是新加坡高等教育国际化改革的宏伟蓝图，其主要目的是

---

① P. G. Altbach, *The International Imperative in Higher Education*, Rotterdam：Sense Publishers, 2007, p.22.

② C. H. Teo, "Education Towards the 21st century—Singapore's Universities of Tomorrow," *Alumni International Singapore (AIS) Lecture*, Singapore：Ministry of Education, 2000, pp.12-23.

招募国际人才和国际投资来带动经济发展，进而吸引专注于知识经济和服务产业的研发公司以及跨国企业。① 可以说，人才资本计划是新加坡高等教育国际化改革的核心任务。新加坡充分利用高等教育国家化改革的平台来广募人才，通过人力资本的辐射作用来推动经济和社会的整体发展。

二、高等教育国际化改革的历程和措施

从 20 世纪末至今，新加坡高等教育国际化改革大致经历了三个阶段，而前两个阶段所取得的成绩成为当今发展阶段的基石和跳板。

（一）起步阶段：以"国际学术咨询团"的成立为标志

第一个阶段是以 1997 年成立的"国际学术咨询团"为标志。它的主要功能是协助新加坡国立大学和南洋理工大学发展成为世界级大学。该咨询团自成立以来，始终坚持每两年举办一次会议的惯例，并要求各位成员在会上为高等教育的发展建言献策。所提建议包括"高等教育入学条件应更加灵活""不能仅仅关注学生的成绩""大学也要注重学生综合素质的提升"等等。新加坡政府对于"国际学术资讯团"所提出的建议十分关注，同时也选择性地加以肯定。在全球化的冲击下，政府听从咨询团的建议，以培养学生批判思维、提升科研能力为目的，以跨学科教学为内容对高等教育进行改革和创新。

（二）深化阶段：以"新加坡管理大学"的创办为标志

第二个阶段是以 2000 年新加坡第三所主流大学——新加坡管理大学的成立为标志。新加坡管理大学的成立彰显了多重国际化的取向。首先，新加坡管理大学是与美国宾夕法尼亚大学沃顿商学院联手创办的。通过"引进来"的战略手段，新加坡管理大学在人才、资金、资源等方面都具有其他学校不可匹敌的优势，尤其是对美国常春藤大学研讨式教学方法的引进，为该校的教学和管理注入了新鲜的血液。其次，新加坡管理大学加

---

① C. S. Shin & G. Harman, "New Challenges for Higher Education: Global and Asia-Pacific Perspectives", *Asia Pacific Education Review*, Vol.10 (2009), pp.1-13.

大投入鼓励和支持学生的访学和交流活动。学生从本科二年级开始便可以申请并参加海外交换生活动，选择范围横跨亚、美、非、欧四大洲 46 个国家的 218 所著名学府。①

（三）创新阶段：以"环球校园"的启动为标志

"环球校园"计划是由新加坡政府于 2002 年提出，即通过引入国外名校来丰富新加坡高等教育结构，将新加坡高等教育打造成中西合璧、文化交融的世界教育高地。打造"环球校园"的目标是"到 2015 年吸引 15 万名国际付费的留学生到新加坡留学，以获取国际高等教育市场中 2.2 万亿美元的收益"。②"环球校园"计划的核心价值与新加坡执政党人民行动党（PAP）此前以高等教育国际化发展作为促进经济发展工具的政策理念一脉相承，同时，该计划的提出也是新加坡政府十几年来鼓励外国学生来此就读，最终移民定居新加坡的移民政策的延续。③

1. "环球校园"计划的总体愿景

"环球校园"计划启动的理想愿景是：将新加坡打造成为一个世界名校、本地大学和其他办学机构的聚集地。通过提供跨国高等教育商品和服务，吸引大批留学生到此进行教育消费，引进人才并拉动经济增长。

2. "环球校园"计划的具体目标

为推动"环球校园"计划的顺利实施，新加坡政府在其宏伟蓝图之下设定了若干的具体目标来为计划实施指引方向。

首先，该计划力求在 10 年之内引进 10 所及以上数目的世界一流大学与本土学校进行合作办学。加强海内外高等教育的合作联盟，有利于提升新加坡本土高等教育的办学实力和知名度，同时也能促进人才和资金的

---

①　霍然：《近 30 年东盟国家的高等教育国际化：以菲、马、新三国为例》，《江苏高教》2018 年第 12 期。

②　Ministry of Trade and Industry，*Panel Recommends Global Schoolhouse's Concept for Singapore to Capture Bigger Slice of US$2.2Trillion World Education Market*，Singapore：Ministry of Trade and Industry，2002.

③　J. Tan，"Singapore's 'Global Schoolhouse'Aspirations"，*International High-er Education*，Vol.87，（2016），pp.9-10.

双向流动，为新加坡这座世界城市的建设注入活力。其次，该计划预计到
2015 年吸引 15 万名国际付费的留学生到新加坡留学，并获取国际高等教
育市场中的 2.2 万亿美元的丰厚收益。一方面，直接以经济利益作为发展
引擎，有助于强化教育与经济之间的关联；但另一方面，直接将经济效益作
为教育发展的具体目标，不免有"教育功利取向"之嫌。如果政府过于追求
高等教育的经济收益，可能会更加忽视高等教育自身发展规律而陷入"重效
率、轻公平"的陷阱之中。再次，该计划的制定和实施要以提高对经济的
贡献率为重要旨意，使其对 GDP 的贡献率从 2000 年的 3% 提高到 2015 年
的 5%。① 最后，该计划的最终目的是要构建一个灵活多元的高等教育体系，
形成一个金字塔式的结构：最顶层是世界一流大学，从事高端科技研发；中
间层是新加坡三所主流的公立大学——国立大学、南洋理工大学和管理大
学，主要负责通过奖学金吸引本土学生，实现教育的公益功能；最底层是
其他的私立院校，以实用主义为基础，更加注重应用研究和实地实践。

　　3. "环球校园" 计划的实施成效

　　在"环球校园"计划的实施过程中，新加坡政府多部门通力合作且
分工明确。贸易与工业部（MTI）下设的经济发展局（EDB）负责邀请计
划中被列入金字塔顶端的世界名校到新加坡办学，并为这些学校提供启动
资金等支持。新加坡旅游局负责市场营运和"环球校园"的推广活动，以
吸引更多的外国学生来新加坡留学。

　　在计划实施初期，优先引进的主要是美国的研究型大学，且以科技
和商业管理为主。比如麻省理工学院（MIT）、佐治亚理工学院（Georgia
Institute of Technology）、杜克大学（Duke University）等，开设了研究生
层次的课程；约翰·霍普金斯大学（John Hopkins University）则提供了
与生物医药相关的博士教育项目；芝加哥大学布斯商学院（University of
Chicago Booth School of Business）同样提供研究生层次的教育，并以培

---

① Ministry of Trade and Industry, *Panel Recommends Global Schoolhouse's Concept for
Singapore to Capture Bigger Slice of US$2.2Trillion World Education Market*, Singapore：
Ministry of Trade and Industry, 2002.

养高级工商管理人才为目标；宾州大学沃顿商学院（The Wharton School at the University of Pennsylvania）与新加坡政府合作建立新加坡管理大学。随后，新加坡政府调整了引进策略，扩大了引进范围，如在后来引进的纽约大学帝势艺术学院（Tisch School of the Arts，New York University）主要提供电影、动画、媒体制作等艺术方面的研究生课程。此外，新加坡还引进了欧洲和亚洲的高等教育机构，如欧洲工商管理学院（INSEAD）和印度的 Jain 管理学院（Jain Institute of Management and Research）等。[①]

与此同时，新加坡政府对本土公立学校实施了企业化改革，使其获得更大的办学自主权。3 所主流公立大学的竞争力与影响力显著提升，特别是新加坡国立大学和南洋理工大学目前已经跻身世界一流大学之列。

另外，在"环球校园"计划实施之后，私立大学的数量也明显增加，100 多所本土私立教育机构以及与外国高校合作设立的办学机构，为新加坡本地学生和外国留学生提供了多样化的高等教育产品，这满足了那些未能进入新加坡著名公立大学或国外顶尖大学学习的新加坡本国学生和外国学生的需求。[②]

在经济全球化的大趋势下，从社会边缘走向社会中心的高等教育必然朝着国际化方向发展。能够从一个领土面积有限、人力资源短缺的殖民地国家发展成为在全亚洲乃至全世界高等教育领域享有盛誉的现代化新加坡，其独具特色的高等教育国际化发展模式起到了至关重要的作用。通过积极顺应教育国际化的要求，新加坡在实践中不断探索和推进着本国高等教育国际化向前发展，高等教育国际化的发展反过来又在一定程度上促进了新加坡国内经济的增长。新加坡的高等教育国际化所取得的成功，应归功于其针对自身社会、政治、经济和文化等因素而量身构建出符合自身发展需要的政策和措施。新加坡高等教育国际化的经验也给我国高等教育国际化的发展提供了新的思考路径。

---

① 李一、曲铁华：《新加坡"环球校园"计划政策评析》，《高等教育研究》2017 年第 5 期。

② C. Gribble，G. Mcburnie，"Problems within Singapore's Global Schoolhouse"，*International Higher Education*，Vol.48（2015），pp.3-4.

第九章　香港世界城市建设与教育国际化

中华人民共和国香港特别行政区由香港岛、大屿山、九龙半岛、新界和周围相关岛屿组成，总面积 1106.66 平方公里。截止到 2019 年，约有 752 万人口，人口密度每平方公里 6880 人，是世界上人口密度最高的地区之一。香港的法定语文为中文和英文。[①] 香港作为中西文化交融之地，有"东方之珠""美食天堂"和"购物天堂"等美誉。

香港是重要的国际贸易中心、国际金融中心、全球服务中心、航运中心等，在 2018 年是全球第七大商品贸易经济体、世界第六大银行中心及亚洲第三大股票市场、全球第四大外汇市场、全球第十五大服务输出地；代表香港境外母公司的海外及内地企业共有 8754 家，其中 3955 家为地区总部或地区办事处；共有 152 家持牌银行，其中 145 家为外资银行；香港股票市场是全球最大的股票市场之一，香港保险业密度在亚洲排名第一。香港经济在过去 20 年增长约 108%，平均每年为 3.7% 的增幅，表现超越大部分经济合作及发展组织经济体，同时香港人均本地生产总值实质增加约 83%，人均每年增长 3.1%，更成为全球最富裕、经济最发达和生活水准最高的地区之一。加拿大菲沙研究所自 1996 年首次发布其排名报告以来，亦持续把香港的经济自由度评为全球第一。瑞士洛桑国际管理

---

① 香港政府一站通：《香港概况》，2020 年 6 月 27 日，见 https://www.gov.hk/tc/about/abouthk/facts.htm。

发展学院在 2019 年的年报中把香港评为全球第二最具竞争力的经济体。[①]
香港具有利便营商的环境、自由贸易制度、信息自由流通、公平开放的竞
争环境、完善庞大的金融网络、一流的运输及通讯基建、先进的支援服
务、灵活的劳工市场和高水平的教育、医疗卫生等事业。

本章对香港世界城市的建设和教育国际化的发展进行论述和分析，
力求为北京建设世界城市（全球城市）以及相伴而行的教育国际化提供更
多的参考和借鉴。

第一节　香港建设世界城市的发展进程与发展道路

香港作为一个有影响力的国际城市，其进军世界城市的发展历程可
归纳为三个阶段，古代时期的发展为城市建设奠定了基础，英国占领的香
港为世界城市的发展进行了拓展，回归后的香港向有影响力的世界城市腾
飞。当然，香港建设世界城市有其不同于其他城市的发展道路与轨迹。

一、香港建设世界城市的发展进程

（一）古代时期的香港：世界城市的奠基

香港的城市发展历史，最早可以追溯到 6000 年前的新石器时代。中
外学者进行多次考古，先后发现香港新石器时代早、中、晚期的遗址 20
多处，青铜器时代遗址 30 多处。[②] 在港岛春坎湾、南丫岛深湾及大湾、
赤鱲角虎地湾、屯门龙鼓洲和涌浪等地点的新石器时代中期文化遗址，从
出土陶器有炊煮器和盛食器，多饰以彩绘或拍印细绳纹，石器则有各式
生活工具和装饰物，推测先民过着简单的渔猎生活。[③] 在屯门涌浪、大屿
山沙螺湾岬角、南丫岛深湾、马湾东湾仔等新石器时代晚期的文化遗址中

---

① 香港特别行政区政府新闻处：《香港概览》，香港政府物流服务署 2019 年版。
② 陈昕、郭志坤主编：《香港全纪录》（第一卷），上海人民出版社 1997 年版，第 4 页。
③ 香港古物古迹办事处：《新石器时代中期》，2020 年 6 月 29 日，见 https://www.amo.
　gov.hk /b5/archaeology_mn.php。

发现，香港先民的活动范围已扩展至山冈和山岬之上。陶器出现了几何印纹的器皿，石器主要以工具和武器为主，显示当时先民以狩猎和捕捞海产为生。此外，还发现大量环、玦等饰物，以及石钺、石戈等礼器，说明当时已存在紧密的社会组织。此外，马湾东湾仔北墓地发现的人类骸骨，经鉴定后证实与珠江流域的新石器时代先民有着密切关系，均属亚洲蒙古人种。①

约在商王朝中期至秦代，香港进入青铜时代，南丫岛的深湾、大湾、榕树湾、芦须城；大屿山的蟹地湾、东湾、万角咀、沙螺湾；马湾东湾仔和赤鱲角过路湾等遗址，出土了少量铜器如斧、矛、钩和刀等，亦发现了铸造铜器的石范，说明当时香港先民已掌握了铸造青铜器的技术，同时也能烧制大型的硬陶器，并饰以精美的几何印纹如夔纹、云雷纹、菱格纹等图案。② 从这些新石器时代和青铜器时代的出土文物的形制、制作和用料等方面考察，发现香港与长江以南尤其是东南沿海诸地的新石器文化、青铜器文化有许多相同之处。③ 秦汉时期，朝廷挥军南征，平定岭南。南迁的汉人不断增加，对香港产生深刻影响。有文字可考的最早的移民活动始于东晋，此后规模较大的移民活动发生在宋朝。④ 另外，在深水埗李屋村和郑屋村附近发现的完整砖室墓中的汉代明器，及在大屿山白芒、滘西洲、马湾东湾仔及屯门扫管笏出土各类汉代陶制器皿、铁器和大量铜钱⑤；九龙城的宋王台石刻，大庙湾天后庙附近的宋代石刻，石壁、米埔和奇力岛出土的宋代窖藏钱币，启德机场旧址出土的建筑遗迹，以及在九龙大磡村、大屿山稔树湾、石壁和元朗鳌磡石等多处发掘到的宋

---

① 香港古物古迹办事处：《新石器时代中期》，2020 年 6 月 29 日，见 https：//www.amo. gov.hk /b5/archaeology_mn.php。

② 香港古物古迹办事处：《青铜时代》，2020 年 6 月 29 日，见 https：//www.amo.gov.hk/ b5/archaeology_pre01.php。

③ 陈昕、郭志坤主编：《香港全纪录》（第一卷），上海人民出版社 1997 年版，第 4 页。

④ 刘蜀永：《香港史话》，社会科学文献出版社 2011 年版，第 11 页。

⑤ 香港特别行政区政府：《香港年报》，香港特别行政区政府物流服务署 2019 年版，第 310 页。

代青瓷①，都可以证明香港与广东各地有一致的文明发展，深受中原文化影响②。

　　值得一提的是近些年香港出土了大量明代青花瓷器，这些瓷器为输往东南亚和西方国家的外销瓷器，在16世纪初制成。2001年竹篙湾出土了更多明代的文物，其中包括各具特色的明代建筑和居住遗迹。大埔碗窑遗址的考古发现，香港窑工可能早在明代已开始制造青花瓷器，香港的瓷器工业一直维持至21世纪初，历时300多年。2000年及2008年在扫管笏遗址发现的90多座明代墓葬中的瓷器、铜钱和铁器等③，可以断定在当时香港已经具备了一定的工业基础和水平，尤其是香港的农业、盐业、制香业等工业和文化教育等相关事业都有一定的发展。④

　　同时香港由于其独特的地理位置，很早就成为南方海上交通门户和贸易港口。尤其是香港屯门湾三面环山，是一个天然的避风港口，也是珠江口进入广州的要道。自唐代以来香港中外海上贸易来往频繁，波斯、印度、中南半岛及南洋群岛等地的商人和使节，乘船到中国，不能直接进入广州，都要在屯门等候传召和通知，离开时又要在这里避风和等候顺风扬帆远行。⑤ 所以香港屯门实际上成了广州海外交通的外港，海船进出广州的必经之地，属重要的军事重镇和交通要冲。⑥1821年起，英国鸦片商就开始在香港水域进行季节性的鸦片走私活动。1833年，东印度公司驻华代表斯当顿在向英国下议院提出的报告中，建议在中国口岸设立一个贸易中心，以"脱离中国管制"，并在报告中极力鼓吹香港是轮船停泊的良港，

————————

①　香港特别行政区政府：《香港年报》，香港特别行政区政府物流服务署2019年版，第310页。

②　香港特别行政区政府：《香港年报》，香港特别行政区政府物流服务署2019年版，第309页。

③　香港特别行政区政府：《香港年报》，香港特别行政区政府物流服务署2019年版，第310页。

④　刘蜀永：《香港史话》，社会科学文献出版社2011年版，第1—2页。

⑤　陈昕、郭志坤主编：《香港全纪录》（第一卷），上海人民出版社1997年版，第7页。

⑥　刘蜀永：《香港史话》，社会科学文献出版社2011年版，第8页。

应当夺取香港。① 可见当时的香港已经具备了成为世界城市的诸多要素，从而引起了西方国家的注意。

（二）英国占领的香港：世界城市的拓展

从 1840 年后，中国进入了近代社会，香港开始突破传统的旧式农业社会运行模式，此时的香港已呈现出与内地不同的发展轨迹。1841 年 1 月 26 日，英军强行登上香港岛，不日即宣布香港岛已归英国统治。随后，英国利用清朝政府的腐朽无能，于 1842 年 8 月 29 日逼迫签订《南京条约》，正式割占香港岛。1856 年英国纠合法国发动第二次鸦片战争，1860 年 10 月 24 日被迫签订《北京条约》，割占九龙半岛。中日甲午战争之后，英国政府又趁机逼迫清政府于 1898 年 6 月 9 日签订《拓展香港界址专条》，强行租借九龙半岛界限街以北、深圳河以南的地区，以及 200 多个大小岛屿，租期 99 年（至 1997 年 6 月 30 日结束）。② 通过三个条约，英国占有包括香港岛、九龙和新界在内的 1092 平方公里土地，也就是目前的整个香港。随后香港世界城市发展经历了四个阶段：

1. 转口港形成前时期（1840—1860）

在英国统治香港期间，英国商人很少从事正当的经济活动，主要是从事两项罪恶的生意：第一，鸦片贸易。据香港库务司马丁 1844 年 7 月 24 日的报告，当时香港的主要洋行，如怡和洋行、颠地洋行等皆从事鸦片贸易，鸦片转口贸易是他们主要的贸易方式；另据香港助理巡理府米彻尔（W.H.Mitchell）1850 年的备忘录，1845—1849 年从印度运往中国各地的鸦片有 3/4 是经香港转销的。③ 第二，苦力贸易。1847 年美国加利福尼亚金矿的发现和四年以后澳洲金矿的发现引起了淘金热，极大地刺激了香港的苦力贸易发展，在巨额利润的驱使下，西方殖民者雇佣拐匪和其他歹徒在中国内地拐骗劳动者，强迫签订协议，然后将其运到外国充当苦力。1851—1872 年，经香港到各地的中国苦力达 32 万人之多，在苦力贸易当

① 陈昕、郭志坤主编：《香港全纪录》（第一卷），上海人民出版社 1997 年版，第 22 页。
② 陈昕、郭志坤主编：《香港全纪录》（第一卷），上海人民出版社 1997 年版，第 30 页。
③ 刘蜀永：《香港史话》，社会科学文献出版社 2011 年版，第 81—82 页。

中，香港的人贩子获得了惊人的利润，例如人贩子将一个中国苦力运到秘鲁或者西印度群岛，平均支出 117—190 元，当地种植园主收买苦力的价格是人均 350—400 元，人贩子获得的利润大约每个苦力 200 多元。① 正是由于鸦片走私和苦力贸易，这一时期的香港成为世界上最大的鸦片走私中心和苦力贸易中心，香港从这两项血腥贸易中获得了巨大的财富，同时香港的航运业、金融业及一般贸易开始发展。② 比如 1853 年，香港建造的第一艘轮船皇后号试航至金星门，远洋轮船已进入香港航线。1845 年和 1859 年，东藩汇理和渣打银行相继开业，为香港贸易提供了便利。③

2. 转口港时期（1860 年至 20 世纪 50 年代初期）

这一时期从国际上看，欧美主要资本主义国家陆续完成产业革命，由于苏伊士运河通航和欧亚海底电线的铺设，使西方对中国的商品输出迅猛增长。④1860 年以后，在国际商业和交通的巨大变革中，香港进一步确立了其转口贸易港的地位，航运业蓬勃发展，香港轮船可以到达世界任何角落，成为世界重要港口及远洋和内河航运中心。⑤ 从使用香港港口的远洋船来看，在 1860 年达到 2889 艘，1939 年增至 23881 艘。同时由于香港主要与中国内地通商，因此不得不顺应内地习惯，在 1862 年采用银圆制；而内地在 1935 年放弃银圆本位，香港也随之改变币制。⑥ 可见在香港形成转口港的过程中，中国内地的影响是非常大的。据统计，1867 年中国内地从香港进口的货物占全部进口货物的 20%，经香港出口的中国内地货物占全部出口货物的 14%。1880 年，中国内地进口货值的 37%、出口货值的 21% 经过香港。⑦ 除了航运之外，香港金融业快速发展。1865 年，

① 刘蜀永：《香港史话》，社会科学文献出版社 2011 年版，第 82 页。
② 陈昕、郭志坤主编：《香港全纪录》（第一卷），上海人民出版社 1997 年版，第 31 页。
③ 陈昕、郭志坤主编：《香港全纪录》（第一卷），上海人民出版社 1997 年版，第 31 页。
④ 刘蜀永：《香港史话》，社会科学文献出版社 2011 年版，第 82 页。
⑤ 陈昕、郭志坤主编：《香港全纪录》（第一卷），上海人民出版社 1997 年版，第 31 页。
⑥ 香港特别行政区政府：《香港年报》，香港特别行政区政府物流服务署 2019 年版，第 312—313 页。
⑦ 刘蜀永：《香港史话》，社会科学文献出版社 2011 年版，第 83 页。

香港上海汇丰银行成立，开辟了香港银行业的新时期。此后，有 11 家银行相继挂牌营业。70 年代以后，香港银行业的业务已经从过去单纯汇兑向存、放、汇、发行钞票等多方面发展。[①] 同时，城市基础设施包括港口、房屋、道路、邮电、通讯、生活服务设施等，进一步完善，为转口贸易的迅猛增长提供了条件。与此同时，香港近代工业也开始起步，除早期随转口贸易衍生的修造船业和食品加工业以外，制缆、制糖、印刷业和水泥等行业陆续发展。[②]1911 年，广九铁路通车，转口货物的运输较前更为方便，虽然受到两次世界大战的影响，香港作为一个转口港仍得到不断发展。[③]

3. 工业化时期（20 世纪 50 年代初期到 1970 年）

抗日战争爆发后，日本逐步侵占中国内地的许多工商业城市，许多华资企业纷纷来到香港，带来大量资金和技术人才，香港工业因而得到迅速发展，到 1941 年前香港有工厂 1250 家，工人 9 万人以上。1936—1941 年，香港工业产品的出口额激增 6.8 倍，在出口总额中所占比重由 3.1% 上升到 12.1%。随后，在日本占领香港 3 年 8 个月时间里，香港陷入停滞。到 1946 年，工厂数目已下降到 366 家，对外贸易基本上处于停顿状态，而赌场、大烟馆却畸形发展起来。[④] 到 1947 年，香港仅有工厂 961 家，雇佣人员 4.7 万多人。在新中国成立前夕，内地的资金、设备、技术人才和管理人才从上海和广州大量流入香港。据统计，1946—1950 年，以商品有价证券、黄金和货币的形式，从中国内地流入香港的资金不下 5 亿美元，内地迁港的工业包括纺织、橡胶、五金、化工、火柴等，对香港实现工业化起了重大作用。1949 年 10 月 1 日，中华人民共和国成立以后，英国从其自身利益考虑，在西方国家中率先承认新中国，因而香港与内地的商贸活动能够大量进行。1950 年，香港的对外贸易额超过 75 亿元，1951 年达到 93 亿元。1951 年，香港对内地的输出总额为 16 亿元，

①　陈昕、郭志坤主编：《香港全纪录》（第一卷），上海人民出版社 1997 年版，第 31 页。
②　陈昕、郭志坤主编：《香港全纪录》（第一卷），上海人民出版社 1997 年版，第 31 页。
③　刘蜀永：《香港史话》，社会科学文献出版社 2011 年版，第 83 页。
④　刘蜀永：《香港史话》，社会科学文献出版社 2011 年版，第 83 页。

占香港出口总额的 36.2%。20 世纪 50—60 年代，香港逐步完成了从转口港到工业化时期的过渡。①1959 年工厂增加到 4541 家，雇佣人员 17 万人，1959 年在香港的出口贸易当中，香港产品的比重已经上升到 69.6%，超过了转口货物的比重。这是香港实现工业化的标志。进入 60 年代以后，纺织、制衣、塑料以及新兴的电子、钟表、玩具等工业得到迅速发展。② 在 1978 年内地经济改革开放的鼓舞下，内地对香港的投资显著增长，招商局集团作为内地投资集团之一，拥有大约 40 家不同行业的香港公司，这家企业的历史颇具传奇色彩，最早可以追溯到 1872 年的轮船招商局。轮船招商局是李鸿章为了与外国公司竞争而创办的数家企业之一。③ 到 1987 年香港的注册工厂已经超过 5 万家，制帽、橡胶、钢窗、制漆、火柴、爆竹、制砖、灯泡等传统落后产能有的已经被淘汰，有的勉强维持。纺织、制衣等工业发展迅速，产值约占香港出口贸易总额的一半，电子产品、五金制品从无到有，从小到大飞跃发展。④

4. 经济多元化时期（1971 年到回归之前）

从 70 年代起，香港工业向着现代化、多元化发展。注册工厂也从 1970 年的 16507 家增加到 1980 年的 45025 家，雇佣人员从 54.9 万人增加到 90.7 万人，分别增加 1.7 倍和 0.7 倍。1980 年香港产品出口总额为 681.71 亿港元，占出口贸易总值的 69.4%。从事制造业的人数占就业总人数的 40% 左右。1988 年，香港的贸易总值和出口总值都占世界第 11 位，进口总值占第 12 位，该年香港的贸易总值超过韩国、我国台湾地区和新加坡，居亚洲"四小龙"之首。⑤ 中国内地实行改革开放政策以后，香港制造业大量北移到珠江三角洲，雇工人员大大超过了香港本地雇工人员，低廉的生产成本，再次提高了香港工业的竞争能力。同时，加工业、对外

① 刘蜀永：《香港史话》，社会科学文献出版社 2011 年版，第 84 页。
② 刘蜀永：《香港史话》，社会科学文献出版社 2011 年版，第 84 页。
③ ［英］弗兰克·韦尔什：《香港史》，黄皖强、黄亚红译，中央编译出版社 2007 年版，第 494 页。
④ 刘蜀永：《香港史话》，社会科学文献出版社 2011 年版，第 78—79 页。
⑤ 刘蜀永：《香港史话》，社会科学文献出版社 2011 年版，第 80 页。

贸易、交通运输、建筑、旅游业蓬勃发展。中英两国政府签订《中英联合声明》之后，制造业产值在香港生产总值（GDP）中所占比重逐年下降，从 1987 年的 23% 跌到 1994 年的 9.3%。[①] 香港前途问题明朗化以后，特别是内地实行改革开放政策以后，各国资本在香港投资进入一个繁荣期，香港经济、社会发展等进一步国际化。[②]1996 年底，香港的持牌银行有 182 家，开设 1476 家分行，香港外汇市场发展迅速，香港货币与主要国际货币的交换十分活跃。1984 年撤销黄金进出口禁令后，香港迅速成为世界上最大的黄金市场之一，香港原有的四家期货交易所于 1986 年合并成为香港联合交易所，并被设于巴黎的国际证券交易所联会正式接纳为会员。[③] 经过 70 年代到 80 年代的发展，香港的股票市场已经在世界上赢得了声誉与地位，成为仅次于日本的亚洲第二大股票市场，1993 年在香港联合交易所挂牌的上市公司有 477 家。香港成为各国财团向亚洲进行集团贷款或投资的一个据点，香港与纽约、伦敦、苏黎世成为重要的国际金融中心。[④] 在此过程中，香港经济迅速发展，从 1966 年到 1995 年，香港地区按照人口平均计算的本地生产总值由 668 美元增加到 23000 美元，增长 33.4 倍。1996 年更是超过 24500 美元，已经超过英国、加拿大和澳大利亚，大致与法国看齐，在亚洲仅次于日本和新加坡。[⑤]

（三）回归后的香港：世界城市的腾飞

经过 22 轮外交谈判，1984 年 12 月 19 日，中英签订了《中华人民共和国政府和大不列颠及北爱尔兰联合王国政府关于香港问题的联合声明》（简称《联合声明》），随后香港便进入了回归的过渡阶段。1990 年 4 月 4 日，第七届全国人民代表大会第三次会议通过了《中华人民共和国香港特别行政区基本法》，就香港的各项制度与发展作出了详细规定。1997 年 7

---

① 刘蜀永：《香港史话》，社会科学文献出版社 2011 年版，第 86 页。
② 刘蜀永：《香港史话》，社会科学文献出版社 2011 年版，第 86 页。
③ 刘蜀永：《香港史话》，社会科学文献出版社 2011 年版，第 79 页。
④ 刘蜀永：《香港史话》，社会科学文献出版社 2011 年版，第 79—80 页。
⑤ 刘蜀永：《香港史话》，社会科学文献出版社 2011 年版，第 78 页。

月 1 日，中国政府对香港恢复行使主权，《香港基本法》生效，香港特别行政区成立。

香港回归以来，中央完全按照世纪伟人邓小平"一国两制、港人治港、高度自治"的科学设想，保持香港原有的生活方式没变、资本主义制度没变、法律制度也没有变，香港连续被评为"世界最自由经济体"。香港回归以来，处于面向世界、背靠祖国的独特地位，祖国成为它最强大的后盾，中央政府也出台了一系列强有力的措施，[①] 从而巩固和提升香港国际金融、航运、贸易中心等地位，努力把香港打造成为更具竞争力的世界城市。

作为全球领先的国际金融中心之一，香港与内地紧密融合，并接通世界各地，不但成为金融服务的首选地点，也是许多金融机构的所在地。香港稳健和高效率的银行体系，不但能够在区内扮演关键角色，并提供多元化的产品和服务，而且香港同时是中国内地和国际银行在亚洲的最大枢纽；香港证券市场容许资金自由进出而且交投活跃，吸引许多国际银行和证券公司落户香港，因而让香港证券市场成为企业发行股票和债券的关键集资渠道。目前香港是全球最大的股票集资中心之一和亚洲（除日本外）第三大债券中心；香港主要的基金管理中心之一，汇聚了国际基金经理、顾问业务和私人银行。事实上，香港已是亚洲最大的国际资产管理中心、亚洲最大的国际私人财富管理中心、对冲基金中心及第二大私募基金中心（仅次于中国内地）。同时香港特区健全的法律制度、简单和较低的税制以及大量的金融人才和支援服务一应俱全。2017 年香港特区金融业从业人员超过 25.8 万人，占香港工作人口近 7%，并占香港本地生产总值约 19%。[②]

航运是香港成为国际城市的一个支柱性产业，支撑着香港的转口、

---

① 郭志坤、余志森主编：《香港全记录》（第三卷），上海人民出版社 2007 年版，第 2 页。

② 香港金融管理局：《香港国际金融中心的地位》，2020 年 5 月 19 日，见 https：//www.hkma.gov.hk/gb_chi/key-functions/international-financial-centre/hong-kong-as-an-international-financial-centre/。

物流、货运和贸易等多个领域的发展。回归以来香港航运得到了长足发展，已成为享誉盛名的国际航运中心，是全球最繁忙港口之一。为进一步拓展香港的航运业，香港成立了海运港口局，在港口发展上将葵青货柜码头的港池和进港航道由 15 米挖深至 17 米，然后扩大货柜堆场空间和增设驳船泊位等，从而维持香港港口的活力和竞争力。除了船舶与港口硬件设施的发展外，香港推动发展高增值海运服务，包括船舶管理、船舶融资、船务经纪、船务代理、海事保险、海事法律和仲裁服务等，从而使得香港成为亚洲首要的国际船舶融资中心以及国际海事保险和国际仲裁机构的驻地，为世界各地客户提供专业海事服务。① 香港特区在海运、金融、贸易、专业服务和基础设施建设方面拥有丰富国际经验，具备优厚条件，成为连接内地和世界的枢纽角色。到 2017 年香港成为世界第 4 大船舶注册地，排在巴拿马、马绍尔群岛和利比里亚之后。据 2018 国际航运中心发展指数（ISCD）报告，香港已成为全球第二大国际航运中心、全球第七大货柜港。②

作为世界贸易中心，香港凭借背靠内地的优势，贸易业得到了长足发展。2003 年中央政府与香港特区政府签署了《内地与香港关于建立更紧密经贸关系的安排》（CEPA），主要内容包括两地实现货物贸易零关税、扩大服务贸易市场准入、实行贸易投资便利化等，从而提高内地与香港之间的经贸合作水平。随后，香港与内地签署了 CEPA 的多项补充协议。目前，内地与香港已经基本实现服务贸易自由化，令香港作为国际贸易枢纽及中国内地市场大门的地位更加巩固。近年来，中国与其他国家和地区签订了多项自由贸易协定，对外贸易的规模和类型日益增多。值得一提的是，2005 年中国与东盟自由贸易区《货物贸易协议》开始实施，2010 年完成关税撤销安排；2013 年我国提出"一带一路"倡议，旨在促进贯穿

---

① 张建宗：《香港海运学会两岸三地航运物流研讨会的致辞》，2017 年 11 月 20 日，见 https://www.sohu.com/a/205990238_175033。

② 香港贸易发展局：《香港航运服务业概况》，2020 年 7 月 20 日，见 http://m.hktdc.com/business-news/article。

亚欧非大陆"一带一路"沿途 130 多个国家和地区,陆上依托国际大通道、海上以重点港口为节点推进经济及社会合作发展,这为香港特区贸易业带来了新的发展契机。香港的进出口贸易业主要以离岸买卖货品的形式对外输出服务,内地是大部分离岸贸易的来源,2017 年香港的离岸贸易总值达 5710 亿美元、转口货值达 5110 亿美元。2018 年内地约有 12.1%的出口货物(总值 3010 亿美元)及 13.8%的进口货物(2910 亿美元)通过香港处理。截至 2018 年 12 月,香港共有 99986 家进出口贸易公司,拥有 474758 名员工,进出口贸易占香港 GDP 的 17.5%。[①]

在一国两制的框架下,内地的发展有力地刺激了香港经济的繁荣,中央允许内地企业在港交所上市,允许香港银行经营人民币业务及发行人民币债券等政策,更为香港经济注入了新的活力。中央安排香港参与泛珠江三角洲的开发,为香港发展提供了机遇,在内地全面开放的大背景下,香港与内地优势互补,香港作为世界金融、贸易、航运中心,内地为香港提供了无限商机和最大市场。[②]随着国家"一带一路"倡议和粤港澳大湾区建设,内地巨大的人口基数、持续高速的经济增长,也推动了香港各行业的发展。最近几年随着港珠澳大桥、广深港高铁香港段等重大跨境基建相继开通,加上深中通道和虎门二桥等连接珠江口两岸的大型交通基建将陆续落成启用,为香港的国际城市发展提供了优越的硬体条件。[③]同时,党的十八大以来,国家深化内地和香港合作发展,妥善应对和处理一系列重大问题,努力开创新时代香港发展的新局面,为香港持续成为有影响力的国际城市提供了软环境条件。展望未来,中央政府支持香港融入国家发展大局,以粤港澳大湾区建设等为重点,全面推进内地同香港互利合作;支持香港在推进"一带一路"建设等方面发挥优势和作用,从而助推了香

---

① 香港贸易发展局:《香港进出口贸易业概况》,2019 年 10 月 30 日,见 http://www.hktdc.com/info/web/mi/article.htm? LANGUAGE=sc&ARTICLE_ID =1X006NJK& DATASOURCE=hkip。

② 郭志坤、余志森主编:《香港全记录》(第三卷),上海人民出版社 2007 年版,第 2 页。

③ 卢伟国:《加强大湾区互联互通 打造国际航运和航空枢纽》,《紫荆》2019 年第 3 期。

港向更有影响力的世界城市发展。①

二、香港建设世界城市的发展道路

香港成长为世界城市的过程，离不开利用区位优势，借助经济、文化、人才等战略，再加上独立的国际地位、独立的法律制度、不断完善的规划等，这些因素综合促成了香港世界城市的发展。

（一）引进世界英才，走人才强港之路

习近平总书记指出："事业因人才而兴，人才因事业而聚。"② 建设世界城市，关键在人才，尤其是高端人才的大量聚集，不仅是世界城市的重要标志，更是建设世界城市的必要条件。香港通过多种方式吸引世界一流人才，并在各类人才的驱动下，于较短的时间内实现了从传统的港口成长为有影响力的世界城市。

香港在发展的过程中，也和世界上其他城市一样经历了从简单粗放地引进一般劳动人口，到按需引进高素质的专业人才的过程。20 世纪 50 年代左右，人员可以自由往来，有来自东南亚、北美、澳洲以及中国内地等的一批企业家、富豪等到香港定居，成为香港发展的人力资源。50—80 年代开始建立移民配额制度，面对非法移民政策比较宽松，大量廉价、优质的劳动力涌入香港，这恰恰为香港从转口港到工业化港的转型提供了丰富的人力资源，促进了香港经济的突飞猛进。在 80 年代以后，香港开始按照发展需要引进专门人才，对于非法移民施行遣返政策。比如针对香港厂商在内地投资办厂的日益增多，香港需要熟知内地又懂专业技术的专门人才，为此从 1994 年起，香港实施"输入内地专才计划"，名额为1000 人，香港公司可以从内地 36 所指定的高水平大学招聘毕业生。③1999

---

① 任远喆、魏冉：《中国对香港、澳门恢复行使主权的重大历史意义》，《世界知识》2019
　　年第 21 期。

② 习近平：《在庆祝海南建省办经济特区 30 周年大会上的讲话》，《人民日报》2018 年 4
　　月 14 日。

③ 禹风：《香港实施输入内地专才计划》，《经济与信息》1994 年第 9 期。

年，香港开始实施"输入优秀人才计划"，以吸引内地或海外的优秀人才来港工作。香港开始放宽对到港工作的内地居民、澳门居民和保加利亚、罗马尼亚及蒙古等国家人士入境的限制，要求输入人员必须具有高资历及优良的专业知识，具有著名学府所颁授的博士学位等。① 可见该计划主要针对高层次专门人才而设定。2001 年香港在资讯科技和金融服务两个行业推出了专门的"输入内地专业人才计划"，以确保香港在金融等领域的国际竞争力不落后于其他地区。②

　　进入新世纪，为了更有效吸引高质素人才，以配合香港经济高增值及多元化发展，香港出台了一整套人才计划。2003 年 7 月，香港启动了新的"输入内地人才计划"（简称"专才计划"），该计划旨在吸引内地具有相关资历的优秀人才和专业人才来港工作。每年都有大量内地人才通过该计划到香港工作，要求申请人必须达到本科或以上学历，或是市场上不可或缺的专业人士等。2003 年 10 月，香港启动了"资本投资者入境计划"（简称"创业移民计划"），该计划主要目的在于吸引资本投资者将资金带到香港进行投资，2015 年该计划暂停。

　　2006 年 6 月，香港面向全球推出了全新的"优秀人才入境计划"（简称"优才计划"）。"优秀人才入境计划"是一项设有配额的移民吸纳计划，旨在吸引高技术人才来港定居，用以提升香港的竞争力。获批的申请人无须在来港定居之前获得本地雇主聘任，但所有申请人均必须符合基本资格的要求，以"综合计分"或"成就计分"的方式与其他申请人竞争配额。综合积分是以申请人的年龄、财务要求、良好品格、语文能力、基本学历进行累计；而成就计分则是针对具备超凡才能或技术并拥有杰出成就的人，比如奥运奖牌、诺贝尔奖、国家／国际奖项获得者等。2019 年共有894 名申请人入选"优秀人才入境计划"。从年龄上看，从 18—39 岁的有 647 人，占 74%；年龄在 40—44 岁的有 140 人，占 16%。从申请人的

---

① 新华社：《香港将于年底实施输入优秀人才计划》，《人民日报》1999 年 10 月 26 日。
② 中新社：《香港政府准备推行"输入内地专业人才计划"》，2001 年 3 月 10 日，见 http://www.chinanews.com/2001-03-10/26/77312.html。

来源地看，内地的有 803 人，占 92%；来自美国、加拿大和澳洲的分别有 18 人、14 人和 8 人。从专业领域来看，属于金融及会计服务业的有 243 人，占 28%；属资讯科技及电讯行业的有 204 人，占 23%。从学历上来看，拥有硕士学位或两个以上学士学位的申请人为 476 人，占 56%；拥有博士学位或两个以上硕士学位的为 265 人，占 31%。从工作经验上看，不少于 10 年工作经历且有 5 年以上高级领导职务的为 105 人，占 12%。[①]

2008 年香港特区还推出了"非本地毕业生留港／回港就业安排计划"，在香港修读全日制经本地评审课程而获得学士学位或更高资历的非本地学生，可申请留港或回港工作。应届非本地毕业生如有意申请留港工作，无须在提出申请时已觅得工作，他们只需符合一般的入境规定，便可留港 12 个月。有意申请留港工作但尚未取得毕业生证明的应届非本地毕业生，可申请延长逗留期限，以便等待公司成绩等。另外，离港非本地毕业生如有意返港工作，须在提出申请时先获得聘用。在符合一般的入境规定下，他们便可留港 12 个月，而不受其他逗留条件限制。[②] 在这期间，他们可在香港自由就业或转换工作。此外，香港对紧缺的海外人才一直保持开放接纳的大门，比如香港急需的高素质人才，可以根据一般就业政策来港工作。可见，为了吸引和留住人才，香港作出了比较人性化的制度安排。

2015 年 5 月，香港启动了"输入中国籍香港永久性居民第二代计划"（简称"港二代"回流计划）。主要针对具有良好教育背景、具备一定专业能力和技术经验或成就的，已移居海外的中国籍香港永久性居民的第二代回香港发展。[③]

2018 年 5 月，香港推出了"科技人才入境计划"，该计划旨在吸引优

---

① 香港特别行政区入境事务处：《优秀人才入境计划：2019 年度获分配名额的申请人统计资料》，2020 年 5 月 15 日，见 https://www.immd.gov.hk/pdf/qmas_annual_report_2019_sc.pdf。

② 香港政府一站通：《网上申请非本地毕业生留港／回港就业安排》，2020 年 6 月 1 日，见 https://www.gov.hk/sc/residents/immigration/nonpermanent/applyiang/npr.htm。

③ 香港特别行政区入境事务处：《输入中国籍香港永久性居民第二代计划》，2020 年 4 月 21 日，见 https://www.immd.gov.hk/hks/services/visas/secondgenerationhkpr.html。

秀的高科技人才为香港服务。具体为高技术企业输入非本地科技人才从事研发工作，主要是持有全球排名前 100 名的大学毕业的具有硕士或博士学位等文凭，从事人工智能、生物科技、网络安全、数据分析、金融科技、材料科学、机器人技术、5G 通讯、数码娱乐、绿色科技、集成电路设计、物联网或微电子领域的高科技人员。[①] 该计划通过快速处理安排和简化手续，加快吸纳世界各地科技人才来香港工作，同时鼓励香港本地与非本地人才交流，促进香港创新及科技发展。

从"优才计划""专才计划""科技人才入境计划""非本地毕业生留港/回港就业安排计划""'港二代'回流计划"等人才政策中可以看出，只要是属于香港发展需要之人才，包括香港急需、紧缺的高层次专门人才、城市发展需要的实用性技能人才，以及按照"一般就业政策"引进的海外人才，都可以作为引进对象，从而可以看出香港作为世界城市对人才的重视程度。

（二）利用独立主体地位，走合作兴港之路

由于香港"一国两制"的特殊地位，根据《香港特别行政区基本法》，中央政府授权香港自行处理有关对外事务，香港可在经济、贸易、金融、航运、通讯、旅游、文化、体育等领域以"中国香港"（Hong Kong，China）的名义，单独同世界各国、各地区及有关国际组织保持和发展关系，签订和履行有关协议。

截止到 2020 年 6 月，香港特区参与的以国家和地区为单位参加的政府间国际组织（机制）共 41 个，包括国际民用航空组织、联合国粮农组织、国际原子能机构、国际劳工组织、国际刑警组织、国际货币基金组织、世界银行集团、联合国难民署、世界卫生组织等。另外，香港特区参与的不以国家为单位参加的政府间国际组织（机制）共 37 个，包括世界气象组织、亚洲开发银行、世界海关组织、亚太经济合作组织、世界贸易

---

① 香港特别行政区入境事务处：《科技人才入境计划》，2020 年 6 月 4 日，见 https：//www.immd.gov.hk/hks/services/visas/TECHTAS.html。

组织、国际清算银行、国家公共卫生机构国际联合会等，①涉及经济、贸易、金融、运输、通讯、卫生、环境、旅游、文化等众多领域，这些组织和机构成为香港对外交流和合作的重要枢纽。

香港除了与国际组织之间的积极互动，还执行联合国安理会决议，通过对外谈判、签署或修订双边协议，协助香港同胞竞逐国际组织的重要职位。2006年，在中央政府支持下，香港卫生署原署长陈冯富珍当选世界卫生组织总干事，成为在联合国专门机构担任"一把手"的第一位中国人。2008年，香港天文台台长岑智明顺利当选世界气象组织航空气象学委员会主席等。这些对香港的对外合作与交流、增强香港的世界城市影响力等提供了极大便利和帮助。

目前香港特区是世界上设立领馆数目最多的城市之一。至2020年7月1日，驻港外国机构共有62间总领事馆，57间名誉领事馆及6间官方认可机构。②一些国际组织在香港也设立了办事机构，目前设立有政府间国际组织驻港机构的有5个，分别是欧洲联盟欧洲委员会香港办事处、国际清算银行亚太区办事处、国际金融公司东亚及太平洋地区办事处及世界银行东亚及太平洋地区私营发展部办事处、国际货币基金组织香港特别行政区分处、联合国难民事务高级专员署香港办事处。③香港同这些驻港机构和国际组织代表始终保持密切沟通与交流，积极提升香港对外的交流与合作水平。在此过程中，香港的不懈努力也赢得了丰厚回报，经济持续繁荣、贸易兴盛、交流频繁、世界性的合作会议或论坛络绎不绝，香港特区作为自由港和单独关税区地位得到维持和巩固，国际金融、贸易、航运中

---

① 中华人民共和国外交部驻香港特别行政区特派员公署：《香港特区参与政府间国际组织/机制情况》，2012年6月26日，见 https://www.fmprc.gov.cn/ce/cohk/chn/syzx/gjzzygjhy/P020120709681086353002.pdf。

② 香港特别行政区政府总部礼宾处：《领馆及官方认可机构》，2020年7月1日，见 https://www.protocol.gov.hk/chs/consular/index.html。

③ 中华人民共和国外交部驻香港特别行政区特派员公署：《政府间国际组织驻港机构》，2020年6月30日，见 https://www.fmprc.gov.cn/ce/cohk/chn/syzx/gjzzygjhy/t676300.htm。

心地位得到进一步巩固和提升。

（三）利用独立法律体系，走制度护港之路

香港的法律制度以普通法为基础，与内地的法制有别。香港《基本法》规定，1997 年 7 月 1 日中国恢复对香港行使主权后，原有的普通法法律制度得以延续。1997 年 7 月 1 日之前在香港实施的原有法律，继续适用于香港特区，抵触《基本法》或经香港特区立法机关作出修改者除外。有些条例作出适应化修改，以符合《基本法》和反映香港作为中华人民共和国特别行政区的新地位。《基本法》第三章明确香港居民的基本权利和义务，其中第三十九条规定，《公民权利和政治权利国际公约》《经济、社会与文化权利的国际公约》和国际劳工公约适用于香港的有关规定继续有效，通过香港特区的法律予以实施。由平等机会委员会（平机会）负责执行的《性别歧视条例》《残疾歧视条例》《家庭岗位歧视条例》及《种族歧视条例》，保障个人免受歧视。由个人资料私隐专员负责实施的《个人资料（私隐）条例》，则在个人资料方面保障个人隐私。

（四）完善发展战略规划，走持续强港之路

香港地域狭小、人口众多，香港一直在调整和完善关于城市发展空间的规划，数十年来一直为城市的发展提供重要指引。目前香港制定了《香港 2030+：跨越 2030 年的规划远景与策略》的长远发展策略，为香港未来规划、土地及基建发展，以至建设环境和自然环境的塑造提供了指引。有关策略包含三大元素，即"规划宜居的高密度城市""迎接新的经济挑战与机遇"及"创造容量以达至可持续发展"，并把这些元素转化为概念性空间框架，以期能实现政府的愿景，继续构建香港成为宜居、具竞争力及可持续发展的"亚洲国际都会"。"规划宜居的高密度城市"对香港采用集约而高密度发展模式的优点加以肯定，并提出一个优质生活环境应具备集约、相互紧扣、独特、多元、充满活力、健康、共融及互助的特质。"迎接新的经济挑战与机遇"提出策略方针，推动香港迈向高增值和发展多元经济，从而创造技能层面广泛的优质职位。这项元素同时倡议适时提供足够的土地、空间和基建配套设施，致力推动创新科技与协作，以及培育和挽留合适的人力资源。"创造容量以达至可持续发展"旨在以多管齐下的方式创造足够的发展容量，同时通过提高生物多样性和改善环境，提升环境容量，并以明智、环保及灵活的城市策略做支持。具体的概念性空间框架包含一个都会商业核心圈、两个策略增长区——"东大屿都会""新界北会"和三条发展轴。西部经济走廊拥有策略性运输基建设施，可作为通往国际及邻近地区的门廊；东部知识及科技走廊提供空间，以发展高科技及知识型产业的科技生态系统；北部经济带邻近深圳，处于策略性位置，具备仓储、研发及现代物流方面的潜力。在空间规划上，东大屿都会符合区域发展重心整体西移的布局，并通过新建及经改善的区域运输设施，连接传统商业核心区与珠江三角洲东西两岸，使该区成为具发展潜力的新平台。新界北的发展会以综合规划方式并通过更有效善用新界棕地和荒置农地进行。发展新界北，将可提供土地，以建立新小区及发展现代化产业和适合在边境附近营运的产业，同时改善该区的居住环境。从策略角度来说，该增长区会提供空间，使经济及就业枢纽得以在都会商业核心圈外建立，缓解香港现时居所与工作地点分布失衡的问题。在空间方面，新界北将抓紧服务该区及提升中的策略性运输基建设施，以及该区邻近深圳的策略性位置为香港带来的经济机遇。

（五）融合多元文化，走文化聚港之路

文化是一个民族的生活方式所依据的共同观念和价值体系。由于香港经历了一段特殊的历史发展过程，因此香港文化的形成与它的发展历史密不可分。如前文所述，香港地区原为古越聚居之地，从秦到清的两千多年中，一直处于中央管制之下，香港文化的底色是中国传统文化。英国占领香港以后，原来属于中国传统文化的本土文化不能不受到西方文化的影响。在占领香港之初，英国把英国社会治理架构移植到香港，特别是政治制度、法律规则等，但由于此类属于上层建筑的内容，对普通基层百姓的影响并不大，香港市民按照中国传统的秩序和规则进行生活，体现在生活方式、处事风格、价值观念等多方面。在经济上，在占领香港之后的一个世纪里，英国采取放任政策，香港的经济结构和发展水平变化也不大。

直到 20 世纪中期，英国才开始有意识地发展并将香港社会带入现代社会，另外通过宗教活动、西化教育、新闻传媒以至日常生活多种途径，对香港输入西方思想和文化。与此同时，在百年的发展中，大批来自广州、东莞、中山、潮汕等地的居民不断移民到港，从而直接或间接地保持和强化了中国传统文化的发扬和延续。新中国成立之后，英国开始调整在港的经营策略，开始淡殖民奴化，而是加强西方文化教育等，这样香港的文化中开始融入了西方的文化元素。

香港文化正是在这种中国传统文化的延续和西方现代文化渗入相结合的过程中产生和发展，两者同步进行、共同作用，从而形成一种独特的香港文化，它有几个显著的特点：

第一，中西文化的合璧。香港在发展过程中，东方文化与西方文化在这块土地上互相碰撞、渗透，形成了一种多元、多源混合文化。多元是文化类型多、价值表现丰富，多源是指文化源流广、根脉交汇。这种混合文化，在香港艺术家、作家等的身上表现极为明显，他们用东西方结合的手法和艺术表现形式，描绘香港的城市百态，从而表现出了强烈的文化融合特色。

第二，传统与现代结合。如前文所述，香港中西文化融合，所以在香港存在特别现代的流行文化，也有比较传统的宗族文化；有民主科学的观念，也有封建迷信活动；上班说英语吃西餐，下班回家煲汤讲粤语；有典型现代的城市生活，也有传统民间节庆活动；有传播书法、戏曲等的热衷者，也有喜欢西洋音乐、歌舞剧等的市民。同时由于经济发展，商业文化极为浓厚，香港市民对于消费、时髦等的追逐，甚至可以变成身份、财富的象征等等。

第三，自由与开放交融，经济的自由开放与文化的自由开放互相促成。香港在长期的发展中，由传统的港口发展成为世界贸易中心、金融中心等，在政府不干预、少干预的治理模式下，经济呈现多元开放，这也带动了文化的多元开放。作家、艺术家、理论家等都可以自由发展、自由表达，以至于有时候对西方的文化都不加批判地接收，从而呈现出一种非理性的文化样态。

所以香港文化，不存在明显的哪些占主导或垄断的问题，每种文化在香港都有生存和发展的空间。只是在不同的层面、不同的群体呈现和展示的文化各不相同。总体上来看，香港社会人们在工作相关的内容上西方文化较为突出，在日常生活中中国传统文化较为突出。这种文化在世界城市的建设中有两个效果，一是有助于活跃思维、丰富人们的生活；二是兼容并包、适合人的发展，世界各地的人们在香港工作生活并不感到陌生。

第二节　香港教育发展与世界城市建设

"教育"是世界城市发展的重要指标，世界水平的教育体系既是世界城市发展的标志和内容，同时也是世界城市保持生机与活力的支撑。香港世界城市的建设与教育发展，互相推动、共同进步。一方面香港优质的教育为世界城市的建设提供了高水平的人才保障和智力支持，另一方面香港作为国际金融、航运、贸易中心等，为香港教育的发展提供了时空环境和综合保障。

一、香港世界城市建设背景下的教育发展轨迹

香港社会的发展历史，使得香港作为世界城市既不是一个完全意义上的西方化的现代都市，也不是一个完全饱浸中国传统文化的世界都市，而是一个华洋杂处、东西并存，在沟通中国与世界上发挥着桥梁作用的世界城市。东西两种不同的文化既层次泾渭分明地判然有别，亦界限模糊地融合渗透。文化质的规定性决定了香港教育的特质。譬如，香港政治、经济领域和专上教育①，较多地接受了英国影响；而在包括生活习俗、宗教信仰、基础教育和文学艺术等狭义的文化和教育上，香港绝大多数人却依

---

① 香港专上教育指不低于中学修业后教育程度的各种专业、技术、学术性质的高等教育的总称。

然以中华民族文化为基础和主导。基础教育与中国内地并无本质上的区别，在学制上除了保留预科制外，大同小异。总体上看香港的教育发展轨迹，无论是高等教育还是社会教育、基础教育，都明显地呈现出"华洋杂处""东西并存""各据一方""相互交会"的特质。①

（一）英国占领之前的香港教育（1841 年前）

香港先秦时期为百越之地，秦王嬴政统一六国后香港属番禺县管辖。汉朝时香港划归南海郡博罗县管辖。此后，一直延续到西晋时期。东晋咸和六年香港隶属东莞郡宝安县，宝安县的辖地，包括今天的香港和深圳市、东莞市。唐肃宗至德二年，改宝安县为东莞县，香港又归东莞县管辖。明神宗万历元年，广东巡海道副使刘稳，奏准朝廷，将东莞县滨海地区划出另设一县，名为新安县。自此，香港地区改属新安县管辖，一直到英国占领香港。

英国人占领之前，香港已创办了许多书院、私塾，传授中国传统文化知识。其中历史最久远的是宋朝邓符协为聚众讲学，在桂角山下设立的力瀛书院。其始创年代，比广东省内的著名书院广州禺山书院、番山书院等，还要早一百多年。力瀛书院遗址清初犹存。据香港学者统计，清代香港地区的书院、私塾至少有 449 处。其中比较著名的则有康熙年间锦田邓氏创办的周王二公书院、屏山邓氏 1760 年创办的觐廷书室、清初上水廖式创办的应龙廖公家塾、乾隆以后九华径曾氏创办的养正家塾等。由于学校不算少，当地也陆续培养出一些人才。据清嘉庆年间编纂的《新安县志》统计，从南宋到清嘉庆二十三年（1818），新界本土及离岛人士考取功名的就有甲科进士 1 人，乡试中考 11 人，恩贡 4 人，岁贡 9 人，例贡及增贡 60 人，例职 17 人。其中的进士是指锦田的邓文蔚，在康熙二十四年（1685）乙丑科会试中式第 68 名。他曾参与《新安县志》的编纂工作。② 可以说，在英国占领香港之前，香港教育基本上与内地的传统教育

---

① 方骏、熊贤君主编：《香港教育史》，湖南人民出版社 2010 年版，第 3 页。

② 刘蜀永主编：《简明香港史》，广东人民出版社 2019 年版，第 11—12 页。

一致。

（二）英国占领初期的香港教育（1841—1859）

现代教育起始于西方，在教育发展过程中有一个比较重要的传统，就是教会大多会在西方国家所在地或占领地开设学校。英国占领香港以后到1859年间，英、法、德等国的不同教会在香港开办了20多所学校，旨在传教及训练一些可以帮助传教的华人。1842年11月1日，马礼逊英华学校由澳门迁至香港岛，从而成为香港第一所西式学校。这所学校由马礼逊教育协会于1839年11月在澳门创办，英军侵占香港岛后，马礼逊教育协会理事会兴奋不已，急忙在1842年2月21日举行会议，宣布将马礼逊英华学校迁至香港。教育协会随即向镁鼎查（Henry Pottinger）请求支持，后者拨出一块土地供其建造校舍。同年11月1日，马礼逊英华学校正式前往香港。书院开办初期颇受各方人士重视，校务发展十分迅速，学生人数不断增加。1844年港府首次公布教会书馆情况，曾指出马礼逊英华学校是当时规模最大的西洋学校，中国近代史上的有名人物如容闳、黄胜、唐景星等都曾在该校就读。[1] 此类教会学校以中英文施教，校内课程有英语、地理、常识、算术、神学、历史等。不过由于当时受教育风气未开，此类教会学校的办学规模并不大，招收的学生也比较少。多数学生对于宗教和其他课程并无大的兴趣，因此在掌握英文后便离校。正是如此，不少教会学校由于生源太少而被迫关闭。到1859年，全港只剩3所教会学校。[2] 尽管如此，这些学校还是训练了一批可担任翻译及中西商务人才，其中有一些在后来成为推动清末现代化的著名人物。后来这些学校更成为现代著名的中学，如圣保罗男校、英华书院、拔萃男校等学校的前身。[3]

这期间，香港公立教育开始发端，同时，华人开办的私塾继续也有所发展，至1845年已增至9所，学生145人。裨治文（Elijah Coleman Bridgman）主编的《中国丛报》首先注意到了这些学校，该杂志1843年

---

① 陈昕、郭志坤主编：《香港全纪录》（第一卷），上海人民出版社1997年版，第38页。
② 方骏、熊贤君主编：《香港教育史》，湖南人民出版社2010年版，第4页。
③ 方骏、熊贤君主编：《香港教育史》，湖南人民出版社2010年版，第4页。

8月号的一篇文章，呼吁香港当局注意当地人开办的学校，并建议设立学校委员会加以管理。1844年德庇时（John Francis Davis）担任香港总督以后，采纳了其中文秘书郭士立的建议，计划采用经济补助的办法控制这些学校。1847年11月，德庇时组织专门委员会调查维多利亚城、赤柱及香港仔中文学校的状况，以便采取措施鼓励以上三处地方各有一所学校置于港府的管理之下。1848年2月23日，香港当局任命了由专门委员会选定的3所学校的教师，并给予每所学校每月10元补助，此举标志着香港公立教育制度的开端。这些接受补助，而由香港当局控制的学校被称为官立学校，香港当局负责为这些官立中文学校提供教师和教员薪金，学生不必缴纳学费，但学生每月要给教师25文铜钱。这些官立学校的规模都很小，3所学校学生总数近95名，到1851年官立学校增加到5所，早年香港当局用少量经费补贴部分华人学校，是出于巩固秩序和收复人心的需要，同时也促进了教育的发展。①

（三）英国占领后发展时期的香港教育（1860—1941）

1860年，英人占领九龙半岛。此时的香港人口已有12万人，基于商业发展及统治的需要，迫切需要培养一批通晓中英文的人才。1860年7月3日，香港教育局理雅各（James Legge）提出一项教育革新计划后，刊登于《宪报》，该计划主要内容有：1.在维多利亚城修建校舍一座，将分散的几座学校集中；2.由一名欧籍教师组织和管理英语班；3.由该欧籍教师负责管理香港仔及全岛农村的其他学校。理雅各指出该计划的优越性：政府将会拥有一名积极参与教育工作的官员；同时，许多在中国内地受过良好教育，与香港华人有联系的青年就会进入由欧籍教师授课的英语班。理雅各计划中的这所学校即中央书院。②1861年1月9日，港督罗便臣（Hercules George Robert Robinson）批准理雅各计划，赞成把所有官立学校，置于拟议中的中央书院的校长监督和控制之下。理雅各计划在香港

---

① 陈昕、郭志坤主编：《香港全纪录》（第一卷），上海人民出版社1997年版，第51页。
② 陈昕、郭志坤主编：《香港全纪录》（第一卷），上海人民出版社1997年版，第69页。

教育发展史上占有重要地位，是香港教育世俗化的重要步骤，该计划还表明香港教育的着眼点有所变化，开始注意对内地的作用和影响了。①

1861 年 3 月 23 日，香港立法局同意拨款 20500 元购买美国浸礼会在歌赋街的房舍用作中央书院校舍，由四所官立学校合并而成立的中央书院于 1862 年 2 月开学，年仅 24 岁的史钊域（Frederick Stewart）担任中央书院校长。中央书院成立后，未并入该校的官立学校成为中文小学，为中央书院提供学生来源。1864 年中央书院共有学生 120 名。该校起初分为中文部和英语部。中文部学生要学习《中庸》《论语》《孟子》，只有通过对这些典籍的口试才能进入英语部。英语部学生以学习英语为主，此外还要学五经、《史记》等，该校课程还有算术、历史、地理等，后来在港督麦当奴（Richard Graves Macdonnell）的推动下，该校于 1869 年还开设了化学和几何课。同年，该校实验室也正式启用。② 初期课程中英文并重，1878 年 2 月 25 日港督轩尼诗（John Pope Hennessy）召集立法局全体议员以及史钊域、欧德理（Ernest John Eitel）等人开会讨论英语教学问题，辅政司柯士甸（John Gardiner Austin）直言不讳"基于政治和商业的利益，英语学习在所有官立学校中具有头等重要的地位"，会议决定把中央书院原来每天中英文教学各 4 小时的制度改为 5 小时英文教学，两小时半中文教学。英语课改为必修课，中文课则改为按家长意见选修。1895 年起新设立的学校，若不以英语为教学媒介，不能获得政府补助。③ 中央书院奠定了所谓"英文学校"的课程模式，为随后的发展与演变奠定了务实及功利的教育目标，同时也培养了一些通晓英语的精英分子。

香港从中央书院及中文学塾发展过程中摸索到了通过资助办理和发展教育的经验。港英政府通过加大教育的投入，实行经费资助，以影响学校发展。1853 年，教育经费在当年财政总支出中所占比例为 0.3%，但 10 年后的 1863 年上升到 1.07%，再过 10 年的 1873 年跃升为 3.08%，又过

---

① 陈昕、郭志坤主编：《香港全纪录》（第一卷），上海人民出版社 1997 年版，第 69 页。
② 陈昕、郭志坤主编：《香港全纪录》（第一卷），上海人民出版社 1997 年版，第 71 页。
③ 陈昕、郭志坤主编：《香港全纪录》（第一卷），上海人民出版社 1997 年版，第 92 页。

10 年的 1893 年增长到了 4%。① 所有这些举措显示出政府对教育的控制和影响的加强，其结果是较大程度地促动了香港教育的发展。1901 年教育委员会成立，次年便发表报告书，提出了加强英语教育和推行精英教育两大重要政策。②1911 年，辛亥革命爆发，各种政治运动都渗透到香港各级学校，英国改变了对香港的政策。他们感到香港学生是实现巩固英国对香港统治的重要力量，于是他们开始积极发展教育，特别是积极谋划高等教育，以期望通过高等教育影响整个香港教育体系。1911 年香港大学成立，这所学校被英国视为在远东的第一所帝国大学。这所学校的办学目标也非常明确，那就是帮助维护英国在东亚的荣誉、传播现代知识和英国语言、为正在觉醒的中国服务、东西文化交流等等。③ 香港大学仿英国大学模式，采用英文为教学语言。香港大学在成立之初仅设有香港西医学院合并成的医学院和新设的工学院两院，翌年始增设包括理科及英国语文、历史等学系的文学院，中文则只为选修科。港大首批学生共 72 人，除本地学生外，还有一些来自东南亚和中国内地城市的青年学子。④

（四）日军攻占香港时期的教育（1941—1945）

1941 年 12 月，日军攻占香港。在日军统治时期，香港人口锐减，许多学校关闭，还有一些迁徙辗转内地，给刚有较好发展的香港教育带来灭顶之灾。1945 年香港光复前，只有中学 15 所，学生约 600 人：小学仅有 56 所，在校学生大约 5000 人。仅有的一所高等学校——香港大学停办。沦陷前刚刚起步的教育对外交流被迫中断，代之而起的是单一地向日本派遣"留学生"。日治时期，香港教育出现严重倒退，为香港光复后的重建带来种种困难。⑤

---

① 余绳武、刘存宽主编：《十九世纪的香港》，中华书局 1984 年版，第 315 页。
② 方骏、熊贤君主编：《香港教育史》，湖南人民出版社 2010 年版，第 6 页。
③ 贝磊、古鼎义：《香港与澳门的教育与社会：从比较角度看延续与变化》，香港大学比较教育研究中心 2002 年版，第 96 页。
④ 顾明远、杜祖贻主编：《香港教育的过去与未来》，人民教育出版社 1999 年版，第 700 页。
⑤ 方骏、熊贤君主编：《香港教育史》，湖南人民出版社 2010 年版，第 7 页。

（五）重建与昌盛时期的香港教育（1946—1979）

1945 年第二次世界大战结束后，国际国内格局发生了重大变化。香港所面临的是新的政治、经济和社会环境。1949 年以工人阶级领导的、以工农联盟为基础的人民民主专政的社会主义新中国成立，港英政府对于"红色"中国有着很强的戒心，担心共产党的渗透，在边界开始加装铁丝网，不再允许内地人士随便进出香港，从此开启了香港的围城时代。接着，港英政府订立了《1949 年人口登记条例》，开始对香港居民实施人口登记，并核发香港身份证。[①] 在开展身份确认的同时，港英政府开始严格限制内地人出入境香港。香港教育从此开始转向主要为本地统治服务，教育成为训练香港当地人的一种工具，也是强化英国在香港影响力的手段。于是香港教育开始按照英国"子民教育"模式培养华人学生，在教学语言上力排众议推动英语成为教学主导语言，比如在大学升学考试中采用英语，这样就及早地迫使中小学教学采用英语授课，英语成为主导语言以后，不管是在大学还是中小学，中文变成了第二语言。

战后英帝国的没落也使得港英当局淡化了传统政策趋向，教育发展的主要特点是走向普及化、多元化和决策机制的开放，这些都是战前教育所无法比拟的。由于当时香港人口的激增和经济模式的转变，1963 年《马殊—森逊报告书》发表，提出增设津贴学校、向非法牟利私立学校买位、小学入学年龄升至 7 岁的建议。同年，由于香港大学已无法应付升学人数所需，同时中文学校体制缺乏一所政府资助及认可的大学，造成中英双轨学制极不平衡，基于此香港中文大学因然而生。[②] 香港中文大学的创办，反映了战后香港教育需要配合不可忽视的社会发展力量，也反映了香港在国际城市商业等方面的变化。但是由于港英政府在日常的社会管理中也采用老式的统治思维，不管什么事都是英国人可以高高在上、普遍对港

---

① 白韫六：《香港身份证的发展历史和用途演变》，载《2006 年海峡两岸暨香港澳门警学研讨会论文集》，中国警察协会印，第 314 页。

② 顾明远、杜祖贻主编：《香港教育的过去与未来》，人民教育出版社 1999 年版，第 705 页。

人有歧视心态，加上政府的贪污腐化、经济通货膨胀、就业机会有限等因素，造成部分香港青年流落街头、生活得不到保障，从而在 1967 年发生了著名的"六七反英暴动"。这场反英暴动，惊醒了港英政府，促进了日后港英政府启动系列改革，随后遂改组教育委员会，加入了私校的代表，使之略为平民化。各种教育团体、各大报章亦开始建立论坛，增设专栏。1977—1978 年的"金禧事件"①及 1978 年提出的推行母语教学的要求，都反映了民间对政府教育政策的不同意见。在普及教育方面，1971 年实现 6 年免费教育，1978 年实施 9 年免费教育，使得香港成为亚洲最早完成普及 6 年和 9 年义务教育的地区之一。②

（六）面向回归过渡时期的香港教育（1980—1997）

从 20 世纪七八十年代开始，中国与英国开始谈判香港回归问题，为了增加英国在香港问题谈判上的筹码，港英政府计划用最短的时间解决香港日积月累的民生问题。1971 年麦理浩（Crawford Murray Mac Lehose）出任第 25 任香港总督，他一到任便启动了民生综合改革，具体包括整治贪腐、医疗、教育、交通、房屋等内容，具体包括开展中小学免费教育、建立廉政公署、实施贫困家庭"居者有其屋"计划等，这套改善民生的"组合拳"经过十余年的付诸实施，使香港民生得到了极大改善，香港经济开始腾飞并成为"亚洲四小龙"。③在香港问题谈判达成一致后，香港进入回归过渡时期。

香港在回归过渡时期内，在教育上主要有四个方面的表现：第一，普及教育的提升。在香港 1981 年完成免费教育后，获资助升读"中四"至"中五"的学生已经增至 65%，1991 年复增至 85%；并推行直接资助计划，鼓励办理比较完善的不牟利的私校参加，以增加资助学位及提高教育质素。第二，提供多元化教育。先后成立多所工业学院、科技学院，以及

---

① 金禧事件是香港金禧中学 20 世纪 70 年代末因学校财务问题而发生的一次学生运动。

② 方骏、熊贤君主编：《香港教育史》，湖南人民出版社 2010 年版，第 8—9 页。

③ 包万平：《香港回归前后的公民教育与青年的国家认同》，《南昌大学学报》（人文社会科学版）2017 年第 4 期。

香港演艺学院等；在职业训练局还有 24 个训练中心，提供在职具有"中三"或"中五"程度者兼读或全日制课程。第三，加大教育咨询的开放程度。1981 年，教育委员会邀请了由英、德、美、澳 4 国专家组成的国际教育访问团，对香港教育制度作全面检讨。第四，进一步拓展大学教育。1991 年，香港科技大学创办并正式开学。1994—1997 年间，香港理工学院、香港城市理工学院、香港浸会学院和香港公开进修学院先后通过香港学术评审局评审，升格为大学；又将 5 所教育学院合并成香港教育学院。政府认可的大学遂拓展到 7 所，能够招收接近 24% 适龄青年就读。①

（七）回归之后香港教育的改革（1997—　）

1997 年 7 月 1 日，香港回归祖国。在这之后的 20 多年里，香港特别行政区政府推行了一系列的教育改革，也取得了一定的成就。比较明显的，包括政府对教育经费的投入有相当大的增加；建设了不少硬件设备良好的新校舍；许多学校完成了校园改建工程；转为全日制的学校越来越多；教师大量接受再培训并取得更多资格；学生参与的学习活动越来越多样化等等。②

二、香港世界城市建设推动下教育的全面发展

香港在建设开放、包容、多元的国际化城市的过程中，也推动了教育的全方位发展：基础教育倡导多元全方位学习，价值观教育塑造城市公民品格，融合教育创建包容城市，高等教育推进创新城市等。

（一）基础教育：符合世界城市素质要求

香港世界城市的建设，需要具备全方位素质的公民。基于此，香港在基础教育阶段就开始设置全方位学习内容，从而为世界城市的建设奠基。香港基础教育实施的全方位学习，就是把学习空间从课室拓展到其他

---

① 方骏、熊贤君主编：《香港教育史》，湖南人民出版社 2010 年版，第 9 页。
② 方骏、熊贤君主编：《香港教育史》，湖南人民出版社 2010 年版，第 10 页。

环境，① 透过教师灵活地利用多样化的环境和小区资源，配合时、地、人各方面所组成的学习情境，让学生获得一般在课堂上难以体会的经验。为支持学校在现有基础上更大力度地推进全方位学习，教育局从 2019—2020 学年起，每年拨款约 9 亿港币，向公立及直资学校发放全新、恒常的全方位学习津贴，让学校在人文学科、STEM 教育、体艺、德育及公民教育等不同课程范畴，组织更多走出课室的体验学习活动，如社会服务、实地考察、境外交流、职场体验等，使学生在真实情境中学习，拓宽视野，促进全人发展，更活泼及更丰富的学习体验和学以致用的机会，不但能提高学生学习兴趣，更有助于学生建立正面的价值观和态度，提升服务精神和责任感，以及培养正向思维和品德修养。

图 9-1　香港基础教育全方位学习架构图

数据来源：香港教育局：《全方位学习》，2019 年 10 月 7 日，见 https://www.edb.gov.hk/tc/curriculum-development/major-level-of-edu/life-wide-learning/know-more/strategy.html。

全方位学习的领域主要是中国语文教育、英国语文教育、数学教育、科学教育、个人社会及人文教育、小学常识、艺术教育等。全方位学习强调要让学生在真切情境和实际环境中学习。这些切身体验能够令学生更有

---

① 立法会教育事务委员会：《2018 年〈施政报告〉——教育局的政策措施》，2019 年 10 月 7 日，见 https://www.edb.gov.hk/tc/about-edb/legco/policy-address/ce_2018_Panel_on_Education_Chi.pdf。

效地掌握一些单靠课堂学习难以达到的学习目标，例如培养在日常生活中解决问题的能力，培育为社会及人类谋福祉的正面态度，都需要学生经常接触不同的人、不同的环境和情况。全方位学习为学生创造机会，让他们从实际体验中学习，这有助于学生在不断变化的社会中，实现全人发展的

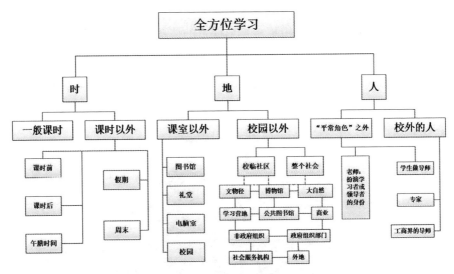

图 9–2　全方位学习的脉络图

数据来源：香港教育局：《全方位学习》，2019 年 10 月 7 日，见 https：//www.edb.gov.hk/tc/curriculum-development/major-level-of-edu/life-wide-learning/know-more/contextual-matrix.html。

目标和发展终身学习的能力。

　　香港特区教育当局认为，学生应享有全方位的学习机会，以获取下列五种重要的学习经历：智能发展（多是通过各学习领域的课堂学习）、德育及公民教育（塑造性格）、社会服务、体艺发展、与工作有关的经验。学校可利用校外的不同情境，推行全方位学习，以丰富学生五种学习经历，而各机构亦可提供相关的学习机会。在学校整体课程中设计全方位学习，最重要的是衡量各学习领域或跨学习领域中，有哪些学习目标、目的及重点，通过配合客观条件的课外学习活动，学生可以学得更好；通过密切学校生活与校外实践，将城市的发展元素和实实在在的案例引入全方位学习，造就未来适应香港发展的人才。

（二）公民教育：塑造世界城市公民品格

在 21 世纪，香港与多个世界城市一样，在经济和社会方面一直面对不同转变及挑战。为保持世界城市的竞争优势并为未来发展缔造新机遇，香港期盼下一代能够具备世界城市公民品格，包括广阔的知识基础、展现理性思考及作出道德判断的能力，以及拥有果敢坚毅的精神，行事为人持守正面的价值观和态度。香港的学校一直以来致力培养学生的道德及公民价值观，自 2002 年鼓励学校培育学生具备坚毅、尊重他人、责任感、身份认同及承担精神等五项首要价值观和态度，并将其作为推广德育及公民教育（课程改革的关键项目之一）的重点。学校也已普遍制定校本德育及公民教育课程和相关的学习活动。中学生经常面对各式各样的转变，例如就读新学校、认识新朋友，以及学习新知识、技能，以及面对功课，在转变的过程中或会感到兴奋，但亦可能要承受旁人不同的期望及日益繁重的要求。此外，中学生处于青少年阶段，或会遇到种种备受争议和关注的生活事件和社会议题，因此有必要从正面角度认识自己，学习如何在面对逆境时作出合理的判断和决定，从而冲破障碍尽展能力。培育学生正面的价值观和态度，不仅有助于使他们建立健康的生活方式和积极的学习态度，还能使他们具备良好的素质，以切合未来的工作需要，并成为明白事理的香港公民和世界公民。学校课程包括提供全面而均衡的学习经历、营造有利的学习环境，以及从不同角度增强学生了解正面的价值观和态度，从而推动德育及公民教育。①

中学教师除了可在价值观教育的学习内容中加入与学生日常生活息息相关的生活事件外，亦可采用涉及不同甚或存有冲突的价值观和态度的生活事件和议题，借此加强学生的分析和推理能力，培育他们正面的价值观和态度。他们将有关元素融入各学习领域／科目、跨课程价值教育范畴及其他相关学习经历，持续培育学生正面的价值观和态度，在各学习领域

① 香港教育局：《个人、社会及人文教育》，2019 年 10 月 7 日，见 https：//www.edb.gov. hk/attachment/tc/curriculum-development/renewal/PSHE/PSHE_KLACG_P1-S6_Chi_2017. pdf。

营造有助于学生发展及应用共通能力、价值观和态度的情境，以价值观教育为目标，促进学生全人发展。如在《基本法》教育中提高学生对在家庭、学校以至社会的公民权利和责任的意识；在可持续发展教育中培育学生承担环保责任，鼓励学生养成绿色和健康的生活方式。[①]

（三）生涯教育：个人发展融入世界城市

近些年来，香港不同行业都有多元化及蓬勃的发展。为让香港在世界城市竞争力上继续名列前茅，并应对不断变化的世界需求，香港学生必须具备终生学习的能力。现时所有中学生在升学或就业方面均享有多元出路。学生有更多的选择和机会，以切合自己的多元智能、能力和志向。政府已进一步调拨资源为中学离校生提供更多的高等教育机会，并加强职业专才教育。鉴于上述情况，愈加需要将生涯规划融入学校整体课程，以使学生掌握所需的知识、技能和态度，让他们在学习的旅程中作出明智的决定，并从不同学习阶段顺利过渡到职场。为协助学生掌握相关的职业知识和技能，教师应根据校情，特别就全方位学习或其他学习经历中与工作有关的经验，设计课堂及体验式学习活动。个别学习领域及跨学习领域的学习对学生的生涯规划可提供极大帮助，包括培养他们的共通能力和价值观，以及他们在进行生涯规划时，能将学科的学习经历与事业规划的管理技能联系起来。例如，当初中学生在科技教育学习领域课程下学习商业营运决策时，教师可引导他们反思自己的事业规划，让他们意识到选择科目或职业时，需从不同角度审慎考虑。高中学生可以透过英文课程了解与工作有关的不同主题，从而获得许多探索职场的机会。教师可把握良机，就相关科目的学习活动（例如参观酒店或企业，以及在学校周年嘉年华会经营小摊位），为学生设计反思事业发展的课业。教师亦可不时向学生介绍并与他们讨论各科目相关职业的就业前景。香港特区教育局鼓励教师把与工作相关的元素恰当地融入科目课程设计之中，而升学就业辅导教师在这

---

① 香港教育局：《德育及公民教育：加强价值观教育》，2019 年 10 月 7 日，见 https：//www.edb.gov.hk/attachment/tc/curriculum-development/renewal/Guides/SECG%20Booklet%206A_ch_20190906.pdf。

方面正好发挥关键作用，以支持科任教师和班主任，主动协调同年级和跨年级中与工作相关的元素，以及向学校领导人员传递客观、相关的职业信息，以便进行更全面的课程规划，包括决定提供学生选择的科目／单元，这些都影响着学生未来的职业选择及就业出路。升学就业辅导教师可以邀请不同背景的演讲嘉宾、家长及校友与学生分享经历，参加商校合作计划主办的事业探索活动，透过寻求工商界及不同机构的支持开发小区资源，为学生安排事业探索活动，例如讲座、工作场地参观，以及工作体验计划，举办专为家长而设的活动，让他们掌握必要的知识和技能，为子女的生涯规划提供支持。

（四）职业教育：储备世界城市行业人才

为推动香港产业蓬勃发展和科技创新，提升香港长远竞争力，使香港发展成为国际创新科技中心，进一步迈向知识为本的经济体系，香港特区政府意识到必须提高本地工作人口的生产力和竞争力，于是教育局2008 年 5 月 5 日正式推行资历架构。香港的资历架构是一个七级的资历级别制度，涵盖学术、职业专才及持续教育及培训等不同界别，借此推广及支持终身学习，并在日益全球化和知识为本的经济体系中，不断提升工作人口的素质、专业性和竞争力。所有资历架构认可的资历皆通过素质保证，并按照客观及明确的标准去厘定其级别。[1] 资历架构为学术、职业专才及持续教育界别的资历厘定明确及客观的标准。资历架构不仅涵盖从学术教育和培训所得的资历，从业人员在工作岗位上积累的技能、知识和相关经验，也可通过以各行业《能力标准说明》所载能力标准为基础的过往资历认可机制，获得正式确认。从业人员可以按照其过往资历作为起点持续进修，以获取更高更广的资历。与此同时，引入《通用能力说明》。通用能力是指一些跨行业及大多数人在工作上都会运用到的通用技能和知识，涵盖四种基础能力：英语、中文、运算及信息科技。为减少重复学

---

[1]　香港特区教育局：《香港资历架构概况》，2019 年 10 月 7 日，见 https：//www.edb.gov.hk/sc/edu-system/other-edu-training/qf/index.html。

习，从而推动学员流动及进阶，教育局在 2014 年公布适用于所有属资历架构第一至第七级课程的学分累积及转移政策和原则，作为学分累积及转移计划的第一阶段。其后，教育局在 2016 年公布《香港资历架构学分累积及转移：政策、原则及应用指引》，以便教育及培训机构检讨其现行的学分累积及转移制度，或制订切合本身情况的学分累积及转移制度。职业资历阶梯为行业提供了进修及就业的进阶路线图。进修人士或从业人员可透过获取所需的工作岗位为本资历，在行业的不同层次得到进一步发展的机会。职业资历阶梯特别为每个主要工作岗位所需的工作岗位为本资历订定其资历级别、学习范围、所需的《能力标准说明》、学习成果及评核指引，每个主要工作岗位的主要职务、入职要求、所需资历及就业阶梯亦会清楚列出。特区政府会进一步巩固和推动资历架构的发展，提升不同行业对资历的认可，并向青少年提供具有质量保证的升学和就业途径。[①] 资历架构的发展将尤其有助于特区政府加强推广职业专才教育。

（五）高等教育：适应世界城市发展需求

1. 按照世界城市愿景给予大学发展空间

香港特区由于充分尊重大学自治和学术自由，因此并没有一个特别的行政部门来管理大学，负责高等教育政策制定。实际上，在高等教育领域，香港主要通过大学教育资助委员会（教资会）来联络大学。教资会是一个独立于政府和大学外的组织，成立于 1965 年，主要是参照当时英国的大学拨款委员会成立的，其职责在于审核各院校的学术发展建议和资源策略，包括人力资源、产业和财务策略，评定有关建议的学术价值和相应的资助方式。同时，教资会肩负问责和监督的使命，确保财政拨款可以得到合理使用，监督各院校在学术及财政方面的表现，为高等教育界规划未来发展道路。在教资会的拨款范围内，经费资助主要通过两个渠道发放。在双轨制度下，大部分院校的研究经费来自于教资会的三年期整体补

① 香港特区政府：《资历架构质素保证机制》，2019 年 10 月 7 日，见 https：//www.hkqf.gov.hk/sc/qa/index.html。

助金。整体补助金用于资助院校的研究基本设施。另一部分拨款是指定用途补助金，主要由各院校角逐拨款，即90年代末推行的"卓越学科领域"计划。双轨制度在保障八所大学在基本办学力量的平台上，部分大学可以走向"卓越"。其中，大学不能以教资会的整体补助金补贴其他方面获得资助的研究项目，而其他负责就研究项目提供拨款的机构，有责任按十足成本提供研究经费。

所以，教资会承担的就是政府、社会与大学之间的中介和缓冲角色，在履行职责时，教资会会运用高度的判断力，促进院校与社会、政府之间的相互了解。教资会一方面确保大学内部的管理工作和事务不受政治干预，确保教学人员在研究课题和表达意见的自由不受限制；另一方面，社会赋予各院校办学的权利和向他们提供经费资助，因此，教资会有责任确保各院校对社会负责。随着香港高等教育的不断扩展，教资会愈发通过战略性规划引领高等教育的发展，在向政府提供策略性意见方面扮演着更加主动积极的角色。

为了给予大学更多更宽松的政策生长环境，同时不破坏其他大学的生长环境，香港当局早在20世纪90年代初就为不同的大学设定了界限分明的角色，相互之间不能僭越既定红线。[1] 这一定程度上降低了大学之间同质化严重的可能性。

2. 发展特色一流大学，助推世界城市发展

香港建设世界城市，需要具有与世界城市相配套的一流大学，而且各大学的发展要对标世界城市、特色发展。因此，教资会奉行的原则就是多元化，认为在一个教育体系里，院校如果只顾互相模仿，便不能作出贡献，满足香港的需求。受香港大学教育资助委员会拨款资助的大学共有八所，分别是香港大学、香港中文大学、香港科技大学、香港理工大学、香港浸会大学、香港城市大学、岭南大学和香港教育大学。每个学校都高度自治，大学教育资助委员会负责就这八所高校的发展及所需经费，向政府

---

① 焦磊：《香港"差别有序"高等教育系统结构探析》，《江苏高教》2013年第6期。

提出意见和建议。由于各大学的性质各异，对香港教育、文化和经济作出的发展贡献也不一样，面对社会民众对高等教育多样化的需求和香港社会形态转型变迁对高校的调整需要，八所大学形成了不同的发展定位和角色认同。具体如表9-1所示：

表9-1　教资会资助八所大学分工角色及定位

香港大学	1. 提供一系列学士学位和学士学位以上的课程； 2. 设一系列学科，包括文学、理学、社会科学和工商管理； 3. 在每一学科为大量学生提供研究课程； 4. 为学术人员提供机会，让他们在学有专长的学科进行顾问研究和与工商界合作的计划。
香港中义大学	1. 提供一系列学士学位和学士学位以上的课程； 2. 设一系列学科，包括文学、理学、社会科学和工商管理； 3. 另设专业学院如医学院、建筑学院、工程学院和教育学院； 在每一学科为大量学生提供研究课程； 4. 为学术人员提供机会，让他们在学有专长的学科进行顾问研究和与工商界合作的计划。
香港科技大学	1. 提供一系列学士学位和学士学位以上的课程； 2. 另设专业学院，特别是在理学、科技学、工学和商学方面； 3. 开办人文和社会科学课程，程度只需足以为修读科技课程的学生，灌输较全面的智育、有关的背景知识和沟通技巧，以及开办有限的研究生课程； 4. 在每一学科为大量学生提供研究课程； 5. 为学术人员提供机会，让他们在学有专长的学科进行顾问研究和与工商界合作的计划。
香港理工大学	1. 开办一系列证书、文凭、高级证书、高级文凭、专业文凭和学士学位课程； 2. 开办较少量的高等学位课程和在某些学科开办研究课程； 3. 注重知识的应用和职业训练； 4. 与工商界和雇主保持紧密联系。
香港浸会大学	1. 主要开办文学、工商管理、理学和社会科学等学科的学士学位课程； 2. 开办少量高等学位课程和在某些学科开办研究课程； 3. 注重范围广泛的通识教育，为学生投身需要广泛知识的事业做准备； 4. 开办为从事中小学教学工作提供适当训练的课程； 5. 与社会保持紧密联系。

续表

香港城市大学	1. 开办一系列文凭、高级证书、高级文凭和学士学位课程； 2. 开办较少量的高等学位课程和在某些学科开办研究课程； 3. 注重知识的应用和职业训练； 4. 与工商界和雇主保持紧密联系。
岭南大学	1. 开办文学、商学和社会科学等学科的学士学位课程； 2. 开办通识教育课程，目的是为学生提供一个广阔的学习领域； 3. 可提供少量高等学位课程和在某些学科开办研究课程； 4. 与社会保持紧密联系
香港教育学院（现香港教育大学）	尚未入选当时政策（1996 年入选）：提供一系列证书、学士学位和学位教师文凭课程，为有志从事学前教育、中小学教育、职业训练的人士提供适当的教育，以及通过所有的课程，培育知识广博、关怀学生和尽职尽责的教师，为香港的学校服务。

数据来源：大学教育资助委员会：《香港大学教育资助委员会 1991—1995 年度报告》，2017 年 10 月 11 日，见 http://www.ugc.edu.hk/big5/ugc/publication/report/quad_rpt/appendix_1.htm；大学教育资助委员会：《香港高等教育——院校整合，意义重大（2004 年院校整合小组报告）》，2017 年 10 月 11 日，见 http://www.ugc.edu.hk/big5/doc/ugc/publication/report/report_integration_matters_c.pdf。

　　从以上表述可以看出，香港大学教育资助委员会作为沟通社会民意、大学诉求和政府期望之间的桥梁，对八所大学的基本行为作出了规制。这样的规制既有宏观角度的顶层设计，即一个金字塔形的人才培养机构序列，也有微观层面的区别对待，如规定一些理工科院校的文科类课程不能"超标"，以免挤占传统文科院校的生存空间和整体学科声誉。① 分析文本发现，这几所受资助的高校在基本行为中有以下异同，我们可以行为要素为基本点进行分类，这样便于窥探香港社会对大学的价值期许，也能从字里行间梳理出不同大学的发展实力和未来方向。作为学术性高、研究性强、综合性强、对大学整体办学水平要求较高的"提供一系列学士学位和学士学位以上的课程"和"在每一学科为大量学生提供研究课程"，政府和社会无条件将其"配备"给了三所大学：香港大学、香港中文大学和香港科技大学。结合近几年多种多样的大学排行榜，这三所学校也以自己的

① 田健：《共展所长：香港高等教育质素核证的理念》，《复旦教育论坛》2010 年第 1 期。

名次印证了实力，回应了期待。在金字塔的下方，是四所广泛提供本科生教育和少量研究生教育的大学。其中香港理工大学和香港城市大学注重知识的实践应用，是应用性强的人才培养院校，而香港浸会大学和岭南大学侧重通识教育和与社会保持广泛联系。

3. 满足世界城市需求培养未来建设人才

1999 年，为了做好 21 世纪香港应对全球竞争的准备，香港教育统筹委员会就 21 世纪香港高等教育人才应该具备的素质提出了倡议，包括知识及才能，领袖才能、智能和国际视野，积极态度，体格和文化素养四方面。如表 9–2 所示：

表 9–2　21 世纪香港高等教育人才培养目标

高等教育目标	具体条目
知识及才能	具备广博的自然和社会科学学识； 能充分掌握专门或有关学科的知识； 能容纳不同的思想范式； 具备多方面的知识，能够参与经济、政治、意识形态的讨论； 具备进行研究的知识。
领袖才能、智能和国际视野	领袖潜能：沟通表达能力、人际交往和团队合作能力、作出独立决定的能力、接受差异并容纳多元的能力、转危为机、不断上进； 知识分子的素养：保持好奇心和探究精神、具备概括和抽象思维的能力、具备批判性思考的能力、乐观的性格和前瞻精神、富有创意思维； 晋身国际舞台的能力：能够与其他地方 / 国家人士沟通；在跨文化环境中从容生活和工作；深谙中国文化传统、洞察现代中国的发展。
积极态度	投身事业 / 专业以贡献社会； 对自己的国家和社会有使命感； 明白社会与个人需要之间、权利和责任之间的平衡； 支持民主、平等和自由。
体格和文化素养	培养良好的健康和运动习惯； 维持健康的家庭生活； 善用闲暇； 建立有文化修养的个人生活； 有一定的艺术素养； 培养创造 / 表演艺术的能力。

数据来源：教育统筹委员会《建议的教育目标（一九九九年九月二十二日修订草拟本）》，2014 年 8 月 5 日，见 http://www.e-c.edu.hk/ chs/online/index_c.html。

在这四大目标中，第二条即"领袖才能、智能和国际视野"被看作是香港高等教育对 21 世纪的允诺和宣战，是为了保持在地区高等教育界的先进性和国际高等教育中的卓越方面而制定的人才培养战略目标。由于香港历史上既传承了中国优秀传统文化，又接受了开明的西方文明，所以高等教育人才培养要具备跨文化学习和工作能力，倡导多元化和差异化。①

迈入 21 世纪，世界经济正面临着前所未有的变化，经济结构在急速转型，知识经济已经成为时代主流，全球一体化的进程也给香港带来挑战。在政治方面，香港回归祖国后，香港人思想和生活也发生着新的变化。在社会方面，阶层差距在进一步急剧加大，贫富悬殊亟待缓解，社会的整体文化和意识也在不断调整。资讯科技的进一步发展对香港人生活的每一方面也产生了新的影响。② 所以，在这样的大环境下，自学、应变、合作、创新等能力，已经成为每个人在社会立足的必备条件，而品格、胸襟、情操、视野和素质又是个人不断进步、成功与杰出的重要因素。③ 在社会层面，在国际竞争日益加剧的时代，建设香港成为一个多元、民主、文明、兼容、具有活力和文化气质的世界城市是共同理想，与此配套培养国际化的人才毫无疑问成为高等教育的使命。④

就当时的世界高等教育形势和香港直面的问题，香港教育统筹委员会提出了基本改革方向，引发了社会关于高等教育改革的大讨论，从 1999 年 1 月到 2005 年 7 月，共经历了 3 次教育改革方案咨询，形成的咨询公众意见中有赞成意见也不乏反对意见。香港地区无论是教育政策还是其他政策，在正式出台之前会充分征询社会大众的意见和建议（见表 9–3），以求方案的改进和完善。

---

① Secretariat，UGC，Annual Report of the University Grants Committee，Hong Kong：University Grants Committee. 2000.

② 香港教育统筹委员会：《终身学习，全人发展：香港教育制度改革建议》，2016 年 9 月 7 日，见 http://www.e-c.edu.hk/chs/reform/index_c.html.

③ 胡少伟、容万城：《21 世纪香港高等教育发展战略》，《比较教育研究》2003 年第 7 期。

④ U.G.C. Higher Education in Hong Kong，Hong Kong：University Grants Committee. 2002.

表 9-3　2004 年教育统筹会针对高等教育改革意见及社会意见

主要改革意见	赞成意见	反对（质疑）意见
促进不同类型高等教育的发展	多元格局、各具特色、提升竞争力	只重数量忽视质量、增加财政负担
改革大学收生（招生）：考虑学生的全面表现，如校内评估报告、学生履历、面试等，不过分依靠公开考试成绩	促进学生多元化发展而不是死读书、增进大学和学生之间的互相了解便于因材施教	校内评估欠缺统一性和客观性、推荐制度导致不公平、课外活动等增加学生负担、加剧社会阶层之间的不平等
院校和学系间学分互认	灵活互通、相互衔接	素质不一带来的学分互通导致不公平、将会阻碍"卓越学科计划"的实施
改革学士学位：加强通识教育和跨学科的学习，鼓励实习	开阔眼界、有利于全人教育	课程改革如何配合工作需要
增加研究生学额	建议研究生录取更加弹性化、研究型和教学型都应增加	预期增加研究生学额，不如想办法提高大学毕业生的素质，否则研究生会"补本科生的课"

数据来源：教育统筹委员会《二零零零年教育制度检讨——第三阶段咨询书面意见摘要》，2017 年 9 月 8 日，见 http://www.e-c.edu.hk/chs/online/annex/summary_view.pdf。

实质上，社会上的反对意见在一定程度上是对高等教育改革中即将可能出现的问题的建议与警示，并非阻挠改革步伐。从以上五方面的改革政策来看，不论是招生模式的转变，还是学位课程新的要求，都符合国际高等教育追求多元、公平、灵活、卓越的价值理念，也是建设高水平高等教育体系的政策指引和各院校未来的具体行动路线。[1]

---

① UGC，Hong Kong Higher Education：To Make a Difference，To Move with the Times，Hong Kong：University Grants Committee，2004.

第三节 香港教育的国际化改革与发展

国际化是两个或两个以上国家、地区等之间的一种交流活动与过程，即国际化是一个"引进"和"输出"的双向过程。引进就是一国或地区认识、理解、尊重进而吸收其他优秀成果的过程；输出就是一国或地区把自己优秀的成果推广到其他地方，让世界其他国家或地区认识、理解、尊重进而吸收的过程。教育的国际化是按照平等互利的原则进行的一种跨国家或地区的合作交流过程：第一是通过各种各样的具体活动出发体现出教育国际化，包括课程改革、人员交流、合作研究、技术援助等等；第二是通过培育学术、教师等的国际视角、国际态度和知识等，注重和支持跨文化的、国际的观点，形成国际的精神气质与文化氛围；第三是教育过程的国际化，将国际的维度或观念融入教育的各个过程中，包括学术活动、组织策略等。无疑，香港作为有影响力的国际城市，在很多方面都表现出了高度的国际化。

一、参加国际测评，推进基础教育变革

香港作为一个世界城市，十分重视通过参与国际教育评估计划，在国际比较的视野下审视基础教育并加以改进。香港先后参与了 IEA 等国际组织策划的多个国际教育评估计划，包括 1991 年的阅读能力研究（参与学生年龄为 9 岁和 13 岁）；1991 年和 1995 年的国际数学及科学研究（SIMSS 及 TIMSS）、1999 年的 TIMSS-R，此后的 TIMSS2003 及 TIMSS2007，参与学生皆为 9 岁和 13 岁（小学三年级至四年级，以及中学一年级至二年级）；2006 年的国际阅读能力研究计划（PIRLS），参与学生的年龄是 9—10 岁的小学四年级学生。[①] 香港在这些测试中表现均

---

① 何瑞珠、卢乃桂：《从国际评估计划 剖析东亚地区的教育质量与均等问题》，《教育研究》2010 年第 1 期。

可圈可点，香港教育主管部门等针对测试的结果进行了相应的教育改革。当然香港参与时间最长，影响较大的还是由经济合作与发展组织（简称OECD）策划和实施的"学生能力国际评估计划"（简称 PISA）。PISA 测试从 2000 年启动，每三年进行一次，旨在评估 15 岁学生以母语阅读、数学和科学的能力。要在学生能力国际评估计划中取得佳绩，学生必须能够从他们已知的事物中进行推断、跨主题地思考、有创意地将知识应用于全新的情景中，并展现有效的学习技巧。PISA 的测试结果对于制定教育政策、推进教育教学改革等有着很大的影响。比如德国因为在 PISA2000 中表现不佳而引发教育改革。① 美国、英国等国家对在 PISA2009、2012 年等测试中的表现不满，而启动了一系列改革行动。如英国从 2014 年开始正式启动了"中英数学教师交流项目"，由中国选派数学教师到英国指导和示范如何提升数学课堂教学质量，同时英国也挑选一批数学老师到中国上海来学习进修。而取得好成绩的地区或城市在更加自信的同时，也在审视、思考教育改革。香港从 1999 年就开始推进教育改革，当时推进教育改革的动力是社会上对教育的一种不满而展开的，事实上在此之前教育主管部门及研究者们都做了很多与教育改革相关的工作，涉及的教育政策建议就有 270 多项。PISA 测评后，香港也推进了很多教育改革。②

　　香港从 2000 年开始参与 PISA 测试就从未间断。在最初的测试中，香港学生的阅读科排名不佳，香港 PISA 中心的评价报告认为，为了加强学生的阅读能力，在社会的不同层面上建立良好的阅读文化是非常重要的。报告建议，从质和量方面改进社区图书馆，使其更方便人们的阅读，鼓励家长陪伴子女阅读，并扩展学校的阅读计划。③ 这些建议在一定程度上改变了香港学生的阅读质量和水平，后来的测试中香港学生的阅读能

① 董琦：《德国 PISA 测试结果及其引发的反思》，《德国研究》2003 年第 1 期。
② 程介明、闫温乐：《PISA 之后再谈教育改革——香港大学教育学院程介明教授专访》，《外国中小学教育》2014 年第 11 期。
③ 王蕾、焦丽亚：《学生能力国际评价项目（PISA）简介及香港 PISA2003 评价报告的再评价》，《中国考试》2006 年第 9 期。

力进步明显。2006 年 PISA 测试中，在阅读方面，香港排名由第二期的第十位升至第三，得分 536，只低于韩国和芬兰；香港学生的科学能力为第二，仅次于芬兰。数学方面，中国台湾、芬兰、中国香港与韩国同居榜首，四者得分并无显著差距。① 另如，在 2012 年 PISA 测试，在参与的 65 个国家和地区中香港学生数学能力排名第三，阅读（中文）和科学能力均排名第二。值得一提的是，尽管香港学生的数学成绩名列前茅，他们在数学方面的自我感受仍低于 OECD 国家和地区的平均值，对学习数学的焦虑感亦较 OECD 国家和地区的平均值为高。② 这是由于一直以来，香港的数理课程都是以学科为本，强调学科知识，但是近些年来香港按照 PISA 的趋向改进基础教育教学，开始突破传统的学科本位，以解决问题等为核心进行教育教学，强调培养学生解决复杂问题的能力、发现及探究问题的能力、创新能力等高思维能力。③2015 年 PISA 测试后，香港学生在科学能力方面明显不足，排名更劲跌七位，列第九位，低于中国澳门及中国台湾。有学者已经发现，新高中学制或跟 PISA 科学能力下跌有关，因为高中生修读三大理科（物理、化学及生物）比率由 2009 年的 40%，暴减至 2015 年的 4%。④2018 年 PISA 测试公布后，香港学生在阅读、数学能力方面的排名均下跌，且被内地和澳门超过。尤其是在科学方面，香港排名维持第九，分数则微降至 517 分，比澳门低 27 分，也是 2000 年以来得分最低的。有香港学者分析认为，澳门了解教育问题后会针对性地提出方案解决，如留级问题严重就加强老师对学生的关注及教学方式等；反观香港

---

① 香港中文大学传讯及公共关系处：《学生能力国际评估计划（PISA）研究结果公布：香港学生的科学、数学与阅读能力名列前茅》，2007 年 12 月 4 日，见 http://www.cuhk. edu.hk/cpr/pressrelease/071204c.htm。

② 香港中文大学传讯及公共关系处：《中大公布学生能力国际评估计划（PISA 2012）研究结果：分析香港学生的成就与挑战》，2013 年 12 月 3 日，见 https://www.cpr.cuhk. edu.hk/sc/press_detail.php? id=1704。

③ 林智中、何瑞珠：《香港学生在 PISA2003 中的解难能力表现及启示》，《教育研究》2006 年第 1 期。

④ 刘家莉：《港生科学能力大跌反逊新加坡，沦第九不及澳门台湾》，《大公报》2016 年 12 月 7 日。

非但未与世界接轨，科学排名更是下跌。这是由于以往有四成学生修读物理、化学及生物等理科科目，但是教改后只有两成学生选修，甚至有部分学生在初三选择不修读理科。香港特区教育局回应称，会借助国际评估结果作为其中一个参考指标，知悉港生强弱项并加以改进。[①] 可见，从学者到教育部门都非常关注通过参与 PISA 测试来查找问题，以改进教育的具体工作。

二、立足世界城市，健全全球公民教育

全球化时代已经开启了把不同国家社会整合为荣辱与共的"地球村"的时代，从而把散落在世界各地的人们整合为地球人，于是一个国家或地区的公民，同时又是全球公民，为此，人类变成为命运共同体。[②] 联合国教科文组织在 1946 年第 1 届大会上提出"国际理解教育"概念之后，以增进各民族国家间的相互了解和理解，促进国际合作，维护国际社会的和平为其理念，随后各个国家和地区围绕国际理解、全球公民等展开了相关推进工作。2015 年 11 月 14 日联合国教科文组织通过并发布了《教育 2030 行动框架》，要求加强全球公民教育。全球公民教育、国际理解教育等以"培养全球化时代共生之人"作为目标，基本要求就是具有全球意识和开放的心态，了解人类文明进程和世界发展动态；能尊重世界多元文化的多样性和差异性，积极参与跨文化交流；关注人类面临的全球性挑战，理解人类命运共同体的内涵与价值等。[③] 从本质上来说，全球公民教育、国际理解教育等的核心在于打破国别和地域间的隔阂和界限，提倡站在世界公民的全球立场，对民族、文化、政治、宗教和信仰的多样性和差

① 叶蓝：《香港反思学生跌出 PISA 三甲，港中大教授：是警讯，若不改善定要"吃苦"》，《环球时报》2019 年 12 月 5 日。

② 曹兴：《构建人类命运共同体对全球公民社会的影响》，《扬州大学学报》（人文社会科学版）2018 年第 5 期。

③ 姜英敏：《全球化时代我国国际理解教育的理论体系建构》，《清华大学教育研究》2017 年第 1 期。

异性保持尊重和包容的人本关怀和普遍价值，建设和谐稳定的全球社区共同体。①

　　身处 21 世纪，全球人类面对前所未有的挑战，由全球暖化、饥荒、文化冲突与恐怖主义，到贫富差距、大数据和人工智能争议等，均切身关系到人类每天的生活。作为未来主人翁的新一代，必须开阔眼界扩阔思域，关心世界议题。然而很多学生由于优越的生活环境，不太注重与周围、与世界的共处，香港作为世界城市，非常注重学生通过各种课程增进国际理解、全球公民意识等。香港中小学课程中就安排了不少与"全球公民"相关的内容，如在初中《生活与社会科》课程中，涉及的内容包括消费者的社会责任、世界贸易、香港劳工市场等相关内容。高中《通识教育科》课程涉及内容包括"今日香港"（公平、在职贫穷、社会参与）、"全球化"（相互依存、南北差距、社会公义、社会责任、可持续发展、文化多元、全球管治等）、"科学、科技与公共卫生"（人权、专利权、平等、医药道德等）、"能源科技与环境"（气候变化、可持续发展、环境公义等）。② 香港诸多大学也推出了全新的"全球公民"教育课程，如香港中文大学 2018—2019 学年推出全新《21 世纪全球公民的重大挑战》通识课程，由 8 位教授主讲，引领学生以全球公民的视点重新审视自身和社会的关系，每周的课程包括两小时专题演讲、小组讨论、体验活动等组成。③除了正式的课程外，很多大中小学还开展多样的校园全球公民活动，比如"公民素养工作坊""公民廊"专题展览；参与低碳绿色环保行动，考察全球变暖对气候的影响计划；模拟联合国商讨全球大事；难民体验；学习欣赏和尊重不同的文化和价值、互相协作等等。

---

① 李健、刘宝存：《西方关于全球公民教育内涵、价值和途径的争论》，《比较教育研究》2019 年第 7 期。

② 林曦彤：《身体力行做世界公民》，《香港文汇报》2017 年 1 月 24 日。

③ 香港中文大学传讯与公共关系：《中大推出全新"21 世纪全球公民的重大挑战"通识课程：引导同学以全球公民视点审视自身与社会的关系》，2018 年 9 月 10 日，见 https://www.cpr.cuhk.edu.hk/tc/press_detail.php? id=2846。

　　作为世界城市，香港的一些社会组织面对全球议题也积极开展全球公民等的教育活动。比如香港中华基督教青年会为鼓励青年实践世界公民责任，连续举办"世界公民奖励计划"，以不同的交流、体验及义工等活动，探讨贫穷、和平、多元文化及环境和可持续发展等全球议题，从而让世界公民、国际理解等的理念深入人心。与此同时，为在社会贫穷、和平、多元文化和环境与可持续发展等作出贡献的人颁发金章奖励，获得奖励者可以到海外开展为期 6 个月的考察，完成考察后可将其亲身经历分享给其他青少年，协助推动香港青少年建立及实践社会责任，成为真正世界公民。① 另外，由香港龙传基金等发起的"世界公民计划"，旨在培养香港青年成为具有国际视野、勇于承担责任、积极参与社会事务的世界公民。参与学生到联合国总部进行"世界公民计划"培训，在培训过程中可以接触不同领域、不同行业的领袖，从而讨论全球议题并就相关议题提出解决方案等。2004 年参与首届"世界公民计划"的有香港 9 所大学的 30 名学生，在联合国总部，中国常驻联合国代表王光亚、新加坡常驻联合国代表马赫布巴尼等来自不同国家和文化背景的外交官等为学生们参与"全球公民计划"提出了殷切期望。②

　　经济发展与合作组织（OECD）在 2018 年学生能力国际评估计划（PISA）中，加入有关全球素养（global competence）的评估，以配合全球一体化对人才要求的改变。环顾国际趋势，各地透过教育系统改革去尝试满足相关要求，特别是外向型和国际性城市，以维持城市竞争力。因此对学生的国际观及影响其国际观发展的相关因素进行调查，对改进具体教育极为必要。尽管香港在全球公民教育等方面做了大量工作，但是现实的效果并不十分乐观。香港中文大学香港亚太研究所国际事务研究中心调查后发现，近 20% 香港高中学生认为自己不同意或非常不同意自己有足够

---

① 香港中华基督教青年会：《"世界公民奖励计划"颁章礼 2018》，2018 年 6 月 26 日，见 https://www.ymca.org.hk/zh-hant/node/1338。

② 赵海燕：《出去见见世面　香港大学生闯纽约作"世界公民"》，2004 年 6 月 13 日，见 http://www.chinanews.com/news/2004year/2004-06-13/26/447801.shtml。

国际视野，另外近60%亦只表示属于一般。① 这说明香港学生国际视野还比较薄弱，与香港作为世界城市的地位有一定距离。为此，香港中文大学给政府当局、学校、非政府组织和媒体等提出了具体的改进建议，认为在国家推进"一带一路"倡议的形势下，要加强及投放资源去培养家庭经济困难学生的国际视野、优化课程和教学策略等方面国际因素。② 然后香港在中小学具体学科课程如历史、地理、经济、艺术、宗教等中也加入了认识"一带一路"的相关内容，加强学生认识和探究"一带一路"沿线国家地区的地理、历史、经济、宗教、文化和政治等各方面，引导学生认识和理解不同的文化和现实。

三、发展国际学校，提供多元国际教育

在世界上国际学校一般是在本地区生活的外国侨民提供母语教育，同时也可为本地区学生提供国外教育的一种学校类型。一般而言，国际学校提供中等或以下程度的教育，并拥有相当比例的外籍学生，而且实施外国学制。在香港，国际学校一般指采用专为某一特定文化或语言类别学生而设的完整非本地课程或学生不会参加本地考试，主要满足在香港居住的非本地家庭以及因工作或投资而来港的家庭对国际学校学额需求的学校。国际学校自主营运，可自行决定开办的课程、学生组合、招生条件和如何取录学生等。香港作为世界城市，把发展国际学校作为推进教育国际化的重要内容，在特区政府的支持下近些年来国际学校发展十分迅速。香港的国际学校以自负盈亏和市场主导的方式运作，属私立学校体系的一部分。

香港为促进国际学校的发展，以及让现有国际学校进行扩建以满足社会的需求，政府把空置校舍及全新土地（包括以前没有任何临时或永久

---

① 香港中文大学传讯及公共关系处：《香港高中学生国际观调查：学生国际视野较薄弱经济低家庭尤落后》，2016年10月7日，见 https://www.cpr.cuhk.edu.hk/tc/press_detail.php? id=2363。

② 香港中文大学传讯及公共关系处：《香港高中学生国际观调查：学生国际视野较薄弱经济低家庭尤落后》，2016年10月7日，见 https://www.cpr.cuhk.edu.hk/tc/press_detail.php? id=2363。

建筑物的土地），通过公开和公平竞争的机制分配给需要的办学团体。在进行校舍分配工作时，管理部门会要求申办团体递交详细的办学计划书，然后交由政府和非政府人员等组成的校舍分配委员会，在该委员会提出建议予教育局常任秘书长考虑。校舍分配工作会充分考虑国际学校的实际需求和发展设想，包括国际学校的抱负和使命、管理和组织、学与教的质量、向学生提供的支援、学生组合和招生管理、财政计划和收费管理、质量保证和评审机制、切合社会的需要等；同时也明确要求参与校舍分配的学校具备豁免缴税资格、需要把最少 70% 的学额分配给学校公开宣布服务的目标学生、开办适合国际学校的非本地课程、办学团体营办的国际学校必须证明具有充足的财力进行所需的基建工程、办学团体须预留不少于学费总收入的 10% 用以向有需要的学生发放奖学金及其他经济上的援助、在不影响学校的日常运作情况下应要求开放校舍及设施供政府和社区做教育或其他活动之用等。另外，政府会应非牟利国际学校的申请，以免息贷款形式提供协助，以供在获分配的全新土地兴建校舍。同时政府鼓励国际学校现有的校舍及土地在原址扩建或重建，以应付未满足的学额需求，在条件允许的情况下，政府会以有时限的方式向国际学校提供临时的空置校舍，协助国际学校进行扩建或重建，以让学生免受学校扩建或重建带来的影响。

目前香港的国际学校体系相当多元化，除了英基学校协会营办的 14 所学校外，还有逾 30 个独立办学团体提供各种中小学程度的国际课程。此外，除了那些已在港成立一段时间的国际学校外，其他学校是通过校舍分配工作或符合一系列特定要求并通过严格的审核过程，而成为香港国际学校的一分子的。[①] 截止到 2020 年 5 月，香港特区有包括与美国、英国、加拿大、法国、挪威、新加坡、日本、韩国等相关的国际学校共 53 所，其中国际小学 19 所、国际中学 8 所、国际中学暨小学 25 所、特殊学校 1 所。在国际学校就读的学生人数为 41133 人，其中非本地学生占 74%、本

---

① 香港特别行政区教育局：《香港的国际学校》，2020 年 5 月 15 日，见 https：// internationalschools.edb.hkedcity.net/？lang=sc。

地学生占 26%。近三年香港国际学校提供的学额数如表 9–4 所示,可以说这些国际学校的建设在一定程度上缓解了香港学额紧张的局面。

表 9–4 香港国际学校提供的学额数统计表(单位:人)

	2017/18	2018/19	2019/20
提供的学额数目	43593	44864	46388
小学	23803	24664	25012
中学	19790	20200	21376
学生人数	38868	40198	41133
小学	21912	22720	23156
中学	16956	17478	17977

资料来源:香港特别行政区教育局《统计资料一览》,2020 年 5 月 15 日, 见 https://internationalschools.edb.hkedcity.net/statistics_at_a_glance.php? lang=sc。

四、追求卓越战略,打造亚洲教育枢纽

高等教育国际化是在高等教育机构的教学、科研和社会服务功能中综合跨国、跨文化维度的过程。教育枢纽建设是高等教育国际化近些年来的最新表现形式之一,教育枢纽旨在一国、地区或城市通过战略规划促使本地和国际各教育活动主体(学生、学者、大学、研究中心)和利益相关者(工商业组织、政府、非营利机构等)汇聚在一起,为实现各自目标和该地总体利益而从事教育、培训、知识生产和创新活动。[1] 一般而言被称为教育枢纽的具有如下特征:该地具有卓越的教育声望,汇聚了顶尖教育机构和院校;能够吸引高质量的国际教师和大批高素质留学生;在一系列学科领域拥有世界先进水平的研究实力;拥有完备的基础设施且能应对复杂的国际环境带来的挑战。[2]

---

[1] Knight,J.. Education hubs:A fad,a brand,an innovation? *Journal of Studies in International Education*,2011,15(3):221-240.

[2] Maclean,R. and A. LAI. Policy and practice possibilities for Hong Kong to develop into an education hub:Issues and challenges [M] // Stiasny,T. Gore,Editors.Going Global:The Landscape for Policy Makers and Practitioners in Tertiary Education. Emerald group publishing limited,2012:145-146.

2004年1月教资会发布了《香港高等教育：共展所长，与时俱进》的报告，提出香港在建设世界城市的过程中，香港高等教育界应该基于香港与内地及亚太地区的独特关系而扮演"教育枢纽"的角色，以推动本地经济和社会发展。香港特首董建华在《2004年施政报告》中也提出："我们正推动香港发展成为亚洲的国际都会，如同北美的纽约和欧洲的伦敦。"①随着亚洲在国际舞台的地位日渐提升，亚洲的商机涌现和政治影响力不断加大，在高等教育的世界版图上，亚洲也占有重要地位，香港正是立志于要发展成为亚洲的"高等教育枢纽（Higher Education Hub of Asia）"。亚太地区如澳洲和新加坡不但招收越来越多的国际学生，送往海外留学的学生人员也持续上升。此外，亚洲区内不少地方都有意成为"教育枢纽"，尤其是与香港特区地理、经济、社会等方面颇为接近的新加坡。教育枢纽政策基本上把高等教育看作商品，用以交换经济回报和各种间接附带利益，这并不等同于国际化策略，但却是国际化策略的重要部分。

在定位香港特区国际城市和高等教育枢纽前，香港特区政府从优势、弱点、机遇与挑战四方面进行了分析，如表9–5：

表9–5　香港世界城市定位与港校教育枢纽定位的 SWOT 分析

优势	亚洲国际都会	中西文化汇集、维护知识产权、自由流通的资讯、先进的通讯基建设施
	世界级院校	香港大学、香港中文大学、香港科技大学在亚洲及世界享有盛誉
	学费相对低	比起热门留学地如英、美、加等学费相对适宜
	国际认可的课程、专门知识和质量保障机制	与世界各地学术界和研究团体保持紧密联系、多元学生助推研究的相互理解与凝聚力、质量保障根据国际标准
	吸引海外和内地学生的独特之处	对内地学生而言文化差异较少且同时国际化程度高、可在港寻求工作机会、离家近父母支持度高
	政府的支持	放宽入境限制、提高奖学金、放宽就业限制

续表

弱点	知名度不足	宣传工作不足
	缺乏宿舍设施	寸土寸金的香港，住宿条件紧张
	过分依赖招收内地学生	过分招收内地学生会严重阻碍国际化进程，对海外学生来港学习吸引力也会相应减低
	规模有限	招收学额有限
机遇	中国和亚洲日益强盛	地处内地门户、英语语言环境
	需求殷切	高水平服务业和知识经济使香港求才若渴、非本地学生就业前景良好、内地经济催生了大量留学生、亚洲学生将大大占据全球高等教育市场，如中国内地、韩国、日本、印度等
	加强宣传	香港中文大学和香港城市大学加入全国普通高校统一招生计划内
	善用院校的优化设施及发挥潜力	政府大力投资改善学校教学和研究设施
	更多元化的教育界别	不少世界知名学府在港开课
挑战	邻近城市的竞争	新加坡、澳洲、马来西亚以及内地等都是竞争对手
	本地社群的意见	认为非本地学生挤占本地资源

数据来源：香港特区教育统筹委员会《香港教育产业发展报告（2011年）》，2015年6月6日，见 http://www.e-c.edu.hk/chs/online/index_c.html。

综合分析，香港特区建设教育枢纽的外部环境可谓是机遇与挑战并存，必须长袖善舞，有效扬长避短才能得以发展。教育枢纽可分为学生枢纽（the student hub）、高技能人才枢纽（the skilled workforce hub）和知识创新枢纽（the knowledge/innovation hub）。[①] 在实践过程中，2007年施政报告中论述"建设地区教育枢纽"时，提到"要优化香港人口结构"，大

---

① Knight，J.. Education hubs：A fad，a brand，an innovation？. *Journal of Studies in International Education*，2011，15（3）：221-240.

力吸引英才。①2008 年，香港将教育服务列为促进地区知识经济新增量的六大类别之一。2009 年的行政特首报告表示：要加强香港作为区域教育枢纽的地位，提高香港竞争力，进一步发挥香港教育作为内地教育补充的重要角色。同年，香港贸易发展委员会的报告中也体现了香港将把教育服务作为向亚洲国家出口的重要"商品"。② 可见，香港最初的目标定位是将教育枢纽作为"出口商品"提供给亚洲其他国家或地区，侧重以提高本地高校质量、多方合作的渠道吸引非本地学生，因此学者们将其视为"学生枢纽"③。但是，随着本地产业的转型，近年来香港也在逐步加大知识创新枢纽的建设。

在计划初始，香港特区政府主要致力于吸引非本地学生。此项工作由教资会、高校、入境事务处、贸易发展局等通力合作、共同推进。高校在教育枢纽计划中拥有主要的发言权，由 8 所高校校长组成的"校长会"作为讨论高等教育发展和走向的论坛，在 2005 年成立了教育国际化的常设委员会。该委员会的成员包括各高校的董事、管理者、在各自机构内负责国际和市场营销的首席管理员以及参与联合宣传和招聘活动的香港贸发局代表。通过成员之间的协作，制订联合策略和开展活动来促进国际对香港高等教育的进一步了解，提升香港作为亚太地区高等教育枢纽的形象，协调国际学生的招生工作。④ 教资会一方面为香港高校的发展向政府提出建议和意见，另一方面就政府赋权教资会对高校进行拨款和质量监督，入境事务处、贸易发展局等部门进行协同配合。

① Mok，K. H. and A. B. Cheung. Global aspirations and strategising for world-class status：New form of politics in higher education governance in Hong Kong. *Journal of Higher Education Policy and Management*，2011，33（3）：231-251.

② Cheong，C. Y.，et al.. A Technical Research Report on The Development of Hong Kong as A Regional Education Hub［R］. Hong Kong：The Hong Kong Institute of Education，2009：2-17.

③ 宋佳：《亚洲高等教育枢纽之争：路径、政策和挑战》，《外国教育研究》2015 年第 12 期。

④ 莫家豪：《打造亚洲教育枢纽：香港的经验》，《北京大学教育评论》2016 年第 4 期。

　　具体而言，在教资会的协调下，主要目标是吸引优秀的非本地学生来港就学。为此，在国际教育展等会议上，香港高校为提升知名度进行整体宣传；并且香港高校在面对海外学生和内地学生的招生方面，的确是长袖善舞。针对海外学生，内地教育环境如教学语言和文化背景的差异使他们望而却步，而香港正好填补这个空间，因为香港是内地的门户且英语是教学语言，使海外学生比较容易适应和接受。而面对内地学生，香港是联系世界最理想的跳板。"教育产业化、输出教育，满足中国及亚太区对优秀人才的庞大需求，不但对外赚取实质的经济利益，更重要的是建立无形的区域网络和领导地位，从而区域上产生政治、文化及社会的长远影响力。"① 另外，为了培养出杰出学生，香港还进一步加大了研究生等的奖学金资助，从而吸引全世界最优秀的人才来港从事研究工作。同时学生在完成学业后，可享受 12 个月时间用于寻找合适的工作等。

　　香港在建设亚洲教育枢纽的同时也深知，高校的办学水平和教育质量是吸引优秀非本地生源的关键。为此，香港着力提升教育质量，开展了一系列针对高等教育质素保证机制的改革，包括发表《教与学质素保证过程检讨报告》《管理评审报告》等，2007 年在教资会下辖的质素保证局成立。与此同时，2008 年政府拨款 180 亿元资助高校开展研究。在后续持续资助下，这些年来香港高校表现不俗，在世界各个排行榜上表现突出，得到了世界的广泛认可，为亚洲教育枢纽的建设奠定了坚实基础。② 近些年，香港高校在吸引非本地生方面也成效较为明显，教资会资助课程统计人数显示，2018—2019 学年有非本地学生人数 18060 人，其中中国内地12322 人、亚洲其他地区 4927 人、其他地区 811 人等。③ 除了吸引全日制学生以外，香港还致力于发展短期学生交流，成效也非常明显，同时越来越多的本地和非本地学生之间的学术交流显示出香港作为亚洲教育枢纽的

① 郑燕祥：《发展教育枢纽与产业：大图像、功能、条件》，《信报月刊》2009 年第 12 期。
② 莫家豪：《打造亚洲教育枢纽：香港的经验》，《北京大学教育评论》2016 年第 4 期。
③ 大学教育资助委员会：《教资会年报（2018—2019）》，2019 年 11 月 7 日，见 https：//www.ugc.edu.hk/chs/ugc/about/publications/report/AnnualRpt_2018-19.html。

良好势头。

五、推进跨境办学，拓宽渠道提升水平

在全球化时代，跨境教育在世界各地迅速发展，香港作为一个世界城市，长期以来利用自身优势与世界各地教育机构开展合作与交流，把跨境教育看作是推进香港持续发展的契机，积极推进境外教育机构到香港开展教育活动，同时也鼓励和支持香港教育机构到境外进行教育活动。

1. 引进来开展跨境教育

20 世纪中期，香港只有香港大学、香港中文大学等少数高校，适龄青年的入学率比较低，1977 年 11 月 4 日政府发布了《高中及专上教育绿皮书》，提出政府未来十年的首要目标，就是为完成中三的学生提供更多的机会接受更高层次的教育，包括高中、工业学院成专上教育；高中课程将扩大，且着重于实用及技术科目；教育学位及其他专业训练的学额将继续按行业需求决定，理工学院课程应扩大，两所大学每年扩充学位3% 等；[1] 与此同时，进一步开放教育市场，积极引进境外教育课程。按照1996 年制定的《非本地高等及专业教育（规管）条例》规定，凡是在香港进行的非本地课程皆为跨境课程。香港对于跨境课程的界定较为宽泛，包括讲授课堂、导修课堂、讲座、小组讨论、教导或分发资料或材料或以上元素的任何组合的教育课程，而该课程的最终目的是为学员颁授非本地高等学术资格或非本地专业资格。目前，香港引进的跨境教育课程从大类上可分为注册课程和豁免课程两类。[2]

注册课程是指凡授予非本地学历或专业资格证书而需申请注册的课程。注册课程的审核，一是非香港本地机构开办，有确保该课程的水平和质量的保障措施；二是课程获得专业团体的认可或认证；三是学费管理合

---

[1] 中国二十世纪通鉴编辑委员会：《中国二十世纪通鉴（1961—1980 年）》，线装书局2002 年版，第 1168 页。

[2] 《香港条例》"第 493 章：非本地高等及专业教育（规管）条例"，2020 年 8 月 3 日，见https://www.hklii.hk/chi/hk/legis/ord/493/。

理。豁免课程是指一所本地高等教育机构的行政主管向处长提交一份证明书，证明该课程是由某一主要在香港以外国家运作的非本地机构或非本地专业团体与该本地高等教育机构联合主办的；该课程的经费并非全部或局部由政府自政府一般收入拨予该本地高等教育机构的经费所资助；或在教育统筹局局长的书面同意下，全部或局部由政府自一般收入拨予该本地高等教育机构的经费所资助。若课程要为学生在有关课程获得非本地机构颁授高等学术资格，则要求该课程水平与在该国家内进行的课程水平一致，或获得有关专业团体的专业认可等。换言之，豁免课程是境外教育机构与香港本地的教育机构联合开设的高级专业课程，本地的教育机构能够证明该课程的合法性与有效性便豁免注册。总体上而言，豁免课程是一些水平高、获得社会认可的课程，深受学生欢迎。

从该条例颁布以来，香港引进的境外课程不断增加。截止到 2020 年 6 月，引进到香港的境外课程已经达到 1140 项，其中 691 项为豁免课程，占比 60.6%；449 项为注册课程，占比 39.4%。按照课程引进的国家和地区来看，英国占到大部分，然后是澳洲、中国内地、美国、加拿大等，具体见表 9-6。[①] 从注册课程和豁免课程的具体项目来看，香港地区的非本地课程囊括各层次学历，主要有文凭、证书、副学士、学士、硕士、博士、荣誉学士、荣誉硕士以及荣誉博士等，其中以学历教育为主。从非本地课程学科类型来看，主要有工商管理、科学与科技、人文与社会科学以及教育与语文 4 个大类，工商管理类课程主要包括工商管理、酒店经营、房地产管理、会计等，科学与科技类课程主要包括建筑测量、土木工程、网络安全、公共卫生、计算理学等，人文与社会科学课程主要包括健康科学、传播学、宗教文学、视觉传播、设计学、神学等，教育与语文类包括教育学、心理学、中国语言文学等。这些非本地课程所采用的授课模式主要有面授、远程学习兼面授以及远程学习不设面授 3 类。

———————

[①]　香港特别行政区政府教育局：《非本地高等及专业教育课程》，2020 年 6 月 30 日，见 https：//www.edb.gov.hk/sc/edu-system/postsecondary/non-local-higher-professional-edu/index.html。

表 9-6 香港引入的境外课程一览表（2020 年 6 月）

国家或地区	注册课程（%）	豁免课程（%）
英国	64.40%	88.60%
澳洲	11.80%	5.60%
中国内地	4.70%	3.50%
美国	13.80%	1.60%
加拿大	0.20%	—
其他	5.10%	0.70%

资料来源：香港特别行政区政府教育局《非本地高等及专业教育课程》，2020 年 6 月 30 日，见 https://www.edb.gov.hk/sc/edu-system/postsecondary/non-local-higher-professional-edu/index.html。

2. 走出去开展跨境教育

香港建设世界城市，教育的国际化不仅需要"请进来"，也需要"走出去"。而且"走出去"是不断深入和拓展教育国际化，更是提升自身教育质量和水平、拓展教育发展空间的重要方面。伴随着中国内地经济发展，为合作办学提供了有力的资源支撑，同时还创造了更加优良的外部环境。与此同时，中央政府也出台了一系列惠港政策，尤其是在推进粤港澳大湾区建设的背景下，香港有不少高校到内地开办分校、合作办学或开展人才培养合作项目等，这样既可以培养了解中国、精通相关技术的专业人才，又可以扩大香港高校的社会影响，从而为实现双向互利提供有力支持。

2003 年 3 月 1 日国务院公布《中外合作办学条例》，订明香港、澳门和台湾地区的教育机构与内地教育机构合作办学的，参照该条例的规定执行。2004 年 3 月 9 日，香港浸会大学与北京师范大学签订合作办学协议，在珠海成立北京师范大学—香港浸会大学联合国际学院（中文简称"北师港浸大"，英文简称"UIC"），成为首家内地与香港合办的大学，从此便拉开了香港高校到内地合作办学的序幕。目前北师港浸大拥有来自 30 多个国家和地区的优秀师资队伍，实施全英文教学，学术标准接轨国际。

2016—2017 学年，北师港浸大获教育部批准开展研究生教育。2017 年，北师港浸大建立研究生院，开设研究型硕士、博士专业课程及授课型硕士专业课程。①

随后在深圳市政府的支持下，2011 年 3 月香港大学深圳研究院成立，从而开始加强港大与深圳、珠三角以及整个内地业界的合作，参与国家重点基础研究发展计划、国家自然科学基金计划和深圳市科技计划等。2012 年 12 月在浙江省、杭州市等的支持下，香港大学浙江科学技术研究院成立，研究院致力于打造汇聚高端人才、解决具有挑战性的实际问题、进行多学科交叉科研项目合作的创新平台。近些年来，该研究院在先进材料、智能制造、洁净能源、可持续环境、生物医疗界面、人工智能及空间探索七个科研领域中打造了十多个跨学科和多技能的科研团队，培养博士及博士后百余人，部分科研成果已经应用于实践并产生经济效益。

2012 年 9 月 28 日，国家教育部批准香港中文大学（深圳）筹建，并于 2014 年 3 月 21 日正式设立。大学以国际化的氛围、中英并重的教学环境、书院制传统、通识教育、新型交叉学科设置和以学生为本的育人理念，致力于培养具有国际视野、中华传统和社会担当的创新型高层次人才。2020 年，来自世界各地的 5600 多名优秀学子正在港中大（深圳）求学。大学注重国际交流和学生国际视野的培养，截至 2019 年底，与香港中文大学（深圳）开展交流与合作的世界知名大学的数量已超过 100 所，各类国际合作项目有 170 多个。在校学生中具有境外学习经历的比例超过 60%。大学已引进世界知名教授 350 多位，引进的教师 100% 具有在国际一流高校执教或研究工作经验。学校以创新驱动为指引，研究领域契合了国家战略发展需求，涵盖了地方新兴产业和未来产业发展方向。②

2018 年 12 月 21 日，广州市政府、广州大学、香港科技大学在广州

---

① 北京师范大学—香港浸会大学联合国际学院：《学校简介》，2020 年 5 月 11 日，见 https://uic.edu.hk/cn/about-us/introduction/about-uic。

② 香港中文大学（深圳）：《香港中文大学（深圳）简介》，2020 年 8 月 3 日，见 https://www.cuhk.edu.cn/page/4987。

签署举办香港科技大学（广州）的合作协议。香港科技大学（广州）由广州大学与香港科技大学合作筹备设立具有独立法人资格的大学，大学致力于培养具有创新能力的国际化高端人才，服务于粤港澳大湾区科技创新、产业升级和高质量发展。2019 年 9 月 26 日，香港科技大学（广州）项目正式动工。

另外，还有香港城市大学、香港理工大学、香港公开大学等积极推进在内地的分校建设进程。除了在内地设立分校，香港高校先后与内地 8 个省市高校开展了合作办学项目或设立合作办学机构。具体如下：与北京市高校开展合作办学项目 8 项，包括 7 个硕士项目、1 个博士项目；与上海市高校开展合作办学项目 6 项，包括 5 个硕士项目、1 个本科项目；与天津市高校开展合作办学项目 1 项；与重庆市高校开展 2 个硕士合作项目、1 个合作办学机构；与浙江省高校开展合作办学项目 6 项，包括 4 个硕士项目、1 个博士项目、1 个本科项目；与广东省高校开展 5 个硕士合作项目、2 个合作办学机构；与四川省高校开展 4 个硕士合作项目；与湖北省高校开展 2 个硕士合作项目；与陕西省高校开展合作办学项目 5 项，包括 4 个硕士项目、1 个本科项目，另 1 个合作办学机构。[①] 由于发展的需要，部分合作项目或合作机构在完成历史使命后就停办了，但这些项目或机构在促进香港跨境办学方面起到了积极推动作用。

六、瞄准世界一流，建设国际化师资队伍

香港高等教育的发展历史很短，但发展速度很快，且很注重教育的国际化，尤其是重视师资队伍国际化等，从而使得香港高校在短时间内迅速进入世界一流行列。因为香港深知教师构成的国际化是教育国际化的核心命题，只有拥有具备国际化视野和经验的一流教师，才可能实现课程的国际化、教学的国际化、科研的国际化等。因此，在香港特区政府、教资

---

① 教育部中外合作办学监管工作信息平台：《中外合作办学机构与项目（含内地与港台地区合作办学机构与项目）名单》，2020 年 7 月 29 日，见 http://www.crs.jsj.edu.cn/aproval/orglists。

会和高校的共同努力下，香港高校教师快速实现了国际化。

香港特区政府一向以来非常重视对教育的投资，从 20 世纪中后期开始，不断加大对教育的经费投入。近些年来，进一步加大了投入力度。在 2011—2012 至 2020—2021 财年，香港教育经常经费开支 10 年间累计增加 79%，每年平均增幅约为 6.7%。香港 2020—2021 年度教育经费总开支为 1123 亿元，其中经常开支拨款 996 亿元，占政府总经常开支超过五分之一。① 而且从 2014—2015 到 2018—2019 财年教育开支总额相对政府开支总额平均为 19%，而教育经常开支中用于高等教育的开支百分比为 27.0、27.3、27.3、26.9、26.4、25.9，平均百分比为 26.8，可见香港特区政府对于高等教育的投资力度之大。具体如表 9–7 所示：

表 9–7 香港特区政府在教育方面的开支统计表

			财政年度					
			2014—2015	2015—2016	2016—2017	2017—2018	2018—2019	2019—2020 修订预算
教育开支总额（百万港元）			73724	78968	82436	88465	108035	125861
	相对政府开支总额的百分比		18.6	18.1	17.8	18.8	20.3	20.6
	相对本地生产总值的百分比		3.3	3.3	3.3	3.3	3.8	4.4
教育经常开支（百万港元）			67803	72352	75533	80233	85528	92384
	用于（百分比）							

---

① 紫荆网：《香港教育支出占特区政府财政支出的 20% 以上》，2020 年 4 月 9 日，见 http://hk.zijing.org/2020/0409/813089.shtml。

续表

			财政年度					
			2014—2015	2015—2016	2016—2017	2017—2018	2018—2019	2019—2020 修订预算
		小学教育	21.8	22.1	22.6	22.8	23.3	24.4
		中学教育	35.8	34.8	34.3	33.2	32.6	32.4
		专上教育	27.0	27.3	27.3	26.9	26.4	25.9
		其他教育项目*	15.4	15.8	15.8	17.1	17.7	17.3

注释：* 其他教育项目包括政府在学前教育、特殊教育、职业专才教育及决策局支持方面的经常开支。

数据来源：香港特别行政区教育局：《政府在教育方面的开支》，2020 年 6 月 26 日，见 https：//www.edb.gov.hk/attachment/sc/about-edb/publication-stat/figures/gov-expenditure_sc.xlsx。

充足的财政投入，使得香港高校吸引全球人才有了资金保障。除了资金保障之外，政府还充分保障高校的学术自由和办学自主权，这为香港高校的发展营造了优良的发展环境。2003 年香港特区政府把高等院校的教师与公务员脱钩，这非常有利于高校不惜重金从全球聘请一流专家和学者。[①] 另外，香港教资会还会就高校的师资队伍国际化进行政策咨询和科学预判，1996 年发表的《香港高等教育》报告，明确提出高校要大量吸引国际一流人才，2010 年发布的《展望香港高等教育体系》报告，再次提出香港需要来自不同背景的学者。此外，教资会还在其他报告中也阐述了教师国际化的要求。

与此同时，香港高校也立足世界城市，以国际最高标准为基准积极推进师资队伍国际化。于是，一些世界顶尖学者到香港开展人才培养、科学研究等工作。还有大量世界一流大学如哈佛大学、牛津大学、斯坦福大学、加州理工学院等高校毕业的博士充实到了香港各高校的师资队伍中。教资会最新的统计数据显示，2018—2019 学年以综合拨款支付全部薪金

---

① 黄发来：《香港高等教育国际化的历史与现状》，《大学》（研究版）2016 年第 9 期。

的教资会资助大学的教务部门教学和研究人员中，高级教学人员有 199 人、初级教学人员有 3061 人、教学辅助人员有 2849 人、研究技术人员有 2263 人。[①] 另外，不少学校还邀请国际知名学者、专家进行短期访问和讲学，或聘请著名学者为名誉教授或客座教授。这些具有全球教育背景的专家学者成为香港高等教育国际化的重要推动者，他们不仅促进了香港高校教学与研究水平的提高，也为香港高校与世界一流大学架起了沟通的桥梁。目前来看，香港各高校的教师几乎都有海外教育经历，部分高校的外籍教师已达到很高的比例，这在八大院校中尤为明显。

香港大学作为香港成立的第一所国际化大学，凭卓越研究、优秀教学、知识与技术之交流转移，吸引及培育全球英才。2018—2019 学年，在校教职工为 11745 人，其中常规教学人员 1835 人，包括教授人员（Professoriate Staff）1060 人、研究人员（Research Staff）254 人、教学人员（Non-professoriate Teaching Staff）468 人、其他教学人员（Other Academic）53 人；除了常规人员之外，还有暂任人员（Temporary）2592 人、名誉或访问学者 3767 人。从非本地教授人员的来源看，来自中国内地的占 37.5%；其他亚洲国家占 14.7%、澳洲及新西兰占 7.7%、欧洲国家占 18.4%、北美国家占 21.2%、中南美及非洲国家等占 0.4%。[②]

香港科技大学创想之初就以国际化一流大学为目标，立志成为一所在国际上具有深远影响，而又致力于为本地服务的优秀学府，于是按照学校发展使命，积极制定全球师资队伍的招聘和续任计划，按照国际公认的学术标准在全球范围内遴选师资队伍，并为引进的人才提供具有国际竞争力的薪酬待遇。目前，香港科技大学的国际化师资队伍建设卓有成效，有力地维持了学校的国际级大学地位。截至 2019 年 6 月，共有常任教职员工 656 人，包括理学院 156 人、工学院 201 人、工商管理学院 137 人、人

---

① 大学教育资助委员会：《2018—2019 大学教育资助委员会年报》，2019 年 11 月 7 日，见 https://www.ugc.edu.hk/chs/ugc/about/publications/report/AnnualRpt_2018-19.html。

② 香港大学：《教职员数据》，2020 年 6 月 1 日，见 https://www.cpao.hku.hk/qstats/staff-profiles。

文社会科学学院 140 人、跨学科课程 19 人、赛马会高等研究院 2 人、公共政策研究院 1 人。① 这些教师都是经过严格筛选后留任的具有国际水平的顶尖学者。

香港中文大学 1963 年建校之初，就以"结合传统与现代，融会中国与西方"为使命，立志成为香港、全国及国际公认的第一流研究型综合大学，为此，坚持认为国际化师资队伍是教学和科研的根本，积极推进和提升教师的国际化水平。2020 年香港中文大学有来自世界各地的教职工 8100 人，其中教学人员 1701 人，包括教授 380 人、副教授 296 人、助理教授 368 人等，这些学术人员大多在世界范围内有着广泛的学术影响力，包括诺贝尔奖、菲尔兹奖、沃尔夫数学奖、图灵奖、昂萨格奖得主，中国科学院、美国科学院院士等。②

香港城市大学以成为研究优异、专业教育出众的全球一流学府为目标，着眼世界级研究与教学，面向全球延揽人才。2020 年学术人员中 70% 的为国际学术人员，这些学术人员来自 35 个不同的国家和地区。③《泰晤士高等教育》2020 年世界大学排名中，香港城市大学的"国际视野"位列第 1、QS 2021 年世界最佳大学排名第 48 位，QS 2021 年"建校未满 50 年全球最佳学府"第 4 位。④

香港浸会大学 1956 年创办，1994 年更名后，以成为一所立足亚洲、贡献世界的优秀博雅大学，并在关爱、创意和国际化的氛围中秉持学术卓越为目标，在世界范围内招聘人才成效显著，2020 年有全职教学人员 851

---

① 香港科技大学：《资料与数据》，2019 年 6 月 1 日，见 https：//www.ust.hk/zh-hans/about/facts-figures。

② 香港中文大学：《概览及统计资料》，2020 年 8 月 3 日，见 http：//translate.itsc.cuhk.edu.hk/uniTS/www.iso.cuhk.edu.hk/chinese/publications/facts-and-figures/index.aspx?issueid=2551。

③ 香港城市大学：《概览及统计资料》，，2020 年 8 月 3 日，见 https：//www.cityu.edu.hk/zh-cn。

④ 香港城市大学：《城大简介》，2020 年 8 月 3 日，见 https：//www.cityu.edu.hk/zh-cn/about/cityu-at-a-glance。

人。① 在这些国际化教师队伍的贡献下，香港浸会大学在世界各大排行榜中的名次连年提升。

香港理工大学志在办"一所国际化公立应用研究型大学"，积极推动教职员团队国际化，主动征集和延聘不同国家和地区的人才。2020年，全校共有全职教职工5340人，其中教学人员1230人、研究人员1490人。全职教学人员中，来自香港的为752人，占比61%；来自内地、澳门及台湾的211人，占比17%；来自其他海外国家及地区的为267人，占比22%。全职研究人员中，来自香港的为479人，占比32%；来自内地、澳门及台湾的897人，占比60%；来自其他海外国家及地区的为114人，占比8%。②

岭南大学作为香港具有悠久历史的大学，以优质的博雅教育而著称，学校以致力推动校园国际化，一直积极与世界各地院校建立策略性协作关系，并积极推进教师国际化。2019年，共有教职员工773人，其中教学人员217人、非教学人员488人、持续进修学院68人。在学术人员中，半数以上具备国际的学术训练及研究工作经验。③

香港教育大学从五所专科教育学院合并而成，经过20多年的发展变成香港教育大学，学校2020年有教研人员451人④，这些人员皆为面向全球招聘的人才，并且其高级职位教师几乎都有海外教育经历。可以说，教育大学正是依赖于这些世界一流的教师实现了一步步跨越，首先从专科变成学院，然后变为研究与教学并重的大学，最后成为全球的高水平学府之一。该校教育学科已经位列全球顶尖，在亚洲名列前茅。

---

① 香港浸会大学：《资料及统计数字2018—2019》，2019年10月31日，见https://ito.hkbu.edu.hk/pub/publication/Facts_and_Figures/FF1819.pdf。

② 香港理工大学：《大学资料》，2020年8月3日，见https://www.polyu.edu.hk/irpo/facts_and_figures.php。

③ 岭南大学：《全日制教职员统计数字》，2019年9月30日，见https://www.ln.edu.hk/chs/about-lu/facts-and-figures/statistics-of-staff。

④ 香港教育大学：《教职员人数》，2019年6月30日，见https://www.eduhk.hk/main/sc/about-us/facts-figures/staff-strength/。

　　香港在推进教育国际化的过程中，取得一系列成绩的同时，也不乏挑战，如非本地学生中内地学生占比太重，国际学者难以"长久居留"，加之近些年的风波事件对香港整体学习工作环境带来的影响，使香港作为世界城市在推进教育国际化进程中挑战升级，如何在保持维护好香港自身优势基础上实现教育国际化的升级提速，是香港城市及教育界未来需要重视并解决的重要议题。

第十章　北京建设中国特色世界城市与
教育国际化的战略选择

　　稳定的政治环境和稳健的经济发展使得中国在当前世界政治、经济格局动荡中成为促进世界和平、稳定世界经济、推动国际金融体系改革的重要力量。作为国家首都，北京如何在全球城市体系中进行角色定位，如何推动城市新一轮科学发展，成为眼下面临的重大课题。

第一节　北京建设中国特色世界城市的基础和差距

　　进入 21 世纪，北京进入金融发展、科技创新、文化创意所引领的创新发展阶段。伴随着经济全球化、金融全球化及世界经济的重心东移，北京必须思考自己同世界城市间的差距，重新布局调整发展态势，凭借自身深厚的文化底蕴和已有的城市地位，提升城市的综合实力，加速迈向世界城市之列。

一、北京建设世界城市的基础

　　改革开放 40 年来，北京的经济综合实力得到明显提升，城市面貌日新月异，人民生活日益富足。2010 年，世界级城市名册中，中国共有香港、上海、北京、台北、广州、深圳、天津等 12 个城市上榜，[①] 同年

---

① 北京国际城市发展研究院世界城市研究课题组：《纽约伦敦东京世界城市建设给我们的启示》，《光明日报》2010 年 8 月 11 日。

的北京人均 GDP 超过 1 万美元。按照世界银行划定的标准，北京在当时
就已经步入中等发达富裕城市之列，标志着北京开始进入新的城市战略
转型期。有研究对 23 个世界城市进行了综合指标体系评价，我国的香港
和北京分别位列第 7 位和 14 位。① 可以说，北京同世界城市的目标距离
很近。

北京建设中国特色世界城市有着得天独厚的多项优势，比如政治体
制优势、社会资源优势、文化历史优势、组织协调优势等。按照北京的城
市功能定位，完全有可能把北京打造成为国际活动聚集之都、世界高端企
业总部聚集之都、世界高端人才聚集之都、先进文化之都、和谐宜居的世
界城市。

(一) 政府的有效服务成为北京建设世界城市的有力支撑

世界银行在其世界发展报告《变革世界中的政府》一文中指出："政
府和市场是相辅相成的：在为市场建立适宜的结构性基础中，国家是必不
可少的。"② 北京建设世界城市，目标不在世界城市的称号，而是借助世界
城市的建设，进行首善之都的现代化治理，为北京市民谋福祉，为中国发
展起引领作用。

北京市政府在《北京市城市总体规划 (2004—2020)》中提出树立
"四个服务意识"：努力做好为中央党政军领导机关服务，为日益扩大的国
际交往服务，为国家教育、科技、文化和卫生事业的发展服务，为市民
的工作和生活服务。这"四个服务意识"为世界城市建设的有序推进从
政府服务上开始转型升级：一是需要各级政府官员树立服务型政府理念；
二是平衡监管与服务的力度；三是消除各种妨碍生产力发展的体制机制障
碍，厚植创新沃土；四是畅通企业与政府各部门的沟通管道，让企业的真
实声音能传递到政府决策部门，让政府各方面信息能被企业及时和低成本
获取；五是破除部门间掣肘，将各种"惠企"政策不变形、不走样得到落

① G. Finnie, "World cities", *Communications Week International*, Vol.18 (1998), pp.19-22.

② 曹闻民：《政府职能论》，人民出版社 2008 年版，第 87 页。

实，让政府服务下沉，让企业切实感受到政府服务的"阳光雨露"。①

"四个服务意识"的落实使得北京的政府服务寻求纵深突破。政府着力使资源提质增效升级，推动改善生态环境，推动城市的经济发展与社会事业的进步。一方面，为实现经济发展目标，北京市政府积极创造良好的运营环境，同时，利用多种优惠政策吸引投资，招商引资引智，鼓励创新驱动与转型升级，推动产业集聚集约规模发展，从而增强城市实力；另一方面，北京市政府强调保障和改善民生，综合运用财税收入建设公用事业及交通等基础设施，提供教育、医疗、社保、养老等公共服务，创造生态文明，改善环境保护与治理。这些公共职能的发展，为北京市民提供了幸福宜居的生活环境。

（二）产业结构调整和总部经济全面优化了北京的经济体系

经过 40 年的改革开放和现代化建设，我国已经成为世界第二大经济体，外汇储备居世界第一位。2019 年，我国人均国内生产总值 70892 元，按年平均汇率折算达到 10276 美元，首次突破 1 万美元大关，与高收入国家差距进一步缩小。②北京全年实现地区生产总值 35371.3 亿元，按常住人口计算，全市人均地区生产总值为 16.4 万元，③按年平均汇率折算约 2.4 万美元。北京的经济实力和综合实力显著增强，人民生活明显改善，国际地位大幅提升。

首先，产业结构调整整体提升了北京经济实力。产业结构是衡量一个城市发达程度和经济发展水平的重要指标，也是判断世界城市的依据。如表 10-1 所示，北京市的三大产业结构已经进行了明显调整，第三产业优势突出，服务业已经成为北京经济的主体，2019 年北京市第三产业的比重占到了 GDP 的 83.5%。

---

① 符国群：《促进北京"服务型"政府建设》，《北京观察》2016 年第 12 期。

② 李婕：《2019 年国民经济和社会发展统计公报发布　中国经济总量逼近 100 万亿元大关》，2020 年 2 月 29 日，见 https：//baijiahao.baidu.com/s？id=1659825429083920477& wfr=spider&for=pc。

③ 北京市统计局：《北京市 2019 年国民经济和社会发展统计公报》，2020 年 3 月 2 日，见 http：//tjj.beijing.gov.cn/zxfbu/202003/t20200302_1673397.html。

表 10-1　2010—2019 年北京市三大产业结构数据表

时间	第一产业		第二产业		第三产业	
	第一产业增加值（亿元）	第一产业增加值占GDP比重	第二产业增加值（亿元）	占GDP比重	第三产业增加值（亿元）	占GDP比重
2010 年	124.36	0.9	3388.38	24	10930.9	75.7
2011 年	136.27	0.8	3752.48	23.1	12740.2	76.6
2012 年	150.2	0.84	4059.27	22.7	14141.7	77.1
2013 年	161.83	0.8	4352.3	22.3	15777.4	77.6
2014 年	158.99	0.75	4544.8	21.31	17121.5	78.0
2015 年	140.21	0.61	4542.64	19.74	18884.7	79.7
2016 年	129.79	0.51	4944.44	19.26	20594.9	80.2
2017 年	120.42	0.43	5326.76	19.01	22567.8	80.6
2018 年	120.6	0.4	5477.3	16.5	24553.6	81.0
2019 年	113.7	0.3	5715.1	16.2	29542.5	83.5

数据来源：国家统计局：《2010—2018 年我国北京市第一产业增加值及第一产业增加值占 GDP 比重统计表》，2019 年 9 月 5 日，见 http://data.chinabaogao.com/hgshj/2019/09544D412019.html；国家统计局：《2010—2018 年我国北京市第二产业增加值及其占 GDP 比重、实际增长指数统计表》，2019 年 9 月 6 日，见 http://data.chinabaogao.com/hgshj/2019/09644F1H019.html；国家统计局：《2010—2018 年我国北京市第三产业增加值及其占 GDP 比重、实际增长指数统计表》，http://data.chinabaogao.com/hgshj/2019/09644FZ2019.html；北京市统计局：《北京市 2019 年国民经济和社会发展统计公报》，2020 年 3 月 2 日，见 http://tjj.beijing.gov.cn/zxfbu/202003/t20200302_1673397.html。

　　其次，北京市总部经济发展迅速。2017 年，金融业占北京全市经济的比重达到 17%，已成为北京的第一支柱产业，并有效带动优质资源更多地配置到高精尖产业发展的重点领域，引领北京产业的全面更新与提升。[①] 几年来，北京总部企业数量不断攀升。从 2013 年的 3937 家增加到 2017 年的 4064 家，其中外资总部数量比 2013 年净增 45 家，达到 886

[①]　谢长杉：《北京市市长陈吉宁：占比 17% 金融业已成为北京第一支柱产业》，2018 年 5 月 30 日，见 http://finance.sina.com.cn/meeting/2018-05-29/doc-ihcffhsu8426910.shtml。

家。① 2017 年北京有 58 家总部企业进入世界 500 强榜单，北京拥有世界 500 强企业总部数量连续四年居世界城市之首。② 同年，北京的外资总部、科技创新型总部、金融和信息总部分别占北京总部企业的七分之一、五分之一和四分之一；第三产业占总部企业的四分之三。世界知名企业在北京设立跨国公司地区总部达到 161 家，其中，国外世界 500 强企业投资的地区总部达 67 家。③ 在 2018 年美国《财富》杂志发布的世界 500 强排行榜上，中国公司上榜数量达到了 120 家。在中国上榜的企业中，总部位于北京的企业数量达到 53 家，占世界 500 强总数的 10.6%，占中国企业入围数量的 44.2%，北京入围企业数量连续 6 年位居世界城市榜首。④ 2018 年国内营商环境评价中，北京位列 22 个城市首位。⑤ 此外，目前，北京总部企业人均贡献是全市规上企业的 14 倍；总部企业累计发明专利授权量占全市企业总量超过六成。2019 年一季度北京总部企业对河北投资额同比增长 23%，三家总部企业在雄安新区设立分支机构。4 成以上的跨国公司地区总部来自境外世界 500 强企业，户均实际利用外资是全市外资企业平均水平的 356 倍。⑥ 北京的总部经济已经在引领创新、辐射带动、扩大开放等方面发挥重要支撑。

第三，营商环境不断优化，促进经济功能辐射。在 2019 年以后的经济发展中，北京市在优化开放型经济营商环境方面，全面启动了新一轮服

---

① 马婧：《北京总部企业 5 年增 127 家　总部经济已成北京市高质量现代经济体系的战略支撑》，2018 年 6 月 5 日，见 https://www.sohu.com/a/234067919_161623。

② 高健钧：《北京连续四年成为拥有世界 500 强企业总部最多的城市》，2017 年 3 月 20 日，见 http://www.xinhuanet.com/world/2017-03/20/c_1120661356.htm。

③ 高健钧：《北京连续四年成为拥有世界 500 强企业总部最多的城市》，2017 年 3 月 20 日，见 http://www.xinhuanet.com/world/2017-03/20/c_1120661356.htm。

④ 马婧：《北京 53 家企业上榜 2018 年世界 500 强》，2018 年 7 月 21 日，见 http://bj.people.com.cn/n2/2018/0721/c82840-31842468.html。

⑤ 蔡越坤：《北京拥有〈财富〉世界 500 强总部企业数量连续 6 年位居全球城市首位》，2019 年 5 月 28 日，见 http://www.eeo.com.cn/2019/0528/357257.shtml。

⑥ 蔡越坤：《北京拥有〈财富〉世界 500 强总部企业数量连续 6 年位居全球城市首位》，2019 年 5 月 28 日，见 http://www.eeo.com.cn/2019/0528/357257.shtml。

务业扩大开放试点，聚焦 7 个重点领域制定了三年行动计划，形成全环节、全领域、全周期的专项改革行动方案。在优化跨境贸易营商环境方面，北京市对标世界银行的跨境贸易评价指标，建立了京津冀联合联动工作机制。形成"1+X"促消费政策框架，发布实施鼓励发展夜间经济、鼓励网络零售健康发展等 10 项政策，高水平谋划建设国际消费枢纽城市。[①]

（三）科技创新成为北京发展的源动力

打造具有中国特色的世界城市，这就要求北京必须同世界共振，并在一些领域走出自己的道路，拿到世界标准，从而引领世界的发展；而且，世界城市的打造离不开全球化的视野，更为重要的是离不开城市的科技创新力的发挥。在人类发展史上，每一次新技术革命都会推动那些在科技革命中抢占先机的国家快速发展，在市场竞争中占据更加有利的地位。这些国家中规模最大、实力最强的中心城市则发展成为具有全球影响力的世界城市。[②] 纽约、伦敦、东京三大世界城市，不但是当今世界经济、政治、文化和信息中心，也是世界的科技创新中心，源源不断的科技创新确保了世界城市旺盛的竞争力。[③]

北京通过强化央地协同、区域协同，形成了创新"凝聚力"；并通过一手抓基础研究布局，一手抓高精尖产业，提升了科技"支撑力"；同时通过深化科技领域"放管服"改革，打造了创新人才高地，释放了创新"新活力"。2018 年北京日均新设创新企业 200 家左右；80 家企业入选全球独角兽榜单，居全国首位。在北京"双创"示范基地达 20 个，占全国总数的 1/6。蓬勃发展的双创给北京带来丰厚的回报：中关村示范区实现总收入 5.8 万亿元，创业投资案例数、金额均居全国第一。[④] 在每年的全国科学技术奖获奖项目中，北京都超过三成。2019 年北京的政府工作报

---

① 蔡越坤：《北京拥有〈财富〉世界 500 强总部企业数量连续 6 年位居全球城市首位》，2019 年 5 月 28 日，见 http://www.eeo.com.cn/2019/0528/357257.shtml。

② 王新新：《北京建设中国特色世界城市的路径选择》，《城市问题》2012 年第 2 期。

③ 王新新：《北京建设中国特色世界城市的路径选择》，《城市问题》2012 年第 2 期。

④ 谈绪祥：《全文来了！北京国民经济和社会发展计划报告》，2019 年 1 月 29 日，见 https://baijiahao.baidu.com/s? id=16239500055601118372&wfr=spider&for=pc。

告中提出：要坚持创新驱动，增强北京作为全国科技创新中心的引领性和影响力。可见，科技创新不仅是北京发展的源动力，而且也是北京未来发展的政策基础。

（四）北京城市文化开始彰显世界性

城市是文明的象征，承载着历史的记忆，城市文化代表着一个城市的精神核心、创造力、社会价值观念和行为方式。不同的城市可能会有相同的经济结构与经济模式，但是，不同的是各自的文化。城市文化是一座城市特色化存在的基础。任何世界城市独特的吸引力不仅体现在其丰富的资本和信息、充沛的人流和物流上，更体现在其丰富的文化资源方面，包括文化遗产、历史古迹、教育研究、传媒娱乐、时尚文化、价值取向等。

北京历史悠久，从《史记·燕召公世家第四》记载的"周武王之灭纣，封召公于北燕"算起，北京已经拥有 3000 多年的建城史；北京作为统一王朝的都城是从元朝至元九年（1272）称大都起，距今也有 738 年的建都史，是全球拥有文化遗产最多的城市之一。至今，在《世界遗产名录》中，北京的世界文化遗产有：长城、故宫、颐和园、天坛、明清皇家陵寝、周口店北京猿人遗址、京杭运河等七项。全国重点文物保护单位 129 处，[①] 市级文物保护单位 357 处。[②] 北京地区备案且正常开放的博物馆 161 家。[③] 除了具有历史悠久的文化遗产外，现代北京的现代性也直观地体现在遍布全市造型各异、现代感十足的建筑：鸟巢、银河 SOHO、望京 SOHO、国家大剧院、央视大楼、世博园、大兴机场、中国尊等等，展现着北京的国际大都市的魅力，彰显着一座多元文化交融的世界城市的雏形。

---

① 北京市文物局：《北京市全国重点文物保护单位》，2020 年 6 月 6 日，见 http：//wwj.beijing.gov.cn/bjww/362771/362779/dypqgzdwwbhdw/index.html。

② 北京市文物局：《北京市市级文物保护单位》，2020 年 6 月 6 日，见 http：//wwj.beijing.gov.cn/bjww/362771/362780/bjsdbpsjwwbhdw/b18e47f4-4.html。

③ 北京市文物局：《北京地区备案且正常开放博物馆》，2020 年 6 月 6 日，见 http：//wwj.beijing.gov.cn/bjww/362771/362772/bjww_d61-21.html。

北京在文化建设方面已经有了诸多突破。根据国家统计局测算，2017 年北京全市文化产业实现增加值 2700.4 亿元，是 2004 年的 7 倍，13 年间年均增长 16.1%；文化产业增加值占全市地区生产总值的比重为 9.6%，继续保持全国首位，比全国高 5.4 个百分点。[①]2018 年，文化和娱乐类消费总规模 1628.2 亿元，同比增长 10.8%；2019 年 1—7 月，全市规模以上文化产业实现收入 6803.7 亿元，同比增长 9.3%。[②]

二、北京同世界城市间的差距与不足

2019 年，北京地区生产总值达到 3 万多亿元，人均 GDP 超过 14 万元，迈进了高收入国家和地区水平，首都现代化建设取得了辉煌的历史性成就。[③] 这也标志着北京作为国际化大都市，已经具备建设世界城市的基础和优势。然而，对比纽约、伦敦、东京等世界城市，北京在经济实力、基础设施、整体环境、国际化程度等方面还存在很大的差距。单从北京同纽约、伦敦、东京等世界城市的国际化程度比较来看（详见表 10–2），几个重要的国际化指标就逊于另外三座老牌世界城市前些年的数据。北京市 2017 年第三产业比重就低于 11 年前的东京 5 个百分点。作为国际大都市，2017 年北京的外籍常住人口只有 1%，年入境人数只有 400.4 万人，也说明北京离世界城市还有很大距离。第三产业的占比体现着城市服务功能的先进性，而外籍常住人口与入境人数则展示着文化交流的活跃度。因此，北京的世界城市建设中的硬件提升已经加速，软件尚未跟上。

---

① 马瑾倩：《北京文化产业占 GDP 比重 9.6% 居全国首位》，2019 年 9 月 27 日，见 http://society.people.com.cn/n1/2019/0927/c1008-31375573.html。

② 马瑾倩：《北京文化产业占 GDP 比重 9.6% 居全国首位》，2019 年 9 月 27 日，见 http://society.people.com.cn/n1/2019/0927/c1008-31375573.html。

③ 陈吉宁：《北京人均 GDP 超 14 万，贡献国内一半领跑世界的重大科技创新成果，治霾交出 PM2.5 最低值成绩单》，2019 年 9 月 19 日，见 http://finance.ifeng.com/c/7q6TPI3PC8R。

表10-2　北京同纽约、伦敦和东京的国际化程度比较

	单位	纽约 (2009)	东京 (2009)	伦敦 (2009)	北京 (2017)
航空港年旅客吞吐量	万人次	10621.4	10020.7	10127.1	10098
航空货邮年吞吐量	万吨	212.3	283.5	140.1	200
人口规模	万人	1900	1284	756	2170.7
GDP	万亿美元	1.41	1.48	0.56	2.80
第三产业比重	%	87.6 (2004)	85.99 (2006)	89.7 (2006)	80.6
外籍常住人口比例	%	28.1	3.16	27	1.0
入境人数	万人	821.1	534	1520 (2006)	400.4
外贸进出口总额	亿美元	2974 (2006)	3298 (2007)	3143.1 (2005)	21923.9
轨道交通网长度	km	369	326	402	608

数据来源：吴殿廷等：《中国特色世界城市建设的空间模式和基本策略》，《城市发展研究》2013年第5期；北京市统计局：《北京统计年鉴》，2018年9月，见 http://navi.cnki.net/KNavi/YearbookDetail? pcode=CYFD&pykm=YOFGE&bh=。

（一）经济实力尚存差距

世界城市要有较高的经济发展水平和较强的经济实力，具体衡量指标主要包括：城市生产总值（即城市 GDP 总量）、城市人均 GDP、第三产业比重、信息产业和金融业等现代服务业所占比重等。经济实力主要体现在经济规模和产业结构两个方面，经济规模是决定城市辐射能力和影响能力的基础，产业结构是城市发展的支撑要素。纽约、伦敦、东京、巴黎等老牌全球城市之所以能够在所有世界城市等体系中始终保持顶级位序，主要是因为这些城市在全球产业链与价值链及全球城市网络中具有可持续的全球城市综合竞争力。①从经济总量看，在2011年中国已经成为世界第二

---

① 王周伟：《现代城市治理系统视角下中国大城市全球化发展策略研究》，《经济体制改革》2015年第3期。

大经济体，而按照世界经济论坛发布的《全球国家竞争力报告》，在 148
个国家和地区中，2012—2013 年中国都保持在第 29 位。但是，在全球城
市排序中，中国城市综合竞争力位序与之并不适应。据《全球城市竞争力
报告》，上海为第 36 位，北京为第 55 位。[1] 从经济规模上看，北京与世
界城市相比，还有较大差距（见表 10–3）。数据显示：2018 年北京 GDP
总量为 30320 亿元，人均 GDP 达到 140211 元[2]，按年平均汇率折合成美
元为 19616 美元，仅相当于 2018 年纽约（GDP 总量 10300 亿美元，人口
851 万人，人均 12.1 万美元[3]）的人均 GDP 的 1/12。再有，北京的产业结
构中第三产业所占比重已经接近纽约、伦敦和东京等世界城市，但是，仍
然有优化升级的空间。因此，北京无论自身经济条件还是外部经济条件与
上述世界城市仍有很大距离，但作为正在崛起的世界城市，北京发展空间
十分巨大。

表 10–3　世界城市经济总量与人均 GDP 指标对比

世界城市	GDP 总量（亿美元）	人均 GDP（美元）
纽约	14060（2008）	33744（1998）
东京	14790（2008）	32350（1998）
伦敦	5650（2008）	27500（1992）
北京	4242（2018）	19616（2018）

数据来源：徐颖：《北京建设世界城市战略定位与发展模式研究》，《城市发展研究》2011 年第 3
　　期；北京市统计局：《北京统计年鉴 2019》，2019 年 9 月，见 http：//202.96.40.155/nj/
　　main/2019-tjnj/zk/indexch.htm。

---

① 王晔君：《全球城市竞争力北京位列 55 位》，2012 年 6 月 29 日，见 http：//news.ifeng.
　　com/c/7fcXFKpmss2。

② 北京市统计局：《北京统计年鉴》，2019 年 9 月，见 http：//navi.cnki.net/KNavi/
　　YearbookDetail？pcode=CYFD&pykm=YOFGE&bh=。

③ 简易财经：《纽约 GDP 反超东京！2018 年美国纽约 GDP 突破 1 万亿美元，居世界第
　　一》，2019 年 2 月 17 日，见 https：//baijiahao.baidu.com/s？id=1625708389862590037&
　　wfr=spider&for=pc。

（二）基础设施相对薄弱

城市的经济越发展，对基础设施的要求越高。纽约、伦敦和东京在 21 世纪之初就已经都拥有庞大、系统并且十分完善的公共交通网络。相比较而言，北京公共交通系统近些年的投入巨大，正在跨越式发展，但是，不可否认的是，现在基础设施整体水平上还有相当差距（见表 10–4）。据北京统计年鉴（2019）显示，2018 年北京的轨道交通运营线路总长达到 637 公里，轨道交通客运量 377801 万人次。但从人均道路面积（2008）来看，北京远低于上述几个城市。在航空港方面，世界城市国际机场的国际航线旅客吞吐量通常在 1000 万人次以上，货邮吞吐量在 100 万吨以上。2018 年首都国际机场旅客吞吐量突破 1 亿人次，货邮吞吐量突破 200 万吨，成为世界第二繁忙机场。[①] 北京大兴国际机场已经于 2019 年 9 月 30 日开始运营，北京两座机场将建设成为独立运营、适度竞争、优势互补的双枢纽，将大大提升北京的国际化环境。

表 10–4　城市基础设施主要指标对比

世界城市	轨道线路总长度（公里）	人均道路总面积（平方米）
纽约	1179（2001）	28（1986）
伦敦	418（2001）	26.4（2001）
东京	250（2001）	10.7（2001）
北京	637（2018）	6.21（2008）

数据来源：徐颖：《北京建设世界城市战略定位与发展模式研究》，《城市发展研究》2011 年第 3 期；北京市统计局：《北京统计年鉴 2019》，2019 年 9 月，见 http：//202.96.40.155/nj/main/2019-tjnj/zk/indexch.htm；国家统计局：《北京：城市人均城市道路面积》，2019 年 10 月 10 日，https：//d.qianzhan.com/xdata/details/6ae5f761b69b00a8.html。

目前交通拥堵依然是北京居民日常出行的最大问题，在某种程度上影响着城市的正常运行和市民的社会经济活动。究其原因，主要在于北京

---

① 中国民航局：《北京首都国际机场年旅客吞吐量突破 1 亿人次》，2018 年 12 月 29 日，见 http：//www.caac.gov.cn/XWZX/MHYW/201812/t20181229_193747.html。

地区的城市功能规划尚待提高。具体来说，一方面，北京城市交通拥堵严重，微循环不畅。交通拥堵是世界各国大城市普遍遇到的难题，纽约、伦敦、东京先后于 20 世纪 40 年代、60 年代、70 年代经历了严重的交通拥堵，虽然此后有所缓解，但至今仍难以真正摆脱交通拥堵的困扰。北京也是如此，交通出行量的五成以上集中于四环路以内，早晚高峰路网平均车速低，由城市单中心格局造成全市交通需求的潮汐现象严重，出行需求集中。与交通拥堵相对应的是，北京市居民通勤时间也较长，上班道勤平均需花费近一小时。而且，北京断头路多，支路不畅，城市微循环系统薄弱。另一方面，北京公共交通出行比例偏低。东京、纽约、伦敦是轨道交通较为发达的城市，基本形成了一定的轨道交通规模和网络，可以延伸到城市的各个方向。在全天进入中心区出行的公共交通结构中，东京、纽约、伦敦公共交通都占据着绝对主导地位（占 67%—87%），公共交通中又以轨道交通为主体（占全体的 58%—86%），三大城市中尤以东京的轨道交通比重最高（86%）。北京 2010 年六环内每日小汽车出行量为 993 万人次，出行比例达 34.2%，公共交通出行比例占 39.7%（其中轨道交通 11.5%）。不但公共交通出行比例较世界城市有一定差距，轨道交通出行占公共交通出行方式更是偏低。①

（三）整体环境品质有待提升

首先，北京的大气环境质量依然有待改善。据 2006 年资料显示，伦敦大气污染年平均浓度为 125 微克 / 立方米，纽约为 270 微克 / 立方米，东京为 50 毫克 / 立方米，而北京 2007 年为 470 微克 / 立方米，远高于东京、纽约和伦敦。在北京比较突出的可吸入颗粒物方面，伦敦为 24 微克，纽约为 27 微克，北京空气污染水平约高出这些国际大都市 6 倍。② 经过十多年的治理，2018 年，北京环境空气中细颗粒物（PM2.5）年平均浓

① 北京交通发展研究中心：《2011 北京市交通发展年度报告》，2011 年 8 月 2 日，见 https://wenku.baidu.com/view/df88b5ee856a561252d36fb3.html。

② 李纪宏等：《以世界城市为视角审视北京的基础设施建设》，《城市管理与科技》2012 年第 2 期。

度值为 51 微克 / 立方米，同比下降 12.1%；二氧化硫（SO2）、二氧化氮（NO2）和可吸入颗粒物（PM10）年平均浓度值分别为 6 微克 / 立方米、42 微克 / 立方米和 78 微克 / 立方米，同比分别下降 25.0%、8.7% 和 7.1%，[①] 同世界城市的大气质量逐步趋近。

再者，北京的城市绿化水平仍有差距。世界城市在建设之初，均不是环境优美的宜居城市，也曾经对环境造成了较大的污染和破坏，但在建成后期通过巨大的环境建设得到了逐步改善。2007 年，北京市人均公共绿地面积为 15 平方米，伦敦为 30 平方米，巴黎为 24.7 平方米，纽约为 19.6 平方米。[②] 与世界大城市相比，尽管近年北京市进行了大面积的集中绿化，但仍有差距。

第三，北京的污水和垃圾处理水平仍需提高。北京市中心城污水处理率 95%，与发达国家的污水处理率水平基本相当，但郊区尤其是乡镇及镇以下区域的污水处理率仍然很低，而且再生水利用率仅为 60% 左右，与发达国家 75%—85% 的平均水平差距较大。在垃圾处理方面，2010 年北京市生活垃圾无害化处理率约为 96.7%，与世界城市水平相当。但在垃圾处理方式上，北京以采取填埋方式的处理量为主，其中相当部分为低水平填埋，远远高于美国 70%、法国 60%、日本 28%、瑞士 15% 的填埋比例。此外，北京市尤其在郊区县地区，垃圾的分类处理、专门处理水平仍然与世界城市差距较大，全社会的垃圾减量和分类意识仍有待提高。[③]

（四）城市国际化程度有待提高

城市国际化程度是世界城市的特征之一。纽约、伦敦和东京作为顶级世界城市，聚集了较多的跨国公司总部、国际金融机构以及国际经济与政治组织，在全球市场上占据最高点。与世界城市相比，北京的国际化程

---

① 北京市生态环境局：《2018 年北京市生态环境状况公报》，2019 年 5 月 9 日，见 http：// huanbao.bjx.com.cn/news/20190509/979394.shtml。

② 李纪宏等：《以世界城市为视角审视北京的基础设施建设》，《城市管理与科技》2012 年第 2 期。

③ 李纪宏等：《以世界城市为视角审视北京的基础设施建设》，《城市管理与科技》2012 年第 2 期。

度也存在较大的差距。以国际组织为例，伦敦拥有联合国机构及政府间国际组织 57 家，纽约有 21 家，其中包括联合国总部，北京有 25 家国际组织入驻，但只有国际竹藤组织、联合国亚太农业工程 2 家政府间国际组织总部，严重缺乏具全球影响力的国际组织。① 世界城市的国际化程度还表现在广泛开展科技、教育、文化、体育等交流活动，举办各种国际会议等，如巴黎每年举办的大型国际会议达二三百个，而北京的大型国际会议相差甚远。② 世界城市的国际化程度进一步表现在人口多样性和文化多元性方面，比如伦敦，境外出生的人口占到城市总人口的三分之一强，这种文化的多样性进一步吸引和留住了全球性人才。相比之下，北京在外籍常住人口和人才流动方面还有很大的不足。

第二节　北京建设中国特色世界城市的总体战略和道路选择

　　北京建设世界城市不仅要符合世界城市的一般规律，更应该体现中国特色、北京特色。北京建设世界城市，要坚持政府主导和市场经济相结合，发挥首都政治、经济、文化与科技优势，走低碳发展之路，推进政治、经济、文化、社会、生态文明"五位一体"的高度统一，探索符合中国特色和首都特征的新模式。北京建设中国特色世界城市需要世界水平的教育体系作为支撑，提升北京教育的国际化水平和国际影响力以及国际竞争力，着力打造国际教育枢纽、科技创新中心、国际化人才培养中心和国际人才聚集中心。

一、北京建设世界城市的发展模式

　　世界城市的发展模式一般分为市场主导型和政府主导型。③

① 王琪延、李艳丽：《北京建设世界城市的战略选择》，《北京社会科学》2011 年第 2 期。
② 王琪延、李艳丽：《北京建设世界城市的战略选择》，《北京社会科学》2011 年第 2 期。
③ 王新新：《北京建设中国特色世界城市的路径选择》，《城市问题》2012 年第 2 期。

如第一章所讲，市场主导型世界城市是世界城市的原发模式。世界城市的全球控制和协调能力是全球资本在市场运行过程中自然形成的，以市场为主要动力。公司在市场机制条件下运行发展，国家在经济管治中为市场运行设立最小限制，仅在定义财产权、强迫执行合同、检查竞争法规和保护国有财产时才行使国家权力。① 市场主导型世界城市的发展优势在于企业资本最大化地推动市场机制的运转，有力而且成效显现很快，毕竟世界城市的发展是以经济为基础的，但是，市场动力容易造成的无序也可能为世界城市的发展造成一定的市场混乱和资本浪费。

政府主导型世界城市是世界城市的后发模式。在这种模式下，政府在推动大都市向世界城市发展的过程中，其目标是国家战略利益的最大化，注重的是市场份额和影响力。该模式的优势是具有项目实施的计划性和稳定性。政府主导型是后发展国家建设世界城市的最佳模式。尽管市场和经济全球化的影响日益凸显，但经济结果不仅取决于各种经济力量，还取决于政府推行的政策，政府对经济运作的影响举足轻重。政府可以利用所掌控的资源影响经济活动，争取本国经济利益的最大化。因此，在创建世界城市过程中，后发展国家为了国家的整体利益和影响力，通常优先选择政府主导型模式。②

就北京发展世界城市而言，更为理想的应该是政府主导型的发展模式。一方面，在经济全球化条件下，面对国际竞争的压力，完全照搬发达国家世界城市的发展经验和做法是不可取的。当年发达国家的城市化是自生性的，其进程与工业化和经济发展的水平趋于一致，而今天我国的城市化速度却明显超过工业化速度，有必要由政府进行宏观调节和资源调配。再者，政府主导、市场为辅的模式是我国城市跨越式发展的成功经验。我国是社会主义国家，政府对经济的影响力一直存在。另外，作为工业化的后发展国家，我国人口众多，资源和环境的约束力大，在发展过程中必然

①　刘玉芳：《北京建设世界城市评价与对策研究》，博士学位论文，北京工业大学，2009年，第67页。

②　王新新：《北京建设中国特色世界城市的路径选择》，《城市问题》2012年第2期。

面临比发达国家更多的问题。为保持经济发展的平稳性，政府的干预是必要的，因此，北京建设世界城市的模式应该是在充分重视市场规律的基础上，采取政府主导、市场为辅的发展模式。

从《北京城市总体规划（2016 年—2035 年）》可以看出，北京市政府关心的不是世界城市的概念及其构成，而是世界城市对北京、地区乃至国家经济和社会发展的引领和带动作用，并把构建世界城市作为北京市经济和政治成功的标志。在北京重大工程项目如大兴机场、京张高速铁路、5G 网络建设、旧城改造，重大文体项目如奥运会、世博会、冬奥会的申请和举办等方面，北京市政府都是项目的主要投资方，也是项目影响力评价的主导力量，各个项目稳步完成。因此，可以说，在北京市政府主导下的大都市向世界城市发展的过程中，其目标彰显的是北京市政府战略利益的最大化，既注重市场效益，同时，更注重政府主导的影响力。

二、北京建设中国特色世界城市的总体战略

进入 21 世纪以来，全球 15 个大城市陆续发布了其未来发展的战略规划。在城市发展的全球化、区域化、市场化、信息化与可持续的趋势背景下，这些城市对其发展目标与策略都做了一些共同的战略性治理安排。[1] 在这种新形势下，作为崛起大国的首都，北京建设世界城市不仅要符合世界城市的一般规律，更应该体现中国特色、北京特色。基于此，北京建设世界城市可以考虑如下的战略定位：

（一）世界政治交流中心。北京应发挥大国首都优势，吸纳国际组织机构，更多开展国际会议与国际活动，增强北京在世界政治舞台的话语权与影响力；借助政治、文化交流，提高北京在世界上的知名度、深刻广泛的影响力、独特的吸引力和强大的亲和力，从而将北京建成引领世界发展的世界政治交流中心。

---

① 王伟、赵景华：《新世纪全球大城市发展战略关注重点与转型启示——基于 15 个城市发展战略文本梳理评析》，《城市发展研究》2013 年第 1 期。

（二）国际经济管理中心。北京应抓住机遇，助推高端产业、战略性新兴产业的大力发展，继续做强第三产业；同时，引入和打造全球顶级企业的总部落户北京，发挥总部经济的龙头作用，做到高端、高效、高辐射，提升北京经济在全球产业价值链中的地位和作用。

（三）科技创新之都。北京应集聚高素质人才，推动科技研发、自主创新和产业提升，成为引领国际自主创新发展和连接全球创新网络的重要节点。北京建设世界城市应以切实提升首都可持续发展能力为核心，把发展绿色经济、循环经济、建设低碳城市作为首都未来发展的战略方向，不断推进低碳、宜居生活的目标。

（四）世界文化名城。北京进行世界文化名城建设需要具有创新性与前瞻性，做好整体规划。一方面，形成具有深厚文化积淀、文化传承，体现"京味"的世界文化名城，展现北京空间上的历史的遗产；另一方面，重视城市空间与历史文化的时空结合，在城市建设与发展过程中将文化因素纳入城市规划，从而充分体现出现代世界城市建设的人文精神与内涵，形成传统文化与现代文明交相辉映，高度包容性与多元化的世界文化名城。

（五）国际教育与人才培养中心。北京建设中国特色世界城市需要世界水平的教育体系作为支撑，提升北京教育的国际化水平和国际影响力以及国际竞争力，着力打造国际教育枢纽、科技创新中心、国际化人才培养中心和国际人才聚集中心。

北京提出建设世界城市的战略目标，不仅为城市发展描绘出更加宏伟的蓝图，更重要的是，在彰显世界城市核心功能，即对全球政治、经济、文化的控制力与影响力方面，北京将拥有更大的空间，在全球文化经济浪潮中有机会强化世界城市核心功能的文化维度，有力提升城市功能，推进世界城市建设。

三、北京建设中国特色世界城市的道路选择

世界城市的发展历程表明，由于城市间发展模式存在较大的差异性

和不可复制性，由此形成了世界城市不同的发展路径。通过总结世界城市发展的一般规律，结合北京城市发展的优势和特色，北京可以找到具有中国特色的世界城市建设道路。《北京城市总体规划（2016 年—2035 年）》规定了"北京的一切工作必须坚持全国政治中心、文化中心、国际交往中心、科技创新中心的城市战略定位"。这四个中心，全国政治中心无可争议，作为首都的北京必然要成为全国的政治中心；国际交往中心的建设直接同世界城市建设相一致，体现北京的国际化；科技创新中心则同经济发展与城市空间建设紧密联系；最重要的是文化中心，北京作为六朝古都，其文化是中华文化的代表，东方文化的集大成者，具有世界上独一无二的特色。因此，综合来看，北京可以借鉴巴黎的发展模式，以城市文化建设为核心与根本诉求来寻求经济建设和空间建设的和谐统一。经济建设、空间建设和文化建设三者并非各自发展，而是基于城市的文明提升，以更为绿色、宜居、现代、包容的姿态整体打造世界城市的方向，高质量地推动经济、社会、环境和空间的协调发展。北京建设具有中国特色的世界城市，经济建设为基础，经济基础决定上层建筑，一切高层次的追求首先必须有过硬的经济基础做保证；空间建设是北京市经济发展的体现者，同时也是文化的载体，一切空间建设需要同城市文化相一致；文化建设是思想，是引领，也是北京进行世界城市建设，进行基于世界城市打造而塑造一座世界上独一无二的东方巨人的灵魂。

（一）北京的世界城市经济建设

城市发展都强调经济规模及经济实力对于城市发展的基础性作用，而政治、社会、人文等领域的发展必然是建立在经济基础之上的，世界城市的发展尤其如此。北京建设世界城市的经济建设发展应体现以下四个方面：一是产业结构高级化，二是价值链增值环节升级化，三是经济职能外向化，[①] 四是区域经济一体化。

---

① 李国平等：《世界城市及北京建设世界城市的战略定位与模式研究》，《北京规划建设》
2010 年第 7 期。

1. 产业结构高级化

面对建设世界城市的发展目标，北京必须强调信息技术和现代科技在提升产业潜能和国际竞争力中的作用，加快产业结构调整的步伐。

首先是继续加大第三产业比重。一直以来，北京的第二产业在三大产业中所占的比重过大，制造业占用和消耗了大量能源，造成了环境的污染，但却处在价值链的下游，不具有研发、定价等关键链条的实力，企业利润空间有限且脆弱。因此，要继续增强第三产业，提高金融、贸易、商务等现代服务业以及高新技术产业在经济结构中的比重。2019 年，北京的第三产业占到了三大产业比重的 85.3%，取得了很好的成绩，但是，应该看到纽约、伦敦等世界城市的第三产业比重在十多年前就已经接近了九成，因此，北京的差距还是明显的。而且，更为重要的是北京第三产业的比重增加不是单纯的第三产业的升级换代，是同第一、第二产业优化升级相一致的质性转变，是一种良性的产业调整。

再有就是激活文化产业的价值。一方面，文化产业的发展是保增长、扩内需、惠民生的重要途径；另一方面，可以通过文化产业的发展提升第三产业在整个国民经济中的比重，并且以此为契机，进一步促进文化与经济、科技的结合，使原有的第三产业创意化、增值服务化，提升传统产业的现代化水平和文化含量，开拓出适应市场需求的多样态新型产业模式及经济增长模式，整体推动产业的优化升级。

第三是要注重发展现代服务业。北京建设世界城市，应充分发挥北京的科技、教育、人才、物流、信息、资金等相对集中的优势，尽快形成以信息经济、创意经济、体验经济、总部经济等为主体的现代服务经济产业；吸纳、整合、创新国际先进的产业技术，形成具有北京特色的优势品牌和规模经济效益，并在此基础上，吸引国际一流的产业及跨国公司地区总部、研发中心、设计中心、采购中心落户北京，增强北京国际导向的服务功能和辐射力。

第四是要发展战略性新兴产业。目前，培育发展战略性新兴产业已经成为世界各国抢占新一轮经济科技竞争制高点的战略选择。我国的"一带一路"倡议为包括北京企业在内的全国所有的企业发展、转型、创新、拓展等提供了最佳的历史契机。因此，北京构建世界城市必须紧紧抓住和切实利用好这一机遇，做大做强具有比较优势的金融、文化创意、商务服务、休闲旅游等产业。

第五是要发展高新技术产业。北京要大力发展高新技术产业，需要以提升自主创新能力和整体产业竞争力为核心，重点发展以软件服务、研发服务、信息服务为主的高技术服务业，和以电子信息、生物医药、新能源、新材料为主的高新技术制造业。

2. 价值链增值环节升级化

北京要不断努力实现增值环节的升级，提升自己在全球产业价值链中的地位与作用。价值链增值环节升级化就是强化北京在国际经济发展中的龙头地位和作用，凸显总部、研发职能，登上全球产业价值链的顶端。北京建设世界城市必须依赖科技创新，统筹各类资源要素，全面提升经济发展质量，增强北京经济的竞争力、影响力和辐射力，使北京经济走上高端引领、创新驱动、绿色发展的轨道，率先形成创新驱动的发展格局。

在具体的操作层面，北京有必要构建起效率与创新相结合的双轮驱动模式，在产业结构调整中，向规模和产品精细化要效益。另外，北京市经济发展必须根据价值链上的不同增值环节对生产要素的不同偏好，重点发展产业的主要增值环节（管理与研究开发、生产、市场营销）中的管理与研究开发、市场营销两个环节，使得总部与研究开发机构建构起集群化、环环相扣的工作模式或者开辟针对特定项目研发的专属化区域。而且，北京需要集聚实力强的创业投资企业，建设国际创新创业投资中心，着力发展高新技术产业，加大自主创新力度，突破制约产业转型升级的关键技术；加快完善创新驱动机制，建设全球研发中心，壮大产业集群，使战略性新兴产业成为引领经济发展方式转变的主要力量；吸引、培养卓越的科技专家与创业投资管理人才，并通过政策和产业发展优势充分吸纳国内、国际两个市场的多层次人才，特别是高端技术和高端管理人才，充分发挥人才的基础性、引领性、战略性作用，依靠科技进步提高劳动者素质和管理创新的能力，提升北京城市的产业发展水平。①

3.经济职能的外向化

北京需要继续加大开放程度，推动跨国机构引进来和中国企业走出去。北京一方面要增强对全球经济资源的配置能力；另一方面要主动构建全球经济网络，增强对世界经济的参与、渗透与辐射能力。各类企业综合实力、全球性大公司与跨国公司总部集聚是城市综合竞争力中最直接的高端核心竞争优势，可以增强城市的控制力、影响力与全球联系。所以，作为世界城市，北京的经济职能必然是外向化的，在推动产业发展的同时，尤其要加大力度继续推动总部经济发展。北京有必要继续加大开放程度，进一步吸引跨国机构，尤其是跨国金融机构和世界经济组织的分支机构，凭借这些机构更好地融入全球经济网络，依据全球企业的对外投资与区域选择逻辑，用全球视野及开放包容理念，创造条件提高城市实力、资源及环境与各类企业总部需求之间耦合度；统筹扩大产业集聚与溢出效应，充实优化教育、医疗等企业发展及其管理人员生活所需的配套资源，吸引更多更高层次的企业总部、大行业协会、全球顶级服务与中介机构落户扎根。②

4.区域经济一体化发展

由一个国际化大都市向世界城市发展的过程，也是一个城市区域合作由弱到强、范围不断扩大的过程。在这个过程中，城市的形态由单一城市向大都市圈发展。

从世界城市的作用来看，世界城市具备强大的产业引领作用，是带动区域乃至全球发展的"增长极"。法国经济学家布代维尔（J. B. Boudeville）认为，经济空间是经济变量在地理空间之中或之上的运用，增长极在拥有推进型产业的复合体城镇中出现。因此，他提出增长极的概念，认为增长极是指在城市配置不断扩大的产业综合体，并在影响范围内

① 王新新：《北京建设有中国特色世界城市的发展思路探讨》，《商业时代》2011年第9期。

② 刘荣添、林峰：《我国东、中、西部外商直接投资（FDI）区位差异因素的 Panel Data 分析》，《数量经济技术经济研究》2005年第7期。

引导经济活动的进一步发展。为此，布代维尔主张，通过"最有效地规划配置增长极并通过其推进产业的机制"①，来促进区域经济的发展。由此推断，世界城市对全球的经济、政治、文化等方面具有重要的影响力，也必然是带动区域乃至全球发展的"增长极"，从而形成具有强大引领作用的产业集群，引领区域乃至全球经济的发展。

北京是在中国快速崛起的背景下建设世界城市的，承担了更多的国家责任，必须充分发挥带动全国经济发展的"增长极"的作用。然而，从当前的情况来看，依靠自身的力量，北京是难以完成这一历史使命的。北京需要考虑"结合区位资源与可持续战略性竞争优势，以建设国际竞争力较强的世界级城市群的核心城市为目标，以强化全球城市功能为核心，以统筹考虑城市区域融合发展为重点，做好城市群未来发展的顶层设计，实现大中小城市与城镇之间、城乡之间一体化协调发展。"② 因此，无论从世界城市的作用还是从需要承担的国家责任来看，京津冀必须形成紧密的合作，发挥北京的创新优势和天津、河北的产业转化优势，形成优势产业集群，共同打造"增长极"。京津所在区域优势的发挥，就是要形成能促进国家经济发展的战略性新兴产业集群。只有这样，京津冀区域才能成为带动中国乃至世界经济发展的"增长极"，北京才能成为具有全球影响力和控制力的世界城市。

(二) 北京的世界城市空间建设

北京建设世界城市的空间模式主要体现为市域层面和区域层面两个层面，通过强化城市空间结构功能，在加速构建多中心空间结构的网络化大都市的同时，在京津冀打造区域城市网络，并与全球城市网络相连接。

1. 市域层面：构建多中心空间结构的网络化大都市

信息社会的世界城市需要对城市空间进行结构性定位，形成多中心空间结构的网络化都市格局。也就是说，在空间结构上，要加速形成多中

---

① 曾宪植：《京津合作：建设世界城市，推动区域发展的关键》，《求知》2012 年第 8 期。
② 徐康宁、陈健：《跨国公司价值链的区位选择及其决定因素》，《经济研究》2008 年第 3 期。

心空间结构，加强外围新城建设，优化中心区发展空间，促进中心城、新城多点协同发展。不同的空间结构对应多个差异化职能中心，以发达的物质性（内外交通网络、通信线路网络等）和非物质性网络（虚拟网络、要素流动网络、地方生产网络等）为基础，建立起紧密的城郊、城乡和城镇间的社会经济联系。网络化大都市具备区域的开放性，能够与更大空间尺度上的区域城市网络或全球城市网络相连接，是区域腹地的中心，也是连接区域与全球的枢纽。[①] 具体到北京而言，就是要在北京市域范围内建设多个服务全国、面向世界的城市职能中心，以提高城市的核心功能和综合竞争能力，比如，总部等高级决策管理职能主要集中在信息、高素质人才密集以及管理机构众多的中心城范围；研发机构主要集中到教育、科研机构密集以及接近市场中心的中关村科技园区；核心生产职能主要分布在产业配套好、劳动力素质高的北京经济技术开发区；日常办公职能集中在通州、顺义等 11 个新城的核心区；一般生产职能则主要集中到新城中部分用地空间大、劳动力丰富的各级开发区。

网络化大都市空间模式的形成，不仅要具备分工明确的多中心空间结构，还要强化多中心之间的互动与联系。首先，要进一步完善物质性网络建设，以轨道交通、城市快速通道建设作为交通网络建设的重点，推进网络化交通体系的形成；其次，要促进节点之间的人员、物质、信息的流动，推进要素流动空间的形成，强化城市内部的联系和整合；再次，要促进企业内部和企业之间的联系，加强多中心之间的功能联系，从而突破形态上的多中心而成为有机的功能实体，即真正意义的网络化大都市。

2. 区域层面：构建区域城市网络

北京要成为世界城市网络中的高层节点，离不开北京及其所在的首都圈地区、环渤海地区乃至整个中国的发展和壮大。北京建设世界城市，需要在北京建设多中心空间结构的网络化大都市基础上，进一步构建京津

---

① 李国平等：《世界城市及北京建设世界城市的战略定位与模式研究》，《北京规划建设》2010 年第 7 期。

冀地区区域城市网络，并连接世界城市网络。

城市网络是在互补或相似的城市中心之间形成的主要是水平和非层级性的联系和流动的网络体系，它可以提供专业化分工的经济性，以及协作、整合与创新的外部性。京津冀城市网络要由多个城市中心组成，并有明确的专业化分工，基于发达的基础设施和管理协调网络密切互动，形成相对独立又彼此关联的有机整体，共同努力联合成为世界城市网络中的高层节点。具体而言，即要构建首都圈地区的"一环、双核、三轴、四区"的空间格局，一环即连接京津与河北七市间的环状城际快速交通通道，双核即京、津双核心，三轴即形成沿京石高速的北京—保定、沿京津塘高速的北京—天津和北京—唐山—秦皇岛三条主要轴向的发展轴线，四区即滨海港口城市区、京津唐工业区、京津保工业区和张承生态涵养区。① 这样的京津冀城市网络的构建，强调功能上的分工与合作，可以形成有机联系的功能实体；强调区域治理上的网络化管治，可以实现权益平衡；强调空间与社会经济的互动联系，考虑到社会和环境效应。

京津冀城市网络的建设要充分发挥市场经济、利益机制的作用，构建涉及多个空间尺度的合作网络，强化地区间的合作机制；通过各种正式和非正式合作网络的发展增强该地区的区域组织能力，使各城市在发挥专长的基础上加强合作，使得整个区域的合能增加；在合作网络建设逐步成熟的基础上，进一步推进网络化管治的实现，通过多种集团的对话、协调、合作以达到最大程度地动员资源，并实现区域管理中公平与效率的并重。②

（三）北京的世界城市文化建设

城市是文明的象征，承载着历史的记忆。城市文化展现着一个城市的核心精神、城市的活力、城市的价值观。可以说，文化特征成为世界城

---

① 李国平等：《世界城市及北京建设世界城市的战略定位与模式研究》，《北京规划建设》2010 年第 7 期。

② 李国平等：《世界城市及北京建设世界城市的战略定位与模式研究》，《北京规划建设》2010 年第 7 期。

市创新的重要资源，文化发展战略成为世界城市创造性发展的核心战略，在整个世界城市构建中具有指引发展路径的作用。世界城市应具有独特的城市文明和文化魅力，所以，世界城市文化建设是城市自身素质的整体提升、全面再塑。如何将城市文化做大做强，需要决策者的高瞻远瞩，更需要实施者的全面理解和内化于实施。

在这方面，北京市政府的理念是超前的。北京将"人文北京"的建设理念贯穿在政治、经济和科技创新三个中心建设中，是保有北京特殊的世界城市建设的独到之处。北京具有悠久、辉煌的城市历史，丰富的中华传统文化资源，城市与文化水乳交融、高度统一。"人文北京"建设以北京文化的内涵提升、文化北京的影响外展为战略重点，不仅充分调动了北京市丰富的文化资源，包括文化遗产、历史古迹、传媒娱乐、时尚文化，激活了众多传统与现代的多元文化元素，同时，在丰富的资本和信息、充沛的人流和物流上的增强的基础上，使得各种文化元素变活，展现北京朝向世界城市发展的独特的吸引力。北京一手抓文化事业，一手抓文化产业，并以建设世界城市的国际战略眼光推进文化贸易的发展，从而实现北京人本指向的文化利益与经济利益的最大化，由此彰显北京在新的历史阶段人文关怀的深刻意蕴，也将"人文北京"发展提升到更高水准。

政府在文化建设推动中需要全体市民的参与，让文化深入人心，使得每个人都理解北京文化对于城市、个人的文化意义。因此，在实施层面，需要进一步考虑理念落实的方式方法。文化认知最好的方式是教育。这种教育包括学校里的课程教学、实践教学，也包括社会上的文化宣讲与元素建构，形成良好的文化氛围和群体文化意识。学校的使命就是立足于服务首都经济社会发展，满足首都市民多样性、个性化、多层次、高质量的终身学习需求。首都是首善之区，首都市民的终身学习需求与我国其他地方特别是落后地区，有很大不同。这也是北京建设世界城市的一个基础——人文基础。因此，"人文北京"的成效最终取决于教育——大学、中学、小学和社会的联动，通过学生教育、市民教育，营造多民族、多元化融合的文化氛围，形成多类别、多层次商业创新的环境及机制，盘活北京的皇家园林、四合院、博物馆等众多的自然、人文景观，以中华文化为依托，形成具有独特人文魅力、丰富文化内涵、高度文化品位、多元文化共融的中国特色世界城市。

另外，北京建设世界城市需要基于自身的文化资源，积极开展国际性交流活动，与国际社会、文化、体育组织建立更广泛的沟通和联系，经常性地开展国际性科技、教育、文化、体育等交流活动；根据国际惯例和旅游发展需要，建立宽松的免签和落地签证制度，以吸引更多的国际游客；拓宽旅游渠道，提高旅游品质，变观光旅游为商务旅游；设立国际免税区、自由港，创建世界多元文化对话与融合的试验区；完善签证互惠机制、个人投资权益保障、知识产权的有效保护、民间社会组织的发展、外国人员的从业条件、国际化的人才资格互认等方面的政策支持，逐步提高在北京生活、旅游、工作、发展的外籍人口比重，为国际组织、国际大型活动落户北京，为引进跨国企业总部和国际、国内一流人才铺平道路，创造条件。

第三节　建设中国特色世界城市进程中的北京教育改革与发展战略

世界城市都是国际文化教育中心和人才中心。教育既是世界城市建设的一部分，又是世界城市建设的基础。因此，北京建设世界城市，必须打造世界水平的教育，为世界城市建设提供人才、智力、知识支撑。《北京城市总体规划（2016年—2035年）》和《首都教育现代化2035》等中长期发展规划，已经明确提出建设世界城市的任务和教育改革的方向。如何在建设中国特色世界城市进程中进一步完善北京教育改革与发展战略，仍是值得研究的课题。

一、打造世界水平的公平优质教育体系

在基础教育基本普及的背景下，建设公平优质的教育体系，是国际

社会教育改革的趋势，更是各世界城市教育发展的基本思路。党的十八届三中全会以来，为实现北京公平优质教育，教育系统深入贯彻落实党中央国务院和市委、市政府的决策部署，坚持教育改革的人民立场，聚焦人民群众的实际获得，加强顶层设计，强化统筹协调，从优化供给结构发力，全面深化教育综合改革，多措并举，立体推进，推出了一系列促进首都教育优质均衡发展的举措，不断提高人民群众的教育满意度，增加人民群众的获得感。各项措施产生了积极的效果，但是知识经济和第四次工业革命的挑战以及打造创新型、智慧型世界城市的要求，北京教育质量还有待提高，特别是各区县之间的教育发展依然不均衡，城乡之间的教育公平问题依然突出，进城务工人员子女受教育的机会依然没有平等保障，薄弱学校的差距依然存在，学前教育、职业教育和特殊教育仍然是教育体系中比较薄弱的环节。因此，建构与世界城市要求相一致的优质公平的大中小幼教育体系，仍是一项需持续不懈努力的任务。

首先，要优化资源供给，持续推进教育公平。北京打造世界水平的公平优质教育体系，需要解决依然存在的教育不公平和不均衡问题。为此，北京市要适应学龄人口变化，合理规划布局幼儿园，确保幼儿教育的高质量开展；依法保障义务教育阶段适龄儿童少年免试就近入学，完善各项招生入学政策，发挥招生入学制度改革的引导作用；保障随迁子女、残疾儿童等特殊群体拥有平等的受教育权利。北京要根据城市发展的区域功能定位，合理布局区域内义务教育学校，满足适龄人口入学需求；分阶段、分区域扩大优质基础教育资源规模，大幅扩大郊区优质高中教育资源；依托信息技术手段，扩大区域优质教育资源覆盖面，弥补城乡教育差距；建设一批特色鲜明、国际一流的标志性职业院校；推进部属高校和市属高校的资源共享；加强大中小学段的有机衔接，实现创新人才的阶梯化培养。总体而言，北京需要统筹规划，分区优化教育资源布局，围绕重点区域加强规划建设，促进各级各类教育协调发展，实现城乡教育一体化发展，提升基本公共教育服务均等化水平。

其次，重视北京教育内涵提升，发展具有世界先进水平的高质量教育。北京打造世界水平的公平优质教育体系，核心在于质量建设。为此，北京需要坚持"立德树人"，强化素质教育，进一步完善首都教育质量标准；健全以师资配备、生均拨款、设施设备、教育用地等关键要素为核心的标准体系，实现北京城乡义务教育学校教师编制标准统一；做到各级各类学校各学科教师配备齐全、结构合理，骨干教师配置均衡，实现城乡和校际间双向教师流动制度化、常态化；优化中小学三级课程体系，严格执行国家课程方案和北京市课程计划，构建具有首都特色的课程教材标准体系；深化教育教学改革，健全人才多元化发展培养体系，改进教学内容和方式，鼓励学校开展启发式、探究式、参与式、合作式等教学，密切联系生产生活实际，注重学生创新实践能力和核心素养的培养；充分利用信息技术手段，实现信息技术与学科教学的有效整合，实现"互联网＋"和"大数据"下的教学改进；建立更加科学公平的考试评价机制，增强中小学学生综合素质评价力度，系统完善教育质量保障体系；健全学校内部质量控制机制，完善人才培养质量监测评估制度；健全市区两级教育督导机制，对学校组织领导、资源配置、队伍建设、教育治理、教育质量、创新发展等方面予以监督引导。

二、提升科技创新和社会服务能力

改革开放以来，北京的高等教育得到长足发展，已经建立了中国最强大的高等教育体系。据统计，2019 年各类高等学校 175 所，具有研究生培养资格的高等学校和科研机构 147 个；高等教育在校生 2170144 人，其中研究生 360621 人[1]。高等教育科技创新能力不断增强，自 20 世纪 90 年代以来，专利申请和授权数量均扩大了 40 倍以上，全市高校院所科技成果转化合同金额达到 33.4 亿元，占全国的 27.6%，居全国首位。[2] 北京

---

[1] 北京市教育委员会：《2019—2020 学年度北京教育事业发展统计概况》，2020 年 3 月 24 日，见 http://jw.beijing.gov.cn/xxgk/zfxxgkml/zwjyjfzx/202003/t20200325_1734103.html。

[2] 陶凤、王寅浩：《北京高校科技成果转化额全国第一》，2019 年 6 月 19 日，见 http://finance.sina.com.cn/roll/2019-6-19/doc-ihytcitk6164154.shtml。

已经基本建设起结构合理、特色鲜明、质量一流、开放融通的首都高等教育体系，高等教育的人才培养能力、知识创新能力和社会贡献能力都有了很大的提升。但高等教育的学科建设和人才培养质量水平与世界先进水平相比还存在很大差距，高等学校的科技创新能力、科技成果转化能力还不能完全适应北京世界城市建设的要求。

首先，统筹推进中国特色的世界一流大学和一流学科建设。世界城市建设需要北京高等教育建设扎根中国大地、具有中国特色的世界一流大学，以支撑创新驱动发展战略、服务国家与经济社会发展为导向，优化学科结构，凝练学科发展方向，突出学科建设重点，办成高素质新型人才培养高地、科技自主创新高地。

第二，高标准建设科技创新支撑平台，深度参与"三城一区"建设。北京高等学校要积极适应经济社会发展重大需求，开展国家和世界城市建设急需的战略性研究、探索科学技术尖端领域的前瞻性研究、涉及国计民生重大问题的公益性研究，依托高校建设一批高精尖创新中心和实验基地，本着"不求所有、但求所用"的原则，有效整合、协同各方资源，在核心技术和关键技术领域取得显著突破，产出一批有影响力的成果，切实解决重大科学问题、产业发展问题，促进"三城一区"科技创新主平台的建设。

第三，提高高等学校社会服务能力。北京要鼓励高等学校探索全方位、多样化的社会服务模式，自觉参与推动战略性新兴产业加快发展，促进产学研用紧密融合，加快科技成果转化和产业化步伐，着力推动"中国制造"向"中国创造"转变；充分发挥高等学校智囊团和思想库作用，积极参与决策咨询，主动开展前瞻性、战略性、对策性研究，为国家和北京经济建设、政治建设、文化建设、社会建设以及生态文明建设服务。

第四，健全高等学校分类发展体系和人才培养体系。北京要研究高等学校分类依据，建立分类体系，实行分类建设、分类管理、分类评价，发挥政策指导和资源配置的作用，引导高等学校合理定位、各安其位、办出特色、办出水平；完善科学合理的学科专业结构，建立学科专业动态调整机制，强化重点学科专业建设；加强小学、中学、大学有机衔接，实现创新人才的阶梯化培养；完善高素质技术技能人才培养体系和高等学校创新人才培养体系。

三、打造世界文化高地

世界城市一般都是世界文化高地或世界文化中心。教育既是文化传递和保存的主要载体，又承担着文化创新和传播的重要功能，因此，在打造中国特色世界城市过程中，教育发挥着重要的作用。《中共中央关于深化文化体制改革推动社会主义文化大发展大繁荣若干重大问题的决定》提出在全球化发展大背景下维护国家文化安全，增强国家文化软实力、中华文化国际影响力的要求。《北京市推进全国文化中心建设中长期规划(2019年—2035年)》也确定了北京古都文化、红色文化、京味文化、创新文化建设的基本格局，并强调"加强国际传播能力建设"，"立足北京、面向世界，展现真实、立体、全面的中国，彰显大国文化自信。积极推动不同文明交流互鉴，以兼收并蓄的态度汲取其他文明养分，借鉴优秀成果，夯实构建人类命运共同体的人文基础"的文化使命。

首先，通过学校教育传承和保存中华民族和北京优秀文化。北京要扎实推进优秀传统文化进校园、进课程，结合北京市区域文化特色，有规划地将文化传承与保护融入教育教学全过程，持续推进社会主义核心价值体系融入学校教育、市民教育全过程；加强北京各级各类学校文化建设，提炼学校精神，打造学校文化品牌，凸显中华文化特色；加强学校德育体系建设，弘扬"爱国、创新、包容、厚德"的北京精神，切实提高学校德育工作的实效性，形成学校教育、家庭教育和社会教育协调统一的有效机制。

其次，在教育过程中重视吸收、借鉴世界先进文化。高等学校和研究机构是世界先进文化的研究者、引进者和传播者。北京要充分发挥高等学校和研究机构的作用，全面、理性地看待世界先进文化，有选择性引进符合我国国情与未来发展需求的文化元素并加以借鉴；科学考证世界文化中值得商榷的部分，做到批判性吸收；结合我国实际情况，根植中国土壤，创造性实现世界先进文化的本土化改造，丰富我国文化，激发文化发展活力。

第三，通过文化创新，引领文化发展方向。高等学校和研究机构承担着科学研究、知识创新和文化创新的职能，是社会文化的引领者。北京要高等学校和研究机构开展科学研究，推动知识创新和文化创新，从而推动科技与文化融合发展，提升文化科技创新能力，打造新时代具有国际影响力的中华文化品牌；加强传统文化技艺创新，充分挖掘、保护和提升具有民族特色和北京地域特色的民间文化技艺；充分发挥 AI 技术和大数据在文化产业链发展中的作用，满足人们对文化产品的多元化需求；大力促进社会各领域、不同文化技术系统之间的融合，增强文化技术集成创新能力，以多样化的崭新形式更好地展现、传播和发展我国社会主义先进文化。

第四，推动北京和中国优秀文化的海外传播，扩大北京的文化影响力。北京要充分发挥高等学校的作用，在国外特别是"一带一路"国家积极发展孔子学院、孔子课堂和汉语国际教育，通过汉语教师和汉语教学志愿者培训、汉语水平考试、汉语教材编写出版、"汉语桥"中文比赛、孔子学院开放日等活动，在海外高校、中小学、社区推广汉语，传播中国传统文化；深入挖掘中国传统文化的精髓，利用现代的表达方式，创造更具时代特色的文化产品，进一步发展新兴文化产业，向海外传播中国当代优秀文化成果；通过各种途径加强对外人文交流，增进各国民众对于中国的认知，促进民心相通，共同建设"人类命运共同体"。

四、构建融通便捷的终身教育体系

自 20 世纪 60 年代保罗·朗格朗（Paul Lengrand）明确提出终身教育的概念以来，终身教育已经成为世界各国教育改革的基本原则，打造融通便捷的终身教育体系，建设学习化社会，也成为世界城市教育改革的基本思路。1999 年 12 月 2 日，北京市委市政府在《关于深化教育改革全面推进素质教育的意见》中明确提出"率先基本实现以建立终身学习制度和进入学习化社会为主要标志的教育现代化目标"。2007年3月30日，北京市委市政府《关于大力推进首都学习型城市建设的决定》提出到2010年初步建成学习之都，依托北京广播电视大学开通了"北京学习城市网"，成立了"北京市市民终身学习远程服务中心"。2016年，北京14个委办局联合发布了《学习型城市建设性的计划（2016—2020）》，并推出学习型示范城区建设推进工程等"十大工程"。2017年，为贯彻《北京市学习型城市建设行动计划（2016—2020）》提出的创新职工素质提升工程，落实"建设50个职工继续教育基地"的任务，在全市范围开展首批"北京市职工继续教育基地"认定工作。可以讲，北京在构建融通便捷的终身教育体系已经取得了一些进展，但是仍然需要持续推进。

首先，要搭建学习者成长成才立交桥。北京要完善招生入学、弹性学习和继续教育制度，畅通学习成果转化渠道；积极开展学校之间、校企之间的交流与合作，形成资源共享、课程融通的共同体，加快学习成果认定、学分积累与转换，搭建终身学习"立交桥"；重点建设北京开放大学，使之成为首都终身教育体系和学习型城市建设的重要力量；建立"学分银行""市民终身学习卡"等终身学习制度，拓宽终身学习通道；制定非学历教育资格标准，依托学分银行平台，打通学历、非学历、职业资格证书直接的转换通道，实现学分互认。

其次，要拓展继续教育渠道，鼓励高等学校、职业院校、社区学院提供多样化教育与培训项目。北京建设世界城市取决于高质量的人力资源，要通过岗位培训和继续教育，有序地在不同层次上培育初级熟练型、中级开拓型、高级创新型的人力资源，解决首都在数量梯度、质量梯度、能量梯度、结构梯度和储备梯度上不均衡的问题，实现北京人力资源梯级结构的调整，适应世界城市建设要求；增强社区教育供给，大力发展老年教育培训、涉老服务从业人员培训和老年教育师资培养，开展老年教育研究、老年教育咨询，推动全市老年教育的教育教学工作；政府、企业、行业、社会一起努力，建设、扩充社区教育需要的各类课程资源，共建共享，满足人们越来越多样化、个性化的需求；推动图书馆、博物馆、科技馆、文化馆、新华书店、主题公园和重要门户网站，以及大学、中心、小学和适合教育机构等公共文化、教育资源进一步向社会开放；实现学习方式的变革，加大终身学习服务平台的建设力度，引导市民采取线上线下结合的学习方式，助力终身学习的发展。

五、促进大北京都市圈教育协同发展

从世界城市的发展规律看，随着城市产业结构的变化和功能的扩张以及影响力的扩大，世界城市会突破原来狭义的城市概念，建立大都市圈，整体规划大都市圈的发展，打造世界级城市群，如纽约、伦敦、东京、巴黎、多伦多等莫不如此。结合全球范围内国际大都市和世界级城市群的建设经验，我国也实施了京津冀一体化战略，疏解北京的非首都功能，进一步提升北京的辐射带动能力，优化生产力布局和空间结构，实现京津冀优势互补、一体化发展，完善城市间功能分工与城市体系，打造拥有高品质生活、人产城高度融合、生产生活生态协调、城市魅力彰显的具有较强竞争力的世界级城市群。京津冀一体化发展需要教育的协调发展。2019 年 1 月 7 日，《京津冀教育协同发展行动计划（2018—2020 年）》的发布开启了京津冀教育一体化建设，科学谋划大北京都市圈教育的协同发展。

首先，优化大北京都市圈教育结构布局。具体措施包括：北京世界城市建设围绕北京"四个中心"为基础开展，教育结构体系建设要与大北京城市网络建设紧密结合；北京协同天津支持雄安新区的教育发展；做好北京城市副中心教育规划，从北京市中心城区引入优质教育资源，加快建设一批优质学校，带动提升区域整体基础教育品质；以京津冀教育协同发展为契机，以现代信息和通信技术为依托，建立起以教育层次结构和区域结构整体优化的教育体系。

其次，推动基础教育优质发展。具体措施包括：继续推动京津优质中小学和幼儿园采取多样化办学模式与河北省中小学和幼儿园开展跨省域合作办学；支持有条件的在京部委属高校到天津市、河北省与当地教育行政部门协作，共建附中、附小、附幼；加强三地基础教育专家、教师的互动交流，以项目的形式实施教育对口帮扶。

第三，加快区域职业教育融合发展。具体措施包括：构建起跨省职教联盟，共建实训基地，实现京津冀职业教育融合衔接，围绕产业聚集区发展推动职业院校、职教园区的建设，提供高端技术技能人才保证；加强京津冀三地职业教育资源共建共享，推进跨省市中高职衔接，重点建设一批产业发展亟须的职业教育专业群。

第四，深化京津冀高校联盟建设。具体措施包括：协调三地高等教育培养方案规划，发挥学科互补优势，开展协同创新攻关与成果转化应用，促进三地高校的共同建设；开展资源共享、课程互选、学分互认、教师互聘、学生交流、短期访学和专业帮扶，搭建京津冀教育共同展示平台；提升三地高校的社会发展服务能力，推动高校创新支撑服务城市空间布局和产业集群发展。

第五，促进创新教育协同发展。具体措施包括：以智慧城市理念为先导，在京津冀主要城市建设智慧教育基础设施；创新教育体制机制改革，形成引领时代的"互联网＋教育"新范式和智慧教育体系，形成教育现代化、国家教育创新示范区，提升大北京都市圈协同发展的区位价值。

六、建设高素质专业化教育人才队伍

世界城市聚集一流的教育、科研、文化机构，汇聚着各学科的各层次人才。人才荟萃既是世界城市的重要标志，也是世界城市建设的重要条件。随着北京"四个中心"的确立，为实现北京教育现代化的宏伟目标，北京先后出台了《北京市属高等学校创新团队建设与教师职业发展计划实施意见》《北京高等学校青年英才计划项目管理办法》《北京高等学校卓越青年科学家计划管理办法》《北京市关于加强和改进师范生培养与管理的意见》《北京市人力资源和社会保障局关于支持和鼓励高校科研机构等事业单位专业技术人员创新创业的实施意见》《北京市委市政府关于全面深

化新时代教师队伍建设改革的实施意见》等文件，着力提高教师队伍整体水平，努力造就一批在国内、国际上都有较大影响的学术领军人物和一批中青年学术骨干，优化高校人才队伍结构。北京市打造高素质专业化教育人才队伍，应该进行以下几方面的改革。

首先，健全以师范院校为主体、非师范院校参与、优质中小学（幼儿园）为实践基地的开放、协同、联动的教师教育体系。北京要加大对师范院校的支持力度，改革师范专业的招生方式，切实提高生源质量；拓展非师范类中小学教师来源，遴选乐教适教善教的优秀人才进入教师队伍；完善教师专业化发展体系，加强教师培训课程建设，打造一批具有针对性、引领性、前沿性的精品课程，开展线上线下相结合的混合式研修，推动教师终身学习和专业自主发展。

其次，大力提高中青年教师业务水平。北京要积极参与实施国家人才计划，实施好北京市的各项人才计划，加大对中青年教师的培养支持力度；大力推动研究生层次的教师教育，实现中小学教师队伍的硕士化；提升高等学校中青年教师学历层次，大力提高具有博士学位教师比例；健全中小学与高等学校中青年教师定期培训制度，通过国内外进修、岗前与在岗培训、挂职锻炼、驻厂研修、社会实践、网络培训等方式，加大教师培训力度，不断提高中青年教师的教学水平、科研创新和社会服务能力。

再次，大力培养学科领军人才和创新团队。北京要依托高层次人才计划以及国家重大工程、重点学科和研究基地、重大科研项目以及国际学术交流合作，在各学科领域努力造就一批具有战略眼光、能够把握世界科技发展趋势和国家战略需求的学术领军人物，培育一批跨学科、跨领域的科研与教学相结合的高水平创新团队；培养造就一批高水平哲学社会科学人才，打造一支政治立场坚定、理论素养深厚的外向型哲学社会科学专家队伍和一批高水平哲学社会科学创新团队，推动形成哲学社会科学领域的中国学派。

5.汇聚国际优秀人才。北京要加大海外高层次人才引进工作力度，积极参与实施各项人才计划，有计划地引进一批具有国际学术影响力的学科领军人物、高端人才、学术团队和一大批具有国际先进水平的优秀教师；高水平大学和研究机构要逐步实现在全世界范围内选聘优秀教师和研究人员。

七、推动人工智能和信息技术与教育融合发展

在智能化社会背景下，世界城市的发展呈现出智能化、信息化与创新性等特点，智能化和信息化不仅改变了人们的生产生活方式，而且改变了学习方式，促进了教育的全面变革，教育与人工智能和信息技术深度融合成为世界城市教育发展的新趋势。为了应对世界城市智能化发展的需要，北京教育系统必须进行全方位变革，推动人工智能和信息技术与教育融合发展，全面实现北京教育现代化。

第一，构建多级协同的教育云基础环境体系。北京要依托世界城市建设，以数字化应用为导向，完善各级各类学校的信息化基础建设，构建市级主中心、区级、高校和中小学子节点协同工作的教育云基础环境体系；加快信息化公共平台建设，重点打造北京教育管理云、学籍管理系统、教育用户统一认证、资源共享与交换平台等基础公共平台及配套标准规范建设；加大教育行政部门、学校管理者和教师的信息化培训，不断提升全民信息素养和信息能力。

第二，提升各级教育资源公共服务能力。北京要站在世界城市建设，参与国际教育竞争和建立区域性国际教育中心的高度，构建集北京幼儿教育、基础教育、职业教育、成人教育和高等教育优势，覆盖全市的教育大数据平台，完善数字教育资源共享服务，建立教育大数据综合分析决策系统、分层分级建立教育数据目录体系等，开展专题分析研究，形成系列模型，辅助行政决策和应急管理；推进一站式电子政务服务，优化政务服务信息化流程，逐步实现各类政务服务事项的网上办理、移动办理，提升政务服务效率和水平。

第三，推进"人工智能＋教育""互联网＋"人才培养模式改革。北京要着力打造新型"互联网＋教育"管理服务平台和新型教育大数据支

撑体系，推动人工智能、信息技术与教育教学深度融合，建立适应终身教育体系需要的现代课程体系，全面提升师生信息素养与创新能力，形成北京教育智能化、信息化新模式，实现人才培养质的飞跃。

第四，统筹规划建设人工智能教育应用生态系统。北京要利用人工智能技术开展智能校园、立体化综合教学场、基于数据智能的在线学习教育平台、智能教育助理等建设，加快推动人才培养模式、教学方法改革，建设线上线下一体化教育生态，发展智能教育；开发人工智能整合认知模型、学习者模型、资源推荐、学习路径的智能化导师系统，实现针对学习者的学情分析、一对一教学和个性化辅导。

另外，推动教育对外开放高质量内涵发展，提高教育国际化水平，也是北京世界城市建设的必然要求和发展方向。《首都教育现代化2035》不但明确提出要推动合作共赢，开创教育对外开放新局面，而且提出一系列改革措施，加快和扩大北京教育的国际化进程，如培养集聚国际化人才；深化"一带一路"教育交流合作，加强教育领域中外人文交流，提升中外合作办学水平；树立"留学北京"品牌，稳步扩大留学生规模；建设国际化特色学校，完善涉外公共教育服务供给；广泛参与全球教育治理，分享北京教育改革发展的成功经验。

第四节　建设中国特色世界城市进程中推进北京教育国际化的政策建议

世界城市是国际交流和交往的中心，也是国际教育交流的中心，因此，加强国际教育合作与交流，促进教育的国际化，是世界城市教育改革与发展的一个重要特征。2016年中共中央、国务院颁布的《关于做好新时期教育对外开放工作的若干意见》，特别是2020年教育部等八部门颁布的《关于加快和扩大新时代教育对外开放的意见》，明确了我国加快和扩大教育对外开放的基本思路；《首都教育现代化2035》则为北京市加快和扩大教育对外开放确定了基本的政策走向。在新的形势下，为了加快北京

的世界城市建设，北京必须加快和扩大教育对外开放，推动国际教育合作
与交流高质量内涵发展，提高教育国际化水平。

一、培养具有全球竞争力的高层次国际化人才

当今时代是一个全球化的时代，全球人才流动、全球人才竞争是新
时代人才培养的重要特征。培养具有竞争力的国际化人才，既是世界各国
教育发展的趋势，也是我国教育改革的重要目标。早在 2010 年，《国家中
长期教育改革和发展规划纲要（2010—2020 年）》就明确指出，要"适应
国家经济社会对外开放的要求，培养大批具有国际视野、通晓国际规则，
能够参与国际事务和国际竞争的国际化人才"。北京建设世界城市，必须
把培养具有国际视野的高层次国际化人才作为教育改革的重要目标之一。
加快培养具有全球竞争力的国际化人才是一项卓越工程，不但要求人才培
养对标北京社会经济发展的新要求，在人才培养目标、专业与课程设置、
教学模式与方法、质量监控与评价等方面进行全面的改革，提升教育服务
社会经济发展的能力，而且要求北京的人才培养对标世界一流水平，制定
世界一流的质量标准，打造世界一流的教育体系，探索世界一流的人才培
养模式。只有立足世界一流，不断追求卓越，才能确保人才培养能够满足
社会经济发展的需要，才能保证人才培养具有全球竞争力。

加快培养具有全球竞争力的国际化人才也是一项系统工程。从人才
培养的类型看，具有全球竞争力的国际化人才包括学术型人才、应用型人
才和技能型人才。因此，北京应该加快"双一流"建设，把一批高水平大
学打造成知识创新和培养高层次学术型国际化人才的高地；加快地方院校
的转型，把一批地方性院校打造成技术创新和培养高层次应用型国际化人
才的高地；加快建设具有国际先进水平的中国特色职业教育体系，把一批
职业院校打造成工艺创新和培养高层次技能型国际化人才的高地。同时，
具有全球竞争力的国际化人才培养重点在高等教育阶段，根基却在基础教
育阶段，因此应深化基础教育改革，全面推进素质教育，培养德智体美劳
全面发展且具有国际视野的新时代青少年。只有各级各类教育协同共进，

才能真正实现培养具有全球竞争力的国际化人才的目标。

加快培养具有全球竞争力的国际化人才是一项重点推进的改革工程。一是扩大中小学外语教育语种范围，在中小学广泛开展英语、日语和俄语教育的基础上，增设德语、法语、西班牙语和阿拉伯语为中小学外语教育语种。二是大力发展国际理解教育，将国际理解教育融入教育综合改革，融入各级各类学校课程和课堂教学，并承担讲好中国故事的历史使命。三是根据"一带一路"沿线国家语言多样性的特点，大力培养非通用语人才。四是加强"一带一路"建设急需的政治、经济、文化、法律、民族、宗教等诸多领域专业技术技能人才培养培训，加强涉外技术工人培训，制定各类技术工人培训内容的国家标准，强化专业技能人才培养体系，创新专业技能人才培养模式。五是大力培养国别和区域研究人才与国际组织人才，提升我国的全球治理能力。

二、提升中外合作办学水平

中外合作办学是我国教育改革的重要措施，也是推进北京教育国际化的重要途径。《中国教育现代化 2035》明确要求面向国家发展战略需求，吸引一批世界一流高等学校和职业学校、研究机构同国内相关学校合作，建设一批高水平中外合作办学机构和项目，形成一批国际化的优质教育资源，为我国教育改革发展提供经验借鉴。《首都教育现代化 2035》也提出要深化"一带一路"教育交流合作，加强教育领域中外人文交流，提升中外合作办学水平。这两个文件为北京未来中外合作办学的发展指明了方向。

首先，积极顺应时代发展要求，主动对接北京世界城市战略需求。新时代北京中外合作办学的使命是通过引进优质教育资源服务北京发展战略，满足北京发展需求。高校应该主动适应新时代北京扩大教育开放、推进教育现代化、建设世界城市的战略要求，从服务北京城市发展大局的高度认识中外合作办学的重要意义。中外合作办学学科专业引进要增强对接产业转型升级的敏感度，主动对接北京世界城市建设战略需要和重要的新兴合作领域，真正引进北京紧缺和急需的学科专业。

其次，因需引进优质教育资源，提高中外合作办学的质量和效益。北京中外合作办学已进入质量提升、内涵式发展的阶段，要根据城市发展需要和北京高校"双一流"建设需要，坚持"强强合作、典型示范，真正引进强校、名校"的原则，有针对性地引进国外优质教育资源，真正吸引一批世界一流高等学校和研究机构与北京相关学校合作，建设一批高水平中外合作办学机构，形成一批国际化优质高等教育资源，提高中外合作办学的质量和效益。

第三，建设中外合作办学示范性项目与机构，发挥辐射作用。新时代赋予中外合作办学新的使命、新的担当。[①] 北京要建设一批示范性的中外合作办学机构和项目，形成一批国际化的优质教育资源，为北京乃至我国教育改革发展提供经验借鉴。因此，北京不但要建设一批办学思想明确、办学成果显著、管理制度完善、社会声誉良好的、示范性的中外合作办学项目和机构，而且要加强中外合作办学项目（机构）与我国教育机构的合作与交流，发挥其对我国高等教育改革发展中的辐射作用。

第四，加强监管，完善中外合作办学准入和退出机制。新形势下北京加强中外合作办学，更强调办学质量和效益，因此必须进一步完善监管制度，完善中外合作办学准入和退出机制，保障中外合作办学健康有序发展。

三、积极推动教育走出去，提升境外办学水平

境外办学是我国教育对外开放的组成部分，我国的教育改革与发展战略明确提出要加快建设中国特色海外国际学校，积极稳妥推进职业学校、高等学校与企业共同走出去，鼓励有条件的职业院校在海外建设"鲁班工坊"，促进孔子学院和孔子课堂特色发展，共建一批人才培养、科技

---

① 厦门大学中外合作办学研究中心：《新时代如何发展中外合作办学》，2019 年 9 月 2 日，见 https://cfcrs.xmu.edu.cn/2019/0902/c4034a375750/page.htm。

创新和人文交流基地。近年来，北京一些中小学和高等学校开始响应国家号召，在境外办学实现了历史性突破，但总的来说还处于探索阶段。北京建设世界城市，必须提升教育输出能力，扩大境外办学。

首先，完善境外办学政策。当前北京教育机构境外办学还处于起步探索阶段，办学经验不足。北京要加强对全球跨境教育和北京教育机构境外办学现状的研究，适时出台中小学、普通高等学校和职业学校境外办学管理办法，就境外办学的评估论证、资金投入、教师派出、质量保障、退出机制等作出明确规定和安排，引导、规范北京教育机构的境外办学活动。

第二，完善中小学、职业学校、高等学校境外办学机制。北京推进境外办学，必须鼓励有条件的中小学走出去，建设中国特色海外国际学校；鼓励有条件的职业学校、高等学校走出去，独立或合作创办海外分校；鼓励有条件的职业院校在海外建设"鲁班工坊"，探讨专业技术教育的新形式。北京推进境外办学，必须加强校企合作、与办学目的地国政府和学校合作，完善成本分担、风险分担和监控机制，完善境外办学的质量保障体系，为教育机构境外办学的顺利开展提供质量保障方面的服务与监管。

第三，推进境外办学信息平台建设。北京推进教育机构境外办学，必须重点做好以下几个方面的平台建设：建立北京境外办学数据库，对境外办学机构、项目进行统计和归类，对境外办学活动的开展进行综合分析和研判；建立政府、企业、教育机构多方参与的境外办学信息共享机制，及时了解境外办学需求，实现信息的有效共享与对接；建立境外办学风险评估与预警机制，组建有关团队开展境外办学的风险评估，适时发布境外办学的风险与预警信息，为北京教育机构开展境外办学提供指导；建立境外办学法律咨询平台，为北京教育机构开展境外办学提供法律支持与服务。

四、打造国际留学中心

从世界城市看，它们都拥有高水平的教育体系，吸引着一大批国外的青年学子来这里留学。改革开放以来，我国来华留学迅速发展，2018年共有来自196个国家和地区的492185名各类外国留学人员在全国31个省（区、市）的1004所高等院校学习，其中，在北京有80786人，居全国首位。① 尽管北京是中国教育对外开放水平最高的城市，但与其他世界城市相比，北京在留学生教育方面还存在一定的差距。北京建设世界城市，必须首先扩大留学生规模，优化留学生教育结构，提高留学生教育质量，将北京打造为国际留学中心。

首先，继续扩大外国留学生规模。留学生规模是打造国际留学中心的基础，北京推进世界城市建设，必须努力将北京建成具有重要国际影响力的全球教育高地，成为世界重要的留学目的地城市和国际留学中心。为此，北京必须加强"双一流"建设，打造优势学科群和特色学科群，开设多语种留学生教育项目，提高北京教育的国际影响力、国际竞争力和国际吸引力。北京还要加强在国际市场上的宣传力度，激发国际学生来京留学兴趣，并通过与驻外使（领）馆、孔子学院、孔子课堂合作，开办留学中国说明会、举办展览、发放资料、完善外国留学教育机构外文网站建设等，多渠道、多手段、多方式地宣传留学北京，真正地将"留学北京"品牌推向海外。

其次，进一步发挥奖学金的引领作用。奖学金在吸引国际学生到外国留学中发挥着重要作用。为了扩大留学生规模，必须保证外国留学人员奖学金规模的稳定增长，充分发挥政府奖学金的示范和引领作用，重点支持具有发展潜力的院校招收外国留学生；同时鼓励并支持学校和社会各方面配套设立各类奖学金，构建政府主导、社会参与、主体多元、形式多样的留学生奖学金体系。政府奖学金的设置要密切配合国家战略和北京市发

---

① 教育部：《2018年外国留学统计》，2019年4月12日，见 http://www.moe.gov.cn/jyb_xwfb/gzdt_gzdt/s5987/201904/t20190412_377692.html。

展战略，"吸引更多优秀的'一带一路'沿线国家学生来京学习，推动北京市与'一带一路'沿线国家教育交流与合作，服务'一带一路'教育共同体建设，促进互联互通和民心相通，提升北京教育对构建'一带一路'教育共同体的贡献力。"①

第三，优化外国留学生结构。留学结构是衡量外国留学教育健康发展的重要指标，主要包括外国留学生源国别结构、学历层次结构以及学科专业结构三大方面。从留学生生源结构来看，北京留学生主要来自东亚、东南亚和非洲，今后要逐步扩大拉美、中东欧和大洋洲生源比例。从留学生教育层次来看，北京扩大学历生的比例，吸引更多的留学生来攻读硕士学位和博士学位，大力推进外国杰出人才来北京留学；从留学生学科专业结构分布来看，北京要逐步优化外国留学生学科专业结构，大力提高除汉语、中医外其他专业学生的比例，尤其在高新技术和现代制造业、文化创意产业、金融产业和现代农业领域方面要进一步加强，推动北京外国留学教育向高层次高质量发展。

第四，提高外国留学教育质量。留学生教育质量直接关系到北京和我国高等教育国际声誉和影响力，因此我国来华留学工作和北京市留学北京行动计划都强调要建立并完善外国留学教育质量保障机制，全面提升外国留学质量。提高外国留学生教育质量，首先确保留学生生源质量，目前北京各高校招收外国留学生基本上只对国外申请者的汉语水平提出基本要求，有必要制定基本的统一招生条件来规范入学标准；其次，构建外国留学预备教育体系，为汉语水平或学习能力不足的学生提供衔接性学习平台，使留学生在语言能力、专业知识和跨文化交际等方面达到我国高等学校专业阶段学习的基本标准；最后，加强人才培养过程的质量管理，严格执行学业标准和毕业标准，把控好人才培养的出口关。

---

① 北京市教育委员会：《北京教育年鉴 2019》，华艺出版社 2019 年版，第 431 页。

五、重点引进各类海外高层次人才和紧缺人才

1991 年 8 月，原国家教育委员会颁布实施《高等学校聘请外国文教专家和外籍教师的规定》，这是改革开放后教育领域海外高层次人才和紧缺人才聘请与管理的第一部专门性政策文件。该文件对高等学校聘请海外高层次人才和紧缺人才的原则、学科专业领域、条件、审批与管理等进行了规定，初步创立了高等学校各类海外高层次人才和紧缺人才聘请专门政策。此后 20 多年中，国家制定了多项政策文件规范海外高层次人才和紧缺人才引进工作，为各类海外高层次人才和紧缺人才政策的进一步完善指明了方向，提供了遵循。

在建设世界城市的过程中，北京市加大了各类海外高层次人才和紧缺人才引进力度，实现了由个体引进向团队引进的转变，极大地提高了引进效益，各类海外高层次人才和紧缺人才已成为北京高校师资队伍尤其是高水平师资队伍的重要构成，成为北京高校"双一流"建设中一支不可或缺的生力军。当前北京正处在经济发展方式转变、产业结构转型升级、创新驱动发展的关键历史时期，需要实行更积极、更开放、更有效的海外高层次人才和紧缺人才引进政策，以加快世界城市建设步伐。

首先，加强海外高层次人才和紧缺人才引入的统筹规划。北京要根据各项事业发展的需要有针对性地寻找海外高层次人才和紧缺人才，通过学术研讨、人才论坛、海外宣讲会等形式，吸引、发现和考察海外高层次人才和紧缺人才，真正了解相关领域的顶级专家情况、同高校与科研院所的契合度，充分实现海外顶级专家的价值；改变当前政出多门、相互掣肘的状况，加强宏观统筹和协调，避免人才重复引进，促进人才资源共享。

其次，完善海外高层次人才和紧缺人才的管理与评价机制。北京各高校、科研院所根据自身需求制定海外人才评价标准，引进海外高层次人才和紧缺人才；推进人才引入后管理标准化、科学化，构建高端人才评价专家库和国际化评价体系，充分发挥引进人才在各项事业中的作用；人才管理部门不断创新管理方式，树立服务理念，为海外高层次人才和紧缺人才创设发挥作用的环境。

再次，完善海外高层次人才和紧缺人才社会保障体系。北京要推动在京有稳定住所或固定工作单位的海外高层次人才和紧缺人才管理信息化，简化海外高层次人才和紧缺人才获得"绿卡"及获得长期居留资格的相关手续；支持部分三甲医院设立国际中心或国际医疗部，推动地方高水平医院与商业保险公司合作提供海外医保直接赔付服务；鼓励有条件的保险企业开发适应海外人才医疗需求的商业医疗保险产品，支持市场主体建立第三方国际医疗保险结算平台；加快落实我国与相关国家社保互认机制，进一步扩大签署社保互认互免协议的国家范围；鼓励外商投资设立外籍人员子女学校，支持外籍高层次人才子女在监护人所在工作或居住地的公办学校就近入读。

六、广泛参与全球教育治理

从世界城市的比较来看，世界城市都是许多国际组织和跨国公司总部的所在地，广泛参与全球治理。在教育领域，就北京而言，北京通过联合国教科文组织全国委员会深度开展与联合国教科文组织在教育领域的各项合作，通过世界银行、亚洲开发银行、经合组织、亚太经合组织、联合国儿童基金会等国际组织平台与世界各国开展教育合作与交流，合作范围覆盖了学前教育、基础教育、高等教育、职业教育等各个方面。同时北京依靠大学、科研机构积极参与到各项国际教育援助中，积极开展国际组织人才的培养和选送工作。北京建设世界城市，需要进一步壮大总部经济，加大与国际组织的合作力度，更广泛地参与全球教育治理。

首先，深度参与国际教育规则、标准、评价体系的研究制定。作为综合实力不断提升的大国，中国将在全球教育治理中发挥更大的作用。这就要求北京、北京高校和教育研究机构加强对全球治理的国际态势进行深刻把握，对全球治理的主题、内容、方式、规则进行深入的研究，特别是对在全球治理中发挥重要作用的国际组织的使命、运行机制、治理规则、职员任用标准等有全面的认识，提升深度参与国际教育规则、标准、评价体系研究制定的能力，力争做到在教育议题的设置上具有引导力、在教育规则制定的讨论中具有说服力、对于质疑具有解释力，提升我国在国际教育规则、标准、评价体系的研究制定与实施中的话语权与主动权。

其次，积极推进与国际组织及专业机构的教育交流合作。北京是许多国际组织和专业机构的所在地，在推进与国际组织及专业机构的教育交流合作方面具有先天的优势。北京应该充分利用高等学校、研究机构等的众多专业人才，积极参与国际组织和专业机构的活动，开展全方位的合作与交流。同时，北京要支持创设新的国际组织，形成一批有重要影响力的国际机构。在教育方面，已经有多个国际专业机构落户北京。例如，1994年，联合国教科文组织国际农村教育研究与培训中心在河北保定成立，2008年该中心迁到北京师范大学；2015年联合国教科文组织国际工程教育中心在清华大学；2016年联合国教科文组织国际创意与可持续发展中心在北京成立。北京要进一步推进此类的国际专业机构落户北京，通过这些机构开展国内外研究、培训、交流、传播、示范基地建设等工作，汇聚全球人才及其创新团队，成为文明交流互鉴合作的推动者以及中国企业、教育、科技、文化走向世界的传播者。

第三，加快国际组织人才的培养和选送。北京高校应该通过跨学科组建国别区域研究和国际组织研究专业，完善国际组织人才培养机制，有计划地培养国际组织人才；完善国际组织人才选拔和支持政策，鼓励教育领域优秀人才到国际组织任职服务；加大国际职员后备人才培养力度，支持优秀青年师生参加国际志愿服务和国际合作项目，积极向国际组织派遣实习生和借调人员；充实"中国国际职员后备人员库"，创新和优化国际职员后备人员库的管理机制，基于"公平、平等、竞争、择优"的原则，为国际组织培养和选拔具有竞争力、创造力的国际职员。

第四，在国际教育合作实践中不断增强参与能力。北京要积极参与联合国教科文组织的南南教育合作项目，如设在埃塞俄比亚的"国际非洲能力建设所"、在布基纳法索的"妇女—女童教育中心"等等，辅助国家扩大南南教育合作的地区范围，逐渐与不同的国家建立合作关系。北京要积极参与"一带一路"教育行动，推动北京市与"一带一路"沿线国家教育交流与合作，增进双方的相互理解和认知，促进互联互通和民心相通，提升北京教育对服务"一带一路"国家战略的贡献力。另外北京要改变在南南合作和"一带一路"中以项目援助为主的援助模式，援助过程中积极关注受援国的能力建设，在进行资金援助的同时重视将教育理念、教育制度、技术、教育解决方案等方面的优秀成果与各国分享，帮助受援国真正地实现教育水平的提升和教育研究的发展。

责任编辑:郭星儿

封面设计:源　源

图书在版编目(CIP)数据

世界城市建设与教育国际化/刘宝存 等著. —北京:人民出版社,2020.12

ISBN 978-7-01-022540-1

Ⅰ.①世…　Ⅱ.①刘…　Ⅲ.①城市建设-世界-关系-教育-国际化-研究

Ⅳ.①F291②G51

中国版本图书馆 CIP 数据核字(2020)第 193945 号

世界城市建设与教育国际化

SHIJIE CHENGSHI JIANSHE YU JIAOYU GUOJIHUA

刘宝存　李　辉　等著

人民出版社 出版发行

(100706　北京市东城区隆福寺街 99 号)

北京佳未印刷科技有限公司印刷　新华书店经销

2020 年 12 月第 1 版　2020 年 12 月北京第 1 次印刷

开本:710 毫米×1000 毫米 1/16　印张:27　字数:398 千字

ISBN 978-7-01-022540-1　定价:81.00 元

邮购地址 100706　北京市东城区隆福寺街 99 号

人民东方图书销售中心　电话 (010)65250042　65289539